省级精品课程教材
省级“十二五”规划教材

Auditing

审计

（第四版）

朱锦余 主编

大连

图书在版编目（CIP）数据

审计／朱锦余主编．—4版．—大连：东北财经大学出版社，2015.2（2016.6重印）
（21世纪高等教育会计通用教材）
ISBN 978-7-5654-1754-2

Ⅰ．审…　Ⅱ．朱…　Ⅲ．审计学-高等学校-教材　Ⅳ．F239.0

中国版本图书馆CIP数据核字（2014）第286262号

东北财经大学出版社出版
（大连市黑石礁尖山街217号　邮政编码　116025）
教学支持：（0411）84710309
营 销 部：（0411）84710711
总 编 室：（0411）84710523
网　　址：http：//www.dufep.cn
读者信箱：dufep @ dufe.edu.cn

大连美跃彩色印刷有限公司印刷　　东北财经大学出版社发行

幅面尺寸：170mm×240mm　字数：418千字　印张：20 3/4　插页：1
2015年2月第4版　　2016年6月第10次印刷

责任编辑：李智慧　周　慧　　责任校对：刘咏宁
封面设计：冀贵收　　版式设计：钟福建

定价：35.00元

第四版前言

《审计》（第四版）是在2011年第三版基础上修订而成的。

本次修订的基本原则是：使教材内容紧密结合审计准则和其他审计规范的发展；突出审计的基本理论，删除了一些过于细微和繁琐的内容；注重教材内容的可读性和前后一贯性。

按照这三个修订原则，与第三版相比，本版修订的主要内容为：根据经济责任审计相关规定及实务的发展，修订了第十六章政府审计中经济责任审计的内容；根据中国内部审计准则的发展修改了第十七章内部审计的相应内容；对全书中过于细微和繁琐的内容进行了缩减，以提高其理论性与通用性。修改后，本教材的基本结构、主要风格、难易程度保持不变。(这是修改后的结果)

因为我们主持的“审计学”系云南省精品课程，本教材也被评为云南省“十二五”规划教材，所以与本课程相关的课件、习题、案例分析等，以及教材中提到的一些资料（包括审计法规、审计准则和审计职业道德规范等)，均可在云南财经大学精品课程网页查询。网址为http：//jpkc. ynufe. edu. cn/或http：//www. ynufe. edu. cn/之“精品课程”。欢迎读者点击、下载并提出完善建议。

第四版仍由朱锦余教授（财政部首期全国会计学术带头人、云南省学术技术带头人、云南省高校教学与科研带头人、云南省会计学重点学科带头人、会计学博士）担任主编，由原执笔者进行修订。具体分工是：第一、四、七、八、十、十一、十七章和第十六章第五节，朱锦余教授；第六、十三、十四章和第十六章前四节，杨静副教授；第三、五、九章，曾纯副教授；第二、十二章，古淑萍教授；第十五章，陈红副研究员；第十八章，罗莉教授。朱锦余对全部内容进行了审阅并总纂、定稿。

由于我们经验及其他条件限制，本书存在缺憾在所难免，敬请各位专家与读者批评指正，以便修改完善。

作　者

2014年10月

目录

1 第一章 绪 论
2 第一节 审计的产生与发展
9 第二节 审计的对象与职能
11 第三节 审计的定义与分类
15 第四节 审计过程概述
17 延伸阅读
17 复习思考题
19 第二章 审计组织与审计规范体系
19 第一节 审计组织
28 第二节 审计职业规范体系
49 延伸阅读
50 复习思考题
50 案例分析题
52 第三章 审计目标与审计计划
52 第一节 审计目标
60 第二节 审计计划
68 延伸阅读
68 复习思考题
68 案例分析题
70 第四章 审计证据与审计工作底稿
70 第一节 审计证据
82 第二节 审计工作底稿
87 延伸阅读
87 复习思考题
88 第五章 审计重要性与审计风险
88 第一节 审计重要性
96 第二节 审计风险
98 延伸阅读

98 复习思考题
98 案例分析题
101 第六章　内部控制及其测试
101 第一节　内部控制概述
112 第二节　对内部控制的了解与测试
122 延伸阅读
122 复习思考题
122 案例分析题
124 第七章　风险评估
124 第一节　风险评估的含义与程序
127 第二节　了解被审计单位及其环境
131 第三节　识别和评估重大错报风险与特别风险
134 第四节　风险评估的沟通与记录
135 延伸阅读
135 复习思考题
136 第八章　风险应对
136 第一节　针对财务报表层次重大错报风险的总体应对措施
138 第二节　针对认定层次重大错报风险的进一步审计程序
141 第三节　实质性程序
144 第四节　针对认定层次舞弊风险的审计程序
146 第五节　审计证据评价和审计工作底稿
147 延伸阅读
147 复习思考题
148 第九章　销售与收款循环审计
148 第一节　概　述
151 第二节　主要账户的审计目标和实质性程序
165 延伸阅读
165 复习思考题
165 案例分析题
167 第十章　采购与付款循环审计
167 第一节　概　述
171 第二节　主要账户的审计目标和实质性程序
177 延伸阅读
177 复习思考题

178 第十一章 员工服务、生产与仓储循环审计
178 第一节 概 述
184 第二节 主要账户的审计目标和实质性程序
193 延伸阅读
193 复习思考题
194 第十二章 筹资循环审计
194 第一节 概 述
197 第二节 主要账户的审计目标和实质性程序
206 延伸阅读
206 复习思考题
207 案例分析题
208 第十三章 投资循环审计
208 第一节 概 述
212 第二节 主要账户的审计目标和实质性程序
226 延伸阅读
226 复习思考题
226 案例分析题
228 第十四章 现金收支循环审计
228 第一节 概 述
231 第二节 主要账户的审计目标和实质性程序
240 延伸阅读
240 复习思考题
240 案例分析题
242 第十五章 审计报告
242 第一节 审计报告的定义与作用
243 第二节 审计报告的分类及基本结构
251 第三节 注册会计师财务报表审计报告
267 延伸阅读
267 复习思考题
268 第十六章 政府审计
268 第一节 政府审计准则
270 第二节 财政收支审计
272 第三节 财务收支审计
277 第四节 绩效审计

280　第五节　领导干部经济责任审计
288　**延伸阅读**
288　**复习思考题**
289　**第十七章　内部审计**
289　第一节　内部审计概述
291　第二节　我国内部审计准则
295　第三节　经营审计
298　第四节　管理审计
300　**延伸阅读**
300　**复习思考题**
302　**第十八章　计算机审计**
302　第一节　计算机审计概述
304　第二节　计算机审计方法、步骤与技术
307　第三节　信息系统审计内容
314　第四节　审计软件
319　第五节　XBRL 及其对审计的影响
322　**延伸阅读**
322　**复习思考题**
324　**主要参考文献**

第一章　绪　论

在我国，“审计”一词最早出现于宋代，距今一千多年，但审计作为一种经济监督活动，是社会经济发展到一定阶段的产物，距今已有几千年，只是称谓不同。我国古代就曾有“听”、“考”、“勾”、“比”、“磨堪”、“都察”等表示审计活动的名词。在本章中，我们先对审计的产生与发展作一番巡礼并总结其动因，再对审计的职能、对象、定义、分类进行介绍，最后概述审计过程。

第一节　审计的产生与发展

一、我国审计产生与发展概况[①]

（一）我国奴隶社会时期的审计制度——官厅（政府）审计的萌芽时期

在夏朝，财政监督已在官厅中出现。在商代，国家管理机构和官员设置初具规模，但职权分工不太明确，有关审计方面的活动还缺乏明确的文字记载。根据当时社会经济和国家政权建设，结合后世审计状况推断，商代可能是我国审计的初步萌芽时期。

西周的审计制度在我国乃至在世界审计发展史中都具有重要地位，有极其深远的影响。据《周礼》记载，当时的审计由冢宰总抓大事，司会和宰夫进行具体工作。冢宰命令各官府于年终正确处理其所治文书，接受汇报，经审查后报告于周王，以决定对百官的升迁或罢黜；司会以所执书契版图的副本为依据，进行交叉考核，了解各地情况，报告国王和冢宰决定奖励或处罚；宰夫则按照朝政，考核百官府郡都县的政绩，根据治朝之法报请冢宰加以诛罚或奖赏。司会是冢宰的属官，其监督工作相当于现在的内部稽核。宰夫的监督工作相当于现在的外部监督，其职责的出现，不但是中国政府（国家）审计的起源，而且对后世审计组织的建制与发展产生了深刻影响，其后审计机构的建立和审计官员的出现均与宰夫的职责有着密切联系。

春秋时期建立了“复计著”报告制度。这是由乡到什、伍等各级官吏逐级定期向上级报告工作，上级对下级进行审核考查的制度。在《管子》中还提出了“明法审数”的主张，被誉为我国乃至世界上最古老的审计原则。

（二）我国封建社会时期的审计制度——官厅审计的形成与缓慢发展时期

战国时期推行“上计”制度。这是一种定期报表审核制度，即各级官吏定期（年终）将其管辖的财政收支和人口、垦田、盗贼、狱讼等情况报告中央，经审查

---

① 本部分编写所涉及的史料主要参考了肖清益，谭建之．中国审计史纲要［M］．北京：中国审计出版社，1990。

后，视各级官吏的政绩优劣给予升降奖惩。上计的内容，虽然涉及政治功过的考核，但其侧重点是各地的年度财政收支情况。

秦朝推行御史监察制度。秦朝进一步发展了“上计”制度，还制定了明确具体的法规，并首创了由御史大夫主持上计的制度，即由御史大夫行使监察权，对上计报告进行审查，并将查核结果报告皇帝，以决定奖惩。御史大夫是直接辅佐皇帝，行使对国家政治、经济监察大权的高官。

汉代继续推行御史监察制度，同时在地方设置御史官职，负责地方财政收支的监察，并出现了上计簿、上计会议等比较科学的制度，还颁布“上计律”，首次将上计制度上升到法律高度，从而将审计监督用法律形式固定下来。

隋朝除继续推行秦汉以来的御史监察制度外，还推行比部制度。比部是一个较专业的审计机关，它归刑部直接领导，从而兼具有司法和行政监督的性质，其审计监察的内容主要是各级财政官吏所经管的财政收支活动情况。

唐代推行了比部制度和御史台制度。唐代发展了隋朝的比部制度，审计权限更加独立，范围更加广泛，并加强了与司法的联系。此外，还设立了御史台，为全国最高监察机关。御史台对国家财计的监察与比部的审计，既有分工，又有配合。唐代还制定了考核审计人员①的标准，“明于堪复，稽失无隐，为勾检之最。”即审计官员既要充分、客观地揭露错误与弊端，又要自身公正无私、刚直不阿，不得因私隐匿事实真相。

宋代开始实行审计院制度。宋代初年，没有设立独立的审计机构，导致财计混乱，贪污盗窃、隐昧侵欺泛滥。宋太宗淳化三年（公元 992 年），专门设置审计院，并将审计机构归属于比部，恢复唐代财审分立制度，专门审查财政收支情况。

元朝开始实行监察审计制度，仍然仿效唐制，设御史台为最高监察机关，从中央到地方有一套较完善的监察审计制度，其审计内容包括赋税、劳役征收、会计核算、工程营造支出等。此外，废除比部，归户部管辖审计工作，由户部审计科对中央各部门、地方各官府所呈送的会计报告进行审计。

明朝开始实行都察院审计制度。都察院的职责之一就是揭露与弹劾贪官污吏，对受贿索贿、贪赃枉法、虚报冒领等败坏、违纪官吏给予严厉惩处。明朝还继承了唐宋上计制度的成规，但由户部对上计报告进行审核。

清代继续实行都察院审计制度。清代仍设都察院，下设十五道监察御史，出现了单一的审计机构，主要负责对中央和地方财政收支活动进行审计，采用稽查账簿为主，结合监察御史巡察的方式逐级进行审计。

（三）中华民国时期的审计制度——现代审计制度形成时期

在民国时期，国民政府重视审计制度建设。如民国元年（1912 年）由大总统

---

① 审计人员（auditor）是从事审计工作的人员的统称。在我国，在国家审计机关和内部审计机构，称为审计人员；在注册会计师行业，称为注册会计师。在本教材中，一般用“审计师”。用“审计人员”或者“注册会计师”，是为了遵照法律或法规的称谓，或是有特指。

批准施行《审计处暂行章程》，对财政收支、国库、国债、工程与买卖借贷等的审计作出了规定。1929 年 10 月公布了《审计部组织法》，规定审计部直属国民政府监察院，监督财政预算执行、核定收支命令、审核财政决算、稽查财政收支上的不法或不忠行为。但由于战乱动荡、政治腐败，一直未得到认真执行。

在此时期，中国共产党领导的新民主主义革命政府也十分重视审计工作。如 1931 年 11 月，在中央机关以外，设立审计委员会，审计国家岁入岁出，监督国家预算执行。在抗日战争时期，设立各级审计机关，在部队也设有审计机构，监察财政财务收支及管理事项。在解放战争时期，各解放区设立了相应的审计机构，负责审核财政收支和财政干部忠于职守的情况。

清末民初，中国民族资本主义有了一定发展，又有一大批沐浴了欧风美雨、掌握了近代经济管理方法的优秀知识分子，这样催生了自由职业会计师。民国七年（公元 1918 年）6 月，中国银行总司账谢霖先生向北京政府农商部和财政部呈请开办会计师事务所，于 7 月 16 日在《银行周刊》刊出两部批准谢霖会计师事务所承揽业务广告。同年 9 月 7 日，北京政府农商部颁布《会计师暂行章程》10 条，谢霖先生领到了中国第一号会计师证书，标志我国民间审计伊始。1930 年 1 月 25 日，国民政府立法院颁布了《会计师条例》25 条，第一次以立法形式正式确立了会计师职业的法律地位。1945 年 6 月 30 日，公布了《会计师法》。1947 年 8 月，我国有注册会计师 1 583 人。

（四）新中国时期的审计制度——现代审计重建与蓬勃发展时期

1. 现代政府审计的恢复和发展

中华人民共和国成立至 20 世纪 70 年代末，全面学习前苏联，实行财政与审计合一制度，不设独立审计机构。1982 年 12 月 4 日，第五届全国人民代表大会第五次会议通过的《中华人民共和国宪法》规定，我国在国务院和县级以上的各级人民政府设立审计机关，对国务院各部门和地方各级政府的财政收支，对国家财政金融机构和企事业组织的财务收支进行审计监督。1983 年 9 月 15 日，国务院成立审计署，随后各地成立了审计机关，标志着我国现代审计制度的恢复。

1985 年 8 月 29 日，国务院颁布了《关于审计工作的暂行规定》，明确了审计机关的职权与任务。1988 年 11 月 30 日，国务院发布了《中华人民共和国审计条例》。1994 年 8 月 31 日，第八届全国人民代表大会常务委员会第九次会议通过了《中华人民共和国审计法》（下文简称《审计法》），对我国审计监督的原则、审计机关和审计人员、审计机关职责与权限、审计程序、法律责任等方面的内容作了明确规定，并从 1995 年 1 月 1 日起施行。《审计法》的实施，为审计机关依法履行审计监督职责提供了法律保障，保证了审计监督的连续性与稳定性，构建了与社会主义市场经济体制相适应的审计监督法律框架，标志着我国审计法律规范体系日趋成熟，是我国审计法制建设的重要里程碑。2006 年 2 月 28 日，修订后的《审计法》经第十届全国人民代表大会常务委员会第二十次会议通过；2010 年 2 月 2 日，修订的《审计法实施条例》经国务院第100次常务会议通过。《审计法》及《审计法实施条例》的修订施行，标志着我国现代政府（国家）审计走向成熟。

2. 现代民间审计的恢复和发展

1956年，我国完成对生产资料私有制的社会主义改造，计划经济体制确立，注册会计师失去了职业基础，民间审计也随之自然消失。1978年实行经济体制改革后，多种经济成分并存的局面开始出现，民间审计土壤又复肥沃。1980年9月，甘肃成立了兰州会计事务公司，开展民间审计与咨询服务业务。同年12月23日，财政部发布了《关于成立会计顾问处的暂行规定》，规定了注册会计师资格、工作规程、业务范围等，是我国恢复和重建注册会计师制度迈出的第一步。1981年1月1日，上海市会计师事务所成立。随后，全国一些大中城市相继成立了会计师事务所，开展民间审计与会计咨询服务业务。1986年7月，国务院发布了《中华人民共和国注册会计师条例》，规定了注册会计师审计的原则、考试与注册、业务范围、工作规则、会计师事务所等内容。1988年11月，中国注册会计师协会（The Chinese Institute of Certified Public Accountants，CICPA。下文简称中注协）成立，并着手制定注册会计师执业规则。1993年10月31日，第八届全国人民代表大会常务委员会第四次会议通过并颁布了《中华人民共和国注册会计师法》（下文简称《注册会计师法》），并从1994年1月1日起施行。1995年12月，财政部开始发布独立审计准则并自1996年1月1日起施行。《注册会计师法》和独立审计准则的颁布施行，标志着我国现代民间审计走向成熟。2006年2月，财政部发布了与国际会计师联合会制定的国际审计准则全面趋同的《中国注册会计师执业准则2006》，并自2007年1月1日起施行。2010年11月，在国际会计师联合会完成了国际审计准则清晰化项目后，财政部发布了对《中国注册会计师执业准则2006》全面修订后的《中国注册会计师执业准则2010》，并自2012年1月1日起施行，确保了中国注册会计师审计准则与国际审计准则的持续趋同。

3. 现代内部审计的发展

我国在组建政府审计机关的同时，也注重内部审计制度的建设。例如，要求在国家金融机构、全民所有制大中型企业、财务收支金额较大的全民所有制事业单位以及审计机关未设立派出机构的政府部门等，根据需要建立内部审计机构或审计工作人员。1985年12月，审计署发布了《关于内部审计工作的若干规定》，强调内部审计是部门单位加强财政财务监督的重要手段。1987年4月5日，中国内部审计学会（1998年改为中国内部审计协会）正式成立。1989年12月，审计署发布《关于内部审计工作的规定》，取代《关于内部审计工作的若干规定》。1995年7月、2003年3月，审计署又先后两次对其进行修订，对内部审计机构的设置、职责与权限、奖惩等作了适应新形势的全面修订，适用于各种所有制形式的单位，为各类企业、组织开展内部审计提供了政策支持。2003年4月开始，中国内部审计协会发布内部审计准则，2013年又对其进行修改，这使我国内部审计更规范化，更适应社会经济发展的需求。

二、国外审计产生与发展概况[①]

（一）国外政府审计产生与发展概况

古埃及、古希腊是国外古代政府审计的典型。在古埃及，大约在公元前 3 500 年，就创设了一种机构，负责对全国各机构和官吏是否忠实地履行委托事项、财政收支记录是否准确进行管理与监督，行使这种职权的官吏就是监督官。这实际上就是对各级官吏进行审计的萌芽。在古希腊，在 2 000 多年前，就建立了官吏卸任审计制度，即由审计官对他们报送的账簿记录进行审查，在确认其不存在重大工作差错和贪污、受贿行为之时，才允许他们卸任离职，否则就将事件送交法院裁决。

英国、法国是国外近代政府审计的典型。公元 11 世纪，英国财政部下设的上院就负责审查下院编制的账簿，处理财政收支方面的纠纷；1215 年，英王签发了对审计发展具有重大意义的《大宪章》；1314 年，英国任命了第一任国库审计长。1256 年，法国国王颁布"伟大法令"，其中要求各城邦的市长每年 11 月 10 日携带城市的收支账目到巴黎接受王室审计官的审查；1320 年，法国设立审计院，负责对王室所有会计账目进行审计监督，并可对有差错和舞弊行为的官员进行刑事处罚。

英国是最早迈进政府审计现代化的国家。早在 1785 年，英国就取消了国库审计长，组建了五人审计委员会，拥有审查各部门公共账目最大且最严格的权力。1866 年，英国议会通过了《国库与审计部法案》，规定政府的一切收支应由代表议会、独立于政府之外的主计审计长实施审查。主计审计长由英王任命，但只有经过议会两院一致同意，才能令其辞退。这不仅标志着英国现代政府审计制度的建立，而且宣告了世界上第一个立法模式政府审计制度的诞生。随后，伴随资本主义民主思想的广泛传播和发展、国家政治民主化的推动，强调独立性和权威性的政府审计制度得到蓬勃发展。迄今为止，全世界约有 190 个国家或地区建立了现代政府审计制度。

（二）国外民间审计产生与发展概况

16 世纪末期，意大利地中海沿岸城市出现了合伙形式的经营贸易组织，由于财产所有权与经营权的分离，所有者需要对经营管理者进行监督，便出现了所有者聘请专人审查经营者会计账目的情形。这便是早期的、处于萌芽状况的民间审计。

国外现代意义上的民间审计产生于资本主义最先发达的英国。1720 年，名噪一时的南海公司突然宣告破产，惊呆了正陶醉在黄金美梦中的债权人和投资者。当这些利害关系者证实巨额损失将由自己承担时，他们一致向议会发出了严惩欺诈者

① 本部分编写所涉及的史料主要参考了文硕．世界审计史［M］．2 版．北京：企业管理出版社，1996。

并赔偿损失的呼声。英国议会被迫聘请伦敦市彻斯特·莱恩学校的习字兼会计教师查尔斯·斯内尔（Charles Snell）对南海公司的分公司索布里奇商社的会计账目进行审查。1721年，斯内尔编制了一份审计报告书，指出该公司存在舞弊行为。英国议会根据该审计报告没收了全部董事的个人财产，还将一名负直接责任的经理逮捕并押进了伦敦塔。斯内尔被公认为全世界第一位受聘对股份公司会计账目进行审计的会计师。这样，南海公司的破产，启动了民间审计的发展步伐。

1844年，英国议会颁布了《股份公司法》，规定董事有登记会计账簿的义务并接受董事以外的第三者审查。1845年修订的《股份公司法》规定，必要时可聘请会计师协助办理审计业务。这无疑对职业会计师审计的发展起了推动作用。1854年，在苏格兰成立了爱丁堡会计师协会，该协会是世界上第一个注册会计师专业团体①。在随后的三十多年时间里，英国成立了十多个民间审计组织。民间审计以其独特的社会公证作用登上了社会经济监督的历史舞台，发挥着日益重要的作用。

伴随英国资本的输出，英国民间审计制度也向世界传播。英国巨额资本流入美国，促进了其经济发展，也带动了英国特许会计师远涉重洋到美国开展民间审计业务，推动了美国民间审计的迅猛发展。1886年，美国公共会计师协会成立。1916年，该协会改组为美国会计师协会。1957年，又改名为美国注册会计师协会（America Institute of Certified Accountants，AICPA，以下简称美国注协），成为世界上最大、最负盛名和最具影响力的民间审计专业团体之一。

19世纪前，英国是民间审计的领导者和先行者；自20世纪初起，美国成为民间审计的领导者和先行者。民间审计的发展先后经历了详细审计阶段（形成之初至20世纪初）、资产负债表审计（也称信用审计）阶段（20世纪初至20世纪20年代）、财务报表审计阶段（20世纪30年代至今）。当前，许多国家和地区都建立了民间审计制度，组建了强大的会计职业团体，制定和实施了完善的审计准则，使民间审计业务日益科学化和规范化。

（三）国外内部审计产生与发展概况

国外内部审计产生在封建社会时期。在公元11世纪左右，寺院制度在西欧广为流传，管理也较为严密，并经常从具有一定会计知识的僧侣中选拔审计师，审查会计人员编制的会计账目和财产清单，处理差错、舞弊、奢侈与浪费行为。在中世纪，西欧庄园主还专门设置审计师，定期检查总收入官编制的会计账簿是否正确、开支原因是否合理，并陈述审计意见，然后将庄园账簿与审计意见一并提交给庄园主，接受他的最终审阅和批准。这种寺院审计与庄园审计就是早期的内部审计。

国外现代企业内部审计产生于资本主义时期。1844年，英国《股份公司法》规定公司实施监事审计制度，从而确立了现代企业内部审计的雏形。1875年，德

① 该协会现为苏格兰特许会计师协会（The Institute of Chartered Accountants of Scotland，ICAS），总部位于英国苏格兰爱丁堡市。

国克虏伯公司实行了内部审计制度，实施合规审计与经营审计。早在 19 世纪末，美国铁道部就配备了内部审计师，负责巡视各铁路售票机构，审查现金记录的正确性。约在 1919 年，美国一家大型铁路公司就利用内部审计师对餐车业务进行财务审计和经营审计。

随着企业规模扩大，管理层次增加，出现了分权管理的情况。这给企业最高管理者提出了难题：一方面，必须制定各种管理方针与政策，确定各基层管理部门在经营管理中应履行的职责；另一方面，必须采取新型控制方式，对各管理层遵守方针与政策情况、职责履行情况进行监督与评价。这一难题迫使企业管理者将目光转向企业内部，选拔那些具有经营管理知识与能力的特殊人才，让他们从企业自身利益出发，对各管理层经济责任履行情况进行经常性的监督与评价。这些特殊人才被称为“内部审计师”，由他们组成的机构被称为“内部审计机构”，他们以企业最高管理者代表的身份去做最高管理者“应该做而没有时间、精力去做的事情”。现代企业内部审计已成为大中型企业加强内部管理不可或缺的重要组成部分。

三、审计产生与发展的动因

从上述中外审计产生与发展的历史可以看出，审计是社会经济发展到一定阶段的产物，并伴随社会经济的发展而发展。

（一）受托经济责任关系是审计产生的社会基础

受托经济责任是指由于委托或受托经营管理经济资源而产生的受托人（即资源财产的经营管理者或下级经营管理者）对委托人（即资源财产的所有者或最高经营管理者）所承担的义务，它包括按委托人的规定要求经营管理经济资源的责任（简称“经管责任”）和按特定要求向委托人报告其资源财产经营管理过程及其结果的责任（简称“报告责任”）两方面。受托经济责任关系是指由于受托经济责任而产生的委托人与受托人之间的相互关系。显然，只有当社会经济发展到一定阶段后，才可能产生受托经济责任关系。

在受托经济责任关系中，委托人总希望受托人的经营管理行为能够体现自己的意志，符合一定的要求，这就需要对受托人进行审查，以确定其是否认真贯彻了自己的意愿，忠实履行了受托人承担的责任；受托人则需要将自己日常经营管理行为进行必要的记录和计量，并定期形成报告，对其履行经济责任情况请求委托人进行审查，以表明自己的忠诚能干并解除责任。委托人所需的监督，受托人主动要求的审查，当然最好是由委托人自己来执行。但当委托人因某方面的原因不能亲自监督经济责任履行情况时（如没有足够的时间和精力，或者不具有相应的技能，或者因委托人众多，不可能亲自去审查受托人），就需要委派或授权第三者——审计人去对受托人履行经济责任的情况进行审查，这样就产生了审计（如图 1-1 所示）。

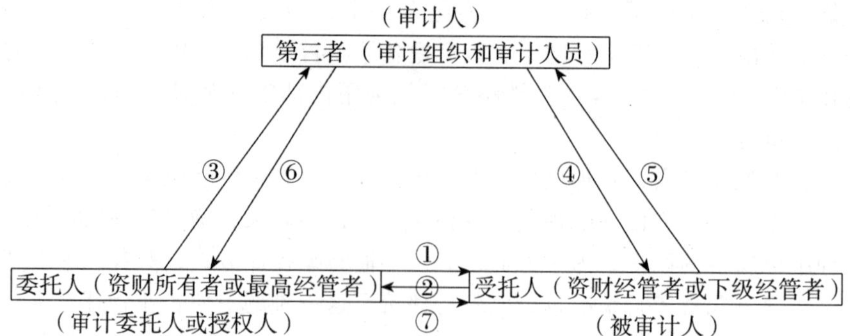

说明：委托人与受托人之间是受托经济责任关系；委托人与审计人之间是审计的授权与受权或委托与受托关系；审计人与受托人之间是审计与被审计的关系。

①受托人将资源财产委托或授权受托人经营管理；

②受托人接受委托或授权并对委托人承担相应的经济责任；

③委托人授权或委托审计人对受托人进行审计；

④审计人对受托人经济责任履行情况进行审计；

⑤受托人接受审计人的审计；

⑥审计人将受托人经济责任履行情况以审计报告的形式报告委托人；

⑦委托人根据审计报告考核和评价受托人，以确立或解除其经济责任。

图 1-1　受托经济责任与审计关系图

最早的受托经济责任关系产生于帝王与主管财赋的官吏之间。在奴隶制国家，帝王需向人民征纳贡赋，并委派官吏进行管理，从而在帝王与主管财赋的官吏之间就形成了财赋管理的授权与受权的经济责任关系。帝王为了考察这些主管官吏是否忠于职守、有无营私舞弊行为，便需要设置专门机构，委派专职人员去进行审查，对侵犯王室利益、贪赃枉法的官吏加以弹劾惩处，以维护帝王利益，巩固其统治。这种初始的审计思想和审计行为，便是官厅审计的雏形。

西方中世纪的庄园主等财产所有者将其资源财产授权给总管、账房或管家进行管理，这样在他们之间就形成了授权与受权管理资源财产的经济责任关系。当庄园主自己不能亲自去监督他们经济职责履行情况的时候，同样只有依靠庄园主委派的第三者——审计师去审查他们在资源财产管理过程中是否存在弊端、会计账目是否真实可靠、资源财产的保管是否安全完整。这便是早期的内部审计。

股份公司出现后，财产所有权与经营管理权分离。公司股东人数众多，但并不参与经济管理，而是委托董事经理代行经营管理职能。这样，在股东与经理之间就形成了一种委托与受托经营管理经济资源的经济责任关系。经理不仅有责任把公司经营管理搞好以实现资产的保值增值，而且有责任保证资产的安全完整，保证向股东提供的财务报表真实可靠。众多的股东希望审查经理是否尽职尽责、忠于职守，是否真正保护了自己的利益；同时经理也希望有人对公司会计账目进行审查，以解除自己的责任、证实自己的忠诚和能干。由于股东众多，加上技能有限，不可能由股东对公司经理进行审查监督。这样，众多股东和经理都希望有一个独立、公正、精通会计的第三者——审计师来代行审查职责。因此，一种服务于众多股东的民间审计便应运而生。

（二）受托经济责任内容的复杂化和经济管理与控制的加强是审计发展的动力

随着社会经济的发展，受托经济责任的内容也不断丰富和发展。从受托经济责任中的经管责任来说，最初只是一种保管责任，保护受托资财的安全完整，其行动符合法律就可以了，但现在还要求其符合道德的、技术的和社会的要求，同时要求受托人要按照经济性、效率性、效果性，甚至公平性和环保性来使用和管理受托资源。① 随着受托经济责任内容的不断丰富和发展及复杂化，审计就由最初的财务收支审计发展到财务收支审计与经济审计、效率审计、效果审计、公平审计、环保审计并重，从而日益丰富和复杂。

伴随对经济效益的追求，人们加强了对经济的管理与控制，通过对生产过程和一切经济活动进行严格计划管理与控制，实现经济效益最大化。然而，计划的拟定是否科学、合理，在实际工作中是否贯彻执行，效率与效果如何？这就要求审计师不仅要对所有经济活动结果的效益性进行审计分析，而且要对制订的经济计划与方案是否科学合理进行事先评价，在经济活动发生过程中还要对计划、方案的执行情况进行审查。在这种经济管理与控制的推动下，审计由事后审计发展到事后审计、事中审计与事前审计并重；由单一的财务审计发展到财务审计与经济效益审计并重；由只限于审查财务报表，以揭露和防止差错与弊端发展到审查与评价企业生产经营管理的各部门与各环节，以改善经营管理、挖掘企业潜力、提高经济效益等方面。因而，我们坚信，随着经济管理与控制的加强，事前审计、事中审计、经济效益审计等将得到比目前更为深入广泛地开展，并将催生一些新类型的审计。

第二节 审计的对象与职能

一、审计的对象

（一）审计对象的含义与概括

审计的对象是审计实践活动的对象，是审计工作指向的根本目标的客体，通过审计工作所要解决的根本问题。

描述审计的对象，要解决两个问题，即“审计谁”和“审计什么”。由于审计产生于受托经济责任关系，是代行资财所有者对资财经管者受托经济责任履行情况进行监督与评价，因此，“审计谁”就是审计资财经管者，包括受托经营管理经济资源的单位与个人，我们用“被审计单位”来概括；“审计什么”就是审计受托经济责任履行情况，我们用“受托经济责任”来概括。这样，审计的对象就可概括

① 王光远．管理审计理论［M］．北京：中国人民大学出版社，1996：171.

为被审计单位的受托经济责任。

（二）审计对象的进一步解释

这样概括审计的对象比较抽象。我们可以理解：第一，被审计单位履行受托经济责任，必然首先表现为被审计单位的财务收支活动及相关经营管理活动。第二，被审计单位为表明自己的忠诚与能干，并履行向资财所有者的报告责任，必然将财务收支活动及相关经营管理活动以相应的载体记载下来，定期向资财所有者提供编制的报告，并随时接受审查。这些载体主要表现为会计凭证、账簿、报表等会计资料，有关预测与决策方案、计划与预算，经济合同、经济活动分析资料、技术资料等其他资料。向资财所有者提供的报告以财务报表为主，兼有其他报告。第三，资财所有者主要通过资财经管者提交的报告了解与评价其受托经济责任履行情况。这样，我们要监督与评价被审计单位受托经济责任履行情况，就可以通过审查其财务收支及相关经营管理活动的载体——财务报表及其相关资料来进行。

因此，审计的对象也可以表述为：被审计单位与受托经济责任履行相关的财务收支活动和经营管理活动，以及相关的财务报表和其他相关资料。财务报表和其他相关资料作为财务收支活动及相关的经营管理活动的信息载体，只是审计对象的现象，其所反映的受托经济责任履行情况才是审计对象的本质。

二、审计的职能

审计职能是指审计本身所固有的内在功能，它决定于社会经济条件和经济发展的客观需要，并随着社会经济的发展而发展。现代审计具有经济监督、经济鉴证、经济评价和经济咨询职能。

（一）经济监督职能

监督就是监察和督促。经济监督就是指监察和督促被审计单位为履行受托经济责任而产生的全部经济活动或某一特定经济活动在规定的范围内正常进行。经济监督职能主要表现在：通过对被审计单位财务收支及其相关的经营管理活动的审查，认定其真实性、合法性、效益性，揭露弄虚作假、违法违纪、损失浪费等现象；通过对财务报表和其他相关资料的审查，确定其正确性、合法性、公允性，揭露弄虚作假、虚报浮夸等现象。通过审计，督促被审计单位尽职尽责、合理合法地履行受托经济责任；确保财务收支活动及其相关经营管理活动的真实性、合法性和效益性；确保财务报表和其他相关资料的正确性、合法性和公允性。

（二）经济鉴证职能

鉴证就是鉴定和证明。经济鉴证就是鉴定和证明被审计对象的经济资料是否客观、公允地反映和说明了其经济活动的实际情况，确定其可信赖程度并作出书面证明。经济鉴证职能主要体现在：审计主体通过对被审计单位的财务报表和其他相关经济资料的审查，确定反映和说明被审计单位财务收支活动及受托经济责任履行情况的财务报表和其他相关经济资料是否真实、合法、公允，并作出书面证明，为被审计单位的股东与债权人、监管部门、职工等利益相关者考核和评价被审计单位财务状况、经营成果及其变动趋势与受托经济责任履行情况提供可靠依据。

（三）经济评价职能

评价就是评估和确定。经济评价就是评估和确定被审计单位经济决策、经济计划和方案是否先进可行，经济活动是否按照既定目标进行，经济效益的有无高低，相关管理制度是否健全有效等。经济评价职能主要体现在：通过审计，评价被审计单位财务收支的真实性、合法性、效益性；评价财务报表及其他相关资料的正确性、合法性和公允性；评价被审计单位受托经济责任的履行情况；评价被审计单位领导人员的经营管理水平、能力、业绩及廉洁自律情况；评价被审计单位经济决策与方案是否先进可行；评价相关管理制度是否合理、健全、有效等。

（四）经济咨询职能

咨询就是提出解决方案或改进建议。经济咨询就是在经济评价的基础上，针对发现的问题，提出相应的解决方案或改进与完善建议，促进被审计单位更有效地履行受托经济责任。如针对被审计单位在内部管理中存在的问题提出解决方案；针对投资可行性研究进一步考虑的问题和完善建议等。因此，经济评价职能是肯定成绩、发现问题的过程，经济咨询职能则是提出建议、帮助改进工作与提高效益、发挥专家咨询作用的过程。

在审计职能中，经济鉴证是基础，没有正确的经济鉴证，就不可能有正确的经济监督、评价和咨询；经济鉴证、评价、咨询职能，审计师就可以履行，但经济监督则必须由审计师、审计授权人、审计结果利用者等共同来履行。在每次审计中，均体现出这四种职能，但明显程度不同，有所侧重。通常，国家审计侧重于经济监督，民间审计侧重于经济鉴证，内部审计侧重于评价，但均应履行经济咨询职能，帮助被审计单位提升价值。

第三节 审计的定义与分类

一、审计的定义

审计是由具有胜任能力的独立人员对特定主体财务报表和其他相关资料进行审查，并将结果传达给利益相关者，以监督、鉴证、评价并促进受托经济责任履行的活动。

为更好地理解审计的定义，我们对其中的一些关键术语作些解释：

（一）独立人员

独立人员实质上就是审计师。为避免循环定义，我们以“独立人员”来表述，同时也强调了审计的本质特征——独立性。审计师在整个审计过程中要保持独立性，这种独立性不仅是形式上的，也必须是实质上的。只有这样，才能保证审计结果客观公正、不偏不倚，才能取信于利用审计结果的利益相关者。

（二）具有胜任能力的独立人员

这强调，审计师只有独立性是不够的，还必须具有专业胜任能力——既熟悉相关的既定标准，又能够客观地获取为形成恰当审计结果所需的充分、适当的审计证据。同时，专业胜任能力也是保证实质上的独立性的必要条件。是否具有专业胜任能力的标志之一就是职业资格。继续教育就是保持专业胜任能力的重要途径。

（三）审计的对象

审计的对象是审计区别于其他事物的根本标志，在审计定义中必须出现。我们在前面已说明，审计的对象可以表述为：被审计单位与受托经济责任履行相关的财务收支活动和经营管理活动，以及相关财务报表和其他相关资料。为避免循环定义，我们以“特定主体”代替“被审计单位”；为减少重复，删除了“与受托经济责任履行相关的”；财务报表与其他经济资料是反映财务收支活动和经营管理活动的载体，同时也是审计实务中直接审查的对象。因此，为了精炼，我们在定义中以“特定主体财务报表和其他相关资料”来代替审计的对象。

（四）审计的利益相关者

从审计产生的社会基础来看，审计师最终要将审计结果传达给审计授权人或委托者，同时也传达给其他关心审计结果的单位和个人，他们要利用或依赖审计结果。对一个企业来说，审计的利益相关者通常包括股东、管理层、债权人、政府监管部门、员工、社区、社会公众等。

（五）审计的结果

审计师向利益相关者传达审计结果的方式通常采用审计报告。虽然审计报告可以采用口头形式或电子磁介质形式，但通常采用的是书面形式。

（六）审计的职能

审计的职能是经济监督、经济鉴证、经济评价和经济咨询。由于从定义的上下文中可以看出，整个审计活动范围是经济领域而展开的，因而在表述审计职能时省略了“经济”一词。

（七）审计的根本目的

审计的根本目的是通过审计监督、鉴证和评价被审计单位受托经济责任履行情况，确立或解除其经济责任，并提出改进建议，从而促进被审计单位更好地履行受托经济责任。

二、审计的分类

（一）审计的基本分类

1. 按审计主体不同的分类

审计主体是指实施审计行为的审计组织和审计师。审计组织分为政府审计机关、内部审计机构、民间审计组织三类。因此，按审计主体不同，审计可分为政府审计、内部审计、民间审计。

政府审计（Governmental Audit）也称为国家审计（National Audit），是指由政府审计机关所执行的审计。国家通过财政与税收形成了大量的国有资源。国家又通过法律授权方式将这些国有资源分配给政府机构、事业单位、国有企业管理和使用。为监督和评价这些管理和使用国有资源的单位履行受托经济责任的情况，国家通过制定审计方面的法律规定设置政府审计机关，代表国家对其进行审计，以保护国有资源的安全完整，提高国有资源运用的合法性和效益性。

内部审计（Internal Audit）是指由内部审计机构所执行的审计。随着单位规模扩大，内部管理层次增加，形成了一定数量的相对独立地管理和使用本单位经济资源的内部下属单位，于是在组织内部形成了最高管理层与下属单位管理者之间的受托经济责任关系。于是，最高管理层在本单位内部设置专职内部审计机构和审计师，授权他们对下属单位为履行内部受托经济责任而产生的财务收支活动、经营管理活动及其经济效益情况进行审计。内部审计的主要目的是查错防弊、促进改善经营管理和实现经济目标、提高经济效益。

民间审计（Non-governmental Audit）是指由民间审计组织所执行的审计。在我国，民间审计也称为社会审计。民间审计组织通常是经有关部门审核批准成立的，如我国经财政部门审批成立的会计师事务所。民间审计组织的主体是注册会计师，因此，民间审计也称为注册会计师审计（CPA Audit）。由于注册会计师独立性非常明显，因而，民间审计又称为独立审计（Independent Audit）。民间审计的特点是受托审计。民间审计组织只有接受了审计委托者的委托，才能开展审计业务。没有审计委托，就没有民间审计。

2. 按审计内容和目的的分类

审计按内容和目的分类，可分为财务审计、合规审计和绩效审计。

财务审计（Financial Audit）是指对被审计单位财务收支的真实合法性及其财务报表与其他相关资料的公允性所执行的审计。就其内容来看，财务审计是对被审计单位财务收支活动及其财务报表与相关资料进行的审计；就其目的来说，财务审计是通过对被审计单位财务报表与相关资料的审查，验证其正确性和公允性，并发现所记载的财务收支活动是否存在问题、是否真实正确、是否合规合法，最终明确被审计单位履行受托经济责任的情况。注册会计师实施的财务报表审计实质上是财务审计，因其突出审查被审计单位财务报表的合法性与公允性而得名。

合规审计（Compliance Audit）是指对被审计单位某些财务活动或经营活动是否符合特定标准所进行的审计。就其内容来看，合规审计是对被审计单位财务收支活动或经营活动某些方面所进行的审计；就其目的来说，合规审计是通过对这些经济活动的审查，验证其是否符合特定标准，发现其是否存在问题，最终评价被审计单位特定受托经济责任的履行情况。特定标准的来源较多，有国家财经法纪，此时合规审计又称为财经法纪审计；有国家环境保护方面的法律法规，此时合规审计又称为环境审计；有经济合同中规定的要求，此时合规审计又称为合同审计。

绩效审计（Performance Audit），又称为经济效益审计，是指对被审计单位财务收支及其经营管理活动的经济性、效率性和效果性所进行的审计。就其内容来看，绩效审计是对被审计单位财务收支活动及其经营管理活动所进行的审计；就其目的来说，绩效审计是通过对这些经济活动的审查，验证其绩效的有无及高低，发现影响绩效的事项，提出相应改进建议，帮助被审计单位改善经营管理、提高绩效水平，增强履行受托经济责任的能力与水平。在国外，绩效审计也称为“三 E”审计。“三 E”审计是经济性（Economy）审计、效率性（Efficiency）审计、效果性（Effectiveness）审计的简称。经济是指如何以更少的投入实现目标；效率是指如何以较少的投入产出更多的产品；效果是指投入的资源是否达到了既定目标。“三 E”审计又向“五 E”审计发展，即增加了环保性（Environment）审计和公平性（Equity）审计。环保是指经济活动是否有效利用了自然资源、是否影响环境保护，投入的资源是否促进了环境的可持续性；公平是指资源的分配及再分配是否公平及其对社会秩序稳定的影响。

（二）审计的其他分类

1. 按审计涉及的范围分类，可分为全部审计与局部审计

全部审计又称为全面审计，是指对被审计单位一定期间全部财务收支活动和相关经营管理活动及其全部会计资料和其他相关资料所进行的审计。这种审计范围广、资料多、审查比较全面彻底，但工作量大、成本高，一般只适用于规模小、业务简单或内部管理不健全、存在问题多的被审计单位。

局部审计是指对被审计单位一定期间部分财务收支活动和相关经营管理活动及其部分会计资料和其他相关资料所进行的审计。这种审计在确定应审查的范围与资料时，有目的、有重点、有针对性，因而审计工作量小、成本低，但可能遗漏某些重大问题。专项审计是局部审计的一种特殊情形，是对被审计单位某一特定项目所进行的审计，如存货管理审计、固定资产投资审计、支农扶贫专项资金审计、世界银行贷款项目审计等。

2. 按实施审计的时间分类，可分为事前、事中和事后审计，也可以分为定期与不定期审计，还可以分为期中与期末审计

事前审计是指在经济业务发生之前所进行的审计，一般是指对预算或计划的编制、经济事项的预测与决策所进行的审计。事前审计有利于预防错弊、减少损失，保证经济活动的合理性与有效性。事中审计是指在经济业务执行过程中进行的审计，有利于及时发现并纠正偏差，保证经济活动的合法性、合理性和效益性。事后审计是指在经济业务完成以后所进行的审计。财务审计属于典型的事后审计。事后审计主要评价经济业务的真实性、合法性与合规性，评价相关经济资料的正确性、合法性和公允性。

定期审计是指按照事先规定的时间所进行的周期性审计，如上市公司年度财务

报表审计。不定期审计是指根据需要而临时安排进行的审计，如根据举报而临时安排的对违法乱纪嫌疑人所进行的财经法纪审计。

期中审计是指在会计年度中期或经济活动进行过程中所进行的审计，如上市公司中期财务报表审计。期末审计是指在会计年度结束后或经济活动完成后对整个年度经济活动及其相关经济资料所进行的审计，如年度财务报表审计。

3. 按实施审计的地点分类，可分为就地审计和报送审计

就地审计是指在派出审计小组到被审计单位所在地所进行的审计。它便于深入被审计单位进行实际调查研究、全面了解和掌握其实际情况。我国目前主要就采用这种审计方式。

报送审计又称为送达审计，是指被审计单位将相关经济资料报送到审计主体所在地所进行的审计。它主要适用于对规模较小的被审计单位进行财务审计。其优点是节省审计成本，缺点是不便于全面了解和深入调查被审计单位的实际情况。

4. 按审计的动机分类，可分为强制审计和任意审计

强制审计是指无论被审计单位是否愿意都必须接受的审计。它一般是根据法律、法规规定，被审计单位必须接受的审计。如我国政府审计机关根据法律赋予的权力，对国务院各部门和地方各级政府的财政收支、国有金融机构和企事业单位财务收支所进行的审计，就属于强制审计。上市公司年度财务报表审计也属于强制审计。

任意审计是指根据被审计单位自身需要所进行的审计。它一般没有法律法规强制性的规定，而是由被审计单位自愿要求或聘请审计组织所进行的审计。如被审计单位聘请注册会计师开展的经济效益审计。

5. 按实施审计前是否通知被审计单位分类，可分为通知审计和突击审计

通知审计是指在审计实施之前，通过下发审计通知书或签订业务委托书的方式通知被审计单位，然后进行的审计。它有利于被审计单位做好充分准备，便于审计工作开展。一般性的财务审计和经济效益审计多采用通知审计。

突击审计是指被审计单位在事先不知情的情况下突然进行的审计。它能够有效防止被审计单位弄虚作假、掩饰事实真相，便于取得较好的审计效果。对于贪污盗窃和违法乱纪行为所进行的财经法纪审计，通常采用这种方式。

第四节 审计过程概述

一、审计过程的逻辑顺序

审计过程是审计从开始到结束的整个过程的总称。整个审计过程的逻辑顺序和审计过程如图 1-2 所示。在审计过程中，存在许多重要的审计概念：如审计目标与审计计划（第三章）、重要性与审计风险（第四章）、审计证据与审计工作底稿

（第五章）、内部控制及其评审（第六章）、审计报告（第十三章）等。

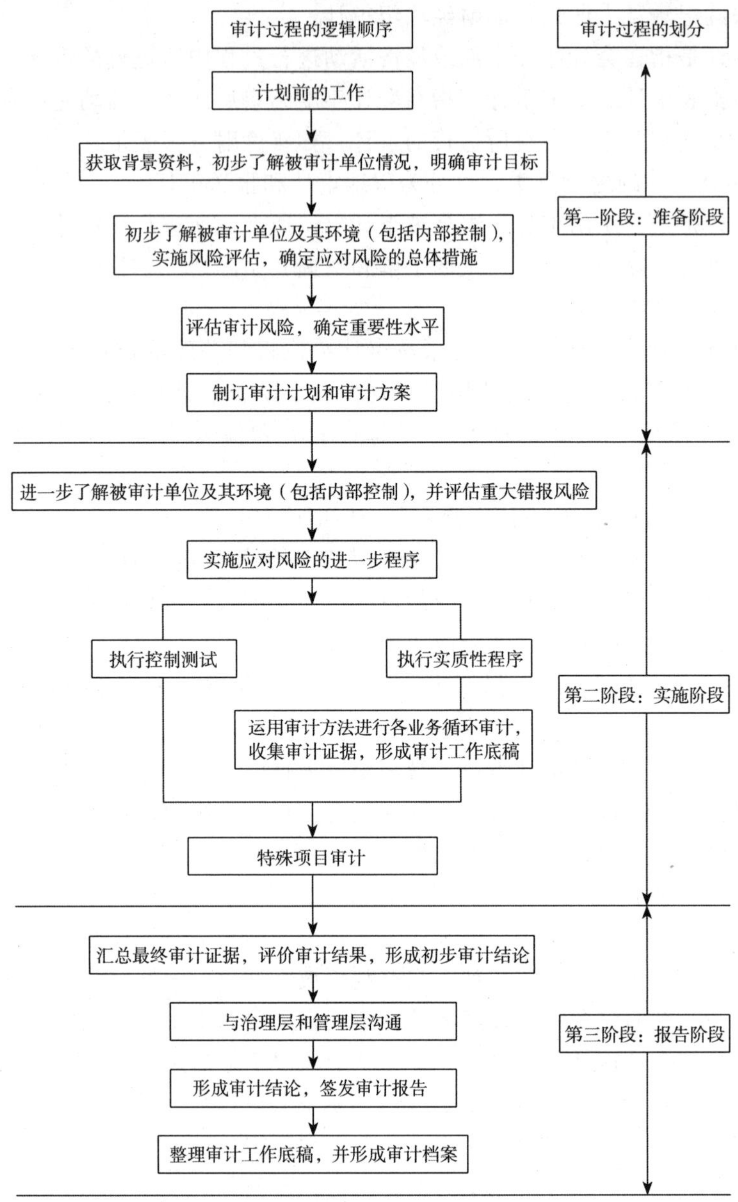

图 1-2　审计过程的逻辑顺序和审计过程

二、审计过程的划分

在审计实务中，通常将审计过程分为三个阶段，即准备阶段、实施阶段、报告阶段。

（一）审计准备阶段

审计准备阶段，也称为审计计划阶段，从确定审计项目开始至进驻被审计单位之前的阶段。这一阶段的主要工作是：获取被审计单位相关背景资料，了解其经营管理情况和财务状况及所属行业的基本情况；接受审计业务，确定审计目标；在了解被审计单位及其环境（包括内部控制）的基础上，实施风险评估程序，决策应对风险的总体措施；评估审计风险，确定重要性水平；制订审计计划和审计工作方案。

（二）审计实施阶段

审计实施阶段也称为外勤阶段，是审计工作的核心阶段，一般从审计小组进驻被审计单位起至撤离止的阶段。这一阶段的核心工作是实施应对风险的进一步审计程序，主要包括内部控制测试和实质性程序。内部控制测试包括内部控制的了解、描述、设计测试与执行测试，以评价内部控制的有效性及其控制风险。实质性程序就是对各业务循环所进行的审计，包括对交易和事项、账户余额、财务报表的列报与披露的细节测试和实质性分析程序，以发现认定层次的重大错报。

在本书中，我们将财务报表审计划分为销售与收款循环审计（第九章）、采购与付款循环审计（第十章）、员工服务与生产、仓储循环审计（第十一章）、筹资循环审计（第十二章）、投资循环审计（第十三章）、现金收支循环审计（第十四章）。此外，实质性程序还包括对特殊项目的审计，如期初余额审计、会计政策和会计估计变更及会计差错更正审计、债务重组审计、非货币性交易审计、关联方关系及其交易披露审计、或有事项与期后事项审计、现金流量表审计等。在审计实施阶段，要运用审计抽样和审计技术方法对相关经济活动和经济资料进行审查，以获取充分、适当的审计证据，并应编制审计记录，形成审计工作底稿。

（三）审计报告阶段

审计报告阶段也称为审计终结阶段，即审计小组撤离被审计单位起至完成全部审计工作止的阶段。其主要工作包括：汇总、整理与评价审计证据；复核审计工作底稿；与被审计单位治理层和管理层沟通；形成审计结论，编写并提交审计报告；编写管理建议书；整理审计档案。

【延伸阅读】

1. 《中国注册会计师协会关于推动会计师事务所做大做强的意见》（2008）。
2. 《审计署“十二五”审计工作发展规划》（2011）。

【复习思考题】

1. 简述我国审计发展中的重要史实。
2. 简述国外审计发展中的重要史实。
3. 审计产生与发展的动因是什么？

4. 如何理解审计的对象？
5. 审计有哪些基本职能？
6. 怎样理解审计的定义？
7. 审计的基本分类有哪些？审计还可以进行哪些分类？
8. 审计过程的逻辑顺序是怎样的？
9. 审计过程可划分为哪些阶段？每一阶段包括哪些主要工作？

第二章　审计组织与审计规范体系

审计职能由审计组织和审计师来履行，他们在履行审计职能的过程中必须遵循相应的职业规范，以确保审计工作质量，更好地服务于审计利益相关者。本章在介绍审计组织模式的基础上，重点阐述我国政府审计机关的权利与责任、中国注册会计师职业规范体系。

第一节　审计组织

建立和健全审计组织，并配备合格的审计师，是实行审计制度的必要前提和组织基础。当今世界上多数国家都分别建立了政府审计机关、内部审计机构和民间审计组织，并配备了相应的审计师。

一、政府审计机关及政府审计人员

（一）政府审计机关的模式

政府审计机关是代表国有资源所有者依法行使审计监督权的行政机关，它具有国家法律赋予的独立性和权威性。政府审计机关不仅是最早的审计组织形式，也是现代各国审计组织体系中重要组成部分。尽管各国审计机关的称呼不一，但都是国家政权的一个重要组成部分。由于世界各国的文化传统和政治体制不同，190 多个国家或地区的最高审计机关的隶属关系和地位也有很大差别。其主要类型有以下四种：

1. 立法型模式

立法型模式，即最高审计机关隶属立法机关，依照国家法律赋予的权力行使审计权，一般直接对议会或国会负责，并向议会或国会报告工作。目前世界上大多数国家的最高审计机关属于立法型。英国是这一类型审计制度的先驱，其最高审计机关——国家审计署隶属于议会。此外，奥地利审计院直接隶属国民议会，每年向国民议会提交工作报告；加拿大审计长每年向众议院报告审计长公署工作中应提请众议院注意的所有重要事项；美国政府受托责任审计总署（Government Accountability Office，GAO，也译为问责署）隶属于国会，不受行政当局干涉，独立行使审计监督权。立法型审计机关地位高、独立性强、权威性大，不受行政当局的干预，因而是一种较为理想的政府审计机关设置模式。

2. 司法型模式

司法型模式，即最高审计机关隶属于司法部门，一般以审计法院的形式存在，拥有很强的司法权，从而强化了政府审计职能。法国是这一类型审计制度的起源国家，其审计法院拥有审判权，直接向两院报告审计结果。此外，意大利审计法院对公共财物案件和法律规定的其他案件有裁判权；西班牙审计法院拥有自己的司法权。司法型审计机关可以直接行使司法权力，具有司法地位，因而具有很高的权威性。

3. 行政型模式

行政型模式，即最高审计机关隶属于政府部门，它是政府的一个行政职能部门，根据政府赋予的权限，对政府所属各级、各部门、各单位的财政财务收支活动进行审计。它们对政府负责，保证政府财经政策、法令、计划、预算的正常实施。例如，沙特阿拉伯王国审计总局是对首相负责的独立机构，年度工作报告呈递国王陛下；泰国审计长公署向内阁总理呈报；瑞典审计局认为有必要报告有关情况时，则应首先向负责部门或有关机构报告，如认为无此必要，可直接向政府报告；我国国家审计署隶属于国务院。行政型审计机关依据政府法规进行审计工作，其独立性相对较低。

4. 独立型模式

独立型模式，即最高审计机关独立于立法权、司法权和行政权之外，这样可以确保政府审计不带政治偏向地、公正地行使审计监督权。例如，日本会计检察院既不属于议会，对内阁也具有独立地位，认为其检查报告需要向国会提交时，可由检察官出席国会，或书面报告。德国联邦审计院是联邦机构，是独立的财政监督机构，只受法律约束，只对法律负责，属于联邦最高权力机关，其法定职能是协助联邦议院、联邦参议院和联邦政府作出决议。一般说来，这类审计机关只受法律约束，而不受政府机关的直接干预。

（二）政府审计机关的国际组织——最高审计机关国际组织

最高审计机关国际组织（International Organization of Supreme Audit Institutions, INTOSAI）是由联合国成员国最高审计机关组成的国际性组织，是一个独立自治的、非政治性的国际组织。该组织的宗旨是："经验分享，全球共惠"。通过提供制度性框架来促进审计知识开发和交流、改进全球政府审计、提升全球专业能力，推动和促进各国政府审计部门更好地完成本国的审计工作。

最高审计机关国际组织的成立，经历了较长时间的酝酿和筹备。在其成立前，一些国家的最高审计机关于 1947 年在德国柏林和 1950 年在意大利佛罗伦萨召开的国际管理科学大会上，就举行审计界的世界大会进行了磋商并提出建议。1953 年，由古巴审计署发起，在哈瓦那召开了第一届最高审计机关国际大会。1968 年，在日本东京举行的第六届最高审计机关国际大会通过了章程，正式宣告该组织的成立，其总部和秘书处设在维也纳。经过近 60 多年的历程，该组织目前已发展成为拥有 192 个正式会员和 5 个准会员的国际性组织①。我国于 1982 年在马尼拉召开的第十一届代表大会上，正式被批准成为该组织的成员国。

① 参见 http：//www. intosai. org/about-us. html，2014-05-29。

（三）我国政府审计机关

1. 隶属领导关系

我国政府审计机关属于行政型模式。政府审计机关是代表政府依法行使审计监督权的行政机关，具有宪法赋予的独立性和权威性。1982 年 12 月，我国公布的《宪法》第 91 条规定："国务院设立审计机关，对国务院各部门和地方各级政府的财政收支，对国家的财政金融机构和企事业组织的财务收支，进行审计监督。审计机关在国务院总理领导下，依照法律规定独立行使审计监督权，不受其他行政机关、社会团体和个人的干涉。"

目前，我国政府审计机构共分四级，即：审计署；省级审计机关，即各省、自治区、直辖市审计（厅）局；市级审计机关，即省辖市、自治州、盟、行政公署（省人民政府派出机关）审计局；县级审计机关，即县、旗、区审计局。后三者统称为地方审计机关。此外，中国人民解放军系统也设置了审计机构，其最高机构为中国人民解放军审计署，为正军级，由中央军委领导，主管全军审计工作，对中央军委负责并报告工作。

我国审计机关实行"统一领导、分级负责"的双重管理体制。审计署是国家最高审计机关，在国务院总理领导下，组织领导全国的审计工作，对国务院负责并报告工作。它负责对国务院所属各部门、经济实体、金融机构，各省、自治区、直辖市、计划单列城市，以及接受中央财政拨款单位的财政财务收支情况进行审计，检查和督促这些行业改进管理，提高整个行业的经济效益；对财政经济活动中的重要问题进行专题审计调查，从宏观经济角度进行研究，向政府和有关部门提出改进宏观调控的建议；对省级地方审计机关审计的事项进行抽查和对被审计单位提出的申诉进行复审。

我国地方各级审计机关实行"双重领导体制"，即分别在省长、市长、县长和上一级审计机关的双重领导下，组织领导本行政区的审计工作，负责对本级政府所属单位和下一级政府的财政财务收支情况进行审计。地方审计机关的审计业务以上级审计机关领导为主，接受上级审计机关部署的审计任务，审计工作情况和重要审计结论和决定，在报告本级政府的同时，要向上一级审计机关报告；行政上以本级人民政府领导为主，但为了保障地方审计机关依法独立行使职权，地方政府任免审计机关负责人应当事先征求上一级审计机关的意见。①

审计机关根据工作需要，可以在重点地区、部门设立派出机构，开展审计工作。例如，审计署向重点地区、城市派出的代表人员，组成审计署特派员办事处，称为"审计署驻××市特派员办事处"，其负责人称为"审计特派员"，代表审计署

① 党的十八届四中全会于 2014 年 10 月 23 日审议通过的《中共中央关于全面推进依法治国若干重大问题的决定》提出："完善审计制度，保障依法独立行使审计监督权。……强化上级审计机关对下级审计机关的领导。探索省以下地方审计机关人财物统一管理。推进审计职业化建设。"这意味着我国将探索地方审计机关的垂直领导体制，使省级以下审计机关能够摆脱地方政府的干预和支配，以保证审计工作的独立性。

执行审计业务，开展审计工作，直接对审计署负责并报告工作。

2. 审计机关职权

政府审计机关是依照《宪法》和《审计法》建立的，《审计法》明确规定了其职责和权限。

（1）政府审计机关的主要职责

①审计监督职责。审计监督的对象包括：政府预算的执行情况和决算，以及其他财政收支情况；中央银行和国家的事业组织，以及使用财政资金的其他事业组织的财务收支；国有金融机构和国有企业的资产、负债、损益；政府投资和以政府投资为主的建设项目的预算执行情况和决算；政府部门管理的和其他单位受政府委托管理的社会保障基金、社会捐赠资金以及其他有关基金、资金的财务收支情况；国际组织和外国政府援助、贷款项目的财务收支情况等。这些被审计单位或事项的共同特点是：占有、管理和运用公共资金、国有资产或国有资源。

②经济责任审计职责。审计机关按照国家有关规定，对国家机关和依法属于审计机关审计监督对象的其他单位的主要负责人，在任职期间对本地区、本部门或者本单位的财政收支、财务收支以及有关经济活动应负经济责任的履行情况，进行审计监督。

③专项审计调查职责。审计机关有权对与国家财政收支有关的特定事项，向有关地方、部门、单位进行专项审计调查，并向本级人民政府和上一级审计机关报告审计调查结果。

（2）政府审计机关的权限

①要求报送资料权。审计机关有权要求被审计单位按照审计机关的规定报送预算或者财务收支计划、预算执行情况、决算、财务会计报告，运用电子计算机储存、处理的财政收支、财务收支电子数据和必要的电子计算机技术文档，在金融机构开立账户的情况，社会审计机构出具的审计报告，以及其他与财政收支或者财务收支有关的资料，被审计单位不得拒绝、拖延、谎报。

②审计检查权。审计机关有权检查被审计单位的会计凭证、会计账簿、财务会计报告和运用电子计算机管理财政收支、财务收支电子数据的系统，以及其他与财政收支或者财务收支有关的资料和资产，被审计单位不得拒绝。

③审计调查权。审计机关有权就审计事项的有关问题向有关单位和个人进行调查，并取得有关证明材料，有关单位和个人应当支持和配合；审计机关经县级以上人民政府审计机关负责人批准，有权查询被审计单位以及被审计单位以个人名义在金融机构的账户。

④违规行为制止权。审计机关有权制止被审计单位转移、隐匿、篡改、毁弃会计凭证、会计账簿、财务会计报告以及其他与财政收支或者财务收支有关的资料的行为，以及转移、隐匿所持有的违反国家规定取得的资产的行为；有权制止被审计单位正在进行的违反国家规定的财政收支、财务收支行为。

⑤审计结果公布权。审计机关可以向政府有关部门通报或者向社会公布审计结果。

⑥请求其他政府机关协助权。即审计机关履行审计监督职责，可以提请公安、监察、财政、税务、海关、价格、工商行政管理等机关予以协助。

⑦一定的行政处罚权。审计机关可以根据《审计法》及其实施细则和《财政违法行为处罚处分条例》的规定，对违反国家财经法规的单位或个人作出通报批评、警告、责令限期缴纳应当上缴的收入等处罚。

⑧行政处罚建议权。审计机关可以根据《审计法》及其实施细则和《财政违法行为处罚处分条例》的规定，对存在严重违反国家财经法规的单位的直接负责的主管人员、其他直接责任人员以及有财政违法行为的个人，建议监察机关及其派出机构或者任免机关依照人事管理权限，依法给予行政处分。被审计单位或者其上级机关、监察机关应当依法及时作出决定，并将结果书面通知审计机关。

⑨移送司法处理权。审计机关可以对严重违反国家财经法规、触犯刑律的个人，移送国家司法机关进行处理。

（四）我国政府审计人员

政府审计人员是指审计机关中接受国家授权，依法行使审计监督权，从事审计工作的人员，即审计“公务员”，包括各级审计机关负责人和一般工作人员。

审计长是审计署的行政首长，由国务院总理提名，全国人民代表大会常务委员会决定，国家主席任命。审计署实行审计长负责制，审计长是国务院组成人员。审计长每届任期五年，可以连任。

地方审计机关中的审计厅（局）长由本级人民代表大会常务委员会决定任免，是本级人民政府组成人员。《审计法》第 15 条规定：“审计机关负责人依照法定程序任免。审计机关负责人没有违法失职或者其他不符合任职条件的情况的，不得随意撤换。地方各级审计机关负责人的任免，应当事先征求上一级审计机关的意见。”这样，可以保障地方审计机关独立行使审计监督权。

除上述主要负责人以外的其他审计人员，由有关部门依据《国家公务员暂行条例》和其他法律规定的干部管理权限决定任免。

政府审计人员属于国家公务员。他们的职称一般分为三种：高级审计师、审计师、助理审计师。

二、内部审计机构及审计人员

（一）内部审计机构的基本模式

内部审计机构是指在部门、单位内部从事审计工作的机构，对本部门、本单位及所属单位的财务收支及经济活动进行审计。常见的企业内部审计机构组织形式有三种：（1）受财务总监或主管财务的副总裁领导并向其报告工作；（2）受总经理或总裁领导并向其报告工作；（3）受董事会审计委员会领导并向其报告工作。内部审计机构隶属领导层次越高，独立性越强，权威性越高，越有利于发挥其作用。

（二）内部审计机构的国际组织——国际内部审计师协会

1941年春，美国爱迪森电力协会和美国煤气协会联合成立了内部审计师协会（The Institute of Internal Auditors，IIA）。1941年12月9日，内部审计师协会召开了第一届年会。1944年4月在加拿大多伦多和1948年2月在伦敦建立分会，标志着内部审计师协会已超越美国国界而成为国际性组织。该协会的宗旨是："经验分享，携手共进"，为会员完成各项专业职责和促进内部审计事业的发展提供服务。内部审计师协会现拥有200多个分会、17万余名会员，负责制定国际内部审计准则。

从1974年开始，内部审计师协会正式进行注册业务。目前，全世界已有1.6万名注册内部审计师（Certified Internal Auditor，CIA），它表明内部审计的职业地位达到了一个新的高度。

我国于1987年以"中国内部审计学会"名义加入了国际内部审计师协会，成为其国家分会之一，并自该年起派代表团出席其年会。

（三）内部审计人员

内部审计人员是指在本部门、本单位内部从事审计业务的人员。内部审计人员除了熟悉会计、财务、审计等方面的专业知识以外，还可视工作需要配备其他专业人员，如经济师、工程师、律师等。随着内部审计领域的广泛化和业务的复杂化，内部审计机构对审计人员的素质要求越来越较高，要求其至少是某一方面的专家，最好是一专多能的复合型人才。

我国自1997年起，有部分人员参加了国际内部审计师资格考试并获得了资格认定，自2003年起执行内部审计师资格认证制度。

三、民间审计组织及注册会计师

（一）民间审计组织的基本形式

民间审计组织的基本形式是会计师事务所（下文简称事务所），是注册会计师依法承办业务的机构。其主要组织形式有四种：独资、普通合伙制、有限责任公司制、有限责任合伙制。

1. 独资事务所

独资事务所由具有注册会计师执业资格的个人独立开业，并承担无限责任。由于对执业人员的需求不多，因而容易设立，执业灵活，在代理记账、代理纳税等方面很好地满足企业对注册会计师业务的需求。但由于其固有的局限性，它无力承担大型业务，缺乏发展后劲。

2. 普通合伙制事务所

普通合伙制事务所是由两名及以上注册会计师组成的合伙组织。合伙人以各自的财产对事务所的债务承担无限连带责任。其优点是：在风险牵制和共同利益的驱动下，促使事务所强化专业发展，扩大规模，提高规避风险的能力。缺点是：任何一个合伙人在执业中的错弊行为，都可能给整个事务所和其他合伙人带来灭顶之灾。

3. 有限责任公司制事务所

有限责任公司制事务所是由注册会计师出资设立，并以其认购股份对事务所承担有限责任，事务所以其全部财产对其债务承担有限责任的事务所。其优点是：可通过股份制形式集聚一大批注册会计师，组建大型事务所，承办大型业务。缺点是：降低了风险责任对执业行为的高度约束，弱化了注册会计师的个人责任。

4. 有限责任合伙制事务所

有限责任合伙制事务所是以其全部资产对其债务承担有限责任，各合伙人对本人执业行为承担无限责任，但对其他合伙人执业行为只承担有限责任的组织。其最大特点是：既融入了普通合伙制和有限责任制事务所的优点，又摒弃了它们的缺点。这种组织形式顺应了社会经济发展对注册会计师行业的要求，于 1990 年代初期兴起。目前，“四大”国际会计公司，即毕马威（KPMG）、安永（Ernst & Young）、德勤（Deloitte & Touche）、普华永道（Price Waterhouse Coopers，简称 PwC），均为有限责任合伙制事务所。它们凭借良好的声誉、高质量的服务赢得了审计及会计服务行业的大部分市场份额。

（二）我国事务所基本形式及设立条件

在我国，事务所是经国家批准、依法设立并独立承办注册会计师业务的机构。事务所是注册会计师的工作机构，注册会计师只有加入事务所才能承接业务。当前，我国事务所有三种组织形式：有限责任制、普通合伙制和特殊普通合伙制。设立事务所，应当由全体合伙人或者全体股东提出申请，由拟设立地的省级财政部门批准。事务所应当设立主任会计师。

1. 有限责任事务所

有限责任事务所是指由注册会计师出资发起设立、承办注册会计师业务并负责有限责任的社会中介机构。事务所以其全部资产对其债务承担责任，出资人承担的责任以其出资额为限。

设立条件：（1）有 5 名以上的股东；（2）有一定数量的专职从业人员；（3）有不少于人民币 30 万元的注册资本；（4）有股东共同制定的章程；（5）有事务所的名称；（6）有固定的办公场所。主任会计师由法定代表人担任，法定代表人由股东担任。

2. 普通合伙事务所

普通合伙事务所是由注册会计师合伙设立、承办注册会计师业务的社会中介机构。合伙人按出资比例或者协议的约定，以各自的财产对事务所的债务承担无限连带责任。

设立条件：（1）有 2 名以上的合伙人；（2）有书面合伙协议；（3）有事务所

的名称；（4）有固定的办公场所。主任会计师由执行事务所事务的合伙人担任。

3. 特殊普通合伙事务所

特殊普通合伙事务所是由事务所的合伙人设立，各合伙人根据协议出资、合伙经营、共享收益、共担风险，依照法律的规定和协议的约定对事务所的债务承担责任。无过失的合伙人对于其他合伙人的过失或不当执业行为以自己在事务所的财产为限承担责任。它的最大特点在于既融入了普通合伙事务所和有限责任事务所的优点，又摒弃了它们的不足。①

设立条件：（1）具备注册会计师执业资格的合伙人不少于25名，具备注册资产评估师、注册税务师、注册造价工程师执业资格的合伙人不得超过合伙人总数的20%；（2）合伙人出资总额为不低于人民币1 000万元；（3）有书面合伙协议；（4）有事务所的名称；（5）有固定的办公场所。主任会计师由执行合伙事务的首席合伙人担任。

要成为事务所的合伙人或股东，需具备严格的条件，如持有注册会计师证书、专职执业、具有丰富的独立审计经验和良好道德记录等。

（三）民间审计组织的国际组织——国际会计师联合会

国际会计师联合会（International Federation of Accountants，IFAC）成立于1977年。目前，其成员国包括遍布世界的约160个职业会计师团体，会员超过250万人。该联合会制定国际会计、审计准则，协调世界范围内会计职业的合作与发展，谋求会计师职业工作质量的提高。它下设国际审计和鉴证准则委员会（International Auditing and Assurance Standards Board，IAASB），代表联合会理事会制定并颁布《国际审计准则》。中注协于1997年加入该联合会。

（四）注册会计师

注册会计师是指依法取得注册会计师证书并在事务所从事审计和会计咨询、会计服务业务的执业人员。要成为注册会计师，通常要满足三个方面的条件：教育要求、注册会计师资格考试、执业经验。

在我国，《注册会计师法》规定，注册会计师的最低教育要求为大专毕业。

我国目前注册会计师资格考试分为两个阶段：第一阶段为专业阶段，主要测试考生是否具备注册会计师专业所需的专业知识、基本技能和职业道德要求，分为会计、审计、财务成本管理、公司战略与风险管理、经济法和税法6科；第二阶段为综合阶段，主要测试考生是否具备在注册会计师执业环境中运用专业知识，保持职业价值观、职业态度与职业道德及有效解决实务问题的能力，设综合一科。第一阶段6科合格后获得专业阶段合格证书，才能参加第二阶段考试。全科成绩合格的，才能取得全科合格证书和注册会计师资格，并可申请加入中注协，成为非执业会员。

要取得执业资格，还必须加入一家事务所，并具有两年以上审计工作经验，并

① 我国的特殊普通合伙事务所类似于国际上通行的有限责任合伙制事务所。

符合其他审批条件。只有经批准注册并获得证书，方可执行注册会计师业务。

（五）注册会计师行业监管

1. 注册会计师监管基本模式

注册会计师行业监管的主要内容有：注册会计师执业资格的认定（现行主要是通过资格考试等程序）与注册管理、事务所的审批与管理、执业准则与职业道德准则的制定与审批及督促执行、执业质量的检查监督、事务所与注册会计师的奖惩等。在当前，注册会计师行业监管模式可分成三种：自律监管模式、政府（行政）监管模式和独立监管模式。

自律监管模式即注册会计师行业管理事务主要由注册会计师职业组织来实施与管理，政府很少干预。这一模式的主要优点是具有较大的灵活性与适应性，较好地发挥职业组织的专业优势，对经济环境变化的反应及时和有效；其缺点是难以保护公众利益、缺乏形式上的独立性、权威性不够、约束力不足。在 2002 年之前，美国注册会计师行业是典型的自律监管模式。

政府（行政）监管模式即注册会计师行业管理事务主要由政府指定行政部门来实施与管理，职业组织的设立也需政府的批准并接受政府的监管。这一模式的主要优点是具有较强独立性、较大权威性和足够强制力，最大限度地保护公众利益；其缺点是缺乏灵活性与适应性，对经济环境变化的反应滞后，可能使注册会计师行业缺乏应有的活力。

独立监管模式即注册会计师行业管理事务既独立于自身，又独立于政府的独立监管机构来实施与管理。如果有来自政府与职业组织的权威支持，这一模式能够保留自律监管模式和政府监管模式的优点，又在一定程度上克服这两种模式的缺点。但如果独立监管机构与政府、职业组织的关系处理不当，就有可能不具有两者的优点，却保留了两者的缺点。在 2002 年之后，美国注册会计师行业变革为典型的独立监管模式。

2. 我国注册会计师行业监管

我国《注册会计师法》第 5 条规定，国务院财政部门和省、自治区、直辖市人民政府财政部门，依法对注册会计师、事务所和注册会计师协会进行监督、指导。财政部于 2002 年 11 月发布的《关于进一步加强注册会计师行业管理的意见》（财会［2002］19 号）规定，财政部门有关职能机构行使注册会计师行业行政管理职能，具体包括：（1）监督与指导注册会计师、事务所、注册会计师协会；（2）审批事务所；（3）备案注册会计师的注册情况；（4）审批注册会计师执业规则和准则；（5）对事务所与注册会计师进行监督检查与行政处罚等。中注协行使行业自律管理职能，具体包括：（1）对注册会计师公正执业和遵守职业道德情况的自律性指导与督促；（2）执业标准的建设与业务指导；（3）注册会计师资格考试与后续教育；（4）向政府部门反映注册会计师的意见与建议；（5）向注册会计师提供专业援助，维护其合法性权益；（6）与国际同行的交流与合作。

可见，我国注册会计师行业监管实行的是“政府监管为主，行业自律为辅”的模式。

第二节　审计职业规范体系

审计职业规范体系包括审计准则、审计质量控制准则和审计职业道德准则。由于注册会计师职业规范体系最为完善，政府审计和内部审计规范体系均是在注册会计师规范体系的基础上发展起来的，因此本节以注册会计师职业规范体系[①]为主进行介绍。

一、审计准则

审计准则是审计师从事审计工作时必须遵循的行为规范，是衡量审计工作质量的标准。制定和实施审计准则，可以提高审计工作质量，赢得社会公众的广泛信赖；可以维护事务所和注册会计师的合法权益；可以促进审计经验的广泛交流。

（一）国际审计准则

国际审计准则（International Standards on Auditing，ISA）由国际会计师联合会下设的国际审计与鉴证准则委员会（IAASB）发布。该委员会同时还发布其他相关业务准则，如图 2-1 所示。

（二）美国公认审计准则

美国注协制定的《公认审计准则》（Generally Accepted Auditing Standards，GAAS）是世界上影响最大、最广泛的审计准则。狭义的公认审计准则就是指《公认审计准则》十条，广义的公认审计准则还包括《审计准则公告》（Statements on Auditing Standards，SAS）。《公认审计准则》由审计程序委员会于 1947 年制定，当时只有 9 条。经过多次修订后的主要内容如下：

1. 一般准则

（1）充分的专业训练和胜任能力——审计应由一位或多位经过充分技术培训，并精通业务的审计师执行。

（2）精神状态的独立性——对所有与审计相关的事项，审计师均应保持精神状态上的独立性。

（3）应有的职业谨慎——在执行审计工作和编写审计报告时，审计师必须运用应有的职业谨慎。

2. 外勤工作准则

（1）适当的计划和督导——审计师应充分计划审计工作，若有助理人员参加，必须予以适当督导。

---

① 由于中国注册会计师职业规范已在 2006 年实现了与国际会计师联合会（IFAC）所建立规范的趋同，因此，除审计准则介绍了国际审计准则（ISA）和美国公认审计准则外，均只介绍相关的中国注册会计师职业规范。

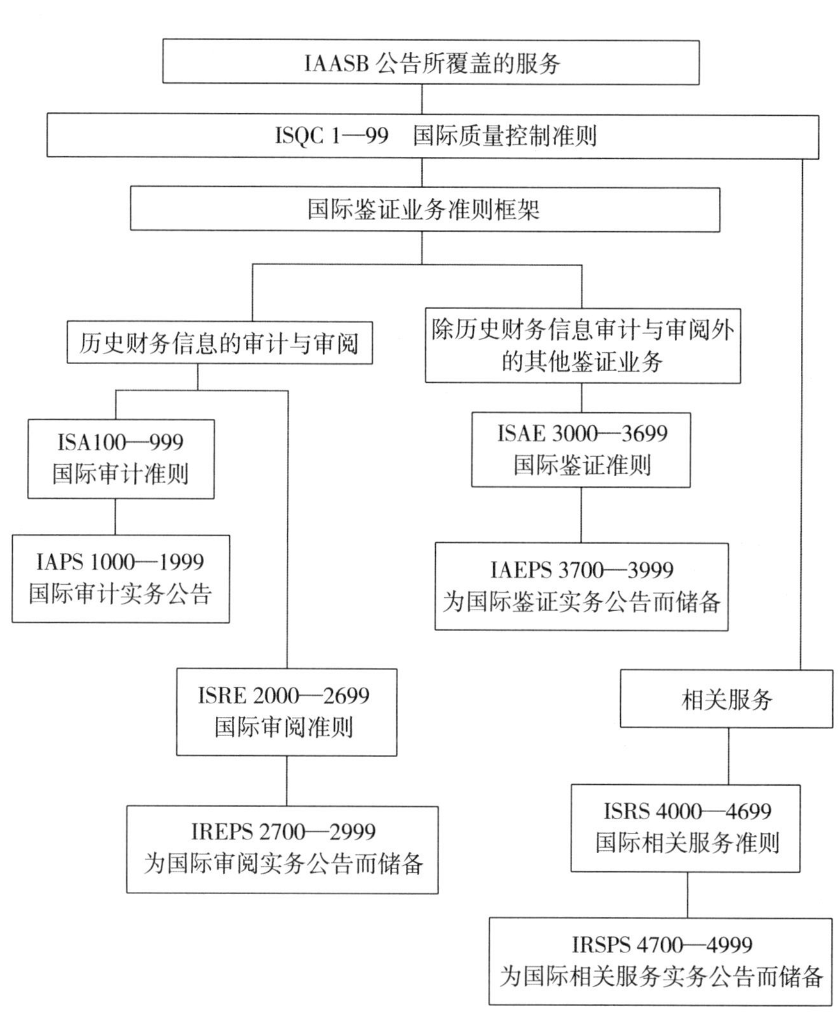

图 2-1　IAASB 发布的公告的结构图

（2）充分了解被审计单位及其环境，包括内部控制——审计师必须充分了解被审计单位及其环境，包括内部控制，以便评估财务报表因错误或舞弊导致的重大错报风险，并设计进一步审计程序的性质、时间安排及范围。

（3）充分、适当的审计证据——审计师必须实施审计程序获取充分、适当的审计证据，以便为被审计财务报表发表意见提供合理基础。

3. 报告准则

（1）财务报表是否按照公认会计原则（GAAP）编制——审计师必须在审计报告中说明财务报表是否按照公认会计原则的规定编制。

（2）公认会计原则未被一贯遵循的情况——审计师必须在审计报告中指出公认会计原则在本期和上期未被一贯遵循的各种情况。

（3）信息披露的充分性——当审计师确定信息披露不是合理充分的，审计师就必须在审计报告中作出充分陈述。

（4）对财务报表意见的表述——审计师必须在审计报告中就财务报表整体发表意见，或者声明不能发表意见。当审计师不能发表整体意见时，审计师就应当在审计报告中陈述理由。在任何情况下，审计师的姓名一旦与财务报表相关联，审计师就应当在审计报告中清楚地说明其工作的特性（如果已实施工作）及其所负责任的程度。

（三）中国注册会计师审计准则

1. 中国注册会计师执业准则体系

中注协负责拟定中国注册会计师执业准则，报财政部批准后施行。中注协于1989年开始拟定执业规则，至1993年共发布了8个。1995年起，对执业规则体系进行了调整，发布独立审计准则、职业道德规范、质量控制准则和后续教育准则。2005年起，为了适应注册会计师执业准则国际趋同的要求，在制定新准则的同时对所发布的准则进行了全面复核与修订，以使其在体系、结构、内容上与IFAC所发布的准则全面趋同。该执业准则体系于2006年2月发布，自2007年1月1日起生效，2010年又进行了修订。目前，中国注册会计师执业准则体系包括事务所质量控制准则、鉴证业务基本准则与审计准则、审阅准则、其他鉴证业务准则、相关服务准则。其基本关系如图2-2所示。

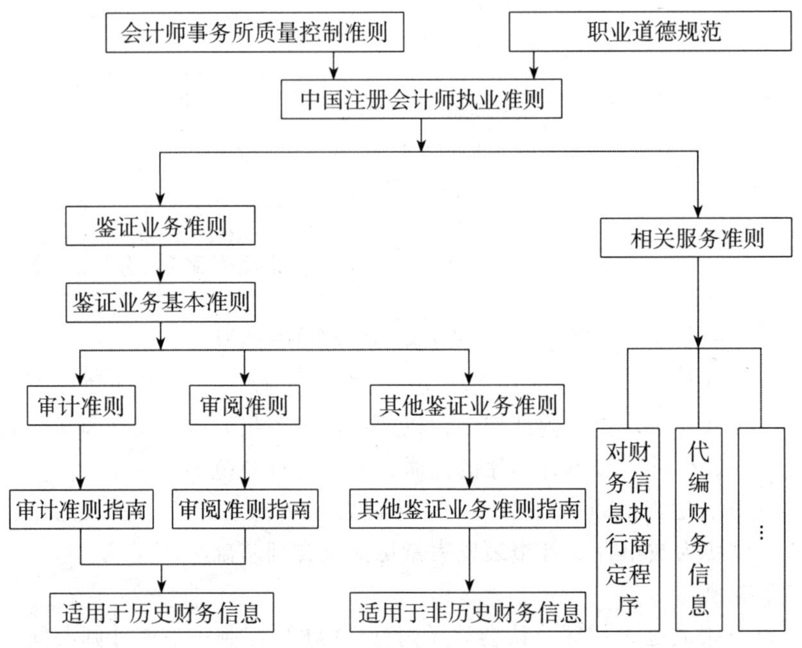

图2-2 中国注册会计师业务准则体系图

2. 已发布的中国注册会计师审计准则目录

经过复核和修订后，截至 2014 年 10 月，已发布的中国注册会计师审计准则（Chinese Standards on Auditing，CSA）见表 2-1。

表 2-1　**国际审计准则与中国注册会计师审计准则的比较**

（截至 2014 年 10 月）

项　目	国际审计准则	中国注册会计师审计准则
基本准则	国际鉴证业务准则框架	中国注册会计师鉴证业务基本准则
一般原则和责任	ISA200 独立审计师的总体目标和按照国际审计准则执行审计	CSA1101 注册会计师的总体目标和审计工作的基本要求
	ISA210 就审计业务约定条款达成一致意见	CSA1111 就审计业务约定条款达成一致意见
	ISA220 财务报表审计的质量控制	CSA1121 对财务报表审计实施的质量控制
	ISA230 审计书面记录	CSA1131 审计工作底稿
	ISA240 审计师在财务报表审计中与舞弊相关的责任	CSA1141 财务报表审计中与舞弊相关的责任
	ISA250 财务报表审计中对法律和法规的考虑	CSA1142 财务报表审计中对法律法规的考虑
	ISA260 与治理层的沟通	CSA1151 与治理层的沟通
	ISA165 与治理层和管理层沟通内部控制缺陷	CSA1152 向治理层和管理层通报内部控制缺陷
		CSA1153 前任注册会计师和后任注册会计师的沟通
风险评估及其审计程序	ISA300 计划财务报表审计	CSA1201 计划审计工作
	ISA315 通过了解被审计单位及其环境识别和评估重大错报风险	CSA1211 通过了解被审计单位及其环境识别和评估重大错报风险
	ISA320 计划和执行审计时的重要性	CSA1221 计划和执行审计时的重要性
	ISA330 审计师针对评估的风险采取的应对措施	CSA1231 针对评估的重大错报风险采取的应对措施
	ISA402 对被审计单位利用服务机构的考虑	CSA1241 对被审计单位使用服务机构的考虑
	ISA450 评价审计过程中识别出的重大错报	CSA1251 评价审计过程中识别出的错报

续表

项 目	国际审计准则	中国注册会计师审计准则
审计证据	ISA500 审计证据	CSA1301 审计证据
	ISA501 审计证据——对已选项目的特殊考虑	CSA1311 对存货等特定项目获取审计证据的具体考虑
	ISA505 外部函证	CSA1312 函证
	ISA510 首次审计业务——期初余额	CSA1331 首次审计业务涉及的期初余额
	ISA520 分析程序	CSA1313 分析程序
	ISA530 审计抽样	CSA1314 审计抽样
	ISA540 审计会计估计（包括公允价值会计估计）和相关披露	CSA1321 审计会计估计（包括公允价值会计估计）和相关披露
	ISA550 关联方	CSA1323 关联方
	ISA560 期后事项	CSA1332 期后事项
	ISA570 持续经营	CSA1324 持续经营
	ISA580 管理层声明	CSA1341 书面声明
利用他人的工作	ISA600 特殊考虑——集团财务报表审计	CSA1401 对集团财务报表审计的特殊考虑
	ISA610 利用内部审计师的工作	CSA1411 利用内部审计人员的工作
	ISA620 利用审计师的专家的工作	CSA1421 利用专家的工作
审计结论及其报告	ISA700 对财务报表形成审计意见和出具审计报告	CSA1501 对财务报表形成审计意见和出具审计报告
	ISA705 在独立审计师报告中对意见的修正	CSA1502 在审计报告中发表非无保留意见
	ISA606 独立审计师报告中的强调事项段和其他事项段	CSA1503 在审计报告中增加强调事项段和其他事项段
	ISA710 比较信息——对应数据和比较财务报表	CSA1511 比较信息：对应数据和比较财务报表
	ISA720 审计师对含有已审计财务报表的文件中的其他信息的责任	CSA1521 注册会计师对含有已审计财务报表的文件中的其他信息的责任
特殊业务领域（审计实务公告）	ISA800 特殊考虑——按照特殊目的框架编制的财务报表的审计	CSA1601 对按照特殊目的编制基础编制的财务报表审计的特殊考虑
		CSA1602 验资

续表

项　目	国际审计准则	中国注册会计师审计准则
特殊业务领域（审计实务公告）	ISA805 特殊考虑——单一财务报表和财务报表的特定要素、账户或项目的审计	CSA1603 对单一财务报表和财务报表特定要素、账户或项目审计的特殊考虑
	ISA810 对简要财务报表出具报告的业务	CSA1604 对简要财务报表出具报告的业务
	ISPS1000—ISPS1100 国际审计实务公告（IAPS）	
	IAPS1000 银行间函证程序	CSA1611 商业银行财务报表审计
	IAPS1004 银行监管者与银行外部审计师之间的关系	CSA1612 银行间函证程序
	IAPS1006 银行财务报表的审计	CSA1613 与银行监管机构的关系
	IAPS1010 在财务报表审计中对环境事项的考虑	CSA1631 财务报表审计中对环境事项的考虑
	IAPS1012 审计衍生金融工具	CSA1632 衍生金融工具的审计
	IAPS1013 电子商务——对财务报表审计的影响	CSA1633 电子商务对财务报表审计的影响

3.《CSA1101：注册会计师的总体目标和审计工作的基本要求》的主要内容

CSA1101 主要确定注册会计师在财务报表审计中的总体目标，相应的审计工作的性质和范围、应承担的责任。本准则在财务报表审计中具有重要指导作用。该准则分为总则、定义、财务报表审计、总体目标、要求（包括与财务报表审计相关的职业道德要求、职业怀疑、职业判断、审计证据和审计风险、按照审计准则的规定执行审计工作等五节）、附则共六章 38 条。

（1）重要概念的定义

CSA1101 对注册会计师、财务报表、历史财务信息、适用的财务报告编制基础、管理层、治理层、执行审计工作的前提、错报、审计证据、合理保证、审计风险、重大错报风险、固有风险、控制风险、检查风险、职业判断、职业怀疑等重要概念进行了界定。我们在此仅介绍部分重要概念，其他概念参见本书的其他章节。

财务报表，是指依据某一财务报告编制基础对历史财务信息作出的结构性表述，包括相关附注，旨在反映某一时点的经济资源或义务或者某一时期的经济资源或义务的变化。相关附注通常包括重要会计政策概要和其他解释性信息。财务报表通常是指整套财务报表，有时也指单一财务报表。整套财务报表的构成由财务报告编制基础的规定确定。

适用的财务报告编制基础，是指法律法规要求采用的财务报告编制基础；或者管理层和治理层（如适用）在编制财务报表采用的可接受的财务报告编制基础。

适用的财务报告编制基础分为通用目的编制基础和特殊目的编制基础。通用目的编制基础，是指满足广大财务报表使用者共同财务信息需求的财务报告编制基础，主要是指会计准则和会计制度。特殊目的编制基础，是指满足财务报表特定使用者对财务信息需求的财务报告编制基础，主要是指计税核算基础、监管机构的报告要求和合同的约定等。

管理层，是指被审计单位中对经营活动负有管理责任的人员，通常为经理层。在某些被审计单位，管理层包括部分或全部的治理层成员，如治理层中负有经营管理责任的人员，或参与日常经营管理的业主（即业主兼经理）。

治理层，是指对被审计单位战略方向以及管理层履行经营管理责任情况负有监督责任的人员或组织。治理层的责任包括对财务报告过程的监督。在某些被审计单位，治理层可能包括管理层，如董事兼经理（执行董事），或业主兼经理。

执行审计工作的前提，是指管理层和治理层（如适用）已认可并理解其应当承担下列责任，这些责任构成注册会计师按照审计准则的规定执行审计工作的基础：①按照适用的财务报告编制基础编制财务报表，并使其实现公允反映；②设计、执行和维护必要的内部控制，以使财务报表不存在由于舞弊或错误导致的重大错报；③向注册会计师提供必要的工作条件，包括允许注册会计师接触与编制财务报表相关的所有信息（如记录、文件和其他事项），在获取审计证据时不受限制地接触其认为必要的内部人员和其他相关人员。

错报，是指某一财务报表项目的金额、分类、列报或披露，与按照适用的财务报告编制基础应当列示的金额、分类、列报或披露之间存在的差异。错报可能是由于错误或舞弊导致的。

合理保证，是指注册会计师在财务报表审计中提供的一种高水平但并非绝对的保证。

（2）财务报表审计及其总体目标

财务报表审计的目的是提高预期使用者对财务报表的可信赖程度，可以通过注册会计师对财务报表进行审计并发表审计意见来实现。财务报表审计属于鉴证业务，旨在提高财务报表的可信赖程度。

财务报表是由被审计单位管理层在治理层的监督下编制的。管理层和治理层认可与财务报表相关的责任，是注册会计师执行财务报表审计的前提，但财务报表审计并不减轻管理层或治理层的责任。注册会计师的审计只能提供合理保证，不能提供绝对保证；注册会计师针对财务报表整体发表审计意见，通常没有责任发现对财务报表整体并不重大的错报。

在执行财务报表审计时，注册会计师的总体目标是：按照审计准则的规定，对财务报表整体是否不存在由于舞弊或错误导致的重大错报获取合理保证，以便对财务报表是否在所有重大方面按照适用的财务报告编制基础编制发表审计意见，出具审计报告，并与管理层和治理层沟通。

（3）财务报表审计的职业道德要求

在财务报表审计中，注册会计师应当遵守相关的职业道德要求，包括：遵守诚信原则，保持正直，诚实守信；遵守独立性原则，从实质上和形式上保持独立性，不能与被审计单位存在任何利害关系；遵守客观和公正的原则，公正处事、实事求是，不能因偏见、利益冲突或他人的不当影响而损害自己的职业判断；遵守专业胜任能力和应有关注的原则，持续获取和保持专业胜任能力，合理运用职业判断，遵守执业准则和职业道德规范的要求，勤勉尽责，认真、全面、及时地完成任务；遵守保密原则，对审计过程中获知的信息保密；确保良好职业行为的原则，按照审计准则和相关法律法规的规定执行审计业务，避免有损职业声誉的行为。

（4）职业怀疑

职业怀疑，是指注册会计师执行审计业务的一种态度，包括采取质疑的思维方式对可能的错误或舞弊保持警觉，以及对审计证据进行审慎评价。在计划和实施审计时，注册会计师应当保持职业怀疑，对下列情形保持警觉：①存在相互矛盾的审计证据；②对审计证据（包括文件记录、对询问的答复等）的可靠性产生的怀疑；③可能存在舞弊的情况；④需要实施审计准则规定之外的其他审计程序。注册会计师在整个审计过程中保持职业怀疑，可以降低审计风险。

（5）职业判断

职业判断，是指在审计准则、会计准则和职业道德要求的框架下，注册会计师作出适合审计业务具体情况的、有根据的行动决策时，对相关知识、技能和经验的综合运用。

职业判断也贯穿于审计过程的始终。通常，注册会计师应当对下列事项作出判断和决策：①确定重要性和评估审计风险；②为满足审计准则的要求和收集审计证据的需要，确定所需实施的审计程序的性质、时间安排和范围；③为实现审计准则规定的目标和自己的总体目标，评价获取审计证据是否充分、适当，是否还需执行更多的工作；④评价管理层所做的会计判断和会计估计的合理性；⑤根据已获取的审计证据形成审计结论。注册会计师应当适当记录审计过程中作出的职业判断。

（6）审计证据和审计风险

审计证据是指注册会计师为了得出审计结论和形成审计意见而使用的信息，包括会计记录所含有的信息和其他信息。审计风险是指当财务报表存在重大错报时，注册会计师发表不恰当审计意见的风险。

合理保证意味着审计风险始终存在。为了获取合理保证，注册会计师应当通过计划和实施审计工作，获取充分、适当的审计证据，以便得出合理的结论，将审计风险降至可接受的低水平。在审计中，通常重点关注可能影响财务报表的经营风险。

审计风险取决于重大错报风险和检查风险。注册会计师应当实施审计程序，评估重大错报风险；根据评估结果设计和实施进一步审计程序，以控制检查风险。

（7）按照审计准则的规定执行审计工作

为了实现总体审计目标，在计划和实施审计工作时，注册会计师应当使用相关审计准则规定的目标；遵守与审计工作相关的所有审计准则；掌握每项审计准则的全部内容及应用指南，理解每项审计准则的目标，恰当遵循其要求；认真考虑各项审计准则之间的相互关系，确定是否有必要实施审计准则规定之外的其他审计程序；评价是否已获取充分、适当的审计证据。

二、审计质量控制准则

审计准则规定了审计工作应达到的质量水平。要使审计工作真正达到规定的质量水平，必须实行质量控制。审计质量控制是事务所为了确保事务所及其人员遵守审计准则、职业道德规范和法律法规定，以确保审计质量而建立和实施的控制和程序。审计质量控制准则有两个基本作用：一是作为指导、监督事务所质量控制的指南和依据；二是作为衡量、判断和评价不同质量控制程序有效性的标准。

我国目前有两个与质量控制相关的准则：《质量控制准则第5101号——会计师事务所对执行财务报表审计和审阅、其他鉴证和相关服务业务实施的质量控制》和《CSA1121：对财务报表审计实施的质量控制[①]》，前者适用于事务所执行的主要业务，包括财务报表审计和审阅、其他鉴证业务和相关服务业务，主要规定了事务所制定质量控制政策和程序应当考虑的要素，包括对业务质量承担的领导责任、相关职业道德要求、客户关系和具体业务的接受与保持、人力资源、业务执行、监控等。后者是根据前者制定的，适用于财务报表审计业务。

在审计业务层面实施质量控制程序，是为了合理保证在审计工作中遵守审计准则和相关法律法规的规定，并出具恰当的审计报告。审计质量控制准则的主要内容有：

（一）对审计质量承担的领导责任

通常，项目合伙人应当对所分派的审计业务的质量承担领导责任。项目合伙人应当通过行动示范和向项目组其他成员传达信息，来强调质量至上的事实和下列事项对审计质量的重要性：（1）按照审计准则和相关法律法规的规定执行审计工作；（2）遵守事务所质量控制政策和程序；（3）出具适合具体情况的审计报告；（4）项目组能够提出自己的疑虑而不怕遭到报复。

项目合伙人是指事务所中负责某项审计业务及其执行，并代表事务所在审计报告上签字的合伙人。如果项目合伙人以外的其他注册会计师在审计报告上签字，则该签字注册会计师就应当对审计质量承担领导责任。

（二）相关职业道德要求

在整个审计过程中，项目合伙人应当通过观察和必要的询问，对项目组成员

① 本书简称“审计质量控制”。

违反相关职业道德要求的迹象保持警觉。如果注意到项目组成员违反相关职业道德要求，项目合伙人应当与事务所相关人员讨论，确定应当采取的适当措施。项目合伙人应当就审计独立性形成结论：（1）从事务所或网络事务所获取相关信息，以识别、评价对独立性产生不利影响的情形；（2）评价识别出的影响审计独立性的信息，并确定其是否对审计独立性产生不利影响；（3）采取适当的行动，运用防范措施以消除对独立性的不利影响或将其降至可接受的水平，或在必要时解除审计业务约定；（4）立即向事务所报告未能解决的事项，以便采取适当的行动。

（三）客户关系和审计业务的接受与保持

项目合伙人在确定客户关系和审计业务的接受与保持是否适当时，应当考虑下列主要事项：（1）被审计单位的主要股东、关键管理人员和治理层是否诚信；（2）项目组是否具有执行审计业务的专业胜任能力以及必要的时间和资源；（3）事务所和项目组能否遵守职业道德要求；（4）在本期或以前审计中发现的重大事项，及其对保持客户关系的影响。

项目合伙人应当遵循有关客户关系和审计业务的接受与保持的质量控制程序，并确定得出的结论是恰当的。项目合伙人如果在接受审计业务后获知了某项信息，而该信息将导致事务所应当拒绝该项业务，就应当立即将该信息告知事务所，以便事务所和项目合伙人能够采取必要的行动。

（四）项目组的工作委派

项目合伙人应当确信，项目组（包括聘请的专家）整体上具有适当的专业胜任能力和必要素质，能够按照审计准则和相关法律法规的规定执行审计业务，并出具恰当的审计报告。项目组整体应当具备下列素质和专业胜任能力：（1）通过适当的培训和参与类似审计业务，获取执行类似性质和复杂程度的审计知识和实务经验；（2）掌握审计准则和相关法律法规的规定；（3）具有技术专长，包括信息技术以及会计或审计专业领域的专长；（4）熟悉客户所处的行业；（5）具有职业判断能力；（6）了解事务所的质量控制政策和程序。

（五）业务执行

项目合伙人应当按照审计准则和相关法律法规的规定，指导、监督、执行和复核审计业务，出具恰当的审计报告。

项目合伙人在指导审计业务时，应当告知项目组成员下列事项：（1）项目组成员各自的责任，以及各项目合伙人的责任；（2）拟执行工作的目标；（3）被审计单位的业务性质；（4）与风险相关的事项；（5）可能出现的问题；（6）执行审计业务的具体方案。

项目合伙人在监督审计业务时，应当包括：（1）追踪审计业务的进程；（2）考虑项目组各成员的素质和专业胜任能力，包括是否有足够的时间执行审计工作，是否理解工作指令，是否按照计划的方案执行审计工作；（3）解决审计过程中发现的重大问题，考虑其重要程度并适当修改原计划的方案；（4）识别在审计过程中需要咨询的事项，或需要由经验较丰富的项目组成员考虑的事项。

审计工作的复核包括三个层次：项目组内复核人的复核、项目合伙人的复核、质量控制部门的复核。项目组内复核人应当是项目组内经验较丰富的人员，并应当考虑：（1）审计工作是否已按照审计准则和相关法律法规的规定执行；（2）重大事项是否已提请进一步考虑；（3）相关事项是否已进行适当咨询，由此形成的结论是否得到记录和执行；（4）是否需要修改已执行审计工作的性质、时间安排和范围；（5）已执行的审计工作是否支持形成的结论，并已得到适当记录；（6）获取的审计证据是否充分、适当；（7）审计程序的目标是否已实现。

项目合伙人应当进行复核：（1）在审计过程的适当阶段及时实施复核，以使重大事项在出具审计报告前能够及时得到满意解决。重点关注：对关键领域所作的判断，尤其是执行业务过程中识别出的疑难问题或争议事项；特别风险；项目负责人认为重要的其他领域。（2）在出具审计报告前，应当通过复核审计工作底稿和与项目组讨论，确信获取的审计证据已经充分、适当，足以支持形成的结论和拟出具的审计报告。项目合伙人还应当对咨询承担下列责任：（1）对项目组就疑难问题或争议事项进行适当咨询负责；（2）确信项目组成员在审计过程中已就相关事项进行了适当咨询，咨询可能在项目组内部进行，或者在项目组与事务所内部或外部的其他适当人员之间进行；（3）确信这些咨询的性质、范围以及形成的结论已得到记录，并经被咨询者认可；（4）确定咨询形成的结论已得到执行。

质量控制部门的复核是指在审计报告日或审计报告日之前，质量控制部门专门对项目组作出的重大判断和在编制审计报告时得出的结论进行客观评价的过程。质量控制部门的复核过程适用于上市实体财务报表审计，以及事务所确定需要实施质量控制复核的其他审计业务。质量控制部门的复核应当客观评价的事项包括：（1）项目组作出的重大判断；（2）在准备审计报告时得出的结论。在对上市公司财务报表审计实施项目质量控制复核时，复核人员应当考虑：（1）项目组就具体审计业务对事务所独立性作出的评价；（2）在审计过程中识别的特别风险（包括舞弊风险）以及采取的应对措施；（3）作出的判断，尤其是关于重要性和特别风险的判断；（4）是否已就存在的意见分歧、其他疑难问题或争议事项进行适当咨询，以及咨询得出的结论；（5）在审计中识别的已更正和尚未更正的错报的重要程度及处理情况；（6）拟与管理层、治理层以及其他方面沟通的事项；（7）所复核的审计工作底稿是否反映了针对重大判断执行的工作，是否支持得出的结论；（8）拟出具的审计报告的适当性。在对其他企业财务报表审计实施项目质量控制复核时，可根据情况考虑部分或全部事项。

如果项目组内部、项目组与被咨询者之间、项目合伙人与项目质量控制复核人员之间出现意见分歧，项目组应当遵守事务所处理及解决意见分歧的政策和程序。

（六）监控

监控是指对事务所质量控制制度进行持续考虑和评价的过程，包括定期选取已完成的业务进行检查，以使事务所能够合理保证其质量控制制度正在有效运行。项目合伙人可以根据事务所传递的最新信息，从下列方面考虑监控过程的结果：（1）在该信息中指出的缺陷是否会影响审计业务；（2）关注事务所已经采取的、足以应对该缺陷的补救措施。

（七）审计工作底稿

审计工作底稿主要记录审计程序、证据及其结论。就审计质量控制而言，注册会计师应当就下列事项形成审计工作底稿，表明遵循了质量控制政策与程序：（1）识别出的与遵守相关职业道德要求有关的问题，以及这些问题是如何得到解决的；（2）针对遵守审计业务的独立性要求得出的结论，以及为支持该结论与事务所进行的讨论；（3）得出的有关客户关系和审计业务的接受与保持的结论；（4）在审计过程中咨询的性质、范围和形成的结论。

针对已复核的审计业务，质量控制部门应当就下列事项形成审计工作底稿：（1）事务所项目质量控制复核政策要求的程序已得到实施；（2）项目质量控制复核在审计报告日或审计报告日之前已完成；（3）没有注意到任何尚未解决的重大事项；（4）项目组作出的重大判断和得出的结论是恰当的。

三、审计职业道德

注册会计师职业道德，是对注册会计师的职业品德、执业纪律、业务能力、工作规则及所负责任等思想方式和行为方式所作的基本规定和要求。注册会计师本质上是为广大社会公众服务，其发生任何过失则可能使成千上万人受到牵连、蒙受损失。因此，为促使注册会计师更好地履行职责，保持执业中应有的行为规范，保证执业质量，在公众中树立起良好的职业形象和职业信誉，赢得社会公众的尊重和信任，就必须强调注册会计师职业道德。

我国目前的注册会计师职业道德守则包括《职业道德基本原则》、《职业道德概念框架》、《提供专业服务的具体要求》、《审计和审阅业务对独立性的要求》和《其他鉴证业务对独立性的要求》，涵盖了注册会计师业务承接、收费报价、专业服务工作的开展等所有环节可能遇到的与保持职业道德相关的情形，分别提出了明确的要求，全面规范了注册会计师的职业道德行为，并为注册会计师解决职业道德遇到的问题提供了方法指导。此外，职业道德守则涵盖了国际会计师职业道德守则对注册会计师的所有要求和内容，实现了在职业道德准则方面的国际趋同。

（一）我国注册会计师职业道德基本原则

为履行相应的社会责任，维护公众利益，注册会计师应当遵守的职业道德基本原则有六个：诚信；独立性；客观和公正；专业胜任能力和应有的关注；保密；良好职业行为。其中独立性、客观和公正只适用于鉴证业务，而其他三项基本原则适用于所有业务。

1. 诚信

诚信，即应当在所有的执业活动中保持正直，诚实守信。注册会计师如果认为业务报告、申报资料或其他信息存在下列问题，则不得与这些信息发生牵连：（1）含有严重虚假或误导性的陈述；（2）含有缺少充分依据的陈述或信息；（3）存在遗漏或含糊其辞的信息。注册会计师如果注意到已与这些信息发生牵连，应当采取措施消除牵连。

2. 独立性

独立性，即在执行审计和审阅业务以及其他鉴证业务时，应当从实质和形式上保持独立性，不得因任何利害关系影响其客观性。事务所在承办审计和审阅业务以及其他鉴证业务时，应当从整体层面和具体业务层面采取措施，以保持事务所和项目组的独立性。

3. 客观和公正

客观和公正，即应当公正处事、实事求是，不得由于偏见、利益冲突或他人的不当影响而损害自己的职业判断。如果存在对职业判断产生不当影响的情形，注册会计师不得提供相关专业服务。

4. 专业胜任能力和应有的关注

专业胜任能力和应有的关注，是注册会计师提供高质量专业服务的前提。为此，注册会计师应当通过教育、培训和执业实践获取和保持专业胜任能力；持续了解并掌握当前法律、技术和实务的发展变化，将专业知识和技能始终保持在应有的水平，合理运用职业判断，确保为客户提供具有专业水准的服务；保持应有的关注，遵守执业准则和职业道德规范的要求，勤勉尽责，认真、全面、及时地完成工作任务；采取适当措施，确保在其领导下工作的人员得到适当的培训和督导；在必要时应当使客户以及业务报告的其他使用者了解专业服务的固有局限性。

5. 保密

保密，即应当对职业活动中获知的涉密信息保密，不得有下列行为：（1）未经客户授权或法律法规允许，向事务所以外的第三方披露其所获知的涉密信息；（2）利用所获知的涉密信息为自己或第三方谋取利益。

但在下列情形下，注册会计师可以披露涉密信息：（1）法律法规允许披露，并取得客户的授权；（2）根据法律法规的要求，为法律诉讼、仲裁准备文件或提供证据，以及向监管机构报告所发现的违法行为；（3）在法律法规允许的情况下，在法律诉讼、仲裁中维护自己的合法权益；（4）接受注册会计师协会或监管机构的执业质量检查，答复其询问和调查；（5）法律法规、执业准则和职业道德规范规定的其他情形。

在决定是否披露涉密信息时，注册会计师应当考虑下列因素：（1）客户同意披露的涉密信息，是否为法律法规所禁止；（2）如果客户同意披露涉密信息，是否会损害利益相关者的利益；（3）是否已了解和证实所有相关信息；（4）信息披露的方式和对象；（5）可能承担的法律责任和后果。

6. 良好职业行为

良好职业行为，即应当遵守相关法律法规，避免发生任何损害职业声誉的行为。注册会计师在向公众传递信息以及推介自己和工作时，应当客观、真实、得体，不得损害职业形象；应当诚实、实事求是，不得夸大宣传提供的服务、拥有的资质或获得的经验；不得贬低或无根据地比较其他注册会计师的工作。

（二）我国注册会计师职业道德概念框架

1. 职业道德概念框架的内涵

职业道德概念框架是指解决职业道德问题的思路和方法，用于指导注册会计师识别对职业道德基本原则的不利影响，评价不利影响的严重程度以及可以采取的消除或降低不利影响的防范措施。

在运用职业道德概念框架时，注册会计师应当运用职业判断。如果发现存在可能违反职业道德基本原则的情形，应当评价其对职业道德基本原则的不利影响。如果认为对职业道德基本原则的不利影响超出可接受的水平，还应当确定是否能够采取防范措施消除不利影响，或将其降低至可接受的水平。

2. 对遵循职业道德基本原则产生不利影响的因素

影响注册会计师遵循职业道德基本原则的不利因素主要有五种，包括自身利益、自我评价、过度推介、密切关系和外在压力。其主要内容见表2-2。

3. 应对不利影响的防范措施

注册会计师应当运用判断，确定如何应对不利影响，包括采取防范措施消除不利影响，或将其降低至可接受的水平，或终止业务约定，或拒绝接受业务委托。在运用判断时，应当考虑：一个理性且掌握充分信息的第三方，在权衡注册会计师当时可获得的所有具体事实和情况后，是否很可能认为这些防范措施能够消除不利影响或将其降低至可接受的水平，以使职业道德基本原则不受损害。应对不利影响的防范措施包括两类：一类是法律法规和职业规范规定的防范措施；另一类是在具体工作中采取的防范措施。

（1）法律法规和职业规范规定的防范措施主要包括：①取得注册会计师资格必需的教育、培训和经验要求；②持续的职业发展要求；③公司治理方面的规定；④执业准则和职业道德规范的要求；⑤监管机构或注协的监控和惩戒程序；⑥由依法授权的第三方对注册会计师编制的业务报告、申报资料或其他信息进行外部复核。

表 2-2 对遵循职业道德基本原则产生不利影响的因素及主要内容

不利因素	具 体 内 容
自身利益	(1) 鉴证业务项目组成员在鉴证客户中拥有直接经济利益； (2) 事务所的收入过分依赖某一客户； (3) 鉴证业务项目组成员与鉴证客户存在重要且密切的商业关系； (4) 事务所担心可能失去某一重要客户； (5) 鉴证业务项目组成员正在与鉴证客户协商受雇于该客户； (6) 事务所与客户就鉴证业务达成或有收费的协议； (7) 注册会计师在评价所在事务所以往提供的专业服务时，发现了重大错误
自我评价	(1) 事务所在对客户提供财务系统的设计或操作服务后，又对系统的运行有效性出具鉴证报告； (2) 事务所为客户编制原始数据，这些数据构成鉴证业务的对象； (3) 鉴证业务项目组成员担任或最近曾经担任客户的董事或高级管理人员； (4) 鉴证业务项目组成员目前或最近曾受雇于客户，并且所处职位能够对鉴证对象施加重大影响； (5) 事务所为鉴证客户提供直接影响鉴证对象信息的其他服务
过度推介	(1) 事务所推介审计客户的股份； (2) 在审计客户与第三方发生诉讼或纠纷时，注册会计师担任该客户的辩护人
密切关系	(1) 项目组成员的近亲属担任客户的董事或高级管理人员； (2) 项目组成员的近亲属是客户的员工，其所处职位能够对业务对象施加重大影响； (3) 客户的董事、高级管理人员或所处职位能够对业务对象施加重大影响的员工，最近曾担任事务所的项目合伙人； (4) 注册会计师接受客户的礼品或款待； (5) 事务所的合伙人或高级员工与鉴证客户存在长期业务关系
外在压力	(1) 事务所受到客户解除业务关系的威胁； (2) 审计客户表示，如果事务所不同意对某项交易的会计处理，则不再委托其承办拟议中的非鉴证业务； (3) 客户威胁将起诉事务所； (4) 事务所受到降低收费的影响而不恰当地缩小工作范围； (5) 由于客户员工对所讨论的事项更具有专长，注册会计师面临服从其判断的压力； (6) 事务所合伙人告知注册会计师，除非同意审计客户不恰当的会计处理，否则将影响晋升

（2）在具体工作中采取的防范措施包括事务所层面和具体业务层面的防范措施。

事务所层面的防范措施主要包括：①领导层强调遵循职业道德基本原则的重要性以及鉴证业务项目组成员应当维护公众利益；②制定有关政策和程序，实施项目质量控制，监督业务质量；③向鉴证客户提供非鉴证服务时，指派鉴证业务项目组以外的其他合伙人和项目组，并确保他们分别向各自的业务主管报告工作；④制定有关政策和程序，防止项目组以外的人员对业务结果施加不当影响；⑤及时向所有合伙人和专业人员传达事务所的政策和程序及其变化情况，并进行适当的培训；⑥指定高级管理人员负责监督质量控制系统是否有效运行；⑦向合伙人和专业人员提供鉴证客户及其关联实体的名单，并要求合伙人和专业人员与之保持独立；⑧制定有关政策和程序，鼓励员工就遵循职业道德基本原则方面的问题与领导层沟通；⑨建立惩戒机制，保障相关政策和程序得到遵守。

具体业务层面的防范措施主要包括：①对已执行的鉴证业务或非鉴证业务，由未参与该业务的注册会计师进行复核，或在必要时提供建议；②向客户审计委员会、监管机构或注册会计师协会咨询；③与客户治理层讨论有关的职业道德问题；④向客户治理层说明提供服务的性质和收费的范围；⑤由其他事务所执行或重新执行部分业务；⑥轮换鉴证业务项目组合伙人和高级员工。

4. 道德冲突问题的解决

在遵循职业道德基本原则时，注册会计师应当解决遇到的道德冲突问题。在解决道德冲突问题时，应当考虑下列因素：①与道德冲突问题有关的事实；②涉及的道德问题；③道德冲突问题涉及的职业道德基本原则；④事务所制定的解决道德冲突问题的程序；⑤可供选择的措施。

在考虑上述因素并权衡可供选择措施的后果后，注册会计师应当确定适当的解决措施。如果道德冲突问题仍无法解决，应当考虑向事务所内部的适当人员咨询。如果与所在事务所或外部单位存在道德冲突，注册会计师应当确定是否与事务所领导层或外部单位治理层讨论。

注册会计师应当考虑记录涉及的道德冲突问题、解决问题的过程，以及作出的相关决策。如果某项重大道德冲突问题未能解决，可以考虑向注协或法律顾问咨询。如果所有可能采取的措施都无法解决道德冲突问题，注册会计师不得再与产生道德冲突问题的事项发生牵连。在这种情况下，注册会计师应当确定是否退出项目组或不再承担相关任务，或者向事务所提出辞职。

（三）注册会计师审计和审阅业务对独立性的要求

1. 独立性的概念框架

独立性是注册会计师提供鉴证业务的本质属性。注册会计师如果缺乏独立性，就失去了在社会上存在的意义和价值。独立性包括实质上的独立性和形式上的独立性。实质上的独立性是一种内心状态，使得注册会计师在提出结论时不受损害职业判断的因素影响，诚信行事，遵循客观和公正原则，保持职业怀疑态度；形式上的独立性是一种外在表现，使得一个理性且掌握充分信息的第三方，在权衡所有相关事实和情况后，认为事务所或审计项目组成员没有损害诚信原则、客观和公正原则或职业怀疑态度。

独立性概念框架是指解决独立性问题的思路和方法，用以指导注册会计师识别对独立性的不利影响，评价不利影响的严重程度，必要时采取防范措施消除不利影响，或将其降低至可接受的水平。否则，注册会计师应当消除产生不利影响的情形，或者拒绝接受审计业务委托，或终止审计业务。

在运用独立性概念框架时，注册会计师应当运用职业判断，并应当从性质和数量两个方面考虑不利影响的严重程度。

2. 影响独立性的因素及其防范措施

（1）经济利益

审计师若在审计客户中拥有经济利益，可能因自身利益导致不利影响。不利影响存在与否及其严重程度取决于三个因素：（1）拥有经济利益人员的角色；（2）经济利益是直接还是间接的；（3）经济利益的重要性。

拥有经济利益人员的角色，是指就审计客户而言，拥有经济利益的人员在事务所或审计项目组中的角色。拥有经济利益人员的角色不同，对审计独立性的影响不同。按照对审计独立性影响的强弱排序，包括：（1）事务所；（2）审计项目组成员（包括项目合伙人，下同）或其主要近亲属；（3）审计项目组成员的其他近亲属；（4）为审计客户提供非审计服务的其他合伙人、管理人员或其主要近亲属；（5）与执行审计业务的项目合伙人同处一个分部的其他合伙人或其主要近亲属；（6）事务所的其他合伙人、专业人员或其主要近亲属；（7）与审计项目组成员存在密切私人关系的人员。

受益人可能通过投资工具拥有经济利益。确定经济利益是直接还是间接的，取决于受益人能否控制投资工具或具有影响投资决策的能力。如果受益人能够控制投资工具或具有影响投资决策的能力，则为直接经济利益；如果受益人不能控制投资工具或不具有影响投资决策的能力，则为间接经济利益。前者如拥有某该企业30%股权的主要股东；后者如合伙人张三是拥有甲企业20%股权的股东，甲企业拥有审计客户乙企业5%的股权，则张三就在乙企业拥有间接经济利益。通常，拥有直接经济利益对独立性产生的不利影响较大。

经济利益的重要性，即所拥有的经济利益占其个人财富的比重。通常，在一个企业中拥有的经济利益占其个人财富的比重越大，对独立性产生的不利影响就越大。

可以采取以下一种或多种防范措施：（1）不将该客户的业务作为审计业务和其他鉴证业务；（2）将该成员调离审计项目组；（3）将存在密切私人关系的审计项目组成员调离审计项目组；（4）不允许该审计项目组成员参与有关审计业务的任何重大决策；（5）尽快处理全部或部分经济利益，以使剩余经济利益不再重大；（6）由审计项目组以外的注册会计师复核项目组成员已执行的工作。

（2）贷款和担保

事务所、审计项目组成员或其主要近亲属从银行或类似金融机构等审计客户取得贷款，或获得贷款担保，可能对独立性产生不利影响。

如果审计客户不按照正常的程序、条款和条件提供贷款或担保，将因自身利益产生非常严重的不利影响，且没有防范措施能够将其降低至可接受的水平。因此，事务所、审计项目组成员或其主要近亲属不得接受此类贷款或担保。

如果事务所按照正常的贷款程序、条款和条件，从银行或类似金融机构等审计客户取得贷款，即使该贷款对审计客户或事务所影响重大，也可能通过采取防范措施将因自身利益产生的不利影响降低至可接受的水平。

（3）商业关系

事务所、审计项目组成员或其主要近亲属与审计客户或其高级管理人员之间，由于商务关系或共同的经济利益而存在密切的商业关系，可能因自身利益或外在压力产生严重的不利影响。这些商业关系主要包括：①在与客户或其控股股东、董事、高级管理人员共同开办的企业中拥有经济利益；②按照协议，将事务所的产品或服务与客户的产品或服务结合在一起，并以双方名义捆绑销售；③按照协议，事务所销售或推广客户的产品或服务，或者客户销售或推广事务所的产品或服务。

事务所不得介入此类商业关系。如果存在此类商业关系，应当予以终止。如果此类商业关系涉及审计项目组成员，事务所应当将该成员调离审计项目组。如果审计项目组成员的主要近亲属与审计客户或其高级管理人员存在此类商业关系，注册会计师应当评价不利影响的严重程度，并在必要时采取防范措施消除不利影响或将其降低至可接受的水平。

（4）家庭和私人关系

如果审计项目组成员与审计客户的董事、高级管理人员，或所处职位能够对客户会计记录或被审计财务报表的编制施加重大影响的员工（以下简称特定员工）存在家庭和私人关系，可能因自身利益、密切关系或外在压力产生不利影响。

不利影响存在与否及其严重程度取决于多种因素，包括该成员在审计项目组的角色、其家庭成员或相关人员在客户中的职位以及关系的密切程度等。

（5）与审计客户发生雇佣关系

如果审计客户的董事、高级管理人员或特定员工，曾经是审计项目组的成员或事务所的合伙人，可能因密切关系或外在压力产生不利影响。如果审计项目组前任成员或事务所前任合伙人加入审计客户，担任董事、高级管理人员或特定员工，也可能会损害独立性。

防范措施主要包括：①修改审计计划；②向审计项目组分派经验更丰富的人员；③由审计项目组以外的注册会计师复核前任审计项目组成员已执行的工作。

（6）临时借出员工

如果事务所向审计客户借出员工，可能因自我评价产生不利影响。事务所只能短期向客户借出员工，并且借出的员工不得为审计客户提供职业道德守则禁止提供的非鉴证服务，也不得承担审计客户的管理层职责。审计客户有责任对借调员工的活动进行指导和监督。

防范措施主要包括：①对借出员工的工作进行额外复核；②合理安排审计项目组成员的职责，使借出员工不对其在借调期间执行的工作进行审计；③不安排借出员工作为审计项目组成员。

（7）审计项目组成员最近曾担任审计客户的董事、高级管理人员和特定员工

如果审计项目组成员最近曾担任审计客户的董事、高级管理人员或特定员工，可能因自身利益、自我评价或密切关系产生不利影响。例如，如果审计项目组成员在审计客户工作期间曾经编制会计记录，现又对据此形成的财务报表要素进行评价，则可能产生这些不利影响。

（8）兼任审计客户的董事或高级管理人员

如果事务所的合伙人或员工兼任审计客户的董事或高级管理人员，将因自我评价和自身利益产生非常严重的不利影响，且没有防范措施。因此，事务所的合伙人或员工不得兼任审计客户的董事或高级管理人员。

如果事务所的合伙人或员工担任审计客户的公司秘书，将因自我评价和过度推介产生非常严重的不利影响，导致没有相应的防范措施。事务所的合伙人或员工不得兼任审计客户的公司秘书。

（9）与审计客户长期存在业务关系

事务所长期委派同一名合伙人或高级员工执行某一客户的审计业务，将因密切关系和自身利益产生不利影响。不利影响的严重程度主要取决于下列因素：①该人员加入审计项目组的时间长短；②该人员在审计项目组中的角色；③事务所的组织结构；④审计业务的性质；⑤客户的管理团队是否发生变动；⑥客户的会计和报告问题的性质或复杂程度是否发生变化。

防范措施主要包括：①将该人员轮换出审计项目组；②由审计项目组以外的注册会计师复核该人员已执行的工作；③定期对该业务实施独立的质量复核。

（10）为审计客户提供非鉴证服务

向审计客户提供非鉴证服务，可能对独立性产生不利影响，包括因自我评价、自身利益和过度推介等产生的不利影响。在接受委托向审计客户提供非鉴证服务之前，事务所应当确定提供该服务是否将对独立性产生不利影响。如果没有防范措施能够将不利影响降低至可接受的水平，事务所不得向审计客户提供非鉴证服务。

（11）收费

如果事务所从某一审计客户收取的全部费用占其收费总额的比重很大，则对该客户的依赖及对可能失去该客户的担心将因自身利益或外在压力产生不利影响。不利影响的严重程度主要取决于下列因素：①事务所的业务类型及收入结构；②事务

所成立时间的长短；③该客户对事务所是否重要。防范措施主要包括：①降低对该客户的依赖程度；②实施外部质量控制复核；③就关键的审计判断向第三方咨询。例如，向行业监管机构或其他事务所咨询。

如果审计客户长期未支付审计费用，尤其有较大金额的审计费用在出具下一年度审计报告前仍未支付，可能因自身利益产生不利影响。事务所通常要求审计客户在审计报告出具前付清上一年度的审计费用。如果在审计报告出具后审计客户仍未支付该费用，事务所应当评价不利影响的严重程度，并在必要时采取防范措施。防范措施包括：由未参与执行审计业务的注册会计师提供建议，或复核已执行的工作等。

或有收费是指收费与否或收费多少取决于交易的结果或所执行工作的结果。事务所在提供审计服务时，以直接或间接形式取得或有收费，将因自身利益产生非常严重的不利影响，导致没有防范措施能够将其降低至可接受的水平。事务所不得采用这种收费安排。事务所在向审计客户提供非鉴证服务时，如果非鉴证服务以直接或间接形式取得或有收费，也可能因自身利益产生不利影响。

（12）薪酬和业绩评价政策

如果某一审计项目组成员的薪酬或业绩评价与其向审计客户推销的非鉴证服务挂钩，将因自身利益产生不利影响。不利影响的严重程度取决于下列因素：①推销非鉴证服务的因素在该成员薪酬或业绩评价中的比重；②该成员在审计项目组中的角色；③推销非鉴证服务的业绩是否影响该成员的晋升。

防范措施主要包括：①将该成员调离审计项目组；②由审计项目组以外的注册会计师复核该成员已执行的工作。

（13）礼品和款待

事务所或审计项目组成员接受审计客户的礼品或款待，可能因自身利益和密切关系产生不利影响。如果款待或礼品超出业务活动中的正常往来，事务所或审计项目组成员应当拒绝接受。

（14）诉讼或诉讼威胁

如果事务所或审计项目组成员与审计客户发生诉讼或很可能发生诉讼，将因自身利益和外在压力产生不利影响。事务所和客户管理层由于诉讼或诉讼威胁而处于对立地位，将影响管理层提供信息的意愿，从而因自身利益和外在压力产生不利影响。不利影响的严重程度主要取决于诉讼的重要性以及诉讼是否与前期审计业务相关。

防范措施主要包括：①如果诉讼涉及某一审计项目组成员，将该成员调离审计项目组；②由审计项目组以外的专业人员复核已执行的工作。

（四）我国注册会计师职业道德守则的其他主要内容

1. 收费与佣金

为避免不当收费对执业的公正性产生影响，职业道德规范对或有收费、低收费和佣金行为作出了限制。或有收费是指收费是不确定的，要依靠审计的最后结果或是否实现特定目的来确定。比如，一些拟上市公司聘请事务所进行审计时约定，如果上市就可以收费多少，如果没有上市就打折收费。存在或有收费时，事务所为实现审计收费或多收费，就容易向审计客户妥协。因此，职业道德禁止或有收费。

另外，恶性压价竞争也会对审计质量造成影响。由于收费太低，事务所就会简化工作程序和时间，减少投入的审计资源，从而影响审计质量。因此，事务所不得以牺牲质量为代价，恶性压价。此外，事务所也不得采取向客户支付佣金、回扣或利诱等不正当手段争揽业务。

在确定收费时，事务所应当考虑以下因素，以客观反映为客户提供专业服务的价值：①专业服务所需的知识和技能；②所需专业人员的水平和经验；③每一专业人员提供服务所需的时间；④提供专业服务所需承担的责任。

如果收费报价明显低于前任或其他事务所的相应报价，事务所应当确保：①在提供专业服务时，工作质量不会受到损害，并保持应有的职业谨慎，遵守执业准则和质量控制程序；②客户了解专业服务的范围和收费基础。

除法规允许外，事务所不得以或有收费方式提供鉴证服务，收费与否或多少不得以鉴证工作结果或实现特定目的为条件。

事务所不得为招揽客户而向推荐方支付佣金，也不得因向第三方推荐客户而收取佣金。事务所和注册会计师也不得因宣传他人的产品或服务而收取佣金。

2. 与执行鉴证业务不相容的工作

注册会计师执行鉴证业务要求其保持独立性。如果其正在和将要提供的服务可能因自我评价情形而损害独立性时，就会影响鉴证业务质量。例如，注册会计师向审计客户提供内部审计、IT 系统、编制财务报表、管理咨询等服务，就产生了自我评价威胁，影响其独立性。注册会计师在承接上述服务时应当谨慎，并通过采取必要的防范措施将这种影响降至最低，否则就不能承接这些业务。

职业道德要求是：①注册会计师不得从事有损于或可能有损于其独立性、客观性、公正性或职业声誉的业务、职业或活动；②注册会计师应当就其向鉴证客户提供的非鉴证服务与鉴证服务是否相容作出评价；③事务所不得为上市公司同时提供编制财务报表和审计服务；④事务所的高级管理人员或员工不得担任鉴证客户的董事（包括独立董事）、经理、其他关键管理职务或顾问。

3. 接任前任注册会计师的审计业务

客户的并购以及事务所的合并、分立等，都会引起审计的事务所的变更。但一些事务所的更换却是因为其坚持原则，而被上市公司“炒鱿鱼”。因此，职业道德规范对这种恶意“炒鱿鱼”的情况特别关注。为防止客户通过更换事务所来满足自己的不合理要求，职业道德规范要求接任审计的事务所向前任注册会计师（以下简称前任）深入了解客户辞退事务所的原因，并重点关注前任与客户之间在重大会计、审计等问题上是否存在分歧，以识别审计风险和客户的其他欺瞒行为，保持谨慎。

职业道德要求是：①后任注册会计师（以下简称后任）在接任前任的审计业务时，不得蓄意侵害前任的合法权益。②在接受审计业务委托前，后任应当向前任询问审计客户变更事务所的原因，并关注前任与审计客户之间在重大会计、审计等问题上可能存的分歧。③后任应当提请审计客户授权前任对其询问作出充分的答复。如果审计客户拒绝授权，或限制前任作出答复的范围，后任应当向审计客户询问原因，并考虑是否接受业务委托。④前任应当根据所了解的情况对后任的询问作出及时、充分的答复。如果受到审计客户的限制或存在法律诉讼的顾虑，决定不向后任作出充分答复，前任应当向后任表明其答复是有限的。⑤如果后任发现前任所审计的财务报表存在重大错报，应当提请审计客户告知前任，并要求审计客户安排三方会谈，以便采取措施进行妥善处理。

4. 广告、业务招揽和宣传

广告是指事务所将其服务和技能方面的信息向社会公众进行传播；业务招揽是指事务所和注册会计师与非客户接触以争取业务；宣传是指事务所与注册会计师向社会公众告知有关事实，其目的不是抬高自己。在我国，职业道德规范要求事务所和注册会计师不得对其能力进行广告宣传以招揽业务。事务所和注册会计师不宜进行广告宣传的原因主要有三点：一是注册会计师的服务质量及能力无法由广告内容加以评价；二是广告可能损害专业服务的精神；三是广告可能导致同行之间的不正当竞争。

职业道德要求是：①注册会计师应当维护职业形象，在向社会公众传递信息时，应当客观、真实、得体；②事务所不得利用新闻媒体对其能力进行广告宣传；③事务所和注册会计师不得采用强迫、欺诈、利诱或骚扰等方式招揽业务；④事务所和注册会计师在招揽业务时，不得有暗示有能力影响监管机构或类似机构及其官员，不得作出自我标榜但无法证实的陈述，不得与其他注册会计师进行比较，不得不恰当地声明自己是某一特定领域的专家，不得作出其他欺骗性的或可能导致误解的声明；⑤事务所和注册会计师进行宣传时，不得利用政府委托或特别奖励谋取不正当利益、不得含有自我标榜的措辞、不得抬高自己及其事务所；⑥事务所可以将印制的手册向客户发放，非客户如索取，可以向非客户发放，但手册的内容应当真实、客观；⑦注册会计师在名片上可以印有姓名、专业资格、职务及其事务所的地址和标识等，但不得印有社会职务、专家称谓以及所获荣誉等。

【延伸阅读】

1.《CSA1101——注册会计师的总体目标和审计工作的基本要求》(2010)。

2.《CSA1121——对财务报表审计实施的质量控制》(2010)。

3.《质量控制准则第 5101 号——会计师事务所对执行财务报表审计和审阅、其他鉴证和相关服务业务实施的质量控制》(2010)。

4. 《中华人民共和国审计法》(2006)。

5. 《中华人民共和国审计法实施条例》(2010)。

6. 《中华人民共和国注册会计师法》(1993)。

7. 《中国注册会计师职业道德守则第 1 号——职业道德基本原则》(2010)。

8. 《中国注册会计师职业道德守则第 2 号——职业道德概念框架》(2010)。

9. 《中国注册会计师职业道德守则第 4 号——审计和审阅业务对独立性的要求》(2010)。

10. 上网查阅并了解最高审计机关国际组织及其审计准则(http://www.intosai.org)、国际会计师联合会(http://www.ifac.org)和国际审计与鉴证准则委员会(http://www.iaasb.org)及其审计准则和职业道德规范、国际内部审计师协会及其准则(http://www.theiia.org)。

【复习思考题】

1. 世界上政府审计机关的主要类型及其主要特征。
2. 我国国家审计机关有哪些方面的职责和权限?
3. 简述内部审计机构的基本形式。
4. 世界上会计师事务所的主要类型有哪些?各有什么优缺点?
5. 我国会计师事务所有哪些组织形式?其设立的基本条件是什么?
6. 什么是审计准则?它有什么主要作用?
7. 美国公认审计准则的主要内容。
8. 国际审计基本准则的主要内容。
9. 我国注册会计师审计准则包括哪些内容?
10. 什么是审计质量控制?它有什么重要意义?
11. 我国审计质量控制准则的基本内容。
12. 我国注册会计师应遵循哪些职业道德规范?

【案例分析题】

案例分析 2-1

某日报登载一家合作会计师事务所的开业启事,其中部分内容为:“本所是在国家工商行政管理局登记注册的全国第一家中外合作事务所,值此隆重开业之际,谨向多年来与我公司合作并给予支持的国内外各界朋友致以深切谢意,并愿继续竭诚为各界人士、各国客商提供会计、审计、企业咨询、税务等方面世界一流的专业服务。”

请问开业启事中哪几处违背了注册会计师职业道德规范,为什么?

案例分析 2-2

李红是某会计师事务所的主任注册会计师,光明公司是该事务所的客户之一,假定李红为：

（1）光明公司2013年度的财务总监；

（2）光明公司总经理的女儿；

（3）光明公司总经理的好朋友。

该事务所2015年1月对光明公司2014年度财务报表进行审计，针对上述三种情况，分别说明李红是否应回避？为什么？

第三章　审计目标与审计计划

审计目标对审计工作发挥着导向作用，直接影响着审计计划和应实施的审计程序。审计计划是对如何实现审计目标的具体规划。本章以注册会计师财务报表审计为基础，阐述审计目标的演进、内涵和确定方式，以及审计计划的内容及其编制过程中应当考虑的因素。

第一节　审计目标

审计目标是基于一定的审计环境所确立的，对审计行为结果的一种期望，它用于引导审计行为，是人们通过审计实践活动所期望达到的结果。审计目标可分为总目标、一般目标和具体目标三个层次。总目标规范一般目标和具体目标，一般目标和具体目标则是总目标的具体化。我们在此主要介绍注册会计师审计目标。

一、审计总目标

（一）审计总目标的一般抽象

根据审计产生和发展的动因——受托经济责任关系，审计总目标是通过对受托经济责任履行情况的审查，确保和促进受托经济责任的履行。

由于受托经济责任包括经管责任（也称为行为责任）和报告责任。“在行为责任方面，受托经济责任的主要内容是按照保全性、合法（规）性、经济性、效率性、效果性和社会性以及控制性等要求经管受托经济资源，它们分别构成受托经济责任的某个方面，我们分别赋予其特定的名称，即保全责任、遵纪守法责任、节约责任、效率责任、效果责任和社会责任以及控制责任；从报告责任方面来说，受托经济责任的主要内容是按照公允性或可信性的要求编报财务报表。”[①] 报告责任实际上是在记录经管责任履行情况的基础上所进行的汇总和报告。由于受托经济责任内容众多，因而在一般情况下，任何一次审计均难以对受托经济责任履行情况进行全面审查和评价，通常仅侧重于其中的一方面或多方面。如在财务审计中，一般侧重于经管责任中的保全性、合法（规）性、控制性和报告责任的审查，并进而确保和促进这些责任的履行；在绩效审计中，则侧重于经管责任中的经济性、效率性、效果性和控制性的审查，并确保和促进其更好地履行。

（二）审计总目标的演进

审计总目标与社会经济发展有着密切关系，是社会对审计的需求和审计能力相结合的结果。注册会计师审计总目标经历了20世纪30年代之前的揭弊查错、20世纪30年代中期至20世纪80年代的验证财务报表公允性、1988年起至今的验证

---

① 蔡春．审计理论结构研究［M］．大连：东北财经大学出版社，2001：85.

财务报表公允性与揭弊查错并重三个阶段。

1. 揭弊查错阶段

早期注册会计师审计产生于股份有限公司形成之后。股份有限公司形成直至20世纪30年代，数量不多，且由于证券市场发展水平较低，公司资金的主要来源是股东投资和银行贷款。公司所有者最关心的是自己投入公司财产的安全完整问题，他们需要了解公司经营管理人员在经营过程中是否忠诚地履行了他们应尽职责，有无舞弊行为；提供贷款的银行最关心的是公司是否按贷款要求使用资金，能否及时足额归还贷款。因而当时审计需求者主要是公司股东和银行，他们最关心的是公司经营管理人员在经营过程中有无错误和舞弊行为，这样，在这一期间的主要审计目标就是揭露公司经营管理人员在经营过程中有无错误和舞弊行为，并成为社会对注册会计师审计的需求。由于当时公司股东人数不多，公司规模不大，业务量少且相对简单，因而注册会计师能够进行详细审计，发现公司经营管理人员在业务经营过程和提交的财务报表中存在的绝大部分错误和舞弊行为。这样，揭弊查错就成为当时注册会计师审计的主要目标。

2. 验证财务报表公允性阶段

这一阶段始于20世纪30年代中期，并一直延续至20世纪80年代中期。随着社会经济发展，股份有限公司数量迅速增加，规模扩大，股权分散；证券市场的发展，使广大社会公众成为公司风险的主要承担者，他们作出投资决策的主要依据是公司提供的财务报表。这样，投资者对公司财务报表公允性提出了要求，他们希望注册会计师审计能够提高财务报表的可靠性。此外，随着管理科学的发展并在公司管理中的应用，使公司内部管理越来越健全，可以在很大程度上预防、发现或纠正公司内部职工的错误与舞弊行为；由于公司规模扩大，业务量急剧增加并日益复杂，使详细审计已不可能，再加上发现所有的错误和舞弊行为的审计成本高昂，不符合成本效益原则，因此，揭弊查错没有必要成为审计的主要目标。这样，这一阶段的主要审计目标是验证财务报表公允性。

3. 验证财务报表公允性与揭弊查错并重阶段

揭弊查错再次成为注册会计师审计的主要目标依然与社会经济发展有着密切关系。在20世纪60年代以后，公司管理人员欺诈舞弊案件增加，给投资者造成巨大损失，给社会带来严重危害。在这一背景下，社会要求注册会计师在审计中承担揭弊查错责任的呼声越来越强烈。虽然职业界因受审计技术限制，一直不愿意承担揭弊查错的责任，但社会公众的强烈要求与自然界“适者生存”的法则，使职业界不得不重新考虑社会公众的期望。此外，政府监管部门，如美国证券交易委员会（SEC）也于20世纪70年代起一直重申和强调注册会计师有责任发现和揭露公司管理层的错误和舞弊行为，并对此不断施加压力。调查也表明，社会公众（包括财务报表使用者）认为：审计师应对舞弊行为的揭露以及对被审计企业管理人员欺诈和违法行为的报告负有更大的责任。迫于社会公众和政府监管部门的需求和压力，美国审计准则委员会（ASB）于1988年发布了九项新的《审计准则说明》（SAS）。其中，SAS53和SAS54就要求审计师承担更大的揭弊查错责任，并积极履行这种责任。至此，揭弊查错又成为与验证财务报表公允性并重的主要审计目标。

（三）我国注册会计师审计的总目标

1. 总体目标

在执行财务报表审计工作时，注册会计师的总体目标：一是对财务报表整体是否不存在由于舞弊或错误导致的重大错报获取合理保证，使得注册会计师能够对财务报表是否在所有重大方面按照适用的财务报告编制基础编制发表审计意见；二是按照审计准则的规定，根据审计结果对财务报表出具审计报告，并与管理层和治理层沟通。目标一是财务报表审计的实质性目标，包含了揭弊查错和评价财务报表编制的合法性和反映的公允性；目标二是财务报表审计的形式上目标，是将目标一的结论以审计报告的方式呈现出来，并与管理层和治理层沟通[①]。

财务报表审计属于鉴证业务。注册会计师作为独立第三方，运用专业知识、技能和经验对财务报表进行审计并发表审计意见，旨在提高财务报表的可信赖程度。由于审计存在固有限制，审计工作不能对财务报表整体不存在重大错报提供绝对保证。虽然财务报表使用者可以根据财务报表和审计意见对被审计单位未来生存能力或管理层的经营效率、经营效果作出某种判断，但审计意见本身并不是对被审计单位未来生存能力或管理层经营效率、经营效果发表意见或提供保证。

财务报表审计的目标对注册会计师的审计工作发挥着导向作用，它界定了注册会计师的责任范围，直接影响注册会计师计划和应实施审计程序的性质、时间安排和范围，决定了注册会计师如何发表审计意见。例如，既然财务报表审计目标是对财务报表整体发表审计意见，注册会计师就可以只关注与财务报表编制和审计有关的内部控制，而不对内部控制本身发表鉴证意见。同样，注册会计师关注被审计单位的违反法规行为，是因为这些行为影响到财务报表，而不是对被审计单位是否存在违反法规行为提供鉴证。

2. 财务报表审计存在的必要性

财务报表的使用者之所以希望注册会计师对财务报表的合法性和公允性发表意见，主要有以下四方面原因：

第一，利益冲突。财务报表使用者往往有着各自的利益，且这种利益与被审计单位管理层的利益大不相同。出于对自身利益的关心，财务报表使用者常常担心管理层提供带有偏见、不公正甚至欺诈性的财务报表。为此，他们往往向外部注册会计师寻求鉴证服务。

---

① 由于财务报表是单位财务收支及其经济活动的总括性说明，当被审计单位存在错误与舞弊行为，必将导致财务报表存在错报，且错报可能是重大的，并进而导致财务报表的反映不公允；我国是成文法国家，按照适用的财务报告编制基础编制财务报表，是确保财务报表公允反映的前提。因此，审计目标可以简要概括为“对财务报表的公允性出具审计报告”。为突出注册会计师在财务报表审计中揭弊查错的职责与目标，便于审计利益相关者了解审计，这样分开来更充分地表述是有必要的。

第二，重大性。财务报表是财务报表使用者进行经济决策的重要信息来源，在有些情况下，还是唯一的信息来源。在进行投资、贷款和其他决策时，财务报表使用者期望财务报表中的信息十分翔实、丰富，并且期待注册会计师确定被审计单位是否按公认会计原则编制财务报表。

第三，复杂性。由于会计业务的处理及财务报表的编制日趋复杂，财务报表使用者因缺乏会计知识而难以对财务报表的质量作出评估，所以他们要求注册会计师对财务报表的质量进行鉴证。

第四，间接性。绝大多数财务报表使用者都远离客户，这种地域的限制导致财务报表使用者不可能接触到编制财务报表所依据的会计记录，即使使用者可以获得会计记录并对其进行审查，也往往由于时间和成本的限制，而无法对会计记录作出有意义的审查。在这种情况下，使用者有两种选择：一是相信这些会计信息的质量；二是依赖第三者鉴证报表。显然，使用者喜欢选择第二种方式。

3. 如何评价财务报表的合法性和公允性

评价财务报表的合法性，就是评价财务报表是否按照适用的财务报告编制基础编制。此时，注册会计师应当考虑下列内容：（1）选择和运用的会计政策是否符合适用的财务报告编制基础，并适合于被审计单位的具体情况；（2）管理层作出的会计估计是否合理；（3）财务报表反映的信息是否具有相关性、可靠性、可比性和可理解性；（4）财务报表是否作出充分披露，使财务报表使用者能够理解重大交易和事项对被审计单位财务状况、经营成果和现金流量的影响。

评价财务报表的公允性，就是评价财务报表是否作出公允反映。此时，注册会计师应当考虑下列内容：（1）经管理层调整后的财务报表是否与注册会计师对被审计单位及其环境的了解一致；（2）财务报表的列报、结构和内容是否合理；（3）财务报表是否真实地反映了交易和事项的经济实质。

二、管理层对财务报表的认定

认定是指管理层对财务报表组成要素的确认、计量、列报和披露作出的明确或隐含的表达。认定与审计目标密切相关，注册会计师的基本职责就是确定被审计单位管理层对其财务报表的认定是否恰当。

管理层在财务报表上的认定有些是明确表达的，有些则是隐含表达的。例如，管理层在资产负债表中列报存货及其金额，意味着作出了下列明确的认定：（1）记录的存货是存在的；（2）存货以恰当的金额包括在财务报表中，与之相关的计价或分摊调整已恰当记录。同时，管理层也作出下列隐含的认定：（1）所有应当记录的存货均已记录；（2）记录的存货都由被审计单位拥有。

管理层对财务报表各组成要素均作出了认定，财务报表审计就是要确定管理层的认定是否恰当。因此，管理层的认定与审计目标密切相关。在审计中，注册会计师主要运用三类相关认定。

（一）与交易和事项相关的认定

注册会计师对所审计期间的各类交易和事项运用的管理层认定通常分为下列类别：

（1）发生：即记录的交易和事项已发生，且与被审计单位有关；

（2）完整性：即所有应当记录的交易和事项均已记录；

（3）准确性：即与交易和事项有关的金额及其他数据已恰当记录；

（4）截止：即交易和事项已记录于正确的会计期间；

（5）分类：即交易和事项已记录于恰当的账户。

（二）与期末账户余额相关的认定

注册会计师对期末账户余额运用的管理层认定通常分为下列类别：

（1）存在：即记录的资产、负债和所有者权益是存在的；

（2）权利和义务：即记录的资产由被审计单位拥有或控制，记录的负债是被审计单位应当履行的偿还义务；

（3）完整性：即所有应当记录的资产、负债和所有者权益均已记录；

（4）计价和分摊：即资产、负债和所有者权益以恰当的金额包括在财务报表中，与之相关的计价或分摊调整已恰当记录。

（三）与列报和披露相关的认定

注册会计师对列报与披露运用的管理层认定通常分为下列类别：

（1）发生以及权利和义务：即披露的交易、事项和其他情况已发生，且与审计单位有关；

（2）完整性：即所有应当包括在财务报表中的披露均已包括；

（3）分类和可理解性：即财务信息已被恰当列报和描述，且披露内容表述清楚，易于理解；

（4）准确性和计价：即财务信息和其他信息已公允披露，且金额恰当。

三、审计的一般目标和具体目标

一般审计目标应用于每类业务，是从更广泛的意义上来讲的；具体审计目标应用于各类特定业务，是从更个别的意义上来讲的，是一般目标在具体审计业务中的运用，如销售业务。注册会计师了解认定，是为了确定每个项目的具体审计目标，并以此作为评估重大错报风险以及设计和实施进一步审计程序的基础。

（一）与交易和事项相关的审计目标

即注册会计师在对各类交易和事项进行审计时应实现的审计目标。

1. 一般目标

（1）真实性：由发生认定推导的审计目标，即确认已记录的交易是真实的。如果没有发生销售交易，但在销售明细账中记录了一笔销售，则违反了该目标。

发生认定所要解决的问题是管理层是否把那些不曾发生的项目列入财务报表，

它主要与财务报表组成要素的高估有关。

（2）完整性：由完整性认定推导的审计目标，即确认已发生的交易已经记录。如果发生了销售交易，但没有在销售明细账和总账中记录，则违反了该目标。

真实性和完整性两者强调的是相反的关注点。真实性目标针对潜在的虚构交易（即高估），而完整性目标则针对潜在的漏记交易（即低估）。

（3）准确性：由准确性认定推导出的审计目标，即确认已记录的交易是按正确金额记录和反映的。如果在销售交易中发出商品的数量与账单上的数量不符，或是开具账单时使用了错误的销售价格，或是账单中的乘积或加总有误，或是在销售明细账中记录了错误的金额，则违反了该目标。

准确性与真实性、完整性之间存在区别。若已记录的销售交易是不应当记录的（如发出的商品是寄销商品），则即使发票金额计算准确，仍违反了真实性目标。若已入账的销售交易是对符合销售实现确认条件的发出商品的记录，但金额计算错误，则违反了准确性目标，但没有违反真实性目标。在完整性与准确性之间也存在同样的关系。

（4）截止：由截止认定推导出的审计目标，即确认接近资产负债表日的交易记录于恰当的期间。如将本期交易推到下期，或将下期交易提到本期，均违反了截止目标。

（5）分类：由分类认定推导出的审计目标，即确认被审计单位记录的交易经过适当分类。如果将赊销形成的应收款记录为其他应收款，或将出售经营性固定资产所得的收入记录为营业收入，则导致交易分类的错误，违反了分类的目标。

2. 具体审计目标

将与各类交易和事项相关的一般审计目标应用于各特定的交易和事项中，就形成了与特定交易和事项相关的具体审计目标。表 3-1 以销售业务为例，列示了认定、与交易和事项相关的一般审计目标和具体审计目标之间的关系。

表 3-1　**认定、与交易和事项相关的一般审计目标和具体审计目标之间的关系**

管理层的认定	与交易和事项相关的一般审计目标	与销售业务相关的具体审计目标
发生	真实性	已入账的销售业务是向真实顾客发出的、符合销售实现条件的商品之交易
完整性	完整性	已发生的所有销售业务均已入账
准确性	准确性	已入账的销售业务的金额是已发出商品并已正确开具账单的销售额
分类	分类	销售业务已适当分类，如按产品或地区分类
截止	截止	销售业务在正确的日期入账

（二）与账户余额相关的审计目标

即注册会计师在对各账户期末余额进行审计时应实现的审计目标。

1. 一般目标

（1）存在：由存在认定推导的审计目标，即确认已记录的金额确实存在。例如，如果不存在某顾客的应收账款，在应收账款明细账中却列入了对该顾客的应收账款，则违反了存在目标。

（2）权利和义务：由权利和义务认定推导的审计目标，即确认资产归属于被审计单位，负债属于被审计单位的义务。例如，将他人寄售商品列入被审计单位的存货中，违反了权利目标；将不属于被审计单位的债务记入账内，则违反了义务目标。

（3）完整性：由完整性认定推导的审计目标，即确认已存在的金额均已记录。例如，如果存在某顾客的应收账款，在应收账款明细账中却没有列入对该顾客的应收账款，则违反了完整性目标。

（4）计价和分摊：由计价和分摊认定推导的审计目标，即确认资产、负债和所有者权益以恰当的金额包括在财务报表中，与之相关的计价或分摊调整已恰当记录。

2. 具体审计目标

将与账户余额相关的一般审计目标应用于各特定的账户余额中，就形成了与特定账户余额相关的具体审计目标。表 3-2 以应收账款余额为例，列示了认定、与账户余额相关的一般审计目标和具体审计目标之间的关系。

表 3-2　**认定、与账户余额相关的一般审计目标和具体审计目标之间的关系**

认　定	与账户余额相关的一般审计目标	与应收账款余额相关的具体审计目标
存在	存在	在资产负债表日，所有已记录的应收账款确实存在
完整性	完整性	所有符合销售确认条件的赊销金额已计入应收账款，应收账款的增减变动均已入账
权利和义务	权利和义务	所有应收账款均由被审计单位所拥有，除已披露外，应收账款未作质押或担保
计价和分摊	计价和分摊	应收账款预计可收回，并已按既定政策足额计提坏账准备，年末销售截止是恰当的

（三）与列报和披露相关的审计目标

即注册会计师在对财务报表列报和披露进行审计时应实现的审计目标。各类交易和账户余额的认定正确只是为正确列报和披露打下了必要的基础，财务报表还可能因被审计单位误解有关列报和披露的规定或舞弊等而产生错报。另外，还可能因被审计单位没有遵守一些专门的披露要求而导致财务报表错报。因此，即使注册会计师审计了各类交易和账户余额的认定，实现了各类交易和账户余额的具体审计目标，也不意味着获取了足以对财务报表发表审计意见的充分、适当的审计证据。因此，注册会计师还应当对各类交易、账户余额及相关事项在财务报表中列报和披露的正确性实施审计。

1. 一般目标

（1）发生及权利和义务：即财务报表中列报和披露的交易和事项均是真实发生的，列报和披露的资产、负债、所有者权益都是真实存在的，且与被审计单位相关。将没有发生的交易、事项，或与被审计单位无关的交易和事项包括在财务报表中，则违反该目标。例如，复核董事会会议记录中是否记载了固定资产抵押等事项，询问管理层固定资产是否被抵押，即是对列报的权利认定的运用。如果固定资产已被抵押，则需要在财务报表中充分披露，说明其权利受到限制。

（2）完整性：即应当在财务报表中列报或披露的交易和事项、资产、负债和所有者权益都已在财务报表中列报或披露。如果应当披露的事项没有包括在财务报表中，则违反该目标。例如，检查关联方和关联方交易，以验证其在财务报表中是否得到充分披露，即是对列报和披露的完整性认定的运用。

（3）分类和可理解性：即财务信息已被恰当地列报和描述，且披露内容表述清楚。亦即所有交易和事项、资产、负债和所有者权益都已按照恰当的分类在财务报表中进行了列报或披露，且易于理解，不会产生歧义。例如，检查存货的主要类别是否已披露，是否将一年内到期的非流动负债列为流动负债，即是对列报的分类和可理解性认定的恰当运用。

（4）准确性和计价：即财务信息和其他信息已公允披露，且金额恰当。亦即所有交易和事项、资产、负债和所有者权益都已按照恰当的金额在财务报表中进行了列报或披露，特别是恰当计提了资产减值准备和其他各种准备。例如，检查财务报表附注是否分别对原材料、在产品和产成品等存货成本核算方法做了恰当说明，即是对披露的准确性和计价认定的恰当运用。

2. 具体审计目标

将与列报和披露相关的一般审计目标应用于各特定的列报和披露项目中，就形成了与特定列报和披露项目相关的具体审计目标。表 3-3 以应收账款的列报和披露为例，列示了认定、与列报和披露相关的一般审计目标和具体审计目标之间的关系。

在审计过程中，审计师应紧紧围绕具体审计目标搜集证据。把这些证据累积起来，审计师就可对管理层的任何认定是否正确形成结论；再把对每个认定的结论综合起来，就可形成财务报表整体合法性和公允性的审计意见。

表 3-3 认定、与列报和披露相关的一般审计目标和具体审计目标之间的关系

认 定	与列报和披露相关的一般审计目标	与应收账款列报和披露相关的具体审计目标
发生及权利和义务	发生及权利和义务	在资产负债表日，所有已列报的应收账款确实存在且均为被审计单位所拥有；除已披露外，应收账款未作质押或担保，权利未受到限制
完整性	完整性	所有应当列报的应收账款均已在财务报表中列报；与应收账款相关的事项，如应收账款确认和计量标准、应收账款的分类、坏账确认标准和程序、坏账准备计提方法和比率等，均已按照相关会计准则的规定在附注中充分披露
分类和可理解性	分类和可理解性	所有列报的应收账款区别于应收票据、其他应收款等；应收账款的账龄分类恰当；与应收账款相关的披露表述清楚，易于理解
准确性和计价	准确性和计价	所列报的应收账款金额是正确的，且是可收回金额的最佳估计数；年末应收账款坏账准备的计提是恰当的

第二节 审计计划

审计计划分为总体审计策略和具体审计计划两个层次。制定总体审计策略和具体审计计划仍然是注册会计师的责任。审计计划应当在具体实施前下达至审计组的全体成员；应当视审计情况的变化及时修订审计计划。

一、总体审计策略

总体审计策略用以确定审计范围、时间安排、性质和方向，并指导制订具体审计计划。在制定总体审计策略时，应当考虑以下主要事项：

(一) 审计范围

注册会计师应当确定审计业务的特征，包括适用的财务报告编制基础[①]、特定行业的报告要求以及被审计单位组成部分的分布等，以界定审计范围。在确定审计范围时，需要考虑下列事项：

(1) 编制财务报表适用的会计准则和相关会计制度，包括是否需要将财务信息调整至按照其他财务报告编制基础编制；

(2) 特定行业的报告要求，如某些行业监管机构要求提交的报告；

① 在我国，就大中型企业而言，适用的财务报告编制基础就是财政部发布实施的企业会计准则及其应用解释；就小规模企业而言，适用的财务报告编制基础就是财政部发布实施的《小企业会计制度》；就事业单位而言，就是财政部发布实施的《事业单位会计准则》及其相关的事业单位会计制度。

（3）预期审计工作涵盖的范围，包括需审计的集团内部组成部分的数量及所在地点；

（4）母公司和集团组成部分之间存在的控制关系的性质，以确定如何编制合并财务报表；

（5）其他注册会计师参与审计集团组成部分的范围；

（6）需审计的经营分部的性质，包括是否需要具备专门知识；

（7）外币折算，包括外币交易的会计处理、外币财务报表的折算和相关信息的披露；

（8）除对合并财务报表审计之外，是否需要对组成部分的财务报表单独进行法定审计；

（9）内部审计工作的可利用性及对内部审计工作的拟依赖程度；

（10）被审计单位使用服务机构的情况，及注册会计师如何取得有关服务机构内部控制设计和运行有效性的证据；

（11）预期利用在以前期间审计工作中获取的审计证据的程度，如获取的与风险评估程序和控制测试相关的审计证据；

（12）信息技术对审计程序的影响，包括数据的可获得性和预期使用计算机辅助审计技术的情况；

（13）协调审计工作与中期财务信息审阅的预期涵盖范围和时间安排，以及中期财务信息审阅所获信息对审计工作的影响；

（14）与为被审计单位提供其他服务的事务所人员讨论可能影响审计的事项；

（15）与被审计单位人员的时间协调和相关数据的可获得性。

（二）审计报告的目标、审计的时间安排及所需沟通

总体审计策略的制定应当包括明确审计业务的报告目标，以计划审计的时间安排和所需沟通的性质，包括提交审计报告的时间要求，预期与管理层和治理层沟通的重要日期等。为计划报告目标、时间安排和所需沟通，需要考虑下列事项：

（1）被审计单位对外报告的时间表，包括中间阶段和最终阶段；

（2）与管理层和治理层进行会谈，讨论审计工作的性质、范围和时间安排；

（3）与管理层和治理层讨论拟出具报告的类型和时间安排以及沟通的其他事项（包括书面的和口头的沟通），包括审计报告、管理建议书和向治理层沟通的其他事项等；

（4）与组成部分的注册会计师沟通拟出具的报告的类型和时间安排，以及与组成部分审计相关的其他事项；

（5）项目组成员之间预期沟通的性质和时间安排，包括项目组会议的性质和时间安排，以及复核已执行工作的时间安排；

（6）是否需要与第三方沟通，包括与审计相关的法定或业务约定的报告责任；

（7）与管理层讨论预期就整个审计过程中对审计工作进展及审计结果的沟通。

（三）重要因素、初步业务活动和从其他业务获得的经验

制定总体审计策略还应当考虑影响审计业务的重要因素，以确定项目组工作方向，包括确定适当的重要性水平，初步识别的重大错报风险较高的领域、重要组成部分和账户余额，是否需要执行内部控制，识别被审计单位、所处行业、财务报告要求及其他相关方面最近发生的重大变化等。这需要考虑下列事项：

1. 重要因素方面

其具体包括：（1）为计划目的确定的重要性；（2）为组成部分确定的重要性且就此与组成部分注册会计师进行沟通；（3）在审计过程中重新考虑的重要性；（4）初步识别重要的组成部分和重要的交易、账户余额和披露。

2. 初步业务活动方面

其具体包括：（1）初步识别重大错报风险较高的审计领域；（2）财务报表层次重大错报风险的评估对审计指导、监督及复核的影响；（3）强调审计过程中保持质疑的思维方式和职业怀疑的必要性；（4）以往审计中对内部控制运行有效性的评价结果，包括所识别的控制缺陷及应对措施。

3. 从其他业务获得的经验

其具体包括：（1）与事务所内部向被审计单位提供其他服务的人员讨论可能对审计产生影响的事项；（2）有关管理层对设计、执行和维护健全的内部控制重视程度的证据，包括适当记录这些内部控制的证据；（3）业务交易量规模，基于审计效率的考虑确定是否依赖内部控制；（4）被审计单位全体人员对内部控制重要性的认识；（5）影响被审计单位的重大业务变化，包括信息技术和业务流程的变化，关键管理人员变化，以及收购、兼并和分立；（6）重大的行业发展情况，如行业法规变化和新的报告规定；（7）财务报告编制基础的重大变化，如使用的会计准则的变化；（8）其他重大变化，如影响被审计单位的法律环境的变化。

（四）所需的审计资源、时间安排和范围

总体审计策略应能恰当地反映所考虑的审计范围、时间安排和性质，并清楚地说明：（1）项目组成员（必要时包括项目质量控制复核人员）的选择以及对项目组成员审计工作的分派，包括向重大错报风险较高的审计领域分派具备适当经验的人员；（2）项目预算，包括为重大错报风险较高的审计领域预留适当的工作时间。

表 3-4 是一个总体审计策略的例子。

二、具体审计计划

（一）具体审计计划和总体审计策略之间的关系

制订具体审计计划和总体审计策略的过程紧密联系，并且两者的内容也紧密相关。注册会计师应当针对总体审计策略中所识别的不同事项，制订具体审计计划，并考虑通过有效利用审计资源以实现审计目标。通常，编制总体审计策略的过程在具体审计计划之前，但是两项计划活动并不是孤立的、不连续的过程，而是紧密联

表 3-4　　**总体审计策略表**

被审计单位：现代公司　编制人：李豪　日期：2014/01/25　索引号：A02-8

会计期间：2013 年度　　复核人：张强　日期：2014/01/25　页次：1/1

一、委托审计的目的、范围

审计现代公司 2013 年 12 月 31 日的资产负债表和该年度利润表、现金流量表和所有者权益变动表。

二、审计策略(是否实施预审,是否进行控制测试，实质性程序按业务循环还是按报表项目等)

不进行预审。由于现代公司是常年客户，不进行全面控制测试，但对于变动较大的项目实施双重目的的测试；按业务循环实施实质性程序。

三、评价内部控制和审计风险

内部控制制度尚健全，但由于本年度企业由盈转亏，可能存在某种程度的财务问题，审计风险较大。

四、重要会计问题及重点审计领域

1. 营业收入、营业成本项目；
2. 影响利润的其他业务收支、费用、营业外支出项目；
3. 应收账款项目；
4. 存货项目；
5. 在建工程项目。

五、重要性水平初步估计

采用总收入法

按前三年平均营业收入：33 644×0. 5% =168. 22（万元）

按 2013 年营业收入：　28 399×0. 5% =141. 995（万元）

综合考虑现代公司的审计风险，现代公司财务报表总体重要性水平可初步估计为 120 万元。

六、计划审计日期

外勤工作自 2014 年 1 月 26 日至 2014 年 2 月 12 日，编写报告自 2014 年 2 月 13 日至 2 月 23 日。

七、审计小组组成及人员分工

姓名	职务或职称	分　　工	备　注
王鸣	副主任计师	审批审计计划、复核底稿、签发报告	
张强	部门经理	二级复核，参加重大问题讨论	
李豪	注册会计师	编制审计计划、综合类底稿、复核底稿	项目经理
王景	注册会计师	销售与收款循环项目、生产循环项目	
张雷	注册会计师	购货与付款循环项目、投资与融资循环项目	
杨义	高级会计师	货币资金、员工服务循环项目、特殊项目、复核项目经理的底稿	
赵华	助理人员	参与盘点	
周文	助理人员	发函证、协助王景审计销售与收款循环项目	

八、修订审计计划记录

系的，对其中一项的决定可能会影响甚至改变对另外一项的决定。例如，注册会计师在了解被审计单位及其环境的过程中，注意到被审计单位对主要业务的处理依赖复杂的自动化信息系统，因此计算机信息系统的可靠性及有效性对其经营、管理、决策以及编制可靠的财务报告具有重大影响。对此，注册会计师可能会在具体审计计划中制定相应的审计程序，并相应调整总体审计策略的内容，作出利用信息风险管理专家的决定。

因此，注册会计师将制定总体审计策略和具体审计计划相结合进行，使计划审计工作更有效率及效果，也可以将总体审计策略和具体审计计划合并为一份审计计划，以提高编制及复核工作的效率，增强其效果。

（二）具体审计计划包括的内容

具体审计计划比总体审计策略更加详细，其内容包括为获取充分、适当的审计证据拟实施的审计程序的性质、时间安排和范围，包括风险评估程序、计划实施的进一步审计程序和其他审计程序。

1. 风险评估程序

为足够识别和评估财务报表重大错报风险，注册会计师计划实施的风险评估程序的性质、时间安排和范围。

2. 计划实施的进一步审计程序

针对评估的认定层次的重大错报风险计划实施的进一步审计程序的性质、时间安排和范围。

随着审计工作的推进，对审计程序的计划会一步步深入，并贯穿于整个审计过程。例如，计划风险评估程序通常在审计开始阶段进行，进一步审计程序则需要依据风险评估程序的结果进行。因此，为达到编制具体审计计划的要求，注册会计师需要完成风险评估程序，识别和评估重大错报风险，并针对评估的认定层次的重大错报风险，计划实施进一步审计程序的性质、时间安排和范围。

通常，进一步审计程序可以分为进一步审计程序的总体方案和拟实施的具体审计程序（包括进一步审计程序的具体性质、时间安排和范围）两个层次。进一步审计程序的总体方案主要是指注册会计师针对各类交易、账户余额以及列报和披露决定采用的总体方案（包括实质性方案或综合性方案）。具体审计程序则是对进一步审计程序的总体方案的延伸和细化，包括控制测试和实质性程序的性质、时间安排和范围。通常是单独编制一套包括这些具体程序的“进一步审计程序表”，待具体实施审计程序时，进一步记录所实施的审计程序及结果，并最终形成相关的审计工作底稿。

完整、详细的进一步审计程序的计划包括对各类交易、账户余额和列报与披露实施的具体审计程序的性质、时间安排和范围，包括抽取的样本量等。在实务中，注册会计师可以统筹安排进一步审计程序的先后顺序，如果对某类交易、账户余额或列报与披露已经作出计划，则可以安排先行开展工作，与此同时再制定其他交易、账户余额和列报与披露的进一步审计程序。

3. 其他审计程序

即根据审计准则的规定对审计业务需要实施的其他审计程序。在审计计划阶段，除了按照《CSA1211——通过了解被审计单位及其环境识别和评估重大错报风险》进行计划工作，注册会计师还需要兼顾其他准则中规定的、针对特定项目在审计计划阶段应执行的程序及记录要求。例如，《CSA1141——财务报表审计中与舞弊相关的责任》、《CSA1142——财务报表审计中对法律法规的考虑》、《CSA1323——关联方》及《CSA1324——持续经营》等准则针对这些特定项目在审计计划阶段应当执行的程序及其记录作出了规定。当然，由于被审计单位所处行业、环境各不相同，特别项目可能也有所不同。例如，有些企业可能涉及环境事项、电子商务等，则应根据被审计单位的具体情况确定特定项目并执行相应的审计程序。

在实际工作中，具体审计计划一般可通过编制审计程序表的方式来体现。典型的审计程序表见表3-5。

表3-5　**主营业务收入实质性程序表**

被审计单位：现代公司　　审计师：王景　　日期：2014/01/29　　索引号：Y1-6

审计期间：2013/01/01—2013/12/31　　复核人员：杨浩　　日期：2014/01/30

审计目标：（1）确定主营业务收入的内容、数额是否真实、正确、完整；（2）确定销货退回、销售折扣与折让的会计处理是否适当；（3）确定主营业务收入的会计处理是否正确；（4）确定主营业务收入的列报和披露是否恰当。

审计重点	审计程序	执行情况说明	索引号
按常规审计，注意是否存在跨期销售收入及虚构销售收入情况	1. 获取或编制主营业务收入明细表，复核加计是否正确，并与明细账和总账、报表的余额核对	1. 核对相符	Y1-7
	2. 将本年度的主营业务收入与上年度的主营业务收入进行比较，分析产品销售的结构和价格变动是否合理，并分析异常变动的原因	2. 无异常	Y1-7
	3. 比较本年度各月主营业务收入波动情况，分析其变动趋势是否正常，并查明异常现象和重大波动的原因，注意是否有企业内部各部门或企业间相互原价开票转账，虚增销售收入情况	3. 主营业务收入有波动，但每年如此，属于正常	Y1-7
	4. 抽查销售业务的原始凭证（发票、送货单据），并追查至记账凭证及明细账，确定主营业务收入是否真实，销售记录是否完整	4. 销售收入真实，无跨期情况	Y1-8
	5. 实施截止测试，抽查资产负债表日前后若干日的销售收入与退货记录，检查销售业务的会计处理有无跨年度现象，对跨年度重大销售项目应予调整	5. 销售收入真实，无跨期情况	Y1-8

续表

审计重点	审计程序	执行情况说明	索引号
	6. 结合对资产负债表日应收账款的函证程序，查明有无未经认可的大额销售	6. 已核对	Y1-9
	7. 检查销售退回与折让手续是否符合规定，是否按规定进行了会计处理	7. 无	N/A
	8. 检查以外币结算的主营业务收入的折算方法是否正确	8. 无	N/A
	9. 获取产品价格目录，抽查售价是否符合定价政策，并注意销售给关联方或关系密切的重要客户的产品价格是否合理，有无低价或高价结算以转移收入的现象	9. 无	N/A
	10. 检查有无特殊的销售行为，确定恰当审计程序进行审核	10. 无	N/A
	11. 调查集团内部销售的情况，记录其交易价格、数量和金额，并追查在编制合并财务报表时是否已予以抵消	11. 无	N/A
	12. 调查向关联方销售的情况，记录其交易品种、数量、价格、金额以及占营业收入总额的比例	12. 无	N/A
	13. 验证主营业务收入在利润表中的列报是否恰当，在财务报表附注中的披露是否充分	13. 已披露	
审计说明与结论			
复核说明与结论			

三、审计过程中对计划的修改

计划审计工作并非是审计业务的一个孤立阶段，而是一个持续的、不断修正的过程，贯穿于整个审计业务的始终。由于未预期事项、条件的变化或在实施审计程序中获取的审计证据等原因，注册会计师在必要时应当对总体审计策略和具体审计计划作出修订。

审计过程可分为不同阶段，前面阶段的审计结果会对后面阶段的工作计划产生一定的影响，而后面阶段的工作又可能发现需要对相关计划进行相应的修订。这些修订可能涉及比较重要的事项。例如，对重要性水平的修订，对某类交易、账户余额和列报与披露的重大错报风险的评估和进一步审计程序的修订等。一旦计划被修订，审计工作也就应当进行相应修正。

例如，在制订审计计划时，注册会计师根据对材料采购相关控制的初步测试结果认为其设计合理并有效运行，因此将其评价为低风险领域并计划执行控制测试。但是在执行控制测试时，注册会计师认为材料采购交易的控制并没有得到有效执行，此时，就需要修正对该类交易的风险评估，并相应修改审计方案，如采用实质性方案。

四、指导、监督与复核的计划

注册会计师应当就对项目组成员工作的指导、监督与复核的性质、时间和范围制订计划。这需要考虑下列因素：（1）被审计单位的规模和复杂程度；（2）审计领域；（3）重大错报风险；（4）执行审计工作的项目组成员的素质和专业胜任能力。当评估的重大错报风险增加，或者项目组成员的素质和专业胜任能力还有待提高时，通常需要扩大指导与监督的范围，增强指导与监督的及时性，并对其工作执行更详细的复核。

五、对审计记录的记录

注册会计师应当记录总体审计策略和具体审计计划，包括在审计工作过程中作出的任何重大修订。

（一）记录的内容

1. 对总体审计策略的记录

对总体审计策略的记录，应当包括为恰当计划审计工作和向项目组传达重大事项而作出的关键决策。例如，可以采用备忘录的形式记录总体审计策略，包括对审计工作的总体范围、时间安排及执行所作出的关键决策。

2. 对具体审计计划的记录

对具体审计计划的记录，应当能够反映下列内容：（1）计划实施的风险评估程序的性质、时间安排和范围；（2）针对评估的重大错报风险计划实施的进一步审计程序的性质、时间安排和范围。这可以使用标准的审计程序表或审计工作完成核对表，但应当根据具体审计业务的情况作出适当修改。

3. 对计划的重大修改的记录

应当记录对总体审计策略和具体审计计划作出的重大修改及其理由，导致此类修改的事项、条件，以及最终采用的总体审计策略和具体审计计划，以表明对审计过程中遇到的重大变化作出的恰当应对。

如果审计计划的修订只是局部的，如只针对某个或某几个方面修订，就可以保留原有的总体审计策略和具体审计计划，以及已执行程序的记录，并将对审计计划的重大修改情况记录在进一步审计程序表和重大事项概要中。如果对审计计划进行了重大修改，如涉及整个计划的各个方面，包括多个类别的交易、账户余额和列报与披露，就需重新编制总体审计策略和具体审计计划，并保留原有的总体审计策略和具体审计计划。

（二）记录的形式和范围

注册会计师应当根据被审计单位的规模和复杂程度、重要性、具体审计业务的情况以及对其他审计工作记录的范围等事项来确定记录审计计划的形式和范围。在小型被审计单位审计中，全部审计工作由较小的审计项目组执行，项目组成员间容易沟通和协调，总体审计策略和具体审计计划就可以相对简单。

六、与管理层和治理层的沟通

与管理层和治理层的沟通审计计划，有助于协调某些计划的审计程序以及与被审计单位人员之间的关系，从而使审计业务更易于执行和管理，提高审计效率与效果。注册会计师可以就审计计划的基本情况与被审计单位治理层和管理层进行沟通。沟通的内容包括审计的时间安排和总体策略、审计工作中受到的限制及治理层和管理层对审计工作的额外要求等。

在沟通过程中，注册会计师应当保持职业谨慎，防止因具体审计程序被管理层或治理层预见而损害审计工作的有效性。

【延伸阅读】

1. 《CSA1101——注册会计师的总体目标和审计工作的基本要求》（2010）。
2. 《CSA1201——计划审计工作》（2010）。
3. 《第 2101 号内部审计具体准则——审计计划》（2013）。
4. 《中华人民共和国国家审计准则》（2010）第三章“审计计划”。

【复习思考题】

1. 审计总目标由哪些因素决定？其发展演变经历了哪些阶段？
2. 财务报表审计的目标是什么？
3. 被审计单位管理层对财务报表的认定有哪些？其具体内容是什么？
4. 与交易和事项相关的审计目标有哪些？主要内容是什么？与被审计单位管理层对财务报表的认定是什么关系？
5. 与账户余额相关的审计目标有哪些？主要内容是什么？与被审计单位管理层对财务报表的认定是什么关系？
6. 与列报相关的审计目标有哪些？主要内容是什么？与被审计单位管理层对财务报表的认定是什么关系？
7. 试述总体审计策略的内容。如何编制总体审计策略？
8. 试述具体审计计划的内容。

【案例分析题】

光美股份有限公司是电子业的上市公司，2007 年发行社会公众股并上市交易，受政府优惠政策的支持，有较好的经营业绩，上市当年的每股收益为0.872元。随后，电子行业竞争更加激烈，光美股份的经营业绩也开始出现下滑的趋势。

光美股份有限公司在2015年度打算聘请德宝会计师事务所进行年度审计，德宝会计师事务所在接受该公司委托前通过各种渠道了解到如下信息：

(1) 同行业2013年、2014年平均每股收益分别为0.253元和0.186元；

(2) 同行业2013年、2014年平均流动比率分别为1.135和1.138；

(3) 同行业2013年、2014年平均投资报酬率分别为21.13%和18.38%；

(4) 上一年度，前任注册会计师给该公司出具的是无法表示意见的审计报告；

(5) 上一年度，公司拒绝向前任注册会计师提供董事会会议记录；

(6) 2014年11月15日公告了其进行资产重组的消息；

(7) 公司职能部门的办公楼与生产部门的工厂车间坐落在距离较远的不同地点；

(8) 据说公司总经理兼董事长工作很忙，很难见到他；

(9) 公司内部审计部门与纪检监察部门合并设立为一个部门；

(10) 公司在2014年1月16日投资组建电子商务网络公司，并已投入运营。

要求：请讨论在编制审计计划时对了解到的上述信息应作何种安排、实施哪些程序？

第四章　审计证据与审计工作底稿

审计目标是对被审计单位受托经济责任履行情况作出结论，以确保和促进其履行。在财务报表审计中，审计目标主要体现为对被审计财务报表的合法性和公允性发表意见，以提高其可信性。审计结论的形成均必须建立在审计师实施必要审计程序，收集充分、适当的审计证据基础上。审计工作底稿是审计师用于记录所实施的审计程序和所收集的审计证据的主要手段。

第一节　审计证据

一、审计证据的意义与分类

（一）审计证据的意义

审计证据是审计师在执行审计业务过程中，为证实审计事项、得出审计结论和形成审计意见而使用的所有信息，包括会计记录所含有的信息和其他信息。其他信息包括审计师从被审计单位内部或外部获取的会计记录以外的信息，如通过询问、观察和检查等审计程序获取的信息，以及自己编制或获取的信息。

审计的目的是对被审计单位履行受托经济责任的情况作出评价、得出结论。审计师只有采用各种审计方法，收集充分、适当的审计证据，形成符合要求的审计工作底稿，才能确保审计结论的客观性与公正性，确保审计质量。因此，审计证据的质量决定了审计质量。没有审计证据的质量，就没有审计工作的质量。整个审计实施过程，就是审计证据的收集与评价过程，围绕审计证据而展开。

（二）审计证据的分类

1. 审计证据按其存在形式的分类

审计证据按其存在形式，可分为实物证据、书面证据、电子视听证据、口头证据和环境证据五大类。这五类审计证据也称为审计证据的基本种类。

（1）实物证据。通过实际观察或清点获得，用以确定某种实物资产是否确实存在及其数量的证据。例如，可以通过监盘确定库存现金、有价证券、存货和固定资产的实有数量和质量状况。实物证据通常是证明实物资产是否存在及其实有数量的最有说服力的证据，但实物资产的存在并不能证实被审计单位对其拥有所有权，也不能确定其计价的合理性。例如，年终盘点的存货可能包括已销售但未发运的商品；盘点的固定资产可能包括经营租入的固定资产。再者，即使确定了实物数量，但其质量好坏、价值高低难以通过实物观察来确定。

（2）书面证据。通过审查各种书面记录所获取的证据。书面证据的最初存在形式包括与审计有关的各种原始凭证、会计记录（记账凭证、会计账簿和各种明细表）、各种会议记录和文件、各种合同、通知书、报告书及函件等。书面证据是审计师获取的最基本、数量最大的证据，是审计证据的主体，因此，常常被称为基本证据。书面证据的可靠性取决于其获得的途径。一般而言，从被审计单位内部获得的书面证据，其可靠性低于从被审计单位外部获得的书面证据。

（3）电子视听证据。通过检查电子数据或影音形态存在的资料所获得的证据，其最初存在形态为电子数据和影音资料。随着信息技术的发展和广泛普及，信息技术在各种组织的管理活动中得到了广泛和深入的使用，如计算机、网络、摄录系统等，使得大量的生产、经营、管理方面的数据以电子、磁介质、影音等形式存在，进而使电子视听证据在审计证据中所占比重越来越高。电子视听证据用肉眼不能观察，必须以专用设备才能阅读或观看；很容易被修改或复制，且不留下任何痕迹。这需要审计师熟悉其特征，掌握和熟练运用信息技术，并保持高度的职业谨慎。

（4）口头证据。有关人员对审计师的提问进行口头答复所形成的证据，也称为言词证据。例如，审计师向被审计单位有关人员询问会计记录或实物资产的存放地点、采取特别会计政策的理由、生产经营的基本情况、逾期应收账款收回的可能性、某类业务的经办人及其基本情况等。在审计过程中，审计师应将各种重要口头证据做成记录，并注明是何人、何时、在何种情况下所作的口头陈述，必要时还应获得被询问者的签名确认。由于口头证据常常带有被询问者的个人感情色彩或偏见，因此，其证明力较弱，本身并不足以证明事情的真相，但可发现一些重要线索，以利于确定下一步审计重点与方向。

（5）环境证据。也称为状况证据，是指对被审计单位产生影响的各种环境事实。它主要包括被审计单位的如下情况：内部控制、会计机构和人员情况；组织机构及管理人员情况；管理队伍构成及素质情况；经营情况及发展趋势；发展战略与经营方针；当地经济发展情况；所在行业经营及发展情况等。环境证据一般不属于基本证据，但它是审计师进行判断所必须掌握的资料，可以帮助审计师了解被审计单位及其经济活动所处的环境，把握其经营业务的总体情况，以便分析其相关经济资料的合理性，掌握审计线索和审计重点。

2. 审计证据按其来源的分类

审计证据按其来源分类，可分为亲历证据、外部证据和内部证据。

（1）亲历证据。审计师直接、亲自获得的各种证据。主要包括：亲自监盘或清点所获得的实物证据；通过现场观察或调查所获得的环境证据；通过审查或亲自计算所获得的书面证据；通过询问与调查所获得的言词证据等。

（2）外部证据。被审计单位以外的第三方编制的证据、证词等，它一般包括从外单位获得的发票、运单、对账单，被审计单位的债权人与债务人对函证所作的回复等。外部证据一般具有较强的证明力，是一类非常重要的证据。外部证据又可分为两类：一类是由被审计单位以外的第三方编制并直接递交审计师的各种证据，如应收账款的函证回函、被审计单位律师等其他独立专家关于被审计单位资产所有权和或有负债的证明函件等。这种证据的证明力较强。另一类是由被审计单位以外

第三方所编制，但由被审计单位持有并提交给审计师的书面证据，如银行对账单、应收票据、购货发票、顾客定购单、有关合同或协议等。这种书面证据有被涂改或伪造的可能性，审计师应当提高警惕。尽管如此，在一般情况下，这类证据的证明力仍然强于内部证据。

（3）内部证据。被审计单位内部产生并保存的各种资料，它包括被审计单位会计记录、声明书、其他文件等。会计记录包括各种自制的原始凭证、记账凭证、账簿记录、财务报表、试算表、汇总表、资产盘点记录等，它是审计师所获取的，来自被审计单位内部的一类极为重要的审计证据；声明书是审计师从被审计单位获取的、以书面形式确认其所做的各种重要陈述；其他文件则是指被审计单位提供的、有助于审计师形成审计结论和意见的其他文件，如业务核算资料、各种定额及其完成情况、经济合同、董事会及股东大会会议记录等。一般而言，内部证据不如外部证据可靠。审计师在评价其可靠性时，应当考虑三个因素：一是该证据是否经过外部流转，并获得其他单位或个人的承认。凡是经过外部鉴证的证据，其可靠性较高，如销售发票、付款支票等。二是产生该证据的内部控制是否健全有效。在健全有效的内部控制环境中产生的内部证据，其可靠性较高。三是该证据是否有其他证据相互印证。凡是单独存在的内部证据，其可靠性较差；有其他内部证据或外部证据相互印证，形成证据链的内部证据，其可靠性就高。

（三）审计证据基本种类与一般审计目标之间的关系

审计师在财务报表审计中，要实现的一般审计目标有 11 个：总体合理性、真实性或存在、完整性、权利和义务、计价和分摊、截止、准确性、分类、列报、披露、可理解性。不同种类审计证据可以用来实现不同的审计目标。在收集审计证据时，审计师应当选择能以最低成本实现相关审计目标的证据，力求做到审计证据的收集既经济又有效。表 4-1 列示了审计证据基本种类与一般审计目标之间的关系。

表 4-1 **审计证据基本种类与一般审计目标之间的关系**

审计证据种类	一般审计目标										
	总体合理性	真实性或存在	完整性	权利和义务	计价和分摊	截止	准确性	分类	列报	披露	可理解性
实物证据		√	√		√	√					
书面证据	√	√	√	√	√	√	√	√	√	√	√
电子视听证据	√	√	√	√	√	√	√	√	√	√	√
口头证据	√	√	√	√	√	√		√	√	√	√
环境证据	√										

二、审计证据的特征

审计证据的特征可从数量、质量两个方面来考虑。充分性是其数量特征；适当性是其质量特征。

（一）审计证据的充分性

审计证据的充分性是对审计证据数量的衡量，即审计证据的数量能足以支持审计师的审计意见，是审计师为形成审计意见所需审计证据的最低数量要求。

客观公正的审计意见必须有足够数量的审计证据作为支持，但并非审计证据数量越多越好。由于需要考虑审计效率，审计师通常把审计证据的数量降至可接受的低水平，但需确保能够实现审计目标。审计师判断所需审计证据的数量受到多个因素的影响，特别是受到其对重大错报风险评估结果和审计证据质量的影响，主要包括以下因素：

1. 具体审计项目的重要性

重要性和审计风险是决定所需审计证据数量的主要因素。通常，审计项目越重要，所需证据数量就越多。在考虑重要性时，需要考虑质量与数量特征。质量特征主要包括：（1）涉及舞弊与违法行为的错报；（2）可能引起履行合同义务的错报；（3）影响收益趋势的错报；（4）不期望出现的错报。凡是具备上述特征之一的事项，所需收集审计证据的数量就越多。数量特征主要考虑计划的重要性水平以及各账户或交易层次的可容忍误差。重要性水平越低，所需审计证据的数量就越多。

2. 重大错报风险

通常，重大错报风险越高，所需审计证据的数量就越多。在考虑重大错报风险时，一般应当考虑以下因素：（1）项目的性质。如果所审计的项目具有投机冒险的性质，则需要收集较多的审计证据。通常，在对某单位进行第一次审计时，要有意识地提高审计证据的质量，增加审计证据的数量。（2）内部控制的有效程度。一般而言，内部控制越有效，其审计风险相对较小，所需证据的数量就越少。（3）业务经营的性质。经济业务越复杂，重大错报风险就越大，所需证据数量就越多。（4）管理层的诚信度。管理层诚信度高，固有风险小，其认定和声明比较可靠，相应的，所需审计证据的数量就越少；反之，管理层诚信度低，其认定和声明不太可靠，特别容易出现重大舞弊行为，审计师应格外注意这一方面的迹象，提高警惕，从不同途径收集所需审计证据，且增加审计证据的数量。（5）财务状况和经营成果的好坏。当财务状况或经营成果不佳时，管理层可能采取不正当手段加以掩饰，特别是当财务状况和经营成果与企业、管理层的某种资格和利益息息相关时，更是如此。此时，审计师必须注意提高审计证据的质量，并适当增加数量。（6）频繁或仓促更换事务所。若被审计单位经常或无正当理由，或在临近规定截止期限时仓促更换事务所，大多数是因为对审计意见不满所致。在这种情况下，后任事务所就需要提高警惕，相对增加审计证据的数量。

3. 审计师及其业务助理的审计经验

审计过程中需要大量专业判断。丰富的审计经验可以提高审计判断的正确性。因此，审计师及其助理审计经验丰富，就可减少对审计证据数量的依赖，所需证据数量可相对少些。相反，则需增加审计证据的数量。

4. 审计过程中是否发现错误或舞弊

审计过程中一旦发现被审计事项存在错误或舞弊，则被审计单位其他方面存在问题的可能性就会增加，因此，审计师就需扩大审计范围，增加抽查数量，获取较多审计证据，以确保审计结论的可靠性和审计意见的恰当性。

5. 审计证据的类型和获取途径

如果大多数审计证据都是从独立于被审计单位的第三者处获取的，而且这些审计证据本身不易伪造，即审计证据的可靠性较高，则所需证据数量就可减少；反之，如果审计证据经过被审计单位职员之手，而且本身又极易被伪造，则所需证据数量就应增加。

6. 审计总体规模和特征

在现代审计中，经常采用抽样法来收集审计证据。因此，总体项目越多，规模越大，所需证据数量就越多。总体特征是指总体项目之间的同质性和变异性，即总体各项目之间的差别。差别越大，离散程度越高，所需证据数量就越多。

（二）审计证据的适当性

审计证据的适当性是对审计证据质量的衡量，即审计证据在支持审计意见所依据的结论方面具有的相关性和可靠性。审计证据的适当性会影响其充分性。一般而言，审计证据的相关性与可靠程度越高，则所需审计证据的数量就越少。

1. 审计证据的相关性

审计证据的相关性是指用作审计证据的信息与审计程序的目的和所考虑的相关认定之间的逻辑关系。审计师只能利用与审计目标相关联的审计证据来证明或否定被审计单位所认定的事项。只有具有相关性的证据才是适当的、有说服力的。例如，审计目标是确定存货是否存在，那么只有通过存货监盘所获得的实物证据才是相关的，但这些实物证据又不能证明存货的计价和所有权的情况。

审计师通过控制测试获取审计证据时，应考虑的相关事项包括：内部控制是否存在；内部控制在不同时点是如何运行的；内部控制由谁执行；内部控制在被审计期间是否得到一贯执行；内部控制以何种方式运行。

审计师通过实质性程序获取审计证据时，应考虑的相关事项主要包括：资产或负债在某一特定时日是否存在；资产或负债在某一特定时日是否归属于被审计单位；经济业务的发生是否与被审计单位有关；是否有未入账的资产、负债或其他交易事项；资产或负债的计价是否恰当；收入与费用是否归属于当期，并相互配比；会计记录是否正确；财务报表项目的分类反映是否恰当、可理解，并前后一致。

2. 审计证据的可靠性

审计证据的可靠性是指用作审计证据的信息本身是否真实、客观和可验证。审计证据的可靠性受其来源和性质的影响，并取决于获取审计证据的具体环境，包括与编制和维护该信息相关的控制。通常，审计师可按照下列原则考虑审计证据的可靠性：

（1）从被审计单位外部独立来源获取的审计证据比从其他来源获取的审计证据更可靠；

（2）相关内部控制有效时内部生成的审计证据比相关内部控制薄弱时内部生成的审计证据更可靠；

（3）审计师直接获取的审计证据比间接获取或推论得出的审计证据更可靠；

（4）以文件记录形式（包括纸质、电子或其他介质）存在的审计证据比口头形式的审计证据更可靠；

（5）从原件获取的审计证据比从传真、复印或通过拍摄、数字化或其他方式转化为电子形式的文件获取的审计证据更可靠；

（6）能够相互印证的不同来源或不同性质的审计证据较为可靠。

需要指出的是，审计师获取审计证据时，可以考虑成本效益原则。但对于重要的审计项目，审计师不应将成本的高低或获取审计证据的难易程度作为减少必要程序的理由。如果获取最理想的审计证据需花费高昂的审计成本，则审计师可采用其他替代程序，转而收集质量稍逊但仍能满足审计目标的其他证据。审计师如无法取得充分、适当的审计证据，则应视情况发表保留意见或无法表示意见。

审计工作通常不涉及鉴定文件记录的真伪，审计师通常也不是鉴定文件记录真伪的专家，但应当考虑审计证据的可靠性。如果在审计过程中识别出的情况使其认为文件记录不可靠，审计师应当作出进一步调查，包括直接向第三方询证，或考虑利用专家的工作以评价其真伪。

三、获取审计证据的程序

获取审计证据的程序也称为获取审计证据的技术方法，主要包括检查记录或文件、检查有形资产、观察、询问、函证、重新计算、重新执行、分析程序八类。审计师根据具体情况，将这八类程序用作风险评估程序、控制测试和实质性程序（包括细节测试和实质性分析程序）。

（一）检查记录或文件

审计师对被审计单位内部或外部生成的，以纸质、电子或其他介质形式存在的记录或文件进行审查，以获取审计证据的程序，包括审阅和核对。

1. 审阅

对被审计单位内部或外部生成的，以纸质、电子或其他介质形式存在的记录或文件，如会计资料及经营计划、预算、决策和其他资料，进行审查和研究，以确定其是否真实、合法，是否存在需进一步检查的重要项目的程序。一般包括原始凭证、记账凭证、会计账簿、财务报表、其他资料的审阅。

2. 核对

即将相互联系的两个或两个以上的记录和数据进行比较对照，验证其是否相符，同时查明各个记录间的连续性。通过核对，能够寻找不同记录间存在的差异，并分析差异产生的原因及导致的后果。常用的核对程序有：证证核对、账证核对、账账核对、账表核对、表表核对、会计资料与业务资料核对、内外核对。

在审计过程中，审阅、重新计算与核对常常是交叉进行的。检查账簿记录的程序有时也称为“账户记录分析法”，即在检查明细账、日记账的过程中，结合审计师对被审计单位经济业务的了解和自身经验，发现疑点，为进一步审查指明方向的方法。一般在有下列情况时，则应进一步审查：（1）摘要不清楚。可能存在不合规的经济业务而故意将摘要写得模糊。（2）内容不合理不正确。（3）业务发生时间不正常。如在夏天发烤火费、冬天发降温费、非节假日时间发过节费等，以及临近期末的巨额交易等。（4）经济业务发生额异常。如过大、过小或为整数。如数额巨大的销售收入，可能意味着虚构销售收入；金额过于为整数，如一次购买办公用品 200 000 元，则可能意味着不是购买办公用品而是用在不合法的地方。（5）经济业务发生频率不正常。应当频繁发生的经济业务只偶尔发生，或偶尔发生的经济业务却频繁发生，则意味着不正常。如工业企业主要材料的收发不频繁，则可能意味着该被审计单位不再需要该种材料而应对其计价重新考虑。（6）明细账户名称不恰当。如应当采用人名或单位名称的，使用了物名或地名，则必定有问题。（7）明细账户期末余额不合理。过大、过小均可能有问题。（8）期末余额方向不合理。方向不对，则很可能有问题。如货币资金、材料采购明细账户出现了贷方余额则必定有问题。对于发现的疑点，应采用其他审计方法进行进一步的审查，直到证实或排除怀疑。

（二）检查有形资产

监盘，是指审计师对资产实物进行审查，即通过现场监督被审计单位各种实物资产及货币资金、有价证券等的实地盘点，同时实施适当抽查，以确定实物资产是否真实存在并与账面数量是否相符，查明有无短缺、毁损及贪污、盗窃等问题，以获取审计证据的程序。

检查有形资产通常能收集到最可靠的证据，但它只能对实物资产是否确实存在提供有力的支持，却不能保证被审计单位对资产拥有所有权，并且也不能对该资产的价值和完整性提供证明。在盘点过程中，不但要查清资产的实有数量，而且要注意资产的质量。如在存货的盘点过程中，注意存货有无库存时间过长、超过保质期、存在霉烂变质等质量问题；对于机器设备、交通运输工具、房屋建筑物等，不但要注意其实物是否存在，更要注意其技术水平、当前可使用情况等。对于存在质量问题的实物资产，应当单独建表反映，并尽可能按其现值或清算价值计价，以便确定资产减值准备计提的合理性。

（三）观察

审计师察看相关人员正在从事的活动或执行的程序，如在现场对被审计单位的经济活动及其管理、内部控制的执行、仓库保管情况等所进行的查看和调查，以获取审计证据的程序。

对于一些资产管理，如存货管理，对被审计单位活动的观察可以成为重要审计技术；有些重要控制，如职责划分，可由直接观察来核实。此外，在对被审计单位的业务和制度获得总体了解，以及发现可疑情况方面，观察也是一个重要技术。观察还是发现疑点，为进一步审查指明方向的有用方法。如审计师在审计过程中发现被审计单位有房屋出租的情况，则通过现场观察和询问了解房屋出租的数量、面积、租金等，就可估算被审计单位房屋出租收入情况，与已入账的房屋出租收入比较，就可初步确定是否有未入账的租金，即是否有“账外账”的情况。这通常要靠机智的提问、仔细的查看、观察结果的恢复（如摄影、录像）等程序及其他有关证据来加以佐证。

（四）询问

也称为访谈，是审计师以书面或口头形式向被审计单位内部或外部知情人员获取财务信息和非财务信息，并对答复进行评价，以获取审计证据的程序。

询问的方式有口头和书面（包括电子邮件往来）两种。一般而言，口头询问是随时进行的，可及时消除疑点或为进一步审计指明方向，但其可靠性比书面询问低得多，尤其是从被审计单位内部有关人员处获得的口头陈述；书面询问有充分准备，并编制了相应询问事项，被询问人的回答也是经过较为成熟的思考后所作的文字叙述，可靠性较高。因此，在审计过程中，审计师对于一些异常情况，如原因不明的、没有把握的事项，应采用书面方式询问。在审计中还可以采用的询问法有座谈法、问卷调查法、举报箱法等。

询问可能为审计师提供尚未获悉的信息或佐证证据，也可能提供与已知信息存在重大差异的信息，为实施进一步审计程序提供依据，但询问本身不足以获取充分、适当的审计证据，还必须实施其他审计程序。

（五）函证

审计师为了直接从第三方（被询证者）获取书面答复以作为审计证据的程序。书面答复可以采用纸质、电子或其他介质形式。

由于函证来自于被审计单位之外的第三方，因而通过该程序获取的是一种可靠性程度较高的外部证据。但如果没有回函或对回函结果不满意，审计师则应当实施其他替代程序，以获取相应的审计证据。

函证通常应用于银行存款、债权债务、对外投资、委托加工与保管、保证、抵押或质押、或有事项、重大或异常事项等的审计。在债权的函证过程中，对于重要的债权应当采用积极式函证，以尽可能取得债务人的明确答复，以便可靠确定债权是否真实存在及可收回性。函证不必局限于账面余额，还可询证审计师关心的其他事项，如在询证函中询问被审计单位与第三方之间的协议和交易条款以及是否经过修改、修改的详细信息等；通过函证获取不存在某些情况的证据，如不存在影响收入确认的“背后协议”等。

（六）重新计算

审计师以人工方式或使用计算机辅助审计技术，对被审计单位记录或文件中的数据计算的准确性所进行的核对，以获取审计证据的程序。

审计师实施重新计算程序，目的在于验证数据的准确性。通常，重新计算包括对被审计单位会计凭证、账簿和报表中有关数字的验算以及对会计资料中有关项目的加总或其他运算。这种计算并不一定按照被审计单位原先的计算顺序进行。在计算时，审计师在关注计算结果正确性的同时，还要对某些其他可能的差错予以关注。如重新计算折旧费用、营业成本、当期应摊销的费用、应交税费等。

（七）重新执行

审计师以人工方式或使用计算机辅助审计技术，重新独立执行被审计单位内部控制组成部分的程序或控制，以获取审计证据的程序。

重新执行主要运用于内部控制的执行测试。请参见本书第六章《内部控制及其测试》。

（八）分析程序

审计师通过分析不同财务数据之间以及财务数据与非财务数据之间的内在关系，对财务信息作出评价，以获取审计证据的程序。分析程序还包括调查识别出的、与其他相关信息不一致或与预期数据严重偏离的波动和关系。

在整个审计过程中，审计师都可以应用分析程序。在审计计划阶段，利用分析程序作为风险评估程序，以了解被审计单位及其环境，初步评估财务报表重大错报风险；在审计实施阶段，利用分析程序发现和确定重要项目或异常变动项目，并将其作为审计重点，查明其合理性和正确性；在审计完成阶段，则应用分析程序对财务报表整体进行复核，以评价审计结论的恰当性和财务报表整体反映的公允性。

分析程序常用的方法有比较分析法、比率分析法、结构分析法和趋势分析法四种。

1. 比较分析法

通过某一财务报表项目与既定标准的比较，以发现重要或异常变动项目的审计方法。它一般可包括本期未审计数与上期已审计数、本期计划数、预算数、同行业标准或审计师计算结果之间的比较，以及财务数据与非财务数据的比较等。表 4-2 列示了比较分析法在财务报表审计中的应用。

2. 比率分析法

通过将财务报表中的某一项目同其相关的另一项目相比所得的比率进行分析，既获取审计证据又提供进一步审计方向的技术方法。财务分析中常用的比率分析法均可用于此。比率分析法结合比较分析法使用就更能发现问题。如通过计算毛利率，并与以前年度、行业平均毛利率、合理毛利率等比较，就可判断被审计年度毛利率水平是否有重大问题，从而可初步判断主营业务收入、主营业务成本的合理性。

表 4-2 **比较分析法在财务报表审计中的应用**

龙腾股份有限公司资产负债表（局部）

2014 年 12 月 31 日 单位：千元

项 目	本年未审计数	上年已审计数	增减金额	增减百分比	审计策略
流动资产：					
货币资金	713 731.65	64 456.93	649 274.72	1 007.30%	增幅大，重点审计
应收票据	2 153.1	3 222.27	-1 069.17	-33.18%	减幅较大，一般审查
应收账款	70 665.07	76 092.31	-5 427.24	-7.13%	减幅较小，一般关注
预付款项	1 910.59	46 997.04	-45 086.45	-95.93%	减幅大，重点审计
其他应收款	305 681.43	162 013.61	143 667.82	88.68%	增幅大，重点审计
存货	17 587.32	51 045.73	-33 458.41	-65.55%	减幅大，重点审计
其他流动资产	670.67	1 758.77	-1 088.1	-61.87%	减幅大，重点审计
流动资产合计	1 112 399.83	405 586.66	706 813.17	174.27%	
非流动资产：					
持有至到期投资	10.82	15.94	-5.12	-32.12%	减幅大，重点审计
长期股权投资	482 695.41	302 523.09	180 172.32	59.56%	增幅大，重点审计
固定资产	29 046.93	147 802.92	-118 755.99	-80.35%	减幅大，重点审计
在建工程	3 865.14	4 602.49	-737.35	-16.02%	减幅较小，一般审查
无形资产	25 795.11	26 944.03	-1 148.92	-4.26%	减幅较小，一般关注
长期待摊费用	1 100	1 650	-550	-33.33%	减幅大，重点审计
其他非流动资产	0	0	0		
非流动资产合计	542 513.41	483 538.47	58 974.94	12.20%	
资产总计	1 654 913.24	889 125.13	765 788.11	86.13%	

提示：主要项目大幅增减，应从整体上查找原因。

3. 结构分析法

通过计算财务报表的每一个项目是某一项目的百分比，确定各个项目重要性程度并确定审计策略的技术方法。在资产负债表的结构分析中，一般以资产总额为基础，计算各项目占资产总额的百分比；在利润表中，一般则以主营业务收入总额为基础，分别计算各项目占主营业务收入的百分比，在此基础上，确定所要采用的审计策略。表 4-3 列示了结构分析法在财务报表审计中的应用。

表 4-3　　**结构分析法在财务报表审计中的应用**

龙腾股份有限公司资产负债表（局部）

2014 年 12 月 31 日　　单位：千元

项　目	本年度		上年度		审计策略
	未审计数	占资产总额的百分比	已审计数	占资产总额的百分比	
流动资产：					
货币资金	713 731.65	43.13%	64 456.93	7.25%	所占比重大，增幅很大，重点审计
应收票据	2 153.1	0.13%	3 222.27	0.36%	所占比重很小，减幅小，一般关注
应收账款	70 665.07	4.27%	76 092.31	8.56%	所占比重小，减幅小，一般审计
预付款项	1 910.59	0.12%	46 997.04	5.29%	所占比重很小，但减幅大，一般审计
其他应收款	305 681.43	18.47%	162 013.61	18.22%	所占比重大，但增幅很小，一般审计
存货	17 587.32	1.06%	51 045.73	5.74%	所占比重小，减幅很大，一般关注
其他流动资产	670.67	0.04%	1 758.77	0.20%	所占比重较小，减幅小，一般关注
流动资产合计	1 112 399.83	67.22%	405 586.66	45.62%	
非流动资产：					
持有至到期投资	10.82	0.00%	15.94	0.00%	所占比重很小，减幅小，一般关注
长期股权投资	482 695.41	29.17%	302 523.09	34.02%	所占比重大，减幅不大，重点审计
固定资产净值	29 046.93	1.76%	147 802.92	16.62%	所占比重很小，减幅很大，重点审计
在建工程	3 865.14	0.23%	4 602.49	0.52%	所占比重很小，减幅小，一般关注
无形资产	25 795.11	1.56%	26 944.03	3.03%	所占比重小，减幅小，一般审计
长期待摊费用	1 100.00	0.07%	1 650.00	0.19%	所占比重很小，减幅小，一般关注
其他非流动资产	0		0		
非流动资产合计	542 513.41	32.78%	483 538.47	54.38%	
资产总计	1 654 913.24	100.00%	889 125.13	100.00%	

注：货币资金、其他应收款、长期股权投资所占比重大，而存货、固定资产所占比重过小，不符合企业一般情况，均应重点查明原因。

4. 趋势分析法

通过对连续若干期某一财务报表项目的变动金额及其百分比的计算，分析该项目的增减变动方向和幅度，以获取有关审计证据和进一步审计线索的技术方法。一般说来，进行趋势分析，需要连续 3—5 期的资料，这样才能揭示其发展变化趋势。

上述这些分析程序同样可以用于对一些主要用账户的发生额和期末余额进行分析，如对主营业务收入与主营业务成本、应收账款、材料采购、管理费用、财务费用、销售费用、生产成本、制造费用等发生额进行分析，初步确定其构成、发展变动趋势是否正常，并确定进一步审计线索。

在审计过程中，不能孤立地使用其中的某一种程序，而应当结合使用这些程序，从不同的途径收集审计证据，通过审计证据之间的相互补充和验证，提高审计证据的可靠性和增强审计证据的证明力。

四、审计证据的整理、分析与评价

审计师所收集到的审计证据，首先表现为分散的、个别的证据。为了使其具有充分的证明力，形成恰当的审计结论，还必须对其进行整理、分析与评价。审计证据的收集与整理、分析、评价通常是交叉进行的。通过对已收集证据的整理、分析与评价，可以发现已有证据的不足，以便进一步收集证据。

（一）审计证据的整理与分析方法

审计证据的整理与分析没有固定模式，但其基本方法是分类、计算、比较与综合。

1. 分类

即将各种审计证据按问题大小、时间与目标，按证明力的强弱，或按与审计目标之间的关系进行归类整理，使之条理化和有序化。

2. 计算

即按照一定方法对数据方面的审计证据进行计算，从而得出所需的新的证据。

3. 比较

即将各种证据进行反复比较，从中分析被审计单位经济业务的变动趋势及其特征，并确定证据的可靠性。此外，还要将审计证据与审计目标进行比较，看其是否足以形成审计结论，是否还要收集相关审计证据。

4. 综合

即对审计证据进行归类综合，形成具有说服力的局部的审计结论；然后再将局部审计结论进行综合，以便最终形成整体审计结论。

（二）审计证据的评价

审计证据的评价实质上就是复核其质量的过程。一般应注意以下事项：

1. 审计证据的取舍

审计师没有必要也不可能将审计证据反映的内容全部写进审计报告，因而必须对审计证据进行适当取舍，只选择那些具有代表性、典型性的审计证据在审计报告中加以反映。其取舍标准主要有：

（1）金额的大小。即将金额大、足以对被审计单位财务状况和经营成果的反映产生重大影响的审计证据加以保留，舍弃那些对其财务状况和经营成果的公允反映影响不大的审计证据。

（2）问题性质的严重程度。即将那些所反映问题的金额并不大，但问题的性质较为严重，可能导致其他重大问题产生或与其他重大问题有关的审计证据加以保留。

2. 评价审计证据所反映的本质

某些审计证据所反映的可能是一种假象，审计师必须对其分析与研究，透过现象评价其反映的本质，而不能被其假象所迷惑。

3. 评价审计证据的可靠性

不同来源的审计证据，其可靠性可能存在差异。此外，被审计单位等审计资料的提供者可能出于某种动机而伪造证据。因此，审计师必须对获取的审计证据的可靠性进行评价，排除伪证，以可靠证据作为形成审计结论的基础。

从不同来源获取的审计证据或获取的不同性质的审计证据存在不一致，表明某项证据不可靠。例如，管理层、内部审计师和其他人员对相同或类似问题的答复不一致，或者治理层对询问的答复与管理层的答复不一致，则必定存在某人的答复不可靠。此时，审计师应当修改或追加实施审计程序予以解决。

4. 评价审计证据应考虑的主要因素

在评价审计证据时，审计师应当运用职业判断，从总体上评价是否已经获取充分、适当的审计证据，并将审计风险降至可接受的低水平。考虑的主要因素包括：(1) 认定发生潜在错报的重大性，以及潜在错报单独或连同其他潜在错报对财务报表产生重大影响的可能性；(2) 管理层应对和控制风险的有效性；(3) 在以前审计中获取的存在类似潜在错报的经验；(4) 实施审计程序的结果，包括审计程序是否识别出舞弊或错误的具体情形；(5) 可获得信息的来源和可靠性；(6) 审计证据的说服力；(7) 对被审计单位及其环境的了解。

通过评价，如果认为还没有获取充分、适当的审计证据，审计师应实施进一步的审计程序，以获取进一步的审计证据。

第二节　审计工作底稿

一、审计工作底稿的定义与作用

（一）审计工作底稿的定义

审计工作底稿是审计师对制订的审计计划、实施的审计程序、获取的相关审计证据，以及得出的审计结论所作出的全部记录。审计师编制审计工作底稿，不仅可以提供充分、适当的记录，作为得出审计结论和出具审计报告的依据；也可以为其按照审计准则和相关法律法规的规定计划和执行了审计工作提供证据。

在理解审计工作底稿时，要注意三点：一是审计工作底稿形成于审计工作的全过程。二是审计工作底稿的形成方式有两种：编制和获得，即包括审计师所编制的工作记录和审计师取得但经审核后的相关资料。三是审计工作底稿可以以纸质、电子或其他介质形式存在。

常见的审计工作底稿有：（1）审计业务约定书或审计通知书；（2）与被审计单位设立有关的法律性资料，如企业批准设立证书、营业执照、合同、协议、章程等文件或变更文件的复印件；（3）与被审计单位组织机构及管理层人员结构有关的资料；（4）重要法律文件、合同、协议和会计记录的摘录或副本；（5）对被审计单位相关内部控制研究与评价的记录；（6）被审计单位未审计财务报表及审计差异调整表；（7）总体审计策略；（8）具体审计计划；（9）实施具体审计程序的记录与资料；（10）与被审计单位、其他审计师、专家和其他人员的会谈纪要、往来函件；（11）问题备忘录、重大事项概要；（12）被审计单位声明书；（13）审计报告、管理建议书底稿及副本；（14）审计约定事项完成后的总结；（15）其他相关资料。

审计工作底稿通常不包括已被取代的审计工作底稿的草稿或财务报表的草稿、对不全面或初步思考的记录、存在印刷错误或其他错误而作废的文本，以及重复的文件记录等。

（二）审计工作底稿的作用

审计工作底稿形成于审计工作的全过程，它记录了审计师在审计工作过程中所采用的审计方法、所实施的审计程序、所获得的全部审计证据、所形成的审计结论等内容。因而，审计过程也是审计工作底稿的编制与形成过程。审计工作底稿在审计过程中有如下重要作用。

1. 审计工作底稿是连接整个审计工作的纽带

由于审计工作是由多人组成的审计小组完成，其内部有分工，不同的审计程序往往由不同人员来完成。因此，必须借助于审计工作底稿，把审计小组内部不同人员的工作有机地连接起来，以便对财务报表整体发表审计意见。

2. 审计工作底稿是发表审计意见、出具审计报告的直接依据

审计结论和审计意见是根据审计师获取的各种审计证据以及一系列专业判断形成的，而审计师所收集的审计证据和所做的专业判断都完整地记录于审计工作底稿之中。因此，审计工作底稿就理所当然地成为审计师发表审计意见、出具审计报告的直接依据。

3. 审计工作底稿是明确审计责任、评价工作业绩的依据

审计工作底稿记载了审计师的全部工作情况，为明确审计责任提供了基础。根据工作底稿的记载，审计师如果依照审计准则的要求实施了必要的审计程序、获取了相应审计证据并出具了适当的审计报告，就可免除或部分地减轻审计责任。同时，审计师专业能力的大小、工作业绩的好坏，主要体现在对审计程序的选择是否恰当、相关专业判断是否正确上，而这又大都体现在审计工作底稿之中。因此，审计工作底稿为明确审计责任，评价工作业绩提供了依据。

4. 审计工作底稿为审计质量控制和质量检查提供了可能

审计组织进行审计质量控制，主要是指导和监督审计师实施必要的审计程序，

形成相应的工作底稿，并对工作底稿进行严格的复核；审计组织监管部门或其他有关单位依法对审计工作进行质量检查，也是通过对审计工作底稿的检查来实施的。因此，没有审计工作底稿，审计质量控制和审计质量检查就无法落到实处。

二、审计工作底稿的编制与复核

（一）审计工作底稿的编制

1. 审计工作底稿的基本结构

编制审计工作底稿的基本目的是为了揭示有关审计事项从未审计情况到形成审计结论的整个过程。因而审计工作底稿的基本结构是：

（1）未审计情况，包括有关审计事项的内部控制情况、未审计的发生额与期末余额等。

（2）审计过程记录，包括审计师实施的审计测试的性质、测试的项目、抽取的样本、检查的重要资料、审计标识与说明、审计调整与重分类事项等。

（3）审计结论，包括对被审计事项内部控制的研究与评价结果、有关会计事项审定后的发生额和期末余额、要求被审计单位调整的事项等。

2. 审计工作底稿的基本要素

审计师在编制审计工作底稿时，应当确保未曾接触该项审计工作的有经验的职业人士清楚了解：（1）按照审计准则和相关法律法规的规定实施的审计程序的性质、时间安排和范围；（2）实施审计程序的结果和获取的审计证据；（3）审计中遇到的重大事项和得出的结论，以及在得出结论时作出的重大职业判断。

因此，审计工作底稿一般应包括以下基本要素：（1）被审计单位名称；（2）审计项目名称；（3）审计项目时点或期间；（4）审计过程记录，包括实施的程序、获取的审计证据等；（5）审计标识及其说明；（6）审计结论；（7）索引号及页次；（8）编制者姓名及编制日期；（9）复核者姓名及复核日期、结论；（10）其他应说明事项。

其中，审计标识是审计师为便于表达审计含义而采用的。审计结论即审计师通过实施必要的审计程序后，对某一审计事项所做的专业判断。就控制测试而言，是指审计师对被审计单位内部控制执行情况的满意程度以及是否可以信赖；就实质性程序而言，是指审计师对某一审计事项的余额或发生额的确认情况。

审计工作底稿的示例可见财务报表审计部分。在此从略。

3. 编制审计工作底稿的基本要求

审计师在编制审计工作底稿时，在时间上应当及时；在内容上做到资料翔实、重点突出、繁简得当、结论明确；在形式上做到要素齐全、格式规范、标识一致、记录清晰。

影响审计工作底稿的格式、内容和范围的因素主要有：（1）实施审计程序的性质；（2）已识别的重大错报风险；（3）在执行审计工作和评价审计结果时需要作出判断的范围；（4）已获取审计证据的重要程度；（5）已识别的例外事项的性质和范围；（6）当从已执行的审计工作或获取的审计证据中不易确定结论时，记录该结论或结论基础的必要性；（7）使用的审计工具和方法。

（二）审计工作底稿的复核

审计组织应当结合本单位实际情况建立实用有效的审计工作底稿复核制度，以确保审计工作质量。所谓审计工作底稿复核制度，是指审计组织对有关复核人员级别、复核程序与要点、复核人员职责等所作出的明确规定。

1. 审计工作底稿的复核内容与要求

审计工作底稿的复核内容通常包括：（1）所引用的材料是否真实可靠；（2）所获取的审计证据是否充分、适当；（3）所做的职业判断是否有理有据；（4）所形成的审计结论是否正确。

复核人员在复核审计工作底稿时，应作出必要的复核记录、签署复核意见并签名。在复核过程中，复核人员如果发现已执行的审计程序和所作的审计记录存在问题，应指示有关人员予以答复、处理，并形成相应的审计记录。

2. 审计工作底稿的三级复核制度

为了保障审计工作底稿的复核质量，各审计组织应当按照审计质量控制准则的要求建立审计工作底稿的三级复核制度。所谓审计工作底稿的三级复核制度，就是以现场审计师、项目负责人（项目合伙人）、项目质量控制复核人对审计工底稿所进行的逐级复核。

现场审计师的复核为第一级复核，是对审计工作底稿的详细复核，在审计外勤工作结束前（即在审计现场）完成，以及时发现和解决问题。确定复核人员的原则是，由项目组内经验较多的人员复核经验较少的人员执行的工作。在本级复核中，复核人员应对审计工作底稿进行逐一复核，发现问题应及时指出，并督促有关人员及时修改与完善。在实施复核时，应当考虑：（1）审计工作是否已按照法律法规、职业道德规范和审计准则的规定执行；（2）重大事项是否已提请进一步考虑；（3）相关事项是否已进行适当咨询，由此形成的结论是否得到记录和执行；（4）是否需要修改已执行审计工作的性质、时间和范围；（5）已执行的审计工作是否支持形成的结论，并已得到适当记录；（6）获取的审计证据是否充分、适当；（7）审计程序的目标是否实现。

项目负责人的复核为第二级复核，通常在出具审计报告前进行，通过复核审计工作底稿和与项目组讨论，以便确信获取的审计证据已经充分、适当，足以支持形成的结论和拟出具的审计报告。在复核时重点关注对关键领域所作的职业判断，尤其是执行业务过程中识别出的疑难问题或争议事项、特别风险以及项目负责人认为重要的其他领域。

项目质量控制复核人的复核是第三级复核，即在出具审计报告前，对项目组作出的重大判断和在准备审计报告时得出的结论进行客观评价的过程。这既是对前述两级复核的再监督，也是对整个审计工作计划、进程和质量的重点控制。其复核的主要内容可参见第二章之“审计质量控制准则”的相关内容。

三、审计工作底稿的管理和使用

（一）审计工作底稿的管理

审计结束后，审计组织应当对审计工作底稿进行分类整理，形成最终审计档案。审计工作底稿的归档期限为审计报告日后的60天内，并自出具审计报告之日起，至少保存10年。审计组织应当制定审计档案的管理制度，以确保审计档案的安全与完整。

在完成最终审计档案的归档工作后，如果发现有必要修改现有审计工作底稿或增加新的审计工作底稿，不管修改或增加的性质如何，均应记录：（1）修改或增加的时间和人员，以及复核的时间和人员；（2）修改或增加的具体理由；（3）修改或增加对审计结论产生的影响。

对于保管期限届满的审计档案，审计组织可决定将其销毁，但在销毁之前，应对其进行最后的检查，然后再依照有关规定办理必要的审计档案的销毁手续。销毁时，有关人员应进行现场监督或检查，以保证被销毁的审计档案彻底销毁。

（二）审计工作底稿的使用

由于审计工作底稿是审计师在审计工作过程中形成的审计工作记录和获得的资料，它反映了整个审计过程的全部情况，但审计师的行为是一种职务行为，因而在审计过程中形成的审计工作底稿的所有权应归属于审计组织而非审计师个人。

因审计工作底稿往往涉及被审计单位的大量秘密，故审计组织对其审计工作底稿（包括已归档保管的审计档案）负有保密义务。除自己合法使用外，不得对外公开。但其保密工作同样必须遵循国家有关法律、法规的规定，审计组织不得以保密为由而违反国家的有关法律、法规的规定。在下列情况下，审计组织应对查阅审计工作底稿的相关部门、机构提供必要的合作：

（1）法院、检察院及其他有关部门依法查阅，并按规定办理必要的手续后，可查阅审计工作底稿。

（2）审计组织主管部门和监管机构依法对执业情况进行质量检查时，可查阅审计工作底稿。

（3）根据法律法规的要求，为法律诉讼准备文件或提供证据，以及向监管机构报告发现的违反法规的行为。

（4）其他审计组织因审计工作的需要，并经委托人的同意，办理了相关手续后，可要求查阅审计工作底稿，具体包括：①被审计单位更换了事务所，后任审计师可以调阅前任审计师的审计工作底稿；②基于合并财务报表审计业务的需要，母公司所聘的审计师可以调阅子公司所聘审计师的审计档案；③联合审计；④事务所认为合理的其他情况。

拥有审计工作底稿的审计组织应当对要求查阅者提供适当的协助，并根据有关审计工作底稿的性质和内容，决定是否允许要求查阅者阅览，以及复印或摘录其中的有关内容。

【延伸阅读】

1.《CSA1131——审计工作底稿》(2010)。

2.《CSA1301——审计证据》(2010)。

3.《CSA1313——分析程序》(2010)。

4.《第 2103 号内部审计具体准则——审计证据》(2013)。

5.《第 2109 号内部审计具体准则——分析程序》(2013)。

6.《中华人民共和国国家审计准则》(2010) 第四章“审计实施”之第二节“审计证据”、第三节“审计记录”。

【复习思考题】

1. 审计证据的定义是什么?
2. 审计证据可进行怎样的分类?
3. 审计证据应当具备哪些特征?
4. 收集审计证据的方法有哪些?
5. 如何对审计证据进行整理、分析与评价?
6. 什么是审计工作底稿? 它可以分为哪些类别?
7. 编制审计工作底稿有什么意义?
8. 编制审计工作底稿有哪些要求? 如何对其进行复核?
9. 在审计工作底稿的所有权与使用方面有哪些原则?
10. 在审计工作底稿的保管方面有哪些要求?
11. 审计证据的类别与一般审计目标存在什么关系?

第五章 审计重要性与审计风险

影响审计质量的一个重要因素是审计风险。审计风险对审计组织和审计师的社会形象、生存和发展具有重大影响。计划和实施审计工作、进行审计质量控制，就是将审计风险降至可接受的低水平。审计重要性是与审计风险密切相关的一个重要概念。本章以注册会计师财务报表审计为基础，阐述这两个重要概念。

第一节 审计重要性

审计重要性概念的运用贯穿于整个审计过程。在计划审计工作时，审计师应当考虑导致财务报表发生重大错报的原因，并在了解被审计单位及其环境的基础上，确定一个可接受的重要性水平，即首先为财务报表层次确定重要性水平，以发现在金额上重大的错报。同时，评估各类交易、账户余额及列报与披露认定层次的重要性，以便确定进一步审计程序的性质、时间安排和范围，将审计风险降至可接受的低水平。在审计实施阶段，就是要合理保证发现重大错报。在审计报告阶段，利用重要性水平来确定未更正错报是否重大，以便确定审计意见类型。

一、审计重要性的含义

一份标准的无保留意见审计报告，其意见段是这样表述的：

“我们认为，ABC 公司财务报表在所有重大方面按照企业会计准则的规定编制，公允反映了 ABC 公司 20×4 年 12 月 31 日的财务状况以及 20×4 年度的经营成果和现金流量。”

这里，“重大方面”是审计师针对重要性这一概念向财务报表使用者传达的一种提示。它表明：审计师执行审计业务，并非保证财务报表百分之百的正确，而只是表明他们认为财务报表从总体上公允反映了被审计单位的财务状况、经营成果和现金流量，不存在重大错报。

所谓重要性，是指财务信息被错报的严重程度，在特定环境下，这些被错报的信息可能影响或改变理性的财务信息使用者的判断或决策。这是会计中运用的重要性概念。在审计中，审计师直接借用会计中的概念。《CSA1221——计划和执行审计工作时的重要性》对“重要性”的含义作了如下阐述：

（1）如果合理预期错报（包括漏报）单独或汇总起来可能影响财务报表使用者依据财务报表作出的经济决策，则通常认为错报是重大的；

（2）对重要性的判断是根据具体环境作出的，并受错报的金额或性质的影响，或受两者共同作用的影响；

（3）判断某事项对财务报表使用者是否重大，是在考虑财务报表使用者整体共同的财务信息需求的基础上作出的；由于不同财务报表使用者对财务信息的需求可能差异很大，因此不考虑错报对个别财务报表使用者可能产生的影响。

显然，审计重要性就是审计师对财务报表总体能够容忍的最大错报。

二、审计重要性水平的确定

在计划审计工作时，审计师应当确定一个可接受的重要性水平，以发现在金额上重大的错报，也要确定性质重大的错报。审计师在确定计划的重要性水平时，需要考虑对被审计单位及其环境的了解、审计目标、财务报表各项目的性质及其相互关系、财务报表项目的金额及其波动幅度。同时，还应当从性质和数量两个方面合理确定重要性水平。

（一）从性质方面考虑重要性

在某些情况下，金额相对较小的错报也可能会对财务报表使用者产生重大影响。例如一项不重大的违法支付或者没有遵循某项法律规定，但该支付或违法行为可能导致一项重大的或有负债、重大的资产损失或者收入损失，那么，上述事项就认为是重大的。下列这些事项可能从错报金额上来考虑是不重要的，但性质上来分析可能是重要性的：

（1）能够改变获利能力趋势的错报。例如，某项错报使收益每年递增1%的趋势变为本年收益下降1%，或使亏损变为盈利等等，就具有重要性。

（2）因没有遵守贷款契约、合同约定、法规条款和法定的或常规的报告要求而产生的错报。比如，某项错报使得企业的营运资金增加了几百元，从数量上看并不重要，但这项错报或漏报使营运资金从低于贷款合同规定的数量变为稍稍高于贷款合同规定的数量，这就影响了贷款合同所规定的义务，因此是重要的。

（3）因可能存在的违法行为、违约和利益冲突而产生的错报。因为舞弊与违法行为反映了管理层或其他人员的诚实和可信度存在问题。对于财务报表使用者而言，蓄意错报比相同金额的笔误更重要。

（4）管理层报酬（奖金等）计算依据的错报。因为这可能使管理层获得了本不应获得的报酬，容易产生对管理层经营能力和诚信的疑虑。

（5）由于错误或舞弊而使一些账户项目对损失的敏感性。如发现现金和实收资本账户存在错报，就应当引起高度重视。

（6）反复出现的小额错报。在很多情况下，一项业务的错报金额虽小，但相同或相似业务频繁出现类似的小额错报，则可能是重要的：一是许多小额错报累积起来就可能成为较大金额的错报，进而影响财务报表使用者的决策；二是可能反映出管理层通过精心设计系列小额错报来达到粉饰其财务状况、经营成果的动机和目的，揭示出管理层的诚信问题，因而可能具有心理效应。

（7）其他情形，如关联方交易产生的错报；可能包含了高度主观性的估计、分配或不确定性；管理层的偏见，如有动机将收益最大化或者最小化；管理层一直不愿意纠正已报告的与财务报告相关的内部控制的缺陷；自前一个会计期间以来账户特征发生的改变（例如，新的复杂性、主观性或交易的种类）。

（二）从数量方面考虑重要性

从数量方面（即错报金额的大小方面）来考虑重要性，就是重要性水平。包括财务报表层次的整体重要性水平和认定层次的重要性水平。

1. 财务报表层次的整体重要性水平

由于财务报表审计的目标是审计师通过执行审计工作对财务报表整体的公允性发表审计意见，因此，审计师首先应当从财务报表整体层次来考虑重要性水平。只有这样，才能得出财务报表整体是否公允反映的结论。审计师在制定总体审计策略时，应当确定财务报表层次的重要性水平。

确定多大金额的错报会影响财务报表使用者所做的决策，是审计师运用职业判断的结果。很多审计师根据所在事务所的惯例及自己的经验，考虑重要性水平。

确定重要性水平需要运用职业判断。通常先选定一个基准，再乘以某一百分比作为财务报表层次的重要性水平。在选择基准时，需要考虑的因素包括：

（1）财务报表要素，如资产、负债、所有者权益、收入和费用；

（2）是否存在特定财务报表使用者特别关注的项目，如为了评价财务业绩，使用者可能更关注利润、收入或净资产；

（3）被审计单位的性质、所处的生命周期阶段以及所处行业和经济环境；

（4）被审计单位的所有权结构和融资方式，例如，如果被审计单位仅通过债务而非权益进行融资，财务报表使用者可能更关注资产及资产的索偿权，而非被审计单位的收益；

（5）基准的相对波动性。

基准的选择应当考虑被审计单位的具体情况，通常可以选择各类报告收益，如利润总额、净利润、营业收入、费用总额，或者总资产、所有者权益或净资产。对于以营利为目的的被审计单位，通常以利润总额作为基准。如果利润总额不稳定，可选用其他基准，如营业收入、总资产或净资产。就选定的基准而言，相关的财务数据通常包括前期财务成果和财务状况、本期最新的财务成果和财务状况、本期的预算和预测结果。当然，本期最新的财务成果和财务状况、本期的预算和预测结果需要根据被审计单位情况的重大变化（如重大的企业并购）和被审计单位所处行业和经济环境情况的相关变化等作出调整。例如，当按照利润总额的一定百分比确定被审计单位财务报表层次的重要性水平时，如果被审计单位本年度利润总额因情况变化出现意外增加或减少时，审计师可以按照近几年平均利润总额来确定财务报表层次的重要性水平。

为选定的基准确定百分比需要运用职业判断。百分比和选定的基准之间存在一定的联系。如利润总额对应的百分比通常比营业收入对应的百分比要高。例如，对以营利为目的的制造行业实体，审计师可能认为利润总额的5%是适当的；而对非营利组织，审计师可能认为总收入或费用总额的1%是适当的。通常，确定重要性水平的基准与对应比率为：利润总额的5%～10%、净利润的10%～20%、营业收入的0.5%～1%、总资产的0.5%～1%、净资产的1%～2%。百分比无论是高一些还是低一些，只要符合具体情况，都是适当的。

2. 认定层次的重要性水平

即特定类别交易、账户余额或列报与披露层次的重要性水平。财务报表所提供的信息来源于各类交易和账户余额，审计师只有验证了各类交易和账户余额，才能得出财务报表是否公允的整体性结论。因此，必须将报表层次的重要性水平分解到账户余额或交易层次上，才能更好地指导审计师对账户和交易进行测试。账户余额或交易层次的重要性水平也称为可容忍误差。

在将财务报表层次的重要性水平分配到各账户余额或交易时，审计师通常会选择资产负债表账户作为分配的基础。这是因为：一是资产负债表上的账户比利润表上的账户要全；二是根据复式记账原理，影响利润表的项目必定以同等金额影响资产负债表的项目。在分配时，通常可以按照财务报表层次重要性水平的2倍进行分配，因为有些项目为高估，有些项目可能会被低估，不同项目之间的高估与低估可能会相互抵消。但任何一个认定项目的重要性水平都不能超过财务报表层次重要性水平的60%。

根据被审计单位的特定情况，虽然认定层次发生的错报金额低于财务报表层次的重要性水平，但合理预期将会影响使用者依据财务报表作出的经济决策：

（1）法律法规或适用的财务报告编制基础是否影响财务报表使用者对特定项目（如关联方交易、管理层和治理层的薪酬）计量或披露的预期；

（2）与被审计单位所处行业相关的关键性披露（如制药企业的研究与开发成本）；

（3）财务报表使用者是否特别关注财务报表中单独披露的业务的特定方面（如新收购的业务）。

在根据被审计单位的特定情况考虑是否存在上述交易、账户余额或披露时，审计师需要了解治理层和管理层的看法和预期。

（三）实际执行的重要性

实际执行的重要性，是指审计师确定的低于财务报表整体重要性水平的一个或多个金额，旨在将未更正和未发现错报的汇总数超过财务报表整体层次的重要性水平的可能性降至适当的低水平。通常，实际执行的重要性还包括审计师确定的低于特定认定层次重要性水平的一个或多个金额。

确定财务报表整体层次实际执行的重要性水平（可能是一个，也可以是多个金额），旨在将财务报表中未更正和未发现错报的汇总数超过财务报表整体层次重要性水平的可能性降至适当的低水平。同样，确定特定认定层次实际执行的重要性水平，也旨在将这些交易、账户余额或列报和披露层次中未更正与未发现错报的汇总数超过这些交易、账户余额或列报和披露层次的重要性水平的可能性降至适当的低水平。

确定实际执行的重要性水平并非简单机械地计算，需要审计师运用职业判断，并考虑下列因素的影响：

(1) 对被审计单位的了解（这些了解在实施风险评估程序的过程中得到更新）；

(2) 前期审计工作中识别出的错报的性质和范围；

(3) 根据前期识别出的错报对本期错报作出的预期。

通常而言，实际执行的重要性水平通常为财务报表整体层次重要性水平的 50% ~75%。

接近财务报表整体重要性 50% 的情况：(1) 经常性审计，以前年度审计调整较多；(2) 项目总体风险较高（如处于高风险行业、经常面临较大的市场压力、首次承接的审计项目或者需要出具特殊目的报告等）。

接近财务报表整体重要性 75% 的情况：(1) 经常性审计，以前年度审计调整较少；(2) 项目总体风险较低（如处于低风险行业、市场压力较小）。

（四）审计过程中修改重要性水平

由于存在下列原因，审计师可能需要修改财务报表整体层次的重要性水平和特定认定层次的重要性水平：(1) 审计过程中发生重大变化（如决定处置被审计单位的一个重要组成部分）；(2) 获取了新信息；(3) 通过实施进一步审计程序，审计师对被审计单位及其经营的了解发生变化。例如，审计师在审计过程中发现，实际财务成果与最初确定财务报表整体层次的重要性水平时所使用的预期财务成果相比存在很大差异，则需要修改重要性水平。

（五）审计重要性与审计风险的关系

审计重要性与审计风险之间存在反向关系。审计重要性水平越高，即可容忍财务报表层次存在的重大错报金额越大，则审计风险越低；审计重要性水平越低，即可容忍财务报表层次存在的重大错报金额越小，则审计风险越高。重要性水平是审计师从财务报表使用者的角度进行判断的结果。通常，4 万元的重要性水平比 2 万元的重要性水平高。如果重要性水平是 4 万元，则意味着低于 4 万元的错报就不是重大错报，不会影响财务报表使用者的决策，此时审计师需要通过执行有关审计程序合理保证能发现高于 4 万元的错报。如果重要性水平是 2 万元，则金额在 2 万元以上的错报就为重大错报，就会影响财务报表使用者的决策，此时审计师需要通过执行有关审计程序合理保证能发现金额在 2 万元以上的错报。显然，重要性水平为 2 万元时，审计中不能发现超过 2 万元错报的可能性即为审计风险，要比重要性水平为 4 万元时的审计风险高。审计风险越高，越要求审计师收集更多更有效的审计证据，以将审计风险降至可接受的低水平。因此，重要性和审计证据之间也是反向变动关系。

但是，审计师不能通过不合理地人为调高重要性水平来降低审计风险。因为重要性水平是从财务报表使用者的角度所做的判断，而不是由审计师的主观期望决定的。

由于重要性和审计风险存在上述反向关系，而且这种关系对审计师将要执行的审计程序的性质、时间安排和范围有直接影响，因此，审计师应当综合考虑各种因素，合理确定重要性水平。

三、评价审计过程中识别出的错报

（一）错报的定义

错报，是指某一财务报表项目的金额、分类、列报或披露，与按照适用的财务报告编制基础应当列示的金额、分类、列报或披露之间存在的差异；或根据审计师的判断，为使财务报表在所有重大方面实现公允反映，需要对金额、分类、列报或披露作出的必要调整。错报可能是由于错误或舞弊导致的。错报可能由下列事项导致：

（1）收集或处理用以编制财务报表的数据时出现错误；

（2）遗漏某项金额或披露；

（3）由于疏忽或明显误解有关事实导致作出不正确的会计估计；

（4）审计师认为管理层对会计估计作出不合理的判断或对会计政策作出不恰当的选择和运用。

（二）累积识别出的错报

审计师可以将低于某一金额的错报界定为明显微小的错报，对这类错报不需要累积，因为审计师认为这些错报的汇总数明显不会对财务报表产生重大影响。“明显微小”不等同于“不重大”。明显微小错报的金额的数量级很小，无论单独或者汇总起来，无论从规模、性质或其发生的环境来看都是明显微不足道的。可将错报区分为事实错报、判断错报和推断错报。

1. 事实错报

事实错报是毋庸置疑的错报。这类错报产生于被审计单位收集和处理数据的错误，对事实的忽略或误解，或故意舞弊行为。例如，审计师在审计测试中发现最近购入存货的实际价值为150万元，但账面记录的金额却为100万元。因此，存货和应付账款分别被低估了50万元。这里被低估的50万元就是已识别的对事实的具体错报。

2. 判断错报

审计师认为管理层对会计估计作出不合理的判断或不恰当地选择和运用会计政策而导致的差异，即为判断错报。这类错报产生于两种情况：一是管理层和审计师对会计估计值的判断差异。例如，管理层作出的估计值超出了审计师确定的一个合理范围而导致的差异；二是管理层和审计师对选择和运用会计政策的判断差异。审计师认为管理层选用会计政策造成错报，管理层却认为选用会计政策适当，就导致出现判断差异。

3. 推断错报

推断错报即审计师对总体存在的错报作出的最佳估计数。即根据在审计样本中识别出的错报来推断审计总体的错报。例如，应收账款账面年末余额为 2 000 万元，审计师抽查 10% 样本（但金额占年末余额的 25%）发现金额有 100 万元的高估，高估部分为账面金额的 20%，审计师据此推断出总体的错报金额为 400 万元（2 000×20%），那么上述 100 万元就是已识别的具体错报，其余 300 万元即为推断错报。

（三）对审计过程识别出的错报的考虑

错报可能不会孤立发生，一项错报的发生还可能表明存在其他错报。例如，审计师识别出由于内部控制失效而导致的错报，或被审计单位广泛运用不恰当的假设或评估方法而导致的错报，均可能表明还存在其他错报。

抽样风险和非抽样风险可能导致某些错报未被发现。因此，审计过程中累积错报的汇总数接近按照《CSA1221——计划和执行审计工作时的重要性》确定的重要性水平，则表明存在较高的审计风险，即未被发现的错报连同审计中累积错报的汇总数可能超过重要性水平。

此时，审计师可以要求管理层检查某类交易、账户余额或列报和披露，以使管理层了解错报产生的原因，并采取措施确定认定层次实际发生错报的金额，以及对财务报表作出适当的调整。这样，使未更正错报的累积汇总数低于重要性水平，从而降低审计风险。

（四）错报的沟通和更正

及时与适当层级的管理层沟通错报事项，以便使管理层评价这些事项是否为错报，并采取必要行动，如有异议则告知审计师，以便审计师实施相应的审计程序。适当层级的管理层是指有责任和权限对错报进行评价并采取必要行动的管理层。

法律法规可能限制审计师与管理层或被审计单位内部其他人员沟通某些错报。因为这些沟通可能不利于有关权力机构对其违法行为展开调查。在这种情况下，审计师的保密义务与沟通义务之间存在的潜在冲突可能很复杂，可以考虑征询法律意见。

管理层更正所有错报（包括审计师通报的错报），能够保持会计账簿和记录的准确性，降低与本期相关的、非重大且尚未更正错报的累积影响，从而降低未来期间财务报表的重大错报风险。

（五）评价未更正错报的影响

未更正错报，是指审计师在审计过程中累积的且被审计单位未予更正的错报。由于审计师确定的重要性水平需要根据审计进程进行相应调整，因此，审计师在评价未更正错报的影响时，应当使用调整后的最新的重要性水平。当未更正错报超过重要性水平时，审计师应当提请被审计单位纠正错报，或者实施进一步审计程序，或者发表保留意见或否定意见。

审计师需要考虑每一单项错报，以评价其对相关类别的交易、账户余额或列报和披露的影响，包括评价该项错报是否超过该认定层次的重要性水平。如果审计师认为某一单项错报是重大的，且该项错报的影响不太可能被其他错报抵消。例如，如果收入存在重大高估，即使这项错报对收益的影响完全可被相同金额的费用高估所抵消，审计师仍认为财务报表整体存在重大错报。对于同一账户余额或同一类别的交易内部的错报，这种抵消可能是适当的。此时，审计师应当提请被审计单位纠正错报，或者实施进一步审计程序，或者发表保留意见或否定意见。

确定一项分类错报是否重大，需要进行定性评估。例如，考虑分类错报对负债或其他合同条款的影响，对单个财务报表项目或小计数的影响，以及对关键比率的影响。即使分类错报超过了在评价其他错报时运用的重要性水平，只要该分类错报金额相对于所影响的资产负债表项目金额较小，并且对利润表或所有关键比率不产生影响，审计师仍然可以认为这种分类错报对财务报表整体不产生重大影响；即使某些错报低于财务报表整体重要性水平，但因与这些错报相关的某些情况，单独或连同累积的其他错报一并考虑时，审计师也可以将这些错报评价为重大错报。

可能影响评价的情况包括：

（1）错报对遵守监管要求的影响程度。

（2）错报对遵守债务合同或其他合同条款的影响程度。

（3）错报与会计政策的不当选择或运用相关，虽然对当期财务报表不产生重大影响，但可能对未来期间财务报表产生重大影响。

（4）错报掩盖收益的变化或其他趋势的程度（尤其是在结合宏观经济背景和行业状况进行考虑时）。

（5）错报对用于评价被审计单位财务状况、经营成果或现金流量的影响程度。

（6）错报对财务报表中列报的分部信息的影响程度。例如，错报事项对某一分部或对被审计单位的经营或盈利能力有重大影响的其他组成部分的重要程度。

（7）错报对增加管理层薪酬的影响程度。例如，管理层通过达到有关奖金或其他激励政策规定的要求以增加薪酬。

（8）相对于以前向财务报表使用者传达的信息（如盈利预测），错报是重大的。

（9）错报与特定机构或人员的相关程度。例如，与被审计单位发生交易的外部机构或人员是否与管理层成员有关联关系。

（10）审计师根据职业判断认为错报的信息对财务报表使用者了解被审计单位的财务状况、经营成果或现金流量是重要的。

（11）错报对其他信息（如“管理层讨论与分析”或“经营与财务回顾”中的信息）的影响程度，这些信息与已审计财务报表一同披露，并被合理预期可能影响财务报表使用者作出的经济决策。

第二节 审计风险

一、审计风险的含义

审计风险是指财务报表存在重大错报时审计师发表不恰当审计意见的可能性。确定可接受的审计风险，需要考虑事务所对审计风险的态度、审计失败对事务所可能造成损失的大小等因素。其中，审计失败对事务所可能造成的损失大小又受所审计财务报表的用途、使用者的范围等因素的影响。审计是一种保证程度高的鉴证业务，可接受的审计风险应当足够低，以使审计师能够合理保证所审计财务报表不含有重大错报。审计风险取决于重大错报风险和检查风险。即：

审计风险＝重大错报风险×检查风险

二、重大错报风险

重大错报风险是指财务报表在审计前存在重大错报的可能性。重大错报风险与被审计单位的风险相关，且独立存在于财务报表的审计中。在设计审计程序以确定财务报表整体是否存在重大错报时，审计师应当从财务报表层次和各类交易、账户余额、列报和披露认定层次考虑重大错报风险。

（一）财务报表层次重大错报风险

财务报表层次重大错报风险与财务报表整体存在广泛联系，可能影响多项认定。此类风险通常与控制环境有关，但也可能与其他因素有关，如经济萧条。此类风险难以限定于某类交易、账户余额和披露的具体认定；相反，此类风险增大了许多类不同认定发生重大错报的可能性，与审计师考虑由舞弊引起的风险特别相关。

审计师应对财务报表层次重大错报风险的措施包括：考虑审计项目组核心成员的学识、技术和能力，是否需要专家介入；考虑对助理人员进行适当的监督指导；考虑是否存在影响审计单位持续经营假设合理性的事项或情况。

（二）认定层次的重大错报风险

认定层次的重大错报风险又可以进一步细分为固有风险和控制风险。

固有风险是指在考虑相关的内部控制之前，某类交易、账户余额或列报与披露的某一认定易于发生错报（该错报单独或连同其他错报可能是重大的）的可能性。

某些类别的交易、账户余额和列报与披露及其认定的固有风险较高。例如，复杂的计算比简单计算更可能出错；受重大计量不确定性影响的会计估计发生错报的可能性较大。产生经营风险的外部因素也可能影响固有风险。如技术进步可能导致某项产品陈旧，进而导致存货易于发生高估错报（计价认定）。被审计单位及其环境中的某些因素还可能与多个甚至所有类别的交易、账户余额和披露有关，进而影响多个认定的固有风险，如流动资金匮乏、被审计单位处于夕阳行业等。

控制风险是指某类交易、账户余额或列报与披露的某一认定发生错报，该错报单独或连同其他错报是重大的，但没有被内部控制及时防止或发现并纠正的可能性。与财务报表编制有关的内部控制的设计和运行的有效性决定了控制风险的高低。由于内部控制的固有局限性，控制风险始终存在。

由于固有风险和控制风险不可分割地交织在一起，有时无法单独进行评估，因此，通常不单独提到固有风险和控制风险，而只是将这两者合并称为“重大错报风险”。但这并不意味着审计师不能单独对固有风险和控制风险进行评估。相反，审计师既可以对两者单独进行评估，也可以对两者合并进行评估。具体采用的评估方法取决于审计技术和方法及实际考虑。

审计师同时考虑各类认定层次的重大错报风险，有助于确定认定层次应实施的进一步审计程序的性质、时间安排和范围。审计师需在各类认定层次获取审计证据，以便将审计风险降至可接受的低水平。这可参见《CSA1231——针对评估的重大错报风险采取的应对措施》的详细要求。

三、检查风险

检查风险是指如果存在某一错报，该错报单独或连同其他错报可能是重大的，审计师实施审计程序后没有发现这种错报的可能性。检查风险取决于审计程序设计的合理性和执行的有效性。由于审计师通常并不对所有的交易、账户余额和披露进行检查以及其他原因，检查风险不可能降低为零。其他原因包括审计师可能选择了不恰当的审计程序、审计过程执行不当，或者错误形成了审计结论。这可以通过适当计划、在项目组成员之间进行恰当的职责分配、保持职业怀疑态度以及监督、指导和复核助理人员所执行的审计工作加以解决。

四、检查风险与重大错报风险的关系

在既定的审计风险水平下，可接受的检查风险水平与认定层次重大错报风险的评估结果呈反向关系。评估的重大错报风险越高，可接受的检查风险越低；评估的重大错报风险越低，可接受的检查风险越高。检查风险与重大错报风险的反向关系用数学模型表示如下：

审计风险 = 重大错报风险×检查风险

由于审计师只能通过降低检查风险来控制审计风险。因此，审计风险模型也可以表述为对审计师更具有指导意义的形式：

可接受的检查风险 = 可接受的审计风险÷评估的重大错报风险

这个模型也就是审计风险模型。假设针对某一认定，审计师将可接受的审计风险水平设定为5%，审计师实施风险评估程序后将重大错报风险评估为25%，则根据这一模型，可接受的检查风险则为20%。当然，实务中，审计师不一定用数量表达这些风险水平，而是选用“高”、“中”、“低”等文字进行定性描述。

审计师应当合理设计审计程序的性质、时间安排和范围，并有效执行审计程序，以控制检查风险。审计师根据确定的可接受检查风险（如20%），设计审计程序的性质、时间安排和范围。审计计划在很大程度上围绕确定的审计程序的性质、时间安排和范围而展开。

有关审计风险的具体内容将在第七、八章详细论述，这里不再赘述。

【延伸阅读】

1.《CSA1221——计划和执行审计工作时的重要性》(2010)。

2.《CSA1211——通过了解被审计单位及其环境识别和评估重大错报风险》(2010)。

3.《CSA1251——评价审计过程中识别出的错报》(2010)。

【复习思考题】

1. 什么是重要性？为什么审计师在审计过程中要考虑重要性概念？

2. 重要性水平应如何确定？

3. 在审计过程中应如何运用重要性？

4. 试述审计风险的含义及组成要素。

5. 审计风险组成要素之间的关系。

【案例分析题】

ABC会计师事务所A注册会计师负责对甲公司20×8年度财务报表进行审计。甲公司从事小型机电产品的生产和销售，主要原材料均在国内采购，产品主要自营出口到美国。

资料一：A注册会计师在工作底稿中记录了所了解的甲公司情况及其环境，部分内容摘录如下：

(1) 甲公司产品以美元定价，人民币对美元汇率由20×8年初的7.3∶1升值到20×8年6月的6.8∶1，之后基本保持稳定。甲公司产品销售自20×7年年初至20×8年9月基本稳定。20×8年10月起，受金融危机影响，甲公司的出口订单和销售收入均出现较大幅度减少。20×8年第4季度与前3个季度相比，主要产品平均销售下降了约7%。但甲公司20×8年年未审计财务报表其依然完成了65 000万元收入和7 300万元毛利的经营目标。

20×7年年初至20×8年8月，甲公司主要原材料采购价格基本稳定。20×8年9月至10月，主要原材料价格平均下跌了约5%。

(2) 甲公司预计主要原材料很可能在20×8年年底前止跌回升，因此在20×8年9月至10月进行大量采购，以满足20×9年2月底前的生产需求，但20×8年10月之后，相关原材料市场价格实际上继续下跌。

(3) 20×8年7月，由于发生重大施工安全事故，甲公司20×8年1月开工建设的X生产线被有关部门勒令停建整顿。20×8年年末，有关部门同意甲公司重新开工，但受宏观经济环境的影响，X生产线拟生产产品的市场前景不佳，甲公司董事会决定暂不启动X生产线的建设，并于20×8年年末按期向银行归还了1年期、年利率为7%的1 000万元专项借款。

（4）20×8年12月，甲公司决定淘汰一批账面价值为98万元的旧检验设备，并与受让方签订了不可撤销的转让协议，转让价格为15万元。20×9年1月，甲公司向受让方移交该批检验设备，并收讫转让款。

（5）甲公司在20×7年年末以每股12元购入100万股乙公司股票，购入时并没有明确的持有意图。20×8年年末，乙公司因期货交易发生巨额亏损而濒临破产，股价出现大幅下跌，由年初的每股12元跌至年末的每股2元。

（6）根据甲公司与丙银行签订的贷款框架协议，丙银行自20×8年1月至20×9年1月向甲公司提供累计金额不超过20 000万元的流动资金贷款额度。20×9年1月，丙银行终止与甲公司的贷款协议。甲公司正在寻求维持日常经营活动所需资金来源，但尚未取得实质性发展。

资料二：A注册会计师在审计工作底稿中记录了所获取的甲公司财务数据，部分内容摘录见表5-1、表5-2。

表5-1　**甲公司部分财务数据**　单位：万元

项　目	20×8年（未审计）	20×7年（已审计）
营业收入	65 030	55 320
营业成本	57 720	48 180
资产减值损失		
其中：应收账款	220	190
存货	673	657
固定资产	65	54
合　计	958	901

表5-2　**A注册会计师对甲公司部分财务数据记录的工作底稿**　单位：万元

项　目	20×8年年初数（已审计）	本年增加（未审数）	本年减少（未审数）	20×8年年末数（未审数）
在建工程——X生产线	0	962	0	962
减：在建工程减值准备	0	0	0	0
在建工程账面价值	0	962	0	962
其中：利息资本化	0	70	0	70

续表

项　目	20×8 年年初数（已审计）	本年增加（未审数）	本年减少（未审数）	20×8 年年末数（未审数）
固定资产原价				
其中：房屋建筑物	5 370	340	217	5 493
机器设备	8 912	160	73	8 999
小　计	14 282	500	290	14 492
减：累计折旧				
其中：房屋建筑物	2 933	170	126	2 977
机器设备	3 465	901	65	4 301
小　计	6 398	1 071	191	7 278
减：固定资产减值准备	183	65	70	178
固定资产账面价值	7 701			7 036
资本公积（可供出售金融资产公允价值变动）	0	0	1 000	-1 000

请回答：

针对资料一第（1）项至第（6）项，结合资料二，假定不考虑其他条件，判断资料一所列事项是否可能表明甲公司存在重大错报风险。如果认为存在，简要说明理由。

（摘自注册会计师全国统一考试2009年审计试题）

第六章　内部控制及其测试

无论是制度基础审计模式，还是风险导向审计模式，审计师均需要对被审计单位内部控制的有效性进行评估，以确定是否执行控制测试，能否减少实质性程序的工作量。本章在介绍内部控制基本理论的基础上，阐述审计师如何了解、测试和评价内部控制的有效性。

第一节　内部控制概述

一、西方内部控制理论的演进

现代内部控制是在长期经营实践过程中，随着企业对内加强经营管理和对外满足社会需要而逐渐发展起来的自我检查、自我调整和自我制约的系统，其中凝聚着世界上古往今来的管理思想和实践经验。在不同国家和地区，在不同历史发展阶段，内部控制的内容、形态和作用存在着差异。纵观西方现代内部控制理论发展的漫长演进历程，可以将其划分为以下几个阶段：

（一）“内部牵制”阶段

在20世纪40年代之前的漫长岁月中，人们一般采用“内部牵制”这一概念。其主要特点是：以任何个人或部门不能单独控制任何一项或一部分业务权利的方式进行组织上的责任分工，使每项业务通过正常发挥其他个人或部门的功能进行交叉检查或交叉控制，以便相互牵制，防止发生错误或舞弊。

内部牵制概念是基于以下两个基本假定提出来的：一是两个或两个以上的人或部门无意识地犯同样错误的可能性是很小的；二是两个或两个以上的人或部门有意识地合伙舞弊的可能性大大低于单独一个人或部门舞弊的可能性。

内部牵制着重组织内分工的控制，它是现代内部控制理论中有关组织控制、职务分离控制的雏形。

（二）“内部控制制度”阶段

20世纪40年代至70年代初，在内部牵制思想的基础上产生了内部控制制度的概念。1949年，美国注协审计程序委员会首次对内部控制下了权威性定义：“内部控制包括组织机构的设计和企业内部采取的所有相互协调的方法和措施。这些方法和措施都用于保护企业的财产，检查财务信息的准确性，提高经营效率，推动企业坚持执行既定的管理方针。”

在这个阶段中，内部控制制度的范围已超出了直接与会计和财务部门功能有关的范畴，具体包括会计控制和管理控制两大部分。其中，会计控制是指与财产安全和财产记录可靠性有直接联系的方法和程序，如授权批准控制、不相容职务分离控制、财产接触控制和内部审计等；管理控制是指与提高经营效率和贯彻管理方针有关的方法和程序，如统计分析、动态研究、业绩报告、雇员培训计划和质量控制等。

而后的几十年中，各国对内部控制的定义进行了多次修改。尽管各国对内部控制的表达方式不尽相同，但所表达的内涵基本上沿用了美国注协所确定的内部控制概念。

（三）“内部控制结构”阶段

从 20 世纪 80 年代以来，内部控制的理论研究又有了新的发展，会计与审计界研究的重点逐步从一般含义向具体内容深化。其标志是美国注协于 1988 年 5 月发布的《审计准则公告第 55 号——在财务报表审计中对内部控制结构的考虑》。该公告首次以“内部控制结构”概念取代了“内部控制制度”。不仅如此，该公告提出的内部控制内容比以前更实在，条理更清楚，其颁布和实施可视为内部控制理论研究的新突破。

该公告指出：“企业内部控制结构包括企业为实现特定目标提供合理保证而建立的各种政策和程序。”公告认为内部控制结构由下列三个要素构成：

1. 控制环境

控制环境是指对建立、加强或削弱特定政策或程序的效率有重大影响的各种要素，包括管理者的思想和经营作风；企业组织结构；董事会及其所属委员会，特别是审计委员会发挥的职能；确定职权或责任的方法；管理者监控和检查工作时所使用的控制方法，包括经营计划、预算、预测、利润计划、责任会计和内部审计；人事工作方针及其执行；影响本企业业务的各种外部关系等。

环境控制反映了董事会、管理者、业主和其他人员对控制的态度、认识和行动。

2. 会计系统

会计系统是指为认定、分析、归类、记录和编报各项经济业务，明确资产与负债的经营管理责任而规定的各种方法。其包括鉴定和登记一切合法的经济业务；对各项经济业务进行适当的分类，作为编制财务报表的依据；将各项经济业务按照适当的货币价值计价，以便列入财务报表；确定经济业务发生的日期，以便按照会计期间进行记录；在财务报表中恰当地表述经济业务及对有关内容进行揭示。

3. 控制程序

控制程序是指企业为保证目标的实现而建立的政策和程序，如经济业务和经济活动的适当授权，明确各个人员的职责分工，凭证和账单的设置和使用应保证业务和活动得到正确的记载，财产和记录的接触使用要有保护措施，对已登记的业务及其计价要进行复核等。

内部控制结构这一概念跳出了“制度二分法”的圈子，特别强调了管理者对内部控制的态度、认识和行动等控制环境的重要作用，要求审计师在评估控制风险时不仅要关注会计控制制度与控制程序，还应对企业所面临的内外环境进行评估。

内部控制结构概念的提出，适应了经济形势发展和企业经营管理的需要，因而得到了会计界与审计界的认可。

（四）"内部控制整体框架"阶段

1992年9月，全美反虚假财务报告委员会下属的发起人委员会（COSO）发布了指导内部控制实践的纲领性文件《内部控制——整体框架》（简称COSO报告）。这份报告堪称内部控制发展史上的又一里程碑。报告指出："内部控制是由企业董事会、经理阶层及其他员工实施的，为确保财务报告的可靠性、提高经营效率和效果、促进相关法律法规的遵循等目标的实现而提供合理保证的过程。"同时提出了内部控制整体框架由五个相互联系的要素构成，即控制环境、风险评估、控制活动、信息和沟通、监督。

同以往的内部控制理论及研究成果相比，COSO报告强调：（1）内部控制的对象是企业整个运行过程中的所有要素；（2）内部控制的好坏取决于执行控制政策和程序的人的素质和观念，同时内部控制也影响着人的行动；（3）企业内部控制并非只是一个机械的规定或制度，而是一个发现问题、解决问题，发现新问题、解决新问题的循环往复的"动态过程"；（4）管理者必须及时对各种可能的风险加以反映和评估，采取适当的措施，以保证内部控制的效率和效果；（5）不管内部控制的设计、执行如何完善，它也只能为管理者实现组织目标提供合理保证；（6）内部控制本身不是目的，而是为实现组织目标采取的一种手段和工具。由此可见，内部控制整体框架为关注内部控制的有关各方提供了一个普遍认可、内涵统一的概念框架和评价方法，其涵盖的范围比以往任何一个概念都更为广泛。

（五）"企业风险管理整合框架"阶段

自COSO报告发布以来，内部控制框架已经被世界上许多企业所应用，在企业的政策制定、预定目标实现过程的控制等方面发挥了重要的作用。但由于2001年来企业财务丑闻与经营失败不断涌现，给投资者、企业员工以及其他利益关系人带来了巨大损失，因此，建立健全风险管理框架以改善企业风险管理的呼声日益高涨。2004年9月，COSO发布了《企业风险管理——整合框架》（Enterprise Risk Management: Integrated Framework）。该框架在《内部控制——整体框架》的基础上，结合《萨班斯—奥克斯利法案》（Sarbanes-Oxley Act of 2002）在报告方面的要求明确提出，企业风险管理是由企业董事会、管理层和其他员工共同参与的，应用于企业战略制定和企业内部各层次和部门的，用于识别可能对企业造成影响的事项，并在其风险偏好范围内管理风险，为企业目标的实现提供合理保证的过程。同时指出，企业风险管理框架由内部环境、目标制定、事项识别、风险评估、风险反应、控制活动、信息和沟通、监控等八个相互关联的要素构成。

风险管理框架建立在内部控制框架的基础上，内部控制则是企业风险管理必不可少的一部分。风险管理框架的范围比内部控制框架的范围更为广泛，是对内部控制框架的扩展，是一个主要针对风险的更为明确的概念。与内部控制整体框架比较，风险管理框架无论在内容还是范围上都有较大拓展，如新增了"目标制定"、"事项识别"和"风险反应"三个风险管理要素，突出了内部控制的关键在于风险管理，并且由于企业管理重心逐渐向风险管理转移，风险管理框架中其他要素的内涵和外延也都相应扩大了。

（六）新的"内部控制整体框架"阶段

2013 年 5 月，美国 COSO 发表了新的内部控制整体框架。COSO 新框架依然使用与老框架同样的内部控制定义、同样的五个要素以及同样的"立方"结构，因此，新老内部控制框架没有本质差别。新框架的变化主要表现为结构性变化和非结构性变化两方面。

结构性变化主要表现在报告、目标、原则等三个方面：一是新框架延伸了老框架中财务报告这一目标，不仅包括外部财务报告，而且包括了内部财务报告、内部非财务报告和外部非财务报告，这无疑扩大了 COSO 内部控制框架的实施范围，突出了内部控制对运营过程的作用。二是新框架中把五个要素细分成相应的 17 个原则，强调"基于原则"的内部控制实施，这种细分有利于内部控制的实施和评价。三是新框架专门强调了管理层判断的使用。基于原则的实施和依赖管理层的判断，弱化了内部控制的形式，突出了控制的实质。

非结构性变化主要表现在对内部控制有效性的评价上。新框架指出了内部控制的本质是作为管理风险的手段。也就是说，老框架不是基于风险管理的，对内部控制有效性的评价通常是"事后"检查的结果；而新框架对内部控制有效性的评价是基于风险评估的，是"事前"判断的结果。

二、我国现代内部控制的发展

我国现代内部控制的实践和理论研究均起步较晚。大致经历了三个阶段：

（一）1996 年以前：审计视角的内部控制规范

1996 年，财政部颁布的《会计基础工作规范》首次对内部控制制度作了明确规定。1997 年 1 月中注协颁布实施了《独立审计具体准则第 9 号——内部控制与审计风险》，认为内部控制是指被审计单位为了保证业务活动的有效进行，保护资产的安全完整，防止、发现、纠正错误与舞弊，保证会计资料的真实、合法、完整而制定和实施的政策和程序，包括控制环境、会计系统和控制程序。这有助于规范注册会计师对内部控制的研究与评价，提高风险意识，增强风险抵御能力。

（二）1997—2005 年：会计视角的内部控制规范

会计视角的内部控制规范主要由政府、证券监督管理部门和行业监管机构等制定的有关法律、法规、指引，大致可分为四类：

第一类，由财政部颁布的适用于所有企业的内部控制基础性规范。1999 年颁布的《会计法》是我国第一部体现内部会计控制的法律。该法律明确提出，各单位应当建立、健全本单位内部会计监督制度。财政部 2001—2004 年先后发布了一个基本规范和 9 个具体规范，即《内部会计控制规范——基本规范》；货币资金、采购与付款、销售与收款、实物资产、担保、对外投资、成本费用、工程项目、筹资等内部会计控制的具体规范。

第二类，由上市公司监管机构发布的有关规则。如中国证监会于 2001 年发布了《公开发行证券公司信息披露编报规则》；深圳证券交易所和上海证券交易于 2006 年分别出台了《上市公司内部控制指引》和《上市公司内部控制指引》。

第三类，各行业监管机构发布的相关文件。如 1997 年，中国人民银行颁布了《加强金融机构内部控制的指导原则》；1999 年，中国保险监督管理委员会制定了《保险公司内部控制制度建设指导原则》；2002 年，中国人民银行颁布了《商业银行内部控制指引》；2004 年，中国银监会颁布了《信托投资公司内部控制指引》。

第四类，国资委针对中央企业颁布的内部控制框架指引。2006 年，国有资产监督管理委员会出台了《中央企业全面风险管理指引》，对中央企业开展全面风险管理工作的总体原则、基本流程、组织体系、风险评估、风险管理策略、风险管理解决方案、监督与改进、风险管理文化、风险管理信息系统等方面进行了详细阐述，并对贯彻落实提出了明确要求。这标志着内部控制规范体系从内部控制向风险管理转型。

（三）2006 年至今：管理视角的内部控制规范

2006 年 7 月，财政部成立“企业内部控制标准委员会”，其目标是建立以防范风险和控制舞弊为中心、以控制标准和评价标准为主体，结构合理、内容完整、方法科学的内部控制标准体系。2008 年 5 月，财政部、证监会、审计署、银监会、保监会联合发布的《企业内部控制基本规范》，是我国企业内部控制建设史上的一大里程碑。2010 年 4 月，五部委又联合发布了《企业内部控制配套指引》，包括 18 项《企业内部控制应用指引》、《企业内部控制评价指引》和《企业内部控制审计指引》，连同之前发布的《企业内部控制基本规范》，标志着适应我国企业实际情况、融合国际先进经验的中国企业内部控制规范体系已经建成。

三、现代内部控制目标

我国《企业内部控制基本规范》提出，内部控制是由企业董事会、监事会、经理层和全体员工共同实施的、旨在实现控制目标的过程。内部控制的目标是合理保证企业经营管理合法合规、资产安全、财务报告及相关信息真实完整、提高经营效率和效果、促进企业实现发展战略。

（一）促进遵循国家法律法规

守法和诚信是企业健康发展的基石。逾越法律的短期发展终将付出沉重代价。内部控制要求企业必须将发展置于国家法律法规允许的基本框架之下，在守法的基础上实现自身的发展。

（二）促进维护资产安全

资产安全是投资者、债权人和其他利益相关者普遍关注的重大问题，是企业可持续发展的物质基础。良好的内部控制，应当为资产安全提供扎实的制度保障。

（三）促进提高信息报告质量

可靠及时的信息报告能够为企业提供准确而完整的信息、支持企业经营管理决策和对营运活动及业绩的监控；同时，保证对外披露的信息报告的真实、完整，有利于提升企业的诚信度和公信力，维护企业良好的声誉和形象。

（四）促进提高经营效率和效果

它要求企业结合自身所处的特定的内外部环境，通过建立健全有效的内部控制，不断提高经营活动的盈利能力和管理效率。

（五）促进实现发展战略

这是内部控制的终极目标。它要求企业将近期利益与长远利益结合起来，在企业经营管理中努力作出符合战略要求、有利于提升可持续发展能力和创造长久价值的策略选择。

四、建立现代内部控制的基本原则

建立现代内部控制的基本原则是企业建立与实施内部控制应当遵循的基本要求。通常应当遵循五大原则：

（一）全面性原则

内部控制应当贯穿决策、执行和监督的全过程，覆盖企业及其所属单位的各种业务和事项，实现全过程、全员性控制，不存在内部控制空白点。

（二）重要性原则

内部控制应当在兼顾全面的基础上，关注重要业务事项和高风险领域，并采取更为严格的控制措施，确保不存在重大缺陷。重要性原则的应用需要一定的职业判断，企业应当根据所处的行业环境和经营特点，从业务事项的性质和涉及金额两方面来考虑是否及如何实行重点控制。

（三）制衡性原则

内部控制应当在治理结构、机构设置及权责分配、业务流程等方面形成相互制约、相互监督，同时兼顾运营效率。制衡性原则要求企业完成某项工作必须经过互不隶属的两个或两个以上的岗位和环节；同时，还要求履行内部控制监督职责的机构或人员具有良好的独立性。

（四）适应性原则

内部控制应当与企业经营规模、业务范围、竞争状况和风险水平等相适应，并随着情况的变化加以调整。适应性原则要求企业建立与实施内部控制应当具有前瞻性，适时地对内部控制系统进行评估，发现可能存在的问题，并及时采取措施予以补救。

（五）成本效益原则

内部控制应当权衡实施成本与预期效益，以适当的成本实现有效控制。成本效益原则要求企业内部控制建设必须统筹考虑投入成本和产出效益之比。对成本效益原则的判断需要从企业整体利益出发，尽管某些控制会影响工作效率，但可能会避免整个企业面临更大损失，此时仍应实施相应控制。

五、现代内部控制的基本要素

《企业内部控制基本规范》在形式上借鉴了COSO报告的相对成熟、稳定的内部控制整体框架中的五要素框架；在内容上体现了风险管理框架的八要素实质。

（一）内部环境

内部环境规定企业的纪律与架构，影响经营管理目标的制定，塑造企业文化氛围并影响员工的控制意识，是企业建立与实施内部控制的基础。内部环境主要包括治理结构、机构设置及权责分配、内部审计、人力资源政策、企业文化等。

1. 治理结构

企业应当根据国家有关法律法规和企业章程，建立规范的公司治理结构和议事规则，明确董事会、监事会和经理层在决策、执行、监督等方面的职责权限，形成科学有效的职责分工和制衡机制。

2. 机构设置及权责分配

企业应当结合业务特点和内部控制要求设置内部机构，明确职责权限，将权利与责任落实到各责任单位。企业内部机构设置虽然没有统一模式，但所采用的组织结构应当有利于提升管理效能，并保证信息通畅流动。

3. 内部审计机制

企业应当加强内部审计工作，保证内部审计机构设置、人员配备和工作的独立性，并开展内部控制审计。

4. 人力资源政策

人力资源政策应当有利于企业可持续发展，一般包括员工的聘用、培训、辞退与辞职；员工的薪酬、考核、晋升与奖惩；关键岗位员工的强制休假制度和定期岗位轮换制度；对掌握国家秘密或重要商业秘密的员工离岗的限制性规定等内容。企业应当将职业道德修养和专业胜任能力作为选拔和聘用员工的重要标准，切实加强员工培训和继续教育，不断提升员工素质。

5. 企业文化

企业应当加强文化建设，培育积极向上的价值观和社会责任感，倡导诚实守信、爱岗敬业、开拓创新和团队协作精神，树立现代管理理念，强化风险意识和法制观念。董事、监事、经理及其他高级管理人员应在塑造良好的企业文化中发挥关键作用。

（二）风险评估

风险评估是企业及时识别、科学分析经营活动中与实现控制目标相关的风险因素，合理确定风险应对策略，实施内部控制的重要环节。风险评估主要包括目标设定、风险识别、风险分析和风险应对。

1. 目标设定

风险是指一个潜在事项的发生对目标实现产生影响的可能性。风险与可能被影响的控制目标相关联。企业必须制定与生产、销售、财务等业务相关的目标，设立可辨认、分析和管理相关风险的机制，以了解企业所面临的来自内部和外部的各种不同风险。

2. 风险识别

企业不仅要识别内部风险，还要识别与控制目标相关的各类外部风险。

企业识别内部风险，一般关注：董事、监事、经理及其他高级管理人员的职业操守、员工专业胜任能力等人力资源因素；组织机构、经营方式、资产管理、业务流程等管理因素；研究开发、技术投入、信息技术运用等自主创新因素；财务状况、经营成果、现金流量等财务因素；营运安全、员工健康、环境保护等安全环保因素等。

企业识别外部风险，一般关注：经济形势、产业政策、融资环境、市场竞争、资源供给等经济因素；法律法规、监管要求等法律因素；安全稳定、文化传统、社会信用、教育水平、消费者行为等社会因素；技术进步、工艺改进等科学技术因素；自然灾害、环境状况等自然环境因素等。

3. 风险分析

在充分识别各种潜在风险因素后，企业应对固有风险（即不采取任何防范措施可能造成的损失程度）和剩余风险（即采取了相应应对措施之后仍可能造成的损失程度）进行分析。企业应当采用定性与定量相结合的分析方法，按照风险发生的可能性及其影响程度等，对识别的风险进行分析和排序，确定关注重点和需优先控制的风险。

4. 风险应对

企业在分析了相关风险发生的可能性和影响程度后，结合风险承受度，权衡风险与收益，确定风险应对策略。

常用的风险应对策略有：风险规避，即改变或回避相关业务，不承担相应风险；风险承受，即比较风险与收益后，愿意无条件承担全部风险；风险降低，即采取一切措施降低发生不利后果的可能性；风险分担，即通过购买保险、外包业务、合作经营等方式来分担一部分风险。

风险应对策略的选择与企业风险偏好密切相关，为此，企业应当合理分析、掌握董事、经理及其他高级管理人员、关键岗位员工的风险偏好，采取适当的控制措施，避免因个人风险偏好给企业经营带来重大损失。风险应对策略往往需结合运用。

（三）控制活动

控制活动是指企业根据风险应对策略，采用相应的控制措施，将风险控制在可承受度之内，是实施内部控制的具体方式。常见的控制措施有：不相容职务分离控制、授权审批控制、会计系统控制、财产保护控制、预算控制、运营分析控制和绩效考评控制等。企业应当根据内部控制目标，结合风险应对策略，综合运用控制措施，对各种业务和事项实施有效控制。

1. 不相容职务分离控制

所谓不相容职务，是指那些如果由一个人担任既可能发生错误和舞弊行为，又可能掩盖其错误和舞弊行为的职务。不相容职务一般包括：授权批准与业务经办、业务经办与会计记录、会计记录与财产保管、业务经办与稽核检查、授权批准与监督检查等。对于不相容的职务如果不实行相互分离的措施，就容易发生舞弊等行为。不相容职务分离的核心是“内部牵制”，因此，企业在设计内部控制系统时，首先应确定哪些岗位和职务是不相容的；其次要明确规定各个机构和岗位的职责权限，使不相容岗位和职务之间能够相互监督、相互制约，形成有效的制衡机制。

2. 授权审批控制

授权审批是指企业在办理各项经济业务时，必须经过规定程序的授权批准。授权审批形式通常有常规授权和特别授权之分。常规授权是指企业在日常经营管理活动中按照既定的职责和程序进行的授权，用以规范经济业务的权力、条件和有关责任者，其时效性一般较长。特别授权是企业在特殊情况、特定条件下对办理例外的、非常规性交易事项的权力、条件和责任的应急性授权。企业必须建立授权审批体系，编制常规授权的权限指引，规范特别授权的范围、权限、程序和责任，严格控制特别授权。对于重大的业务和事项，企业应当实行集体决策审批或者联签制度，任何个人不得单独进行决策或擅自改变集体决策。

3. 会计系统控制

会计系统控制主要是通过对会计主体所发生的各项能用货币计量的经济业务进行记录、归集、分类、编报等而进行的控制。其内容主要包括：依法设置会计机构，配备会计从业人员，建立会计工作的岗位责任制，对会计人员进行科学合理的分工，使之相互监督和制约；按照规定取得和填制原始凭证；设计良好的凭证格式；对凭证进行连续编号；规定合理的凭证传递程序；明确凭证的装订和保管手续责任；合理设置账户，登记会计账簿，进行复式记账；按照《会计法》和国家统一的会计准则与制度的要求编制、报送、保管财务会计报告。

4. 财产保护控制

保障财产安全特别是资产安全，是内部控制的重要目标之一。财产保护控制的措施主要包括：

（1）财产记录和实物保管。关键是要妥善保管涉及资产的各种文件资料，避免记录受损、被盗、被毁。对重要的文件资料，应当留有备份，以便在遭受意外损失或毁坏时重新恢复，这在计算机处理条件下尤为重要。

（2）定期盘点和账实核对。定期对实物资产进行盘点，并将盘点结果与会计记录进行比较。盘点结果与会计记录如不一致，可能说明资产管理上出现错误、浪费、损失或其他不正常现象，应当分析原因、查明责任、完善管理制度。

（3）限制接近。严格限制未经授权的人员对资产的直接接触，只有经过授权批准的人员才能接触该资产。限制接近包括限制对资产本身的接触和通过文件批准方式对资产使用或分配的间接接触。一般情况下，对货币资金、有价证券、贵重物品、存货等变现能力强的资产必须限制无关人员的直接接触。

5. 预算控制

预算控制的内容涵盖了企业经营活动的全过程，企业通过预算的编制和检查预算的执行情况，可以比较、分析内部各单位未完成预算的原因，并对未完成预算的不良后果采取改进措施。在实际工作中，预算编制不论采用自上而下还是自下而上的方法，其决策权都应落实在内部管理的最高层，由这一权威层次进行决策、指挥和协调。预算确定后由各预算单位组织实施，并辅之以对等的权、责、利关系，由内部审计等部门负责监督预算的执行。

6. 运营分析控制

运营分析是对企业内部各项业务、各类机构的运行情况进行独立分析或综合分析，进而掌握企业运营的效率和效果，为持续的优化调整奠定基础。运营分析控制要求企业建立运营情况分析制度，综合运用生产、购销、投资、筹资、财务等方面的信息，通过因素分析、对比分析、趋势分析等方面，定期开展运营情况分析，发现存在的问题，及时查明原因并加以改进。

7. 绩效考评控制

绩效考评是对所属单位及个人占有、使用、管理与配置企业经济资源的效果进行的评价。绩效考评控制要求企业建立和实施绩效考评制度，科学设置考评指标体系，对企业内部各责任单位和全体员工的业绩进行定期考核和客观评价，将考评结果作为确定员工薪酬以及职务晋升、评优、降级、调岗、辞退等的依据。

除上述常见控制措施外，企业还需建立重大风险预警机制和突发事件应急处理机制，明确风险预警标准，对可能发生的重大风险或突发事件，制订应急预案，明确责任人员、规范处理程序，确保突发事件得到及时妥善处理。

（四）信息与沟通

信息与沟通是企业及时、准确地收集、传递与内部控制相关的信息，确保信息在企业内部、企业与外部之间进行有效沟通，是实施内部控制的重要条件。

1. 信息的收集与筛选

企业日常生产经营需要收集各种内部信息和外部信息，并对这些信息进行合理筛选、核对、整合，提高信息的有用性。企业可以通过财务会计资料、经营管理资料、调研报告、专项信息、内部刊物、办公网络等渠道，获取内部信息；还可以通过行业协会组织、社会中介机构、业务往来单位、市场调查、来信来访、网络媒体以及有关监管部门等渠道，获取外部信息。

2. 信息的沟通与反馈

信息的价值必须通过传递和使用才能体现。企业应当建立信息传递机制，将内部控制相关信息在企业内部各管理级次、责任单位、业务环节之间，以及企业与外部投资者、债权人、客户、供应商、中介机构和监管部门等有关方面之间进行沟通和反馈。重要信息须及时传递给董事会、监事会和经理层。

3. 信息的集成与共享

为提高控制效率，企业可以运用信息技术加强内部控制，建立与经营管理相适应的信息系统，促进内部控制流程与信息系统的有机结合，实现对业务和事项的自动控制，减少或消除人为操纵因素。企业利用信息技术对信息进行集成和共享的同时，还应加强对信息系统开发与维护、访问与变更、数据输入与输出、文件储存与保管、网络安全等方面的控制，保证信息系统安全稳定运行。

4. 建立反舞弊机制

企业应当建立反舞弊机制，坚持惩防并举、重在预防的原则，明确反舞弊工作的重点领域、关键环节和有关机构在反舞弊工作中的职责权限，规范舞弊案件的举报、调查、处理、报告和补救程序。为确保反舞弊工作落到实处，企业应当建立举报投诉制度和举报人保护制度，设置举报专线，明确举报投诉处理程序、办理时限和办结要求，确保举报、投诉成为企业有效掌握信息的重要途径。举报投诉制度和举报人保护制度应当及时传达至全体员工。

（五）内部监督

内部监督是企业对内部控制建立与实施情况进行监督检查，以评价内部控制的有效性，并及时改进发现的内部控制缺陷。

内部监督包括日常监督和专项监督。日常监督是指企业对建立与实施内部控制的情况进行常规、持续的监督检查。专项监督是指在企业发展战略、组织结构、经营活动、业务流程、关键岗位员工等发生较大调整或变化的情况下，对内部控制的某一方面或某些方面进行有针对性的监督检查。

日常监督和专项监督情况应当形成书面报告，并在报告中揭示存在的内部控制缺陷。内部监督形成的报告应当有畅通的报告渠道，确保发现的重要问题能及时送达至治理层和经理层；同时，应当建立内部控制缺陷纠正、改进机制，充分发挥内部监督效力。企业应当在日常监督和专项监督的基础上，定期对内部控制的有效性进行自我评价，出具自我评价报告。

第二节 对内部控制的了解与测试

对被审计单位内部控制设计与执行情况的了解与测试，目的有二：一是确定被审计单位内部控制设计的合理性以及是否得到执行，进而帮助被审计单位健全和完善内部控制；二是在评估被审计单位重大错报风险的基础上，确定进一步审计程序的性质、时间安排和范围，以合理分配审计资源，提高审计效率。对内部控制的了解与测试一般分为三个阶段：内部控制的了解与描述、评价内部控制设计的合理性以及是否得到执行、测试内部控制执行的有效性。

一、内部控制的了解与描述

审计师应当在对被审计单位相关内部控制制度进行调查、了解和评价的基础上，确定审计程序和方法。

（一）内部控制的了解

审计师了解被审计单位内部控制的途径主要有以下几个方面：

1. 查阅相关内部控制文件，了解内部控制

在调查和了解内部控制制度时，首先，调阅被审计单位有关管理制度文件、工作手册、工作总结、经验介绍等资料，查明有关管理和控制要求；其次，根据制度、文件的要求，查证是否采取了相应的控制措施；再次，根据内部控制文件和有关的操作规程，详细了解被审计单位的内部控制是否符合其实际情况。在审阅被审计单位内部控制文件时，必须明确这些制度文件是否符合国家统一政策和法规的要求。

2. 利用以往的审计经验，了解内部控制

审计师在了解内部控制时，应当合理利用以往的审计经验，进行专业判断。需注意的是，内部控制所依存的环境在不断发展和变化，因此过去有效的内部控制现在可能不再适用。所以，对于内部控制的了解，除利用以往审计经验外，通常还可以实施其他的审计程序。

3. 通过观察和询问，了解内部控制

通过实地观察被审计单位的业务活动和内部控制的运行情况，以便审计师对被审计单位的业务活动获得一个感性认识，帮助审计师对不寻常的经营活动有所“警觉”，初步判断内部控制运行是否有效。例如，企业是否有闲置的设备，机械设备是否缺乏保养，所有文档资料是否归档和加锁保存，工作人员对待工作的态度等。

通过询问被审计单位的管理层和员工，审计师能获得新的情况或企业经营的变化情况，了解其对内部控制的看法，并与内部控制文件相核对，以检查有关人员对内部控制制度的理解是否准确。

4. 通过穿行测试，了解内部控制

所谓穿行测试是指审计师在每一类交易循环中选择一笔或若干笔业务进行追踪

审核，以验证内部控制的实际运行是否与文件上所述的内部控制相一致。通过穿行测试，一方面审计师可以观察到各环节的控制是否达到规定标准的要求，并可以发现那些低效或控制较弱的环节；另一方面还可以检查审计师对内部控制的理解程度和记载所获信息的准确性。在一般情况下，穿行测试只需选择若干重要环节进行验证即可。但对于特别重要的业务系统，则必须进行全面的检查验证，以免造成不必要的失误。

需指出的是，上述方法不是彼此孤立的，而是相辅相成的，因此在了解内部控制的过程中要注意综合运用。而且，在了解内部控制的过程中要注意将调查方法贯穿于内部控制五大要素的了解。

（二）内部控制的描述

审计师在了解内部控制的情况后，应当用适当的方法对内部控制加以描述，以供修订和修改审计计划和程序之用，或供日后查考之用。用于内部控制描述的方法主要有文字表述法、问卷调查法和流程图法。

1. 文字表述法

文字表述法是指审计师将所了解到的被审计单位业务的授权、批准、执行、记录、保管等程序及其实际执行情况用叙述性文字记录下来，以形成对内部控制描述的一种方法。文字表述法一般按业务循环进行，逐项描述各个业务循环所完成的工作及其派生的各种文件记录，具体格式见表 6-1。

表 6-1　**材料采购内部控制文字说明书**

A 厂的材料采购由供应科负责。材料采购的发生有两种情况：（1）各车间填写请购单一式两联，第一联送材料供应科，审核批准后据以复写订购单；第二联存根留车间备查。订购单一式三联，第一联送材料供应厂商订货；第二联通知仓库准备收料；第三联存供应科备查。（2）仓库发现库存量达到订购点时填写订购单一式三联，第一、三联存供应科备查；第二联存仓库准备收料。供应厂商将材料发来时，直接由仓库根据对方寄来的发票、提货单和本厂订购单核对验收数量、规格和质量，并填写收料单一式三联，第一联由保管员据以登记材料卡片账和材料明细账，并留存材料仓库；第二联送供应科通知材料已收到；第三联送财务科据以登记材料总账并付款。 审计员：李文 20×4 年 2 月 14 日	
复核说明与结论	

文字表述法的优点是简便易行，比较灵活，可对被审计单位内部控制的各个环节作出比较深入和具体的描述，不受任何限制。但其也有缺点，即对内部控制的描述，有时很难用简明易懂的语言来详细说明各个细节，从而可能使文字叙述显得比较冗长，也有可能遗漏内部控制设计中的重要环节，而且缺乏形象感和层次感，不便于资料整理和对比分析。

它通常用于记录控制环境、一般控制和实物控制等方面的情况，几乎适用于任何类型、任何规模的单位，特别适用于内部控制不很健全或业务简单的中小企业。

2. 问卷调查法

问卷调查法是指审计师根据被审计单位的业务类型、业务循环、内部控制等，将内部控制的必要事项，特别是与保证会计记录的正确、可靠以及保证财产物资的安全、完整有关的主要事项，作为调查项目，事先设计出一系列有针对性、标准化的调查表，利用调查表来了解被审单位内部控制是否健全完善，从而对内部控制加以描述的一种方法。其格式见表6-2。

表6-2　　库存现金和银行存款内部控制调查问卷

调　查　项　目	是	否	不适用	备　注
1. 是否建立了货币资金业务的岗位分工责任制	√			
2. 是否配备了合格的人员并根据单位具体情况进行岗位轮换	√			
3. 对货币资金业务是否建立了严格的授权批准制度	√			
4. 审批人是否超越审批权限进行审批		√		
5. 是否按照规定的程序办理货币资金支付业务	√			
6. 对于重要的货币资金支付业务是否实行集体决策和审批，并建立责任追究制度	√			
7. 对于货币资金是否有接触性控制	√			
8. 超过库存限额的现金是否及时存入银行，是否有现金坐支现象			√	在库存现金未突破规定限额时，部分小额零星收入有坐支现象
9. 是否存在超越现金开支范围支付现金的情况		√		
10. 货币资金收入是否及时准确入账	√			
11. 企业是否根据不同的银行账号分别开设银行存款日记账	√			
12. 企业除零星支付外的支出是否通过银行结算	√			
13. 银行存款日记账与总账是否每月末核对相符	√			
14. 银行存款日记账是否定期与银行对账单核对	√			
15. 是否按月与银行对账，编制银行存款余额调节表，做到账实相符	√			
16. 银行存款日记账是否逐笔序时登记	√			
17. 现金是否做到日清月结，并建立和实行定期盘点制度	√			

续表

调 查 项 目	是	否	不适用	备 注
18. 现金收入、支出是否有合理、合法的凭据	√			
19. 现金收付款凭证是否符合制单、复核、主管终审的三审纵横检控原则	√			
20. 现金支票及现金收付款凭证是否由专人管理	√			
21. 现金支票和银行预留印鉴是否做到分管及签盖分工负责制	√			
22. 支票是否按序签发，开出支票是否使用支票登记簿	√			
23. 作废支票是否加盖“作废”戳记，并与存根一并保存	√			
24. 有无现金收支业务的内部审计制度			√	

结论：

1. 经内部控制问卷和简易测试后，认为现金收支循环的内部控制可信赖度为：

高（√） 中（ ） 低（ ）

2. 该循环是否需进一步作执行测试：

是（√） 否（ ）

复核说明与结论：

采用该种方法的关键，在于调查问卷的设计是否得当。审计师可根据自身的需要，结合被审计单位的内部控制情况，自行设计调查卷的格式和内容。在调查表中，一般对每个调查问题分设“是”、“否”、“不适用”和“备注”四个栏目。有时还可在“否”栏内根据控制弱点的轻重程度，再细分“较轻”和“严重”两栏。其中，“是”表示肯定；“否”表示否定；“不适用”表示该问题不适用于被审计单位；至于“备注”栏，一般用于记录回答问题的资料来源和对有关问题的说明。

问卷调查法的优点主要体现在：一是简便易行，审计师容易上手操作；二是能对所调查问题给予明确答复，有利于对内部控制作进一步分析评价；三是由于调查范围明确，调查内容可同时由若干人分头进行，有利于节约审计时间，提高审计效率；四是调查表中“否”栏集中反映了内部控制存在的问题，能引起审计师的高度重视。但是，该方法也有缺陷，主要表现在：格式固定的调查表缺乏弹性，调查内容只限于明确的调查事项，不易了解其他方面的有关信息，对被审计单位的内部控制难以获得完整、系统的分析好评价；调查事项如果设计不当，所填答案就不能正确反映内部控制的健全情况。此外，审计师如果机械地照表提问，往往会使被调查人员漫不经心，使调查流于形式。

问卷调查法适用于检查了解内部控制系统中各项具体的控制点和控制措施。

3. 流程图法

流程图法是指用特定的语言符号或图形，将被审计单位的组织结构、职责分工、权限范围、会计记录、业务处理流程等内部控制情况，以图解的形式直观、形象地加以描述的一种方法，具体如图 6-1 所示。

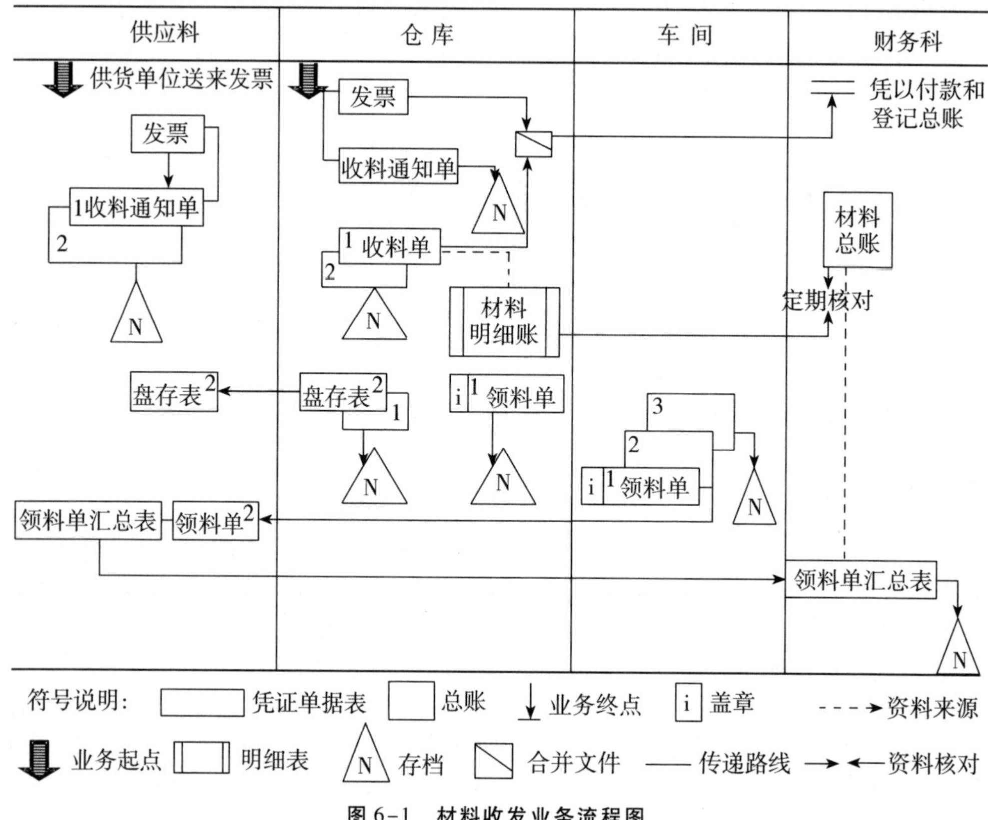

图 6-1 材料收发业务流程图

流程图的优点在于，它是从整体的角度，以简明的图式描绘被审计单位的内部控制系统，能直观体现内部控制系统中的薄弱环节，便于审计师对内部控制系统进行理解与评价。它的不足之处在于绘制流程图须具备较娴熟的技术和花费较多的时间，绘制难度较大；加之不同审计机构使用的流程图符号不同，可能引起理解混乱；再者，当被审计单位业务量大、组织结构复杂或控制环节较多时，流程图就会过于复杂。

描述内部控制的三种方法并不相互排斥，而是相互依赖和相互补充。因此，在描述被审计单位内部控制时，可对不同业务环节运用不同的方法，也可同时将几种方法结合运用。

二、评价内部控制设计的合理性以及是否得到执行

审计师在识别和了解内部控制后，需要根据获取的审计证据，评价内部控制设计的合理性，并确定是否得到执行。审计师在对内部控制进行初步评价时，需要回答以下问题：

（1）控制本身的设计是否合理。如果识别的控制设计合理，该控制在重要业务流程中单独或连同其他控制能否有效地实现特定控制目标。

（2）控制是否得到执行。如果设计合理的控制没有得到执行，该控制也不会发挥应有的作用。因此，审计师需要获取审计证据，评价这类控制是否确实存在，且正在被使用。

（3）是否更多地信赖控制并拟实施控制测试。如果认为被审计单位控制设计合理并得到执行，能够有效防止或发现并纠正重大错报，那么，审计师通常可以信赖这些控制，减少拟实施的实质性程序。有时，审计师也可能认为控制是无效的，包括控制本身设计不合理，不能实现控制目标；或者尽管控制设计合理，但没有得到执行。在这种情况下，审计师不需要测试控制运行的有效性，而直接实施实质性程序。

三、测试内部控制运行的有效性

控制测试是为了获取内部控制能否有效防止或发现并纠正认定层次重大错报的审计证据而实施的测试。

（一）控制测试的目标

在测试控制运行的有效性时，审计师应当从下列方面获取内部控制是否有效运行的相关审计证据：（1）控制在所审计期间的不同时点是如何运行的；（2）控制是否得到一贯执行；（3）控制由谁执行；（4）控制以何种方式运行（如人工控制或自动化控制）。

从这四个方面来看，控制运行有效性需强调控制能够在各个不同时点按照既定设计被一贯执行。在了解控制是否得到执行时，审计师只需抽取少量的交易进行检查或观察某几个时点，但在测试控制运行有效性时，审计师需要抽取足够数量的交易进行检查或对多个不同时点进行观察。

（二）控制测试的要求

并非在任何时候都要对内部控制运行有效性进行测试。当存在下列情形之一时，审计师应当实施控制测试：（1）在评估认定层次重大错报风险时，预期控制的运行是有效的；（2）仅实施实质性程序不足以提供认定层次充分、适当的审计证据。

审计师通过实施内部控制了解程序，可能发现某项控制的设计是存在的，也是合理的，同时得到了执行。在这种情况下，出于成本效益的考虑，审计师可以预

期，如果相关控制被有效执行，与该项控制有关的重大错报风险就不会很大，也就不需要实施很多的实质性程序。为此，审计师就需要实施控制测试。实施控制测试的前提是审计师通过了解后认为某项内部控制可能被信赖和利用。

有时，对有些重大错报风险仅通过实质性程序无法予以应对，此时，审计师必须实施控制测试，且这种测试是必须获取的一类审计证据。

（三）控制测试的程序

在测试内部控制执行的有效性时，审计师通常实施以下程序：

1. 询问

审计师可以通过询问被审计单位适当员工来获取内部控制运行情况的相关信息。例如，询问信息系统管理人员有无未经授权接触计算机硬件和软件；向负责复核银行存款余额调节表的人员询问如何进行复核，复核的要点是什么、发现不符事项如何处理等。然而，询问本身并不足以测试控制运行的有效性，还应当将询问与其他审计程序结合使用，以获取有关控制运行有效性的充分、适当的审计证据。

2. 观察

观察是测试不留下书面记录的控制（如职责分离）之运行情况的有效方法。例如，观察存货盘点控制的执行情况；观察空白支票是否妥善保管；观察仓库房门是否锁好等。通常，审计师通过观察直接获取的证据比间接获取的证据可靠。但是，观察提供的证据仅限于观察发生的时点，本身也不足以测试控制运行的有效性。

3. 检查

对运行情况留有书面证据的控制，检查非常适用。书面说明、复核时留下的记号，都可以被当做控制运行情况的证据。例如，检查销售发票是否有复核人员签字，检查其是否附有客户订购单和出库单等。

4. 重新执行

通常只有当询问、观察和检查程序结合在一起仍无法获得充分的证据时，审计师才考虑通过重新执行来证实控制是否有效运行。重新执行是指审计师按照相关内部控制的规定，将相关业务重新执行一遍。如重新将某月的银行对账单与银行存款日记账进行核对，编制银行存款余额调节表，并与被审计单位会计人员编制的银行存款余额调节表进行核对，以验证银行存款相关内部控制执行的有效性。

（四）控制测试的结果

控制测试的重点是初步评价后所确定的内部控制的弱点和关键控制点。控制测试的时间安排一般可放在年度中间进行，也可根据审计项目和任务的需要由审计师确定测试时间。

审计师完成控制测试后，应对被审计单位内部控制的有效性进行评价，以确认内部控制的可信赖程度以及控制风险。如果被审计单位的内部控制健全、科学、合理，并且均能有效发挥作用，则被审计单位业务循环过程和会计记录发生错弊的可能性很小，控制风险就低，审计师可以较多地信赖、利用被审计单位的内部控制，进而可以相应减少实质性程序的数量和范围。如果被审计单位内部控制设计上不够健全、科学，存在一定的缺陷和薄弱环节，或内部控制设计较健全、科学，但实际执行不力，则在某种程度上影响会计记录的真实性和可靠性，控制风险就高，审计师应减少信赖、利用内部控制，扩大实质性程序的深度和广度，适当增加样本数量和范围。

例底稿的内部控制制度。供认定层次环节；另一方面还可以检查审计人（五）控制测试的工作底稿示例

表6-3、表6-4、表6-5及表6-6具体列示了库存现金和银行存款内部控制的测试过程和结果。

表6-3　　**库存现金和银行存款内部控制执行测试程序表**

测试重点	常规测试程序	索引号
按常规程序测试	1. 检查库存现金和银行存款内部控制制度是否建立并严格执行 （1）款项的收支是否按规定的程序和权限办理； （2）是否存在与本单位经营无关的款项收支情况；是否存在出租、出借银行账户的情况； （3）出纳与会计的职责是否严格分离； （4）货币资金是否妥善保管，是否定期盘点、核对。	表6-4
	2. 抽取收款凭证 （1）核对收款凭证与存入银行账户的解款单的日期和金额是否相符； （2）核对库存现金、银行存款日记账的收入金额是否正确； （3）核对收款凭证与银行对账单是否相符； （4）核对收款凭证与往来账款明细账的有关记录是否相符； （5）核对实收金额与销售发票是否一致。	表6-5
	3. 抽取付款凭证 （1）检查付款的授权批准手续是否符合规定； （2）核对库存现金、银行存款日记账的付出金额是否正确； （3）核对付款凭证与银行对账单是否相符； （4）核对付款凭证与往来账款明细账的有关记录是否一致； （5）核对实付金额与购货发票是否相符。	表6-6
	4. 抽取一定期间的库存现金日记账、银行存款日记账与总账核对是否一致	表6-4
	5. 抽取一定期间的银行存款日记账与银行对账单核对是否一致	表6-4
	6. 抽取一定期间的银行存款余额调节表，查验其是否按月正确编制并经复核	表6-4
	7. 长期未达账项是否追查原因并及时处理	表6-4
	8. 检查外币现金的折算方法是否符合有关规定，是否与上年度一致	表6-4
复核说明和结论		

测试人员：李建国　　　　日期：20×4. 2. 15

复核人员：方　芳　　　　日期：20×4. 2. 18

表 6-4 **库存现金和银行存款执行测试工作底稿**

程序号	检验过程记录	索引号
1	检查现金、银行存款内部控制是否建立并严格执行： （1）款项收支按规定程序和权限办理； （2）未发现与被审计单位经营无关的款项收支情况； （3）未发现出租、出借银行账户的情况； （4）出纳与会计职责严格分离； （5）妥善保管了现金，并且坚持每日盘点，银行存款每月与银行对账。	
2	随机抽取 1—12 月份间发生的收款业务 20 笔，作执行测试，测试相符率 100%。 说明：（1）收款凭证与银行解款单日期和金额相符； （2）收款凭证金额已记入日记账； （3）收款凭证与收据核对相符； （4）收款凭证账务处理正确； （5）收款凭证与对应科目明细账的记录一致。	表 6-5
3	随机抽取 1—12 月份发生的付款业务 20 笔，作执行测试，测试相符率 100%。 说明：（1）原始凭证付款具有核准人签名； （2）原始凭证为合法的发票或收据； （3）原始凭证的内容和金额与付款凭证摘要核对一致； （4）付款凭证的授权批准手续齐全； （5）付款凭证与记入日记账金额一致； （6）付款凭证与对应科目明细账的记录一致； （7）付款凭证账务处理正确。	表 6-6
4、5、6	抽取 7 月份的库存现金日记账、银行存款日记账，其发生额和余额同总账核对相符；银行存款日记账余额同银行对账单核对相符；银行存款调节表编制正确	（略）
7	未发现长期未达账项	
8	无外币资金核算业务	
	测试结论： 库存现金、银行存款收付款内部控制严密，执行情况良好，可以适当简化实质性程序。	
复核说明与结论		

测试人员：李建国　　　　日期：20×4. 2. 15

复核人员：方　芳　　　　日期：20×4. 2. 18

表 6-5　　**库存现金和银行存款收款凭证内部控制测试记录表**

序号	日期	凭证号	业务内容	收款方式		金额	核对							备注
				现金	银行		1	2	3	4	5	6	7	
1	1.15	53	收到 A 厂货款		√	215 000.00	√	√	√	√	√	√	√	
2	2.5	21	收到 B 厂货款		√	192 600.00	√	√	√	√	√	√	√	
3	2.28	103	提取备用金	√		50 000.00	N	√	N	N	N	√	√	提现
⋮														
20	12.9	28	收到 C 厂货款		√	80 000.00	√	√	√	√	√	√	√	

核对说明：	测试说明：
1. 收款凭证与存入银行户的解款单日期和金额相符； 2. 收款凭证金额已记入库存现金日记账、银行存款日记账； 3. 银行收款凭证与银行对账单核对相符； 4. 收款凭证与销售发票、收据核对一致； 5. 收款凭证的对应科目与付款单位的户名一致； 6. 收款凭证账务处理正确； 7. 收款凭证与对应科目明细账的记录一致。	随机抽取 1—12 月份发生的收款业务 20 笔进行执行测试，测试相符率为 100%。
复核说明与结论	

测试人员：李建国　　　　日期：20×4. 2. 15

复核人员：方　芳　　　　日期：20×4. 2. 18

表 6-6　　**库存现金和银行存款付款凭证内部控制测试记录表**

序号	日期	凭证号	业务内容	付款方式		金额	核对							备注
				现金	银行		1	2	3	4	5	6	7	
1	1.19	68	付 H 厂货款		√	140 000.00	√	√	√	√	√	√	√	
2	3.8	32	付 K 厂货款		√	224 000.00	√	√	√	√	√	√	√	
3	4.5	13	发放工资	√		5 670 000.00	N	√	N	N	N	√	√	
⋮														
20	12.1	05	偿还借款		√	800 000.00	√	√	√	√	√	√	√	

核对说明：	测试说明：
1. 原始凭证付款具有核准人签名； 2. 原始凭证为合法的发票或收据； 3. 原始凭证的内容和金额与付款凭证摘要核对一致； 4. 付款凭证金额与记入库存现金日记账、银行存款日记账金额一致； 5. 付款凭证与银行对账单核对相符； 6. 付款凭证账务处理正确； 7. 付款凭证与对应科目明细账的记录一致。	随机抽取 1—12 月份发生的收款业务 20 笔进行执行测试，测试相符率为 100%。
复核说明与结论	

测试人员：李建国　　　　日期：20×4. 2. 15

复核人员：方　芳　　　　日期：20×4. 2. 18

【延伸阅读】

1. 财政部、审计署等《企业内部控制基本规范》(财会［2008］7号)。

2. 《CSA1152——向治理层通报内部控制缺陷》(2010)。

3. 《CSA1121——通过了解被审计单位及其环境识别和评估重大错报风险》(2010)。

4. 《CSA1231——针对评估的重大错报风险采取的应对措施》(2010)。

5. 财政部、审计署等《企业内部控制评价指引》(财会［2010］11号)。

6. 财政部、审计署等《企业内部控制审计指引》(财会［2010］11号)。

【复习思考题】

1. 内部控制的概念是如何发展起来的？经历了哪些阶段？

2. 审计师通常通过哪些方法来了解内部控制制度？

3. 简述问卷调查法、文字说明法、流程图法各有哪些优点和缺点？适用范围如何？

4. 为什么要对内部控制进行了解和测试？如何对内部控制进行了解和测试？

5. 针对不同的控制测试结果，审计师应如何设计审计策略？

【案例分析题】

案例分析 6-1

东方贸易公司请你就下列问题提供咨询服务，该公司有三位员工必须分担下列工作：

(1) 记录并保管总账；

(2) 记录并保管应付账款明细账；

(3) 记录并保管应收账款明细账；

(4) 记录货币资金日记账；

(5) 保管、填写支票；

(6) 发出销货退回及折让的贷项通知单；

(7) 调节银行存款日记账与银行存款对账单；

(8) 保管并送存现金收入。

上述工作中，除第（6）和第（7）两项工作量较小外，其余各项工作量大体相当。

要求：假如这三位职工的能力都不成问题，而且只需要他们做上面列出的工作。请根据上述资料，说明应如何将这八项工作分配给三位职工，才能达到内部控制制度的要求。

案例分析 6-2

大中华剧院的出纳员在剧院专设的售票室负责售票、收款工作，每日各场次所出售的戏票、电影票均事先连续编号。顾客一手交钱，出纳员一手交票。顾客买票后须将入场券交给收票员才能进入剧院，收票员将入场券撕成两半，正券交还给顾客，副券则投入加锁的票箱中。

要求：

(1) 请问本例中在现金收入方面采取了哪些内部控制措施?

(2) 假设售票员或收票员打算窃取现金收入，他们可能会采取哪些行动?

(3) 对于窃取现金的舞弊行为，采取何种措施可以预防或发现?

(4) 你有什么建议可使其现金内部控制达到更佳的效果?

第七章　风险评估

现代审计基本模式是风险导向审计，即在重大错报风险评估的基础上分配审计资源，对高风险审计领域实施重点审计，以便在将审计风险降至可接受的低水平的前提下提高审计效率。风险评估是一个持续和动态的过程，贯穿于审计过程的始终。本章主要阐述如何实施重大错报风险评估。

第一节　风险评估的含义与程序

一、风险评估的含义

风险评估就是审计师在了解被审计单位及其环境的基础上，对其财务报表层次以及认定层次重大错报风险的识别、评价和估计过程，以便分析错报风险的发生领域、发生的可能性以及风险是否重大。

财务报表层次重大错报风险是指与财务报表整体广泛相关，并潜在影响多项认定的风险，它不限于某类交易、账户余额或披露层次的特定认定的风险，而在一定程度上代表了可能增加认定层次重大错报风险的情况，如管理层凌驾于内部控制之上。认定层次重大错报风险是指与某类交易、账户余额、列报与披露层次相关的特定风险，它通常限于特定的某类交易、账户余额或列报与披露。

二、风险评估的基本理念

风险导向审计是因审计风险而产生，又以控制审计风险为目的。由于企业经营风险的存在，可能导致企业经营结果不理想，甚至经营失败；企业为掩盖不好的财务状况和经营业绩，就可能策划管理层舞弊，蓄意出具存在重大错报的财务报表。可见，财务报表重大错报风险根源于企业经营风险。因此，风险评估的基本理念是以企业经营风险为导向，以系统观和战略观为指导思想，运用“自上而下”和“自下而上”相结合的路线，全面评估重大错报风险，且将风险评估贯穿于整个审计过程，并根据风险评估结果来确定实质性程序的性质、时间和范围。

一般来说，风险导向审计中的风险评估有如下要求：（1）风险评估工作量大幅增加而实质性程序工作量相应减少，且风险评估是必需的审计程序，不允许不经过风险评估就直接将重大错报风险设定为高水平，直接实施进一步审计程序；（2）风险评估重点由分别的固有风险评估、控制风险评估向联合风险评估转变，即风险评估的重点转向重大错报风险，并由重大错报风险的评估结果确定剩余风险；（3）风险评估的切入点由直接重大错报风险评估转变为间接的经营风险评估，即从经营风险评估入手，从重大错报风险发生的源头进行风险评估。

三、风险评估的程序

在风险评估中，审计师应当实施的程序包括询问被审计单位管理层和内部其他相关人员、分析程序、观察和检查、考虑其他信息、项目组讨论，以便了解被审计单位及其环境，以识别与评估财务报表层次和认定层次的重大错报风险。了解被审计单位及其环境是风险评估的重要程序，所包括的内容较多，我们在第二节专门阐述。

（一）询问管理层和内部其他相关人员

审计师在风险评估中询问管理层和内部其他人员，有助于全面、深入地了解被审计单位及其环境，并进而分析可能导致重大错报风险的因素与领域，或为识别重大错报风险提供多方位的视角。

在了解被审计单位及其环境时，审计师应当向管理层询问的事项包括：（1）对经营风险、舞弊风险导致财务报表重大错报风险的评估；（2）对经营风险、舞弊风险的识别和应对过程；（3）就其对风险的识别和应对过程与治理层沟通的情况；（4）就其经营理念及道德观念与员工沟通的情况；（5）是否获悉任何舞弊事实、舞弊嫌疑或舞弊指控。

除了询问管理层和对财务报告负有责任的人员外，还应当考虑询问内部审计师、采购人员、生产人员、销售人员等其他人员，并考虑询问不同级别的员工，以获取对识别重大错报风险有用的信息。

如果被审计单位设有内部审计机构，审计师应当询问内部审计师。询问内容主要包括：（1）对被审计单位经营风险、舞弊风险的认识；（2）在本期是否实施了用以发现经营风险和舞弊风险的程序；（3）管理层对通过内部审计发现的经营风险和舞弊行为是否采取了适当的应对措施；（4）是否实施了内部控制审计，管理层是否对内部控制的重大缺陷采取了适当的应对措施；（5）是否了解任何舞弊事实、舞弊嫌疑或舞弊指控；（6）本期实施的其他内部审计工作，以及是否发现了重大错报和采取的应对措施。

询问负责生成、处理或记录复杂、异常交易的人员及其监督人员，询问的主要内容包括：（1）当期是否发生了债务重组、非货币性交易、企业合并、企业分立、对外投资等非经常性交易业务；（2）非经常性交易的实施过程及其现状；（3）非经常性交易对被审计单位财务状况和经营成果的影响。这有助于审计师评价被审计单位某类会计政策选择和运用的恰当性。

询问负责法律事务的人员，主要内容包括：（1）法律诉讼事项和仲裁事项；（2）遵循法律和法规情况；（3）舞弊事实或舞弊嫌疑；（4）对外担保；（5）售后义务；（6）与业务伙伴的权责安排；（7）合同条款的含义等。这有助于审计师评价被审计单位会计政策选择和运用的恰当性和财务报表披露的充分性。

询问采购人员，主要内容包括：（1）主要供货商和当期采购情况；（2）采购的一般规律与惯例，如有无季节性、区域性特征；（3）与以前年度比较，当期采购价格、数量等是否发生了重大变化。

询问生产人员，主要包括：（1）主要生产品种及其大致产量；（2）与以前年度比较，当期主要产品的生产成本、数量、结构等是否发生了重大变化，导致这种变化的主要原因；（3）与同行业比较，被审计单位在生产成本、技术等方面的优势和劣势。

询问销售人员，主要包括：（1）主要客户和当期销售情况；（2）与以前年度比较，当期销售价格、数量、结构等是否发生了重大变化及导致这种变化的主要原因；（3）与同行业比较，被审计单位在销售战略、销售模式、市场占用率等方面的优势和劣势；（4）与主要客户之间的合同安排等。

询问采购、生产、销售人员，有助于审计师全面、正确了解被审计单位的采购、生产、销售情况及其规律，以及与同行业比较的优势与劣势，从而有助于识别与评估财务报表层次和认定层次的重大错报风险。

（二）分析程序

审计师应当对被审计单位财务报表、主要业务实施分析程序，以便识别异常交易或事项，以及对财务报表和审计产生影响的金额、比率和趋势。

在实施分析程序时，审计师应当预期可能存在的合理关系，并与被审计单位记录的金额、依据记录金额计算的比率或趋势相比较。如果发现异常或未预期到的关系，审计师应当在识别重大错报风险时考虑这些比较结果。具体应用方法见第四章第一节之“分析程序”。

（三）观察与检查

观察和检查程序可以印证对管理层和其他相关人员的询问结果，并可提供有关被审计单位及其环境的信息。审计师应当实施的观察和检查程序主要包括：（1）观察被审计单位的生产经营活动；（2）检查文件、记录和内部控制手册；（3）阅读由管理层和治理层编制的报告，如中期管理层报告、中期财务报告、管理层会议记录、董事会会议记录和决议等；（4）实地察看被审计单位的生产经营场所和设备；（5）追踪交易在财务报告信息系统中的处理过程（穿行测试）。

（四）考虑其他信息

审计师应当考虑在了解被审计单位及其环境时所获取的其他信息，这些是否表明被审计单位财务报表存在重大错报风险。

其他信息可能来源于项目组内部的讨论、客户承接或续约过程以及向被审计单位提供其他服务所获得的经验、询问被审计单位外部法律顾问、证券分析师或信用评价机构的报告、财经报纸或杂志的相关文章等。

（五）项目组讨论

审计项目负责人应当组织项目组成员对被审计单位财务报表存在重大错报的可能性进行讨论。讨论内容应当包括：（1）被审计单位面临的经营风险及其导致财务报表重大错报的可能性；(2) 财务报表容易发生错报的领域以及发生错报的方式；(3) 由于舞弊导致财务报表重大错报的可能性以及在遇到哪些情形时需要考虑存在舞弊的可能性；(4) 财务报表可能发生重大错报的迹象，以及追踪这些迹象的方法；(5) 已了解的可能产生舞弊的动机或压力、提供舞弊机会、营造舞弊行为合理化环境的外部和内部因素；(6) 已注意到的对被审计单位舞弊的指控、管理层或员工在行为或生活方式上出现的异常或无法解释的变化；(7) 是否有迹象表明管理层操纵利润，以及采取的可能导致舞弊的操纵利润手段；(8) 为应对舞弊导致财务报表重大错报可能性而选择的审计程序，以及各种审计程序的有效性；(9) 如何使拟实施的审计程序的性质、时间和范围不易为被审计单位预见；(10) 在整个审计过程中保持职业怀疑态度的重要性。

项目组应当根据审计的具体情况，在整个审计过程中持续交换有关财务报表发生重大错报可能性的信息。

第二节　了解被审计单位及其环境

一、了解被审计单位及其环境的目的与主要领域

(一) 了解被审计单位及其环境的目的

了解被审计单位及其环境是风险评估的必要程序，可以实现以下目的，特别是为审计师在下列关键环节作出职业判断提供重要基础：

(1) 确定重要性水平，并随着审计工作的进程评估对重要性水平的判断是否仍然适当；

(2) 评价会计政策的选择和运用是否恰当，评价财务报表的列报与披露是否充分、适当；

(3) 识别需要特别考虑的领域，包括关联方交易、管理层运用持续经营假设的合理性，或交易是否具有合理的商业目的等；

(4) 确定在实施分析程序时所使用的预期值；

(5) 设计和实施进一步审计程序，以将审计风险降至可接受的低水平；

(6) 评价所获取审计证据的充分性和适当性。

(二) 了解被审计单位及其环境的主要领域

审计师全面了解被审计单位及其环境，至少应当包括以下方面：

(1) 被审计单位所在行业相关状况、法律环境与监管环境以及其他外部因素；

(2) 被审计单位的性质；

(3) 被审计单位对会计政策的选择和运用；

(4) 被审计单位的目标、战略以及相关经营风险；

(5) 被审计单位财务业绩的衡量和评价；

(6) 被审计单位的内部控制。

我们在第六章阐述了对被审计单位内部控制的了解。本节从略。

二、了解被审计单位的相关行业状况、法律环境与监管环境以及其他外部因素

(一) 了解被审计单位的行业状况

审计师应当了解被审计单位的行业状况，主要包括：(1) 所在行业的市场供求与竞争情况，包括生产能力与价格竞争情况；(2) 生产经营的季节性和周期性；(3) 产品生产技术的变化；(4) 能源供应与成本；(5) 行业的关键指标和统计数据。

上述情况可通过统计年鉴、行业协会、行业网站等途径获得相关资料。审计组织也可以通过建立自己的数据库积累相关资料。审计师不仅要了解被审计单位所在行业的国内状况，也要了解该行业的国际状况，同时还要了解被审计单位在行业中所处的竞争态势。

由于对行业有影响的状况，对被审计单位也会存在或多或少的影响。了解这些状况，有助于了解被审计单位，并评估被审计单位财务报表所反映的财务状况和经营成果的总体合理性。

(二) 了解被审计单位所处的法律环境与监管环境

审计师应当了解被审计单位所处的法律环境及监管环境，主要包括：(1) 适用的财务报告编制基础和行业特定惯例；(2) 对经营活动产生重大影响的法律法规及监管活动；(3) 对经营业务产生重大影响的国家各种相关政策，如货币（包括外汇管制）、财政（包括财政激励政策，如政府援助等）、税收（包括关税）和贸易限制等政策；(4) 影响行业和被审计单位经营活动的环保要求。

了解这些信息，有助于审计师评价被审计单位会计政策选择和运用的合理性，以及对被审计单位财务状况和经营成果产生重大影响的法律、法规、方针、政策及其现实的、潜在的影响。

(三) 了解其他外部因素

审计师应当了解影响被审计单位经营的其他外部因素，主要包括：(1) 宏观经济的景气度；(2) 利率和资金供求状况；(3) 通货膨胀水平及币值变动；(4) 国际经济环境和汇率变动。

审计师应当考虑被审计单位所在行业的业务性质或监管程度是否可能导致特定的重大错报风险，考虑项目组是否配备了具有相关知识和经验的成员。

三、了解被审计单位的性质

审计师应当从所有权结构、治理结构、组织结构、经营活动、投资活动、筹资活动等方面了解被审计单位的性质，这有助于理解预期在财务报表中反映的各类交易、账户余额、列报和披露。

（一）了解被审计单位的所有权结构

审计师应当了解所有权结构以及所有者与其他人员或单位之间的关系，这种关系不仅以表格列示，也应当以结构图的方式展示。

了解所有权结构，有助于识别被审计单位的关联方，评价关联方交易是否得到恰当核算，以及关联方关系及其交易是否已在财务报表附注中得到充分披露。

（二）了解被审计单位的治理结构

治理结构主要包括董事会、监事会、经理层的构成及其制衡关系。审计师对被审计单位治理结构的了解应当包括：（1）董事会、监事会、经理层的构成人员；（2）董事会、监事会的运作情况以及对经理层的监督情况与效果；（3）董事会下设战略、审计、提名、薪酬与考核委员会的构成及其运作情况；（4）治理层是否能够在独立于管理层的情况下对被审计单位事务，以及财务报告作出客观判断。审阅治理层的会议记录以及相关决议是了解治理结构运行有效性的重要手段。

（三）了解被审计单位的组织结构

审计师应当以组织结构图的方式了解被审计单位的组织结构，考虑各部门之间的协调与制约关系；考虑复杂组织结构可能导致的重大错报风险，包括财务报表合并、商誉减值、长期股权投资核算以及特殊目的实体核算等问题。特别关注其组织结构是否复杂，是否在多个地区拥有子公司或其他组成部分，这通常可能导致重大错报风险。

（四）了解被审计单位的经营活动

审计师应当了解被审计单位的经营活动，主要包括：（1）主营业务的性质；（2）与生产产品或提供劳务相关的市场信息；（3）业务的开展情况；（4）联盟、合营与外包情况；（5）从事电子商务的情况，如网上销售与营销活动；（6）地区与行业分布；（7）生产设施、仓库的地理位置及办公地点；（8）关键客户；（9）货物与服务的重要供应商；（10）劳动用工情况；（11）研究与开发活动及其支出；（12）关联方交易。

（五）了解被审计单位的投资活动

审计师应当了解被审计单位的投资活动，主要包括：（1）近期拟实施或已实施的并购活动与资产处置情况；（2）证券投资、委托贷款的发生与处置；（3）资本性投资活动，包括固定资产和无形资产投资，以及近期或计划发生的变动；（4）不纳入合并范围的投资。

（六）了解被审计单位的筹资活动

审计师应当了解被审计单位的筹资活动，主要包括：（1）主要子公司及其联营企业；（2）债务结构和相关条款，包括担保情况及表外融资、租赁安排等；（3）固定资产的租赁；（4）关联方融资；（5）实际受益股东及其关联方；（6）衍生金融工具的运用。

审计师在获取了解的过程中，要分析所获取的了解对被审计单位财务报表公允列报和披露的影响。

三、了解被审计单位对会计政策的选择和运用

被审计单位会计政策的选择和运用是否恰当，直接影响其财务报表列报和披露的公允性。为此，审计师应当了解被审计单位对会计政策的选择和运用是否符合适用的财务报告编制基础，是否符合被审计单位的具体情况。在了解过程中，应当关注的重要事项包括：(1) 重要项目的会计政策和行业惯例；(2) 重大和异常交易的会计处理方法；(3) 在新领域和缺乏权威性标准或共识的领域，采用重要会计政策产生的影响；(4) 会计政策的变更；(5) 新颁布的财务报告准则、法律法规，以及被审计单位何时采用以及如何采用这些规定。

如果被审计单位变更了重要会计政策，审计师应当考虑变更的原因及其适当性，并考虑是否符合适用的财务报告编制基础的规定。审计师还应当考虑，被审计单位是否按照适用的财务报告编制基础的规定恰当进行了列报，并披露了重要事项。

四、了解被审计单位的目标、战略以及相关经营风险

审计师应当了解被审计单位的目标和战略，以及可能导致财务报表重大错报的相关经营风险。经营风险源于对被审计单位实现目标和战略产生不利影响的重大情况、事项、环境和行动，或源于不恰当的目标和战略。经营风险通常会产生财务后果，从而影响财务报表。审计师在了解可能导致财务报表存在重大错报风险的目标、战略及相关经营风险时，应当考虑的事项见表 7-1。

表 7-1　　**审计师应当了解的相关目标和战略以及考虑的相关经营风险**

相关事项	可能导致被审计单位存在的相关经营风险
行业发展	不具备足以应对行业变化的人力资源和业务专长等
开发新产品或提供新服务	产品责任增加等
业务扩张	对市场需求的估计不准确等
新的会计要求	执行新要求不当或不完整，或会计处理成本增加等
监管要求	法律责任增加等
本期及未来的融资条件	由于无法满足融资条件而失去融资机会等
信息技术的运用	信息系统与业务流程难以融合等

五、了解被审计单位财务业绩的衡量和评价

被审计单位内部或外部对财务业绩的衡量和评价可能对管理层产生压力，促使

其采取行动改善财务业绩或歪曲财务报表。审计师应当了解被审计单位财务业绩的衡量和评价情况，考虑这种压力是否可能导致管理层采取行动，以至于增加财务报表发生重大错报的风险。

在了解被审计单位财务业绩衡量和评价情况时，审计师应当关注下列信息：(1) 关键业绩指标（包括财务的与非财务的）、关键比率、趋势和经营统计数据；(2) 同期财务业绩比较分析；(3) 预测、预算和差异分析；(4) 管理层和员工业绩考核与激励性报酬政策；(5) 分部信息与不同层次部门的业绩报告；(6) 与竞争对手的业绩比较；(7) 外部机构提出的报告。

审计师应当关注被审计单位内部财务业绩衡量所显示的未预期到的结果或趋势，需要管理层确定原因并采取纠正措施，以及相关信息是否表明财务报表可能存在重大错报。如果拟利用被审计单位内部信息系统生成的财务业绩衡量指标，审计师应当考虑相关信息是否可靠，以及利用这些信息是否足以实现审计目标。

了解被审计单位及其环境的过程就是识别财务报表重大错报风险因素的过程，审计师还应当进一步考虑这些风险因素对各类交易或事项、账户余额、列报与披露可能产生的影响。

第三节　识别和评估重大错报风险与特别风险

审计师了解被审计单位及其环境，包括相关的内部控制，以及实施风险评估程序，就是为了识别和评估财务报表层次和认定层次的重大错报风险，包括特别风险，以便为设计和实施进一步审计程序提供基础。

一、识别和评估重大错报风险

（一）应当实施的审计程序

审计师应当识别和评估财务报表层次以及各类交易、账户余额、列报认定层次的重大错报风险。在识别和评估重大错报风险时，审计师应当实施下列审计程序：

(1) 在了解被审计单位及其环境（包括与风险相关的控制）的整个过程中识别风险，并识别各类交易、账户余额、列报与披露层次的风险；

(2) 评估已识别的风险，并评价其是否与财务报表整体广泛相关，进而潜在影响多项认定，以及哪些认定；

(3) 结合对相关控制测试的考虑，将已识别风险与认定层次可能发生错报的领域相联系；

(4) 考虑发生错报的可能性，并考虑潜在错报的重大程度是否已导致重大错报。

审计师应当利用实施风险评估程序获取的审计证据来支持风险评估结果。这包括在评价内部控制设计有效性和执行有效性过程中获取的审计证据。

（二）可能表明存在重大错报风险的事项和情况

当出现某些情况时，被审计单位管理层为实现其特定目的，如迎合市场预期或特定监管要求、牟取以财务业绩为基础的私人报酬最大化、偷逃或骗取税款、骗取外部资金、掩盖侵占资产的事实等，可能为蓄意误导使用者而编制欺诈性财务报表，导致财务报表存在重大错报。通常，下列事项或情况表明被审计单位财务报表重大错报风险较高，审计师应当特别关注：（1）在经济不稳定的国家或地区开展业务；（2）在高度波动的市场开展业务；（3）在严厉、复杂的监管环境中开展业务；（4）持续经营和资产流动性出现问题，包括重要客户流失；（5）融资能力受到限制；（6）行业环境发生变化；（7）供应链发生变化；（8）开发新产品或提供新服务，或进入新的业务领域；（9）开辟新的经营场所；（10）发生重大收购、重组或其他非经常性事项；（11）拟出售分支机构或业务分部；（12）复杂的联营或合资；（13）运用表外融资、特殊目的实体以及其他复杂的融资协议；（14）重大的关联方交易；（15）缺乏具备胜任能力的会计人员；（16）关键人员变动；（17）内部控制薄弱；（18）信息技术战略与经营战略不协调；（19）信息技术环境发生变化；（20）安装新的与财务报告有关的重大信息技术系统；（21）经营活动或财务报告受到监管机构的调查；（22）以往存在重大错报或本期期末出现重大会计调整；（23）发生重大的非常规交易；（24）按照管理层特定意图记录的交易；（25）应用新颁布的会计准则或相关会计制度；（26）会计计量过程复杂；（27）事项或交易在计量时存在重大不确定性；（28）存在未决诉讼和或有负债。

审计师应当确定，识别的重大错报风险是与特定的某类交易、账户余额、列报的认定相关，还是与财务报表整体广泛相关，进而影响多项认定。

（三）考虑内部控制对重大错报风险的影响

财务报表层次的重大错报风险很可能源于薄弱的控制环境。薄弱的控制环境带来的风险可能对财务报表产生广泛影响，而不仅限于某类交易、账户余额、列报与披露，审计师应当采取总体应对措施。

在评估重大错报风险时，审计师应当将所了解的控制与特定认定相联系。控制与认定直接或间接相关，其防止或发现并纠正认定错报的效果就不同。关系越间接，控制对防止或发现并纠正认定错报的效果越小。审计师可能识别出有助于防止或发现并纠正特定认定发生重大错报的控制。在确定这些控制是否能够实现上述目标时，审计师应当将控制活动和其他要素综合考虑。

如果通过对内部控制的了解发现下列情况，并对财务报表局部或整体的可审计性产生疑问，审计师应当考虑出具保留意见或无法表示意见的审计报告：（1）被审计单位会计记录的状况和可靠性存在重大问题，不能获取充分、适当的审计证据；（2）对管理层的诚信存在严重疑虑。必要时，审计师应当考虑解除业务约定。

二、识别和评估特别风险

（一）特别风险的含义

特别风险，即审计师识别和评估的、根据职业判断需要特别考虑的重大错报风险。管理层舞弊导致的财务报表重大错报风险，即为特别风险（下文简称舞弊风险）。与一般重大错报风险比较，特别风险难以识别和评估，通常属于财务报表层次，影响多个认定，管理层有时还采取了掩盖措施。在风险评估中，审计师还应当运用职业判断，确定识别的风险是否属于特别风险。

（二）识别和评估特别风险应考虑的事项

在确定哪些风险是特别风险时，审计师应当在考虑识别出的控制对相关风险的抵消效果前，根据风险的性质、潜在错报的重要程度和发生的可能性，判断风险是否属于特别风险。

在确定风险是否属于特别风险时，审计师应当考虑下列事项：（1）是否属于舞弊风险；（2）是否与近期经济环境、会计处理方法和其他方面的重大变化有关；（3）涉及的交易是否复杂；（4）是否涉及重大关联方交易；（5）财务信息计量是否有较高的主观性，计量结果是否具有高度不确定性；（6）是否涉及异常或超出正常经营过程的重大交易。

特别风险通常与重大的非常规交易和判断事项有关。非常规交易是指由于金额或性质异常而不经常发生的交易，它具有以下特征：（1）管理层更多地介入会计处理；（2）数据收集和处理涉及更多的主观性；（3）需要复杂的计算或复杂的会计处理方法；（4）被审计单位可能难以对该交易产生的风险实施有效控制。因此，与重大非常规交易相关的特别风险可能导致更高的重大错报风险。

判断事项通常包括作出的会计估计。由于下列原因，与重大判断事项相关的特别风险可能导致更高的重大错报风险：（1）对涉及会计估计、收入确认等方面的会计原则存在不同的理解；（2）所要求的判断可能是主观的和复杂的，或需要对未来事项作出假设。

经验告诉我们，欺诈性财务报告通常源于多计或少计收入。因此，审计师应当假定被审计单位在收入确认方面存在舞弊风险，并应当考虑哪些收入类别以及与收入有关的交易或认定可能导致舞弊风险。

（三）存在特别风险时对内部控制的补充考虑

当识别出被审计单位存在特别风险时，审计师应当评价相关控制的设计情况，并确定其是否已经得到执行。

日常控制通常没有考虑与重大非常规交易或判断事项相关的风险。因此，审计师应当了解被审计单位是否针对该特别风险设计和实施了特别的控制。如果管理层未能实施控制以恰当应对特别风险，审计师应当认为内部控制存在重大缺陷，并考虑其对风险评估的影响。

三、对风险评估的修正

重大错报风险评估贯穿于整个审计过程。因此，随着审计进程和不断获取的审计证据，风险评估结果会有相应的变化。因此，审计师应当根据需要修正风险评估结果，并相应修改原计划实施的进一步审计程序。

第四节 风险评估的沟通与记录

一、风险评估的沟通

（一）通常情况下的沟通

审计师在了解被审计单位及其环境，并评估其财务报表重大错报风险的过程中，会识别出被审计单位的组织结构、经营管理活动、内部控制设计与执行等方面可能存在某项缺陷，审计师应当及时将注意到的缺陷与被审计单位适当层次的管理层或治理层沟通。

如果注意到被审计单位内部控制设计或执行方面存在重大缺陷，或者风险评估过程存在重大缺陷，审计师应当与管理层或治理层沟通。

（二）发现被审计单位存在舞弊情况下的沟通

在审计过程中，如果审计师发现被审计单位存在舞弊行为，除前述事项的沟通外，审计师还应当考虑特别沟通，包括获取管理层声明书。

1. 需要特别沟通的事项

这些特别沟通包括：（1）审计师对管理层实施的财务报表错报风险评估及相关控制评估的性质、范围和频率的疑虑；（2）管理层未能恰当应对已发现的内部控制重大缺陷的事实；（3）管理层未能恰当应对已发现的舞弊的事实；（4）审计师对被审计单位控制环境的评价，包括对管理层胜任能力和诚信的疑虑；（5）审计师注意到的可能表明管理层对财务信息作出虚假报告的行为；（6）审计师对超出正常经营过程的交易的授权适当性的疑虑。

审计师如果发现舞弊行为或疑似舞弊行为，或者注意到旨在防止或发现舞弊的内部控制在设计或执行方面存在重大缺陷，应当尽早与适当层次的管理层和治理层沟通。审计师应当运用职业判断确定与哪个层次的管理层进行沟通，并考虑串通舞弊的可能性、舞弊嫌疑的性质和重大程度等因素。一般的，拟沟通的管理层应当比涉嫌舞弊人员至少高出一个级别。如果发现舞弊涉及管理层、在内部控制中承担重要职责的员工以及其舞弊行为可能对财务报表产生重大影响的其他人员，审计师应当尽早将此类事项与治理层沟通。

如果对管理层、治理层的诚信产生怀疑，或在审计过程中发现管理层和治理层存在重大舞弊行为，审计师应当考虑征询法律意见后采取适当措施，包括是否根据法律法规的规定向监管机构报告。

2. 需要获取的书面声明

审计师应当获取管理层就与舞弊相关的事项作出的书面声明，其主要内容包括：（1）设计和执行内部控制以防止或发现舞弊是管理层的责任；（2）已向审计师披露了其对舞弊导致的财务报表重大错报风险（下文简称舞弊风险）的评估结果；（3）已向审计师披露了已知的涉及管理层、在内部控制中承担重要职责的员工、舞弊行为可能对财务报表产生重大影响的其他人员的舞弊或舞弊嫌疑；（4）已向审计师披露了从现任和前任员工、分析师、监管机构等方面获知的、影响财务报表的舞弊指控或舞弊嫌疑。

二、风险评估的记录

风险评估是审计过程的必经程序。审计师形成恰当的风险评估工作记录，可以表明已严格按照审计准则的规定实施了风险评估程序。这些记录通常包括：

（1）审计项目组对财务报表重大错报风险进行的讨论，以及得出的重要结论；

（2）根据审计准则的规定，对被审计单位及其环境各个方面的了解要点（包括内部控制各项要素的了解要点）和结果、信息来源以及实施的风险评估程序；

（3）根据审计准则的规定，在财务报表层次和认定层次识别、评估出的重大错报风险；

（4）根据审计准则的规定，识别出的特别风险和仅通过实质性程序无法应对的重大错报风险，以及对相关控制的评估。

【延伸阅读】

1.《CSA1141——财务报表审计中与舞弊相关的责任》(2010)。

2.《CSA1211——通过了解被审计单位及其环境识别和评估重大错报风险》(2010)。

【复习思考题】

1. 简述风险评估的基本程序与信息来源。

2. 如何了解被审计单位及其环境，这对识别与评估被审计单位财务报表重大错报风险有什么作用？

3. 从哪些方面来识别和评估被审计单位财务报表的重大错报风险？

4. 在风险评估过程中，应当如何与被审计单位管理层或治理层进行沟通？

5. 在风险评估过程中，应当对哪些事项和内容形成审计工作记录？

第八章　风险应对

在识别和评估被审计单位重大错报风险的基础上，审计师应当运用职业判断，针对评估的重大错报风险确定应对措施，以将审计风险降至可接受的低水平。应对措施包括总体应对措施和进一步审计程序。前者主要针对评估的财务报表层次重大错报风险；后者主要针对评估的认定层次重大错报风险。

第一节　针对财务报表层次重大错报风险的总体应对措施

针对评估的财务报表层次重大错报风险的总体应对措施包括强调保持职业怀疑、分派胜任的审计师或利用专家的工作、考虑被审计单位采用的会计政策、提供更多的督导、实施未被预期的审计程序、修订审计计划等。

一、强调保持职业怀疑

职业怀疑是指审计师以质疑的思维方式和谨慎的态度实施审计工作，包括对可能导致错报的迹象保持警觉，审慎评价所获取证据的有效性，并对相互矛盾的证据、对文件记录或其他信息的可靠性产生怀疑的证据保持警觉。

为应对重大错报风险，项目负责人应向项目组强调在收集和评价审计证据过程中保持职业怀疑态度的重要性，包括：（1）对有关重大交易的文件记录进行检查时，对文件记录的性质和范围的选择保持敏感（例如，对管理层提供重要记录所依赖的信息系统进行测试时考虑信息系统被篡改的可能性）；（2）就管理层对重大事项作出的解释或声明，有意识地通过其他信息予以验证；（3）对于一些高风险、高敏感领域的审计，有意识地扩大收集审计证据的范围，从不同途径收集审计证据，使审计证据之间形成能够相互印证的证据链；（4）应当考虑审计证据的可靠性，包括考虑与信息生成和维护相关的内部控制的有效性，以提高审计证据的可靠性；（5）如果识别出的情况使其认为文件记录可能是伪造的，或文件记录中的某些条款已发生变动，审计师应当作进一步调查，包括直接向第三方询证，或考虑利用专家的工作，以评价文件记录的真伪。

二、分派胜任的审计师或利用专家的工作

根据风险评估结果，分派更有经验或具有特殊技能的审计师，或利用专家的工作是有效应对风险的总体措施之一。项目负责人应当根据财务报表层次重大错报风险的评估结果，分派具备相应知识和技能的人员，或者指派经验更有丰富的人员，或利用专家的工作，如工程技术专家、法律专家、计算机专家、鉴定评估专家等。通过利用专家的工作，弥补项目组成员在知识、经验方面的不足。

三、考虑被审计单位采用的会计政策

审计师应当考虑被审计单位管理层是否通过重大会计政策的选择和运用来操纵利润，对财务信息作出虚假报告。涉及主观计量或复杂交易时，审计师更要特别考虑会计政策选择和运用的恰当性。例如，如果发现选用的会计政策过于激进，或者不恰当地采用或变更重大会计政策，审计师就应当充分考虑其真正原因是否为管理层蓄意操纵利润，其结果是否会导致财务报表产生重大错报。

四、提供更多的督导

对财务报表重大错报风险评估结果为高的被审计单位进行审计时，项目负责人和项目质量控制部门要提供更多的督导，如指定更多、经验更丰富的项目质量控制人员复核和督导该项目，在项目进行过程中及时提供多次督导等。提供更多的督导，有助于项目组成员保持职业怀疑，也便于及时发现和解决审计程序的不足以及审计中发现的重大问题，确保审计质量。

五、实施未被预期的审计程序

由于熟悉常规审计程序的被审计单位内部人员更有能力掩盖其对财务信息的弄虚作假行为，因此，审计组在选择进一步审计程序的性质、时间安排和范围时，应当有意识地避免被这些人员预见或事先了解。这些措施应当包括：（1）对通常由于风险程度较低而不会作出测试的账户余额实施实质性程序；（2）调整审计程序的实施时间，使之有别于预期的时间安排；（3）运用不同的抽样方法，以便考察审计结果的稳定性；（4）对处于不同地理位置的多个组成部分实施审计程序；（5）以突击方式（即预先不通知方式）实施审计程序。采取这些措施的目的，在于最大限度地避免进一步审计程序被预见或事先了解，从而导致被审计单位掩盖真相或毁灭证据等行为，以保证拟实施的进一步审计程序的效果。

六、修订审计计划

拟实施审计程序的性质、时间和范围作出总体修改。根据风险评估结果，项目负责人应对拟实施审计程序的性质、时间安排和范围作出总体修改。如果控制环境存在缺陷，审计师在对拟实施审计程序的性质、时间安排和范围作出总体修改时应当考虑：（1）在期末而非期中实施更多的审计程序；（2）主要通过实施实质性程序获取更广泛的审计证据；（3）修改审计程序的性质，获取更具说服力的审计证据；（4）扩大审计程序的实施范围。

由于舞弊风险属于特别风险，因此，为应对舞弊风险，审计师应当综合运用的措施包括：（1）运用对实施审计有整体性影响的措施，如强化职业怀疑，采用审计计划之外的其他审计程序；（2）针对识别的认定层次风险设计恰当的审计程序，确定其性质、时间安排和范围；（3）针对管理层逾越内部控制所导致的重大错报风险，要执行一些特别程序，且不能让管理层预测到将要采取的措施。

第二节　针对认定层次重大错报风险的进一步审计程序

针对认定层次重大错报风险的应对措施是实施进一步审计程序。拟实施进一步审计程序的总体方案包括实质性方案和综合性方案。实质性方案是指审计师实施的进一步审计程序以实质性程序为主；综合性方案是指审计师在实施进一步审计程序时，将控制测试与实质性程序结合使用。关于控制测试的介绍，请参见第六章。本章主要阐述实质性程序。

一、进一步审计程序的内涵和要求

（一）进一步审计程序的内涵

进一步审计程序是指审计师针对评估的各类交易、账户余额、列报与披露认定层次重大错报风险实施的审计程序，包括控制测试和实质性程序。

（二）设计进一步审计程序的要求

审计师设计和实施的进一步审计程序的性质、时间和范围，应当与评估的认定层次重大错报风险具备明确的对应关系。在设计进一步审计程序时，审计师应当考虑下列因素：

（1）风险的重要性。风险越重要，即风险发生的可能性越大，或者风险发生后导致财务报表被错报的后果越严重，审计师就不仅要对错报风险实施实质性程序，也要实施控制测试程序。

（2）重大错报发生的可能性。重大错报发生的可能性越大，表明被审计单位内部控制存在缺陷的可能性越大，因此，如果审计师不准备依赖被审计单位的内部控制，就可不实施控制测试程序，直接实施实质性程序。

（3）涉及的各类交易、账户余额、列报与披露的特征。例如，对于易被错报，或者财务报表使用者不期望出现错报的交易、账户余额、列报与披露，既要实施相应内部控制有效性的测试，也要扩大实质性程序的范围，以获取更充分、适当的审计证据。

（4）被审计单位采用的特定控制的性质。这包括考虑特定控制是手工控制还是自动控制。如果是手工控制，每次控制均可能存在差异，因此，需扩大测试范围，并抽查被审计期间不同时点控制执行情况，才能形成内部控制有效性的恰当结论。如果是自动控制，只要在被审计期间没有变动控制程序，则只需要进行一至两次测试就可形成内部控制有效性的恰当结论。

（5）审计师拟依赖内部控制的有效性。如果审计师拟获取审计证据，以确定内部控制在防止或发现并纠正重大错报方面的有效性，就应当实施控制测试，否则，审计师就可以直接依赖实质性程序将审计风险降至可接受的低水平。

审计师应当根据对认定层次重大错报风险的评估结果，恰当选用实质性方案或综合性方案。但无论选择何种方案，审计师都应当对所有重大的各类交易、账户余额、列报与披露设计和实施实质性程序。

二、进一步审计程序的性质

进一步审计程序的性质是指进一步审计程序的目的和类型。

（一）进一步审计程序的目的

进一步审计程序包括控制测试和实质性程序，两者的目的不一样。实施控制测试的目的是确定内部控制运行的有效性；实施实质性程序的目的是发现认定层次的重大错报，并确定重大错报的金额。

（二）进一步审计程序的类型

进一步审计程序的类型包括检查记录或文件、检查有形资产、观察、询问、函证、重新计算、重新执行和分析程序。

这些类型均可运用于控制测试和实质性程序，但重新执行通常只运用于控制测试。不同类型的审计程序应对特定的认定错报风险的效力不同。

审计师应当根据认定层次重大错报风险的评估结果选择审计程序。评估的认定层次重大错报风险越高，对通过实质性程序获取的审计证据的相关性和可靠性的要求越高，从而可能影响进一步审计程序的类型及其综合运用。如存货被高估的风险较大，则应当实施检查有形资产（存货监盘）程序以及存货减值测试（重新计算）程序。

在确定拟实施的审计程序时，审计师应当考虑评估的认定层次重大错报风险产生的原因，包括考虑各类交易、账户余额、列报与披露的具体特征以及内部控制。如应收账款被高估，可能是虚构销售收入从而虚构应收账款、应收账款记录错误、双方存在重大分歧、没有足额计提坏账准备等，应当针对不同原因实施相应的审计程序，如应收账款函证、检查与应收账款相关的文件和记录、验证坏账准备计提的恰当性（重新计算）等，并通常同时采用这些程序。

三、进一步审计程序的时间安排

（一）进一步审计程序的时间安排的含义

进一步审计程序的时间安排是指审计师何时实施进一步审计程序，或审计证据适用的期间或时点。审计师可以在期中或期末实施控制测试或实质性程序。

当重大错报风险较高时，审计师应当考虑在期末或接近期末实施实质性程序；或采用不通知的方式，或在管理层不能预见的时间实施审计程序。有些审计程序只能在期末或期后实施，如核对财务报表与会计记录、检查财务报表编制过程中作出的会计调整等。

在期中实施进一步审计程序，可能有助于审计师在审计工作初期识别重大事项，并在管理层的协助下及时解决这些事项；或针对这些事项制订有效的实质性方案或综合性方案。如果在期中实施了进一步审计程序，审计师还应当针对剩余期间实施必要的进一步审计程序，以获取审计证据。

（二）确定进一步审计程序的时间安排应考虑的因素

在确定何时实施审计程序时，审计师应当考虑下列因素：

（1）控制环境。如果被审计单位管理层在治理层的监督下，营造并保持了诚实守信和合乎道德的文化，以及建立了防止或发现并纠正舞弊和错误的恰当控制，审计师就可以较多地依赖期中测试，否则，就应当主要依赖期末测试。

（2）何时能得到相关信息。通常在能够得到相关信息时实施相关审计程序最为有效。如检查有形资产的最有效时点是在被审计单位实施有形资产清查与盘点时，而这通常是在期末实施的。针对交易错报的审计可以在期中进行，但针对账户余额、列报与披露的错报的审计，则只能依赖于期末审计。

（3）错报风险的性质。如果是无意识的错误导致的错报，在期中审计时就可以恰当解决；对于舞弊风险，则必须要实施期末审计。

（4）审计证据适用的期间或时点。如果审计证据适用整个被审计期间，如内部控制的有效性，则仅实施期中测试是不够的，还必须在期中测试后的剩余期间实施必要的测试。如果审计证据只适用于时点，如账户余额，则仅进行期末测试即可。

如果被审计单位在期末或接近期末发生了重大交易，或重大交易在期末尚未完成，审计师应当考虑交易的发生或截止等认定可能存在的重大错报风险，并在期末或期末以后检查此类交易。

四、进一步审计程序的范围

（一）进一步审计程序的范围的含义

进一步审计程序的范围是指实施进一步审计程序的数量，包括抽取的样本量，对某项控制活动的观察次数等。

（二）确定进一步审计程序的范围应当考虑的因素

在确定进一步审计程序的范围时，审计师应当考虑下列因素：

（1）确定的重要性水平。确定的重要性水平越低，所需审计证据数量越多，需要实施较多的审计程序，因此，需要扩大进一步审计程序的范围。

（2）评估的重大错报风险。评估的重大错报风险越高，为将重大错报风险降至可接受的低水平所需的审计证据就越多，因此，就需要实施较多的审计程序，增加审计样本量，从而扩大进一步审计程序的范围。但是，只有当审计程序本身与特定风险相关时，扩大审计程序的范围才是有效的。

（3）计划获取的保证程度。计划获取的保证程度越高，可容忍误差越低，所需的审计证据就越多，因此，需要实施较多的审计程序，从而需要扩大进一步审计程序的范围。例如，95%的保证程度的审计范围就比90%的保证程度的审计范围要大。

（三）进一步审计程序的范围的确定不恰当的情形

审计师使用恰当的抽样方法通常可以得出有效结论。但如果存在下列情形，审计师依据样本得出的结论可能与对总体实施同样的审计程序得出的结论不同，出现不可接受的审计风险：

（1）从总体中选择的样本量过小。样本量过小，缺乏足够的代表性，就不能代表总体特征。这表明审计程序的实施范围过小。

（2）选择的抽样方法对实现特定目标不适当。这导致选取的样本不能代表总体的特征。例如，要验证被审计单位期末存货跌价准备的计提是否适当，审计师实施审计程序选择的样本均为被审计单位期末库存物资中库存时间短、流动频繁、保管条件好、没有质量或积压问题的物资，则其样本的选择就存在不恰当的问题。在这一审计目标下，审计师应当选择库存时间长、保管条件不太好、存在质量或积压问题的物资实施审计程序，才能验证被审计单位期末存货跌价准备计提的恰当性。

（3）未对发现的例外事项进行恰当的追查。这实质上是审计师没有保持恰当的职业怀疑。对发现的例外事项进行恰当的追查，将使审计师扩大审计程序的范围，获取更多的审计证据，从而提高审计结论的可靠性。

第三节　实质性程序

为应对各类交易、账户余额、列报和披露认定层次的重大错报风险，审计师应当设计和实施实质性程序的性质、时间安排和范围。

一、实质性程序的内涵和要求

（一）实质性程序的内涵

审计师应当针对评估的重大错报风险设计和实施实质性程序，以发现认定层次的重大错报。实质性程序包括对各类交易、账户余额、列报和披露的细节测试以及实质性分析程序。

（二）实施实质性程序的要求

审计师对重大错报风险的评估是一种判断，无法充分识别所有的重大错报风险，加之内部控制存在固有局限性，因此，无论评估的重大错报风险结果如何，审计师都应当针对所有重大的各类交易、账户余额、列报和披露实施实质性程序。

审计师实施的实质性程序至少应当包括：（1）将财务报表与其所依据的会计记录相核对；（2）检查财务报表编制过程中作出的重大会计分录和其他会计调整。审计师对会计分录和其他会计调整检查的性质和范围，取决于被审计单位财务报告过程的性质和复杂程度以及由此产生的重大错报风险。

如果认为评估的认定层次重大错报风险是特别风险，审计师应当专门针对该风险实施实质性程序，且应当使用细节测试，并将细节测试和实质性分析程序结合使用，以获取充分、适当的审计证据。

二、实质性程序的性质

审计师应当根据各类交易、账户余额、列报与披露的性质选择实质性程序的类型。实质性程序包括细节测试和实质性分析程序。

细节测试适用于对各类交易、账户余额、列报与披露认定的测试，尤其是对存在或发生、计价认定的测试；对在一段时期内存在可预期关系的大量交易，审计师可以考虑实施实质性分析程序。

（一）细节测试

细节测试是指审计师通过审查业务发生的详细情况以实现审计目标的过程。如检查与业务相关的合同、原始凭证、记账凭证、账簿记录，并追查至该业务在财务报表中的列报与披露，以验证该业务发生的真实性、入账的完整性、截止的恰当性、分类的合理性、金额的准确性、权利或义务的合法性、列报与披露的充分性与可理解性等。审计师应当针对评估的风险设计细节测试，获取充分、适当的审计证据，以达到认定层次所计划的保证水平。

在针对存在或发生认定设计细节测试时，审计师应当选择财务报表中的重大项目，以获取相关审计证据。

在针对完整性认定设计细节测试时，审计师应当选择有证据表明应包含在财务报表金额中的项目，并调查这些项目是否确实已包括在内，防止低估和漏报。

（二）实质性分析程序

即审计师将分析程序作为实质性程序来使用，以发现认定层次可能存在的错报。在设计实质性分析程序时，审计师应当考虑下列因素：（1）对特定认定使用实质性分析程序的适当性。这决定是否实施实质性分析程序。通常只对频繁发生，或者具有一定规律的交易或账户余额实施实质性分析程序。（2）对已记录的金额或比率作出预期时，所依据的内部或外部数据的可靠性。这将影响实质性分析程序的有用性。所依据的数据不可靠，实质性分析程序的结果就没有意义，且可能对审计师产生误导。（3）作出预期的准确程度是否足以在计划的保证水平上识别重大错报。这将影响实质性分析程序的有效性，以及是否可以提高审计效率。（4）已记录金额与预期值之间可接受的差异额。这将影响拟进一步实施审计程序的范围。

当实施实质性分析程序时，如果使用被审计单位编制的信息，审计师应当考虑测试与信息编制相关的控制，以及这些信息是否在本期或前期经过审计，以确定拟使用信息的可靠性。

三、实质性程序的时间

审计师如果仅在期中实施实质性程序，就会增加期末存在错报而未被发现的风险，且剩余期间越长，该风险越高。因此，如果在期中实施了实质性程序，审计师应当针对剩余期间实施进一步的实质性程序，或将实质性程序和控制测试结合使用，以便将期中测试得出的结论合理延伸至期末，并将期末重大错报风险降至可接受的低水平。

（一）是否在期中实施实质性程序应当考虑的因素

在考虑是否在期中实施实质性程序时，审计师应当考虑下列因素：

（1）控制环境和其他相关的控制。如果被审计单位管理层、治理层营造并保持了诚实守信和合乎道德的文化，以及建立、健全了有效的内部控制，审计师就可以较多地在期中实施实质性程序，否则，就应当主要依赖期末实质性程序。

（2）实施审计程序所需信息在期中之后的可获得性。如果所需的信息在期中之后还能够获得，审计师则有必要既实施期中测试，又在期末进行必要的实质性程序。

（3）实质性程序的目标。如对于发生、完整性、权利或义务、计价与分摊、分类等目标，可大量在期中实施实质性程序；但对于存在、截止、列报与披露等目标，则主要依赖期末实质性程序。

（4）评估的重大错报风险。评估的重大错报风险越低，可主要依赖于期中实质性程序。相反，则必须大量依赖于期末实质性程序。

（5）各类交易或账户余额以及相关认定的性质。对各类交易的认定，可大量依赖于期中实质性程序，而关于账户余额的认定，则主要依赖于期末实施的实质性程序。

（6）针对剩余期间，能否通过实施实质性程序或将实质性程序与控制测试相结合，降低期末存在错报而未被发现的风险。如果能够做到这样，则可大量实施期中实质性程序。

（二）将期中实质性程序的结论延伸至期末的考虑

如果拟将期中测试得出的结论延伸至期末，审计师应当考虑针对剩余期间仅实施实质性程序是否足够。如果认为实施实质性程序本身不充分，审计师还应测试剩余期间相关控制运行的有效性或针对期末实施实质性程序。

如果识别出舞弊风险，那么，将期中得出的结论延伸至期末而实施的审计程序通常无效，审计师应当在期末或者接近期末实施实质性程序。

如果已在期中实施了实质性程序，或将控制测试与实质性程序相结合，并拟信赖期中测试得出的结论，那么，审计师应当将期末信息和期中的可比信息进行比较、调节，识别和调查出现的异常金额，并针对剩余期间实施实质性分析程序或细节测试。

在针对剩余期间实施实质性程序时，审计师应当重点关注并调查重大的异常交易或分录、重大波动以及各类交易或账户余额在构成上的重大或异常变动。

如果在期中检查出某类交易或账户余额存在错报，审计师应当考虑修改相关的风险评估以及针对剩余期间拟实施实质性程序的性质、时间安排和范围，考虑在期末扩大实质性程序的范围，或重新实施实质性程序。

四、实质性程序的范围

在确定实质性程序的范围时，审计师应当考虑的因素主要是两个：

（1）评估的认定层次重大错报风险。风险越高，需要实施实质性程序的范围越大。

（2）实施控制测试的结果。如果对控制测试结果不满意，审计师应当考虑扩大实质性程序的范围。

在设计细节测试时，除了从样本量的角度考虑测试范围外，还要考虑选样方法的有效性等因素。

第四节　针对认定层次舞弊风险的审计程序

认定层次舞弊风险属于特别风险，是蓄意的、经过精心策划的，且可能采用了反审计措施以掩盖其重大错报行为，因此，为应对认定层次舞弊风险的进一步审计程序应更加严谨、缜密和有效。

一、应对认定层次舞弊风险的通常考虑

为应对认定层次舞弊风险，审计师应当综合考虑运用下列方式：

（1）充分考虑舞弊风险因素。舞弊风险因素是指审计师在了解被审计单位及其环境时识别的、可能表明存在舞弊动机或压力、机会的事项或情况，以及被审计单位对可能存在的舞弊行为的合理化解释。存在舞弊风险因素并不一定表明发生了舞弊，但在舞弊发生时通常存在舞弊风险因素。因此，审计师应当考虑舞弊风险因素对其评估重大错报风险可能产生的影响。

（2）改变拟实施审计程序的性质，以获取更为可靠、相关的审计证据，或获取其他佐证性信息，包括更加重视实地观察或检查，在实施函证程序时改变常规函证内容，询问被审计单位的非财务人员等。

（3）改变实质性程序的时间安排，包括在期末或接近期末实施实质性程序，或针对本期较早期间发生的交易事项或贯穿于整个本期的交易事项实施测试。

（4）改变审计程序的范围，包括扩大样本规模，采用更详细的数据实施分析程序等。

二、管理层凌驾于控制之上的舞弊手段及其应对审计程序

（一）管理层凌驾于控制之上实施舞弊的主要手段

管理层通过凌驾于控制之上实施舞弊，导致财务报表存在重大错报的主要手段包括：（1）编制虚假的会计分录，特别是在临近会计期末时；（2）滥用或随意变更会计政策；（3）不恰当地调整会计估计所依据的假设及改变原先作出的判断；（4）故意漏计、提前确认或推迟确认报告期内发生的交易或事项；（5）隐瞒可能影响财务报表金额的事实；（6）构造复杂的交易以歪曲财务状况或经营成果；（7）篡改与重大或异常交易相关的会计记录和交易条款。

（二）应对管理层凌驾于控制之上的舞弊风险的审计程序

管理层凌驾于控制之上的风险属于特别风险。审计师针对该特别风险应当实施的审计程序包括：

（1）测试日常会计核算过程中作出的会计分录以及为编制财务报表作出的调整分录是否适当。其主要包括：①了解被审计单位的财务报告过程，了解并评价被审计单位对日常会计分录及财务报表编制过程中的调整分录的控制，并确定其是否得到执行；②询问被审计单位内部参与财务报告过程的人员是否注意到在编制会计分录或调整分录时存在不恰当或异常活动；③确定测试的时间；④选择拟测试的会计分录或调整分录。

（2）复核会计估计是否有失公允，从而可能导致重大错报。管理层通常通过故意作出不当的会计估计对财务信息作出虚假报告。因此，复核会计估计是否有失公允，可以有效应对舞弊导致的重大错报。审计师应当采取的措施包括：①从财务报表整体上考虑管理层作出的某项会计估计是否反映出管理层的某种偏向，是否与最佳估计存在重大差异。②复核管理层在以前年度财务报表中作出的重大会计估计及其依据的假设。如果发现管理层作出的会计估计可能有失公允，则应当进一步分析是否存在舞弊风险。特别关注管理层在作出会计估计时是否同时高估或低估所有准备，特别是资产减值准备，从而平滑两个或多个会计期间的收益，或达到某个特定收益水平。

（3）对于注意到的、超出正常经营过程或基于对被审计单位及其环境的了解显得异常的重大交易，了解其商业理由的合理性。在了解其商业理由的合理性时，审计师应当考虑的事项包括：①交易的形式是否过于复杂；②管理层是否已与治理层就此类交易的性质和会计处理进行讨论并作出适当记录；③管理层是否更强调需要采用某种特定的会计处理方式，而不强调交易的经济实质；④对于涉及不纳入合并范围的关联方（包括特殊目的实体）的交易，是否已得到治理层的适当审核与批准；⑤交易是否涉及以往未识别的关联方，或不具备实质性交易基础或独立财务能力的第三方。

第五节　审计证据评价和审计工作底稿

在针对财务报表重大错报风险实施应对措施的过程中，审计师应当记录所实施的应对措施及结果，并及时对所获取的审计证据进行评价，以调整审计计划，提高审计效率，降低审计风险。

一、审计证据的评价

（一）修正风险评估结果，并实施应对措施

审计过程是一个不断累积审计证据和不断修正评估结果的过程。审计师应当根据实施的审计程序和获取的审计证据，评价重大错报风险评估结果是否仍然适当，是否应当考虑修正风险评估结果，并据以修改原计划的其他审计程序的性质、时间安排和范围。

在实施控制测试时，如果发现被审计单位控制运行出现偏差，审计师应当了解这些偏差及其潜在后果，并确定已实施的控制测试是否为信赖控制提供了充分、适当的审计证据，是否需要实施进一步的控制测试或实质性程序以应对潜在的错报风险。

审计师应当相互联系地考虑问题，不应将审计中发现的舞弊或错误视为孤立的事项，而应当考虑其对重大错报风险评估的影响，包括：（1）重新评估重大错报风险，并考虑重新评估结果对审计程序的性质、时间安排和范围的影响；（2）重新考虑审计证据的可靠性，包括管理层声明的完整性和可信性，以及作为审计证据的文件和会计记录的真实性，以及考虑管理层与员工或第三方串通舞弊的可能性。

应当考虑在审计工作完成或接近完成阶段实施分析程序，以发现是否存在以往未识别的重大错报风险。如果存在舞弊风险的趋势或关系，尤其是与期末确认的收入或利润有关的异常趋势或关系，审计师应当实施进一步的审计程序。

在形成审计意见时，审计师应当从总体上评价是否已经获取充分、适当的审计证据，并考虑所有相关的审计证据，包括能够印证财务报表认定的审计证据和与之相矛盾的审计证据。

（二）评价审计证据时应考虑的因素

在评价审计证据的充分性和适当性时，审计师应当运用职业判断，并考虑相关因素的影响。这些因素包括：（1）认定发生潜在错报的重要程度，以及潜在错报单独或连同其他潜在错报对财务报表产生重大影响的可能性；（2）管理层应对和控制风险的有效性；（3）在以前审计中获取的关于类似潜在错报的经验；（4）实施审计程序的结果，包括审计程序是否识别出舞弊或错误的具体情形；（5）可获得信息的来源和可靠性；（6）审计证据的说服力；（7）对被审计单位及其环境的了解。

如果对财务报表的重大认定没有获取充分、适当的审计证据，审计师应当获取

进一步的审计证据。如果不能获取充分、适当的审计证据，则应当出具保留意见或无法表示意见的审计报告。

二、审计工作底稿

为表明审计师已经按照审计准则的要求实施了重大错报风险的应对措施，审计师应当就应对措施的实施情况及其结果形成审计工作底稿，主要包括：

（1）针对评估的财务报表层次重大错报风险采取的总体应对措施；

（2）实施进一步审计程序的性质、时间安排和范围；

（3）实施的进一步审计程序与评估的认定层次重大错报风险（无论是错误导致的，还是舞弊导致的）的联系；

（4）实施进一步审计程序的结果，包括应对管理层凌驾于控制之上的风险而实施的审计程序的结果；

（5）如果认为被审计单位在收入确认方面不存在舞弊导致的重大错报，审计师得出该结论的理由；

（6）如果拟利用在以前审计中获取的有关控制运行有效性的审计证据，审计师应当记录信赖这些控制的理由和结论。

【延伸阅读】

1. 《CSA1231——针对评估的重大错报风险采取的应对措施》(2010)。
2. 《中华人民共和国国家审计准则》(2010) 第四章“审计实施”。

【复习思考题】

1. 简述审计组织应对财务报表层次重大错报风险的总体措施。
2. 什么是进一步审计程序？并简要说明进一步审计程序的性质、时间、范围。
3. 在设计进一步审计程序时，应当考虑哪些因素？
4. 在决策进一步审计程序的时间安排时，审计师应当考虑哪些因素？
5. 实质性程序包括哪些类型？各自适用于什么情况？
6. 如何应对管理层凌驾于控制之上的舞弊导致的重大错报风险？
7. 在风险应对过程中，如何评价审计证据的充分性和恰当性？
8. 在风险应对过程中，应当编制哪些审计工作记录？

第九章　销售与收款循环审计

第九章至第十四章，我们以制造业为例，将审计师财务报表审计划分为六个循环，分别介绍其涉及的主要业务与账户、常见重大错报风险、相关内部控制以及主要账户的实质性程序。这六个循环是：销售与收款循环，采购与付款循环，员工服务、生产和仓储循环，筹资循环，投资循环，现金收支循环。现金收支循环与其他五个业务循环均有密切关系，但又相对独立，且其内部控制又具有鲜明特征，因而将其作为一个业务循环。

第一节　概　述

一、涉及的主要业务与账户

销售与收款循环是企业向客户提供商品或劳务，直到收回货款的有关活动所组成的业务循环。就工业企业来说，其涉及的业务事项有：（1）接受顾客订单；（2）批准赊销信用；（3）按销售单供货；（4）按销售单装运货物；（5）向顾客开具账单；（6）记录销售；（7）办理和记录库存现金、银行存款；（8）办理和记录销货退回、销货折扣与折让；（9）注销坏账；（10）提取坏账准备。

涉及的主要账户有：（1）损益类账户，如主营业务收入，其他业务收入，其他业务成本，营业税金及附加、管理费用（“坏账损失”明细账户）等；（2）资产类账户；如库存现金、银行存款、应收账款、应收票据，坏账准备、库存商品等；（3）负债类账户，如预收账款，应交税费（增值税销项税额、消费税、资源税等明细账户）等。

二、可能导致重大错报风险的因素

销售与收款循环是企业生产经营的一个重要业务循环。收入的确认会影响到与之相关的成本、利润、资产（如应收账款、坏账准备）等项目，并对审计的真实性、合理性产生影响。本业务循环常见的导致重大错报风险的因素有：

（1）管理层对收入造假的偏好和动因；

（2）销售业务控制不严，导致虚计销售收入，调节利润；

（3）信用政策不合理，盲目赊销，导致形成大量的应收账款甚至呆账；

（4）长期不与客户核对应收账款，导致应收账款记录不准，甚至出现舞弊行为；

（5）应收账款清理不积极，资金被长期占用，甚至导致了大量的呆账、坏账；

（6）收款方式选用不当，管理不严，造成坏账，或者收入款项被贪污；

（7）销售费用支出失控，可能存在虚报冒领行为；

（8）销售收入截止不正确，被提前或推后入账；

（9）坏账准备计提和坏账损失确认方法不当，多计提或少计提坏账准备，不当确认损失，进而调节利润。

三、具体审计目标

销售与收款循环审计的具体目标见表9-1。

表9-1 **销售与收款循环审计的具体目标**

管理层认定	一般审计目标	具体审计目标
	总体合理性	（1）企业当期销售收入总额总体合理，没有重大错报的迹象； （2）企业应收账款、应收票据、预收账款等账户余额总体合理，没有重大错报的迹象
存在或发生	真实性或存在	（1）所有账面记录的销售业务均已确实发生； （2）已记录的应收账款、应收票据等确实存在
完整性	完整性	（1）本期发生所有赊销、现销和销售调整业务均已登记入账； （2）所有应收账款、应收票据等均已入账，代表企业对客户的全部求偿权
权利和义务	所有权	（1）所有应收账款、应收票据确归公司所有，除已披露的质押、贴现情况外，企业对应收账款、应收票据的所有权没有受到其他限制； （2）所有预收账款确属企业应承担的法律义务
估价或分摊	估　价	（1）销售折扣、折让和退回估计正确； （2）应收账款预计可收回，坏账准备的计提比例恰当、计提金额充分
	截　止	应收账款、应收票据和销售业务都已计入恰当的期间
	准确性	销售收入、应收账款、应收票据等入账计算正确，明细账合计数与总账、报表数一致
列报与披露	分　类	（1）各项销售收入的分类正确； （2）应收账款和预收账款、其他应收款已恰当区分
	列　报	销售收入、应收账款、应收票据、预收账款等已在财务报表恰当列报
	披　露	与销售收入、应收账款、应收票据等相关的已在财务报表附注中充分披露
	可理解性	与销售收入、应收账款、应收票据等相关的列报与披露清晰明了，易于理解

四、相关内部控制要点

我们以销售与收款循环相关内部控制调查表（见表9-2）的方式列示销售与收款循环相关内部控制。审计师应当测试和评价销售与收款循环相关的内部控制设计的健全性以及执行的有效性，并评估控制风险。

表9-2　　　　　　销售与收款循环相关内部控制调查表

被审计单位:南方动力　调查者:张云　调查日期:20×4/02/14　索引号:Y1-1

被调查者:刘鸣（职务:主办会计）　复核人员:李晨　复核日期:20×4/02/15

调查问题	是	否	不适用	执行人		
				总经理	财务经理	其他
1. 接受订货						
1.1 是否建立销售合同制度	√					销售部
1.2 已签订的销售合同是否有专人负责登记和控制	√					销售部
2. 批准销售						
2.1 是否有健全的经授权批准的开票和结算制度	√					结算部
2.2 是否定期检查客户的信用程度	√					结算部
2.3 赊销和分期收款销售是否经过审批						
2.4 销售折扣与折让、销售退回是否经授权批准	√					结算部
3. 销售发货						
3.1 仓库是否根据发票提货联或运货单发货	√					销管部仓库
3.2 销货退回是否重新入库，记入存货并冲减销售收入	√					财务部
3.3 所有已出的商品是否均已向顾客开出销售发票	√					结算部
4. 会计记录						
4.1 销售业务发生后，财务是否及时取得有关凭证如销售发票出库单、出口产品报关单据以便于收款或转账	√					财务部
4.2 销售发票中所列商品的单价是否与商品价目表核对相符	√					结算部
4.3 应收账明细账与总账是否按月核对相符	√					财务部
4.4 是否定期编制应收账款账龄分析表	√					财务部

续表

调　查　问　题	是	否	不适用	执行人		
				总经理	财务经理	其他
4.5 应收账款是否定期与客户对账并催收货款	√					财务部
4.6 坏账核销是否按有关规定审核批准	√					财务部
5. 职责分离						
5.1 销售业务中签订合同、组织供货、开票、发货、收款、入账等职责是否分离	√					销管部 物控部 结算部 财务部
5.2 应收票据的保管和记账人员职责是否分离			√			
6. 内部审计						
6.1 内部审计师是否定期检查循环有关内容			√			
6.2 内部审计意见是否及时正确调整入账			√			
其他						

简要说明及结论：

1. 经过问卷调查，询问和简易测试后，认为销售与收款循环内部控制的可信赖程度为：

高（√）　　　中（　　）　　　低（　　）

2. 该循环是否需要进一步作控制测试：

是（√）　　　否（　　）

3. 该环节循环内部控制设计虽然存在个别缺陷，但不会对财务报表的相关认定产生重大影响。

复核说明及结论：

第二节　主要账户的审计目标和实质性程序

在本循环审计中，我们主要介绍主营业务收入、应收账款和坏账准备、应收票据、预收账款等账户的主要审计目标和实质性程序。这些账户应当相互联系起来实施实质性程序。此外，还可同时结合考虑“应交税费——应交增值税（销项税额）”的实质性程序等，因为该账户与这些账户是彼此关联的。

一、主营业务收入

（一）审计目标

主营业务收入的审计目标包括：（1）确定主营业务收入的内容、数额是否合理、正确、完整；（2）确定销货退回、销售折扣与折让的会计处理是否适当；（3）确定主营业务收入的会计处理是否正确；（4）确定主营业务收入的披露是否充分、适当。

（二）主要审计程序

1. 取得或编制主要产品销售明细表和主营业务收入明细表，进行必要的复核，了解营业收入的总体情况

主要产品销售明细表和主营业务收入明细表分别见表 9-3、表 9-4。首先，复核表中的计算是否正确；其次，抽取一些主要产品的数据，与其相关明细账数核对是否相符；再次，核对明细表中的合计数与主营业务收入、主营业务成本总账的数据是否相符。

表 9-3　**主要产品销售明细表**

产品名称	本年实际				本年计划				上年实际			
	销售数量	销售收入	销售成本	销售成本率（%）	销售数量	销售收入	销售成本	销售成本率（%）	销售数量	销售收入	销售成本	销售成本率（%）
A												
B												
C												
…												
合计												
审计标识与说明												
复核说明与结论												

表 9-4　**主营业务收入明细表**

月份	本期实际			本期计划			上期实际		
	销售收入	销售成本	销售成本率（%）	销售收入	销售成本	销售成本率（%）	销售收入	销售成本	销售成本率（%）
1									
2									
3									
…									
11									
12									
合 计									
审计标识与说明									
复核说明与结论									

2. 审查主营业务收入确认的原则与方法，验证其合规性和一贯性

审查主营业务收入的确认原则、方法，注意是否符合会计准则和会计制度规定的收入实现条件，前后期是否一致。特别关注周期性、偶然性的收入是否符合既定的收入确认原则和方法。

按照《企业会计准则第 14 号——收入》的要求，企业商品销售收入应在下列条件均能满足时予以确认：（1）企业已将商品所有权上的主要风险和报酬转移给购货方；（2）企业既没有保留通常与所有权相联系的继续管理权，也没有对已售出的商品实施控制；（3）相关的经济利益很可能流入企业；（4）收入的金额能够可靠地计量；（5）相关的已发生或将发生的成本能够可靠地计量。

对于提供劳务的收入，在同一会计年度内开始并完成的劳务，应当在完成劳务时确认收入。如劳务的开始和完成分属不同的会计年度，在提供劳务交易的结果能够可靠估计的情况下，企业应当在资产负债表日按完工百分比法确认相关的劳务收入。完工百分比法，是指按照劳务的完成程度确认收入和费用的方法。当以下条件均能满足时，劳务交易的结果能够可靠地估计：（1）劳务总收入和总成本能够可靠地计量；（2）与交易相关的经济利益能够流入企业；（3）劳务的完成程度能够可靠地确定。

让渡资产使用权而发生的收入包括利息收入和使用费收入，应当在以下条件均能满足时予以确认：（1）与交易相关的经济利益能够流入企业；（2）收入的金额能够可靠地计量。

因此，对主营业务收入的审计，应当依据上述营业收入确认标准，验证企业收入确认的会计政策是否恰当，并验证收入确认会计政策的一贯性。重点关注有无将不符合收入确认标准的发出商品提前确认为收入的情况。

3. 对主营业务收入实施分析程序，验证其总体合理性，并确定审计重点

审计师可以表 9-3、表 9-4 为基础，选择运用以下分析程序，进行比较分析：

（1）将本期与上期的主营业务收入进行比较，分析产品销售的结构和价格的变动是否正常，并分析异常变动的原因；

（2）比较本期各月各种主营业务收入的波动情况，分析其变动趋势是否正常，是否符合被审计单位季节性、周期性的经营规律，并检查异常现象和重大波动的原因；

（3）计算本期重要产品的毛利率，分析比较本期与上期同类产品毛利率变化情况，注意收入与成本是否配合，并查清重大波动和异常情况的原因；

（4）计算重要客户的销售额及其产品毛利率，分析比较本期与上期有无异常变化；

（5）将上述分析结果与同行业企业本期相关资料进行比较分析，检查是否存在异常；

（6）将（1）~（4）的分析方法用于比较本期实际与本期计划、本期销售与

本期生产情况、本期实际与审计师的预期等，检查是否存在异常，并对异常情况实施进一步审计程序。

4. 审查发票申报表，验证收入的合理性和合法性

根据普通发票或增值税发票申报表，估算全年收入，与实际入账收入金额核对，并检查是否存在虚开发票或销售而未开发票的情况。

5. 核对产品价格，验证实际售价的合理性

获取产品价格目录，抽查售价是否符合定价政策，并注意销售给关联方或关系密切的重要客户的产品价格是否合理，有无低价或高价结算以转移收入的现象。

6. 审查销售发票，验证销售实现的合规性

抽取本期一定数量和一定金额的销售发票，检查开票、记账、发货日期是否相符，品名、数量、单价、金额等是否与发运凭证、销售合同等一致，编制测试表。

7. 实施销售业务截止测试，验证销售业务截止的正确性

对主营业务收入实施截止测试，其目的主要在于确定被审计单位主营业务收入的会计记录归属期间是否正确；应记入本期或下期的主营业务收入有否被推延至下期或提前至本期的情况。

根据收入确认的基本原则，审计师应注意把握三个与主营业务收入确认有着密切关系的日期：一是发票开具日期或者收款日期；二是记账日期；三是发货日期（服务业则是提供劳务的日期）。其中，发票开具日期是指开具增值税专用发票或普通发票的日期；记账日期是指被审计单位确认主营业务收入实现并将该笔经济业务记入“主营业务收入”账户的日期；发货日期是指仓库开具出库单并发出库存商品的日期。检查三者是否归属于同一适当会计期间是营业收入截止测试的关键。

围绕上述三个重要日期，审计师可以考虑选择三条审计路线实施营业收入的截止测试。

一是以账簿记录为起点。从报表日前后若干天的账簿记录查至记账凭证，检查发票存根与发运凭证，目的是证实已入账收入是否在同一期间已开具发票并发货，有无多计收入。这种方法的优点是比较直观，容易追查至相关凭证记录，以确定其是否应在本期确认收入，特别是在连续审计两个以上会计期间时，检查跨期收入十分便捷，可以提高审计效率。缺点是缺乏全面性和连贯性，只能查多计，无法查漏计，尤其是当本期漏计收入延至下期，而审计时被审计单位尚未及时记账时，不易发现应记入而未记入报告期收入的情况。使用这种方法主要为了防止多计收入。

二是以销售发票为起点。从报表日前后若干天的发票存根查至发运凭证与账簿记录，确定已开具发票的货物是否已发货并于同一会计期间确认收入。具体做法是抽取若干张在报表日前后开具的销售发票的存根，追查至发运凭证和账簿记录，查明有无漏计收入现象。这种方法优点是较全面、连贯，容易发现漏计的收入；缺点是较费时费力，有时难以查找相应的发货及账簿记录，而且不易发现多计的收入。使用本方法时应注意两点：（1）发运凭证是否齐全，特别应注意有无报告期内已

作收入而下期初用红字冲回，并且无发货、收货记录，以此来调节前后期会计利润的情况；（2）发票存根是否已全部提供，有无隐瞒。为此，应查被审计单位的发票领购簿，尤其应关注普通发票的领购和使用情况。使用这种方法主要是为了防止少计收入。

三是以发运凭证为起点。从报表日前后若干天的发运凭证查至发票开具情况与账簿记录，确定营业收入是否记入恰当的会计期间。该方法的优缺点与方法二类似，具体操作中还应考虑被审计单位的会计政策才能作出恰当处理。使用这种方法主要也是为了防止少计收入。

上述三条审计路线在实务中均被广泛采用，它们并不是孤立的，审计师可以考虑在审计中并用这三条路线。实际上，由于被审计单位的具体情况各异，管理层意图各不相同，有的为了完成利润目标，更充分地享受税收等优惠政策、便于筹资目的，可能会多计收入；有的则为了以丰补歉、留有余地等目的而少计收入。因此，为提高审计效率，审计师应当凭专业经验和所掌握的信息作出正确判断，选择其中的一条或两条审计路线实施更有效的收入截止测试。

8. 检查销售折扣、退回与折让业务，验证其真实性和会计处理的正确性

企业在销售业务中，往往会因产品品种不符、质量不符合要求以及结算方面的原因发生销售折扣、退回与折让业务。尽管引起销售折扣、退回与折让的原因不尽相同，其表现形式也不尽一致，但都是对收入的抵减，直接影响收入的确认和计量。因此，审计师应重视折扣与折让的审计，其实质性测试程序主要包括：

（1）获取或编制折让明细表，复核加计正确，并与明细账合计数核对相符。

（2）取得被审计单位有关折扣与折让的具体规定和其他文件资料，并抽查较大的折扣与折让发生额的授权批准情况，与实际执行情况进行核对，检查其是否经授权批准，是否合法、真实。

（3）检查销售退回的产品是否已验收入库并登记入账，有无形成账外物资情况；销售折让与折扣是否及时足额提交给对方，有无虚设中介、转移收入、私设账外“小金库”等情况。

（4）检查折扣与折让的会计处理是否正确。

9. 调查集团内部销售的情况，记录其交易价格、数量和金额，并追查在编制合并财务报表时是否已予抵消

10. 调查向关联方销售的情况，记录其交易品种、数量、价格、金额以及占营业收入总额的比例

11. 审查主营业务收入的列报和披露，验证其恰当性和充分性

检查主营业务收入在利润表上的列报是否恰当，在财务报表附注中的披露是否充分。企业应当在附注中披露与收入有关的下列信息：（1）收入确认采用的会计政策，包括确定提供劳务交易完工进度的方法；（2）本期确认的销售商品收入、

提供劳务收入、利息收入、使用费收入、现金股利收入的金额。

二、应收账款与坏账准备

（一）审计目标

应收账款和坏账准备的审计目标包括：（1）确定应收账款是否存在；（2）确定应收账款是否归被审计单位所有；（3）确定应收账款和坏账准备增减变动记录是否完整；（4）确定应收账款是否可收回，坏账准备的计提是否恰当；（5）确定坏账准备的方法和比例是否恰当；（6）确定应收账款和坏账准备的年末余额是否正确；（7）确定应收账款和坏账准备在财务报表上的披露是否充分、恰当。

（二）主要审计程序

1. 取得或编制应收账款明细表，进行必要复核，获得对应收账款总体情况的了解

（1）复核加计正确，并与总账数和明细账合计数核对相符，并结合坏账准备科目与报表数核对相符。应当注意，应收账款报表数列报企业因销售商品、提供劳务等应向购买单位收取的各种款项，减去已计提的坏账准备后的净额。因此，其报表数应同应收账款总账数和明细账数分别减去相应的坏账准备总账数和明细账数后的余额相符。

（2）检查应收账款账龄分析是否正确。审计师可以通过编制或索取应收账款账龄分析表来分析应收账款的账龄，以便了解应收账款的可收回性。应收账款账龄分析表参考格式见表9-5。

表9-5 **应收账款账龄分析表**

年 月 日 货币单位：

顾客名称	期末余额	账龄			
		1年以内	1~2年	2~3年	3年以上
A公司					
B公司					
C公司					
……					
……					
ZZZ公司					
合 计					

应收账款的账龄，是指资产负债表中的应收账款从销售实现、产生应收账款之日起，至资产负债表日止所经历的时间。编制应收账款账龄分析表时，可以考虑选

择重要的顾客及其余额列示，而将不重要的或余额较小的汇总列示。

应收账款账龄分析表的合计数减去已计提的坏账准备后的净额，应该等于资产负债表中的应收账款项目金额。

(3) 检查外币应收账款的折算汇率及折算是否正确。对于用外币（即非记账本位币）结算的应收账款，审计师应检查被审计单位外币应收账款的增减变动是否采用合理的汇率折算为本位币金额（合理的折算汇率可以是交易发生日的即期汇率，或者采用按照系统合理的方法确定的、与交易发生日即期汇率近似的汇率)；选择采用汇率的方法前后各期是否一致；期末外币应收账款余额是否采用期末即期汇率折合为记账本位币金额；折算差额的会计处理是否正确。

(4) 分析有贷方余额的项目，查明原因，必要时，建议作重分类调整。

(5) 结合预收款项等往来项目的明细余额，查明有无同挂的项目或与销售无关的其他款项，如有，应作出记录，必要时提出调整建议。

2. 对应收账款实施实质性分析程序，了解并评价应收账款的总体合理性

(1) 复核应收账款借方累计发生额与主营业务收入是否配比，如存在不匹配的情况应查明原因；

(2) 在明细表上标注重要客户，并编制对重要客户的应收账款增减变动表，与上期比较分析是否发生变动，必要时，收集客户资料分析其变动合理性；

(3) 计算应收账款周转率、周转天数等指标，并与被审计单位上年指标、同行业同期相关指标对比分析，检查是否存在重大异常。

审计师应当将异常情况作为实施进一步审计程序的重点，以验证其合理性和准确性。

3. 向债务人函证应收账款，验证应收账款的存在性、准确性和所有权

函证是指审计师为了获取影响财务报表或相关披露认定的信息，通过直接来自第三方对有关信息和现状的声明，获取和评价审计证据的过程。函证应收账款的目的在于证实应收账款账户余额的真实性、正确性，防止或发现被审计单位及其有关人员在销售交易中发生的错误或舞弊行为。通过函证应收账款，可以有效地证明被询证者（即债务人）的存在和被审计单位记录的可靠性。

审计师应当考虑被审计单位的经营环境、内部控制的有效性、应收账款账户的性质、被询证者处理询证函的习惯做法及回函的可能性等，以确定应收账款函证的范围、对象、方式和时间。

(1) 函证的范围和对象。除非有充分证据表明应收账款对被审计单位财务报表而言是不重要的，或者函证很可能是无效的，否则，审计师应当对应收账款进行函证。如果审计师不对应收账款进行函证，应当在工作底稿中说明理由。如果认为函证很可能是无效的，审计师应当实施替代审计程序，获取充分、适当的审计证据。函证数量的多少、范围是由诸多因素决定的，主要有：

①应收账款在全部资产中的重要性。若应收账款在全部资产中所占的比重较

大，则函证的范围应相应大一些。

②被审计单位内部控制的强弱。若内部控制制度较健全，则可以相应减少函证量；反之，则应相应扩大函证范围。

③以前期间的函证结果。若以前期间函证中发现过重大差异，或欠款纠纷较多，则函证范围应相应扩大一些。

④函证方式的选择。若采用积极函证方式，则可以相应减少函证量；若采用消极函证方式，则要相应增加函证量。

一般情况下，审计师应选择以下项目作为函证对象：大额或账龄较长的项目；与债务人发生纠纷的项目；关联方项目；主要客户（包括关系密切的客户）项目；交易频繁但期末余额较小甚至余额为零的项目；可能产生重大错报或舞弊的非正常项目。

（2）函证的方式。函证方式分为积极函证方式和消极函证方式。审计师可采用积极或消极函证方式实施函证，也可将两种方式结合使用。

①积极函证方式。如果采用积极函证方式，审计师应当要求被询证者在所有情况下（无论对错、是否完整）均必须回函，以确认询证函所列示信息是否正确，或填列询证函所要求的信息。

积极函证方式又分为两种：一种是在询证函中列明拟函证的账户余额或其他信息，要求被询证者确认所函证的款项是否正确。通常认为，其优点是对这种询证函的回复能够提供可靠的审计证据；其缺点是被询证者可能对所列示信息根本不加以验证就予以回函确认。另一种是在询证函中不列明账户余额或其他信息，而是要求被询证者填写有关信息或提供进一步信息。这种函证方式的优点是避免了第一种函证方式的风险；其缺点是可能会导致回函率降低，因为这种询证函要求被询证者作出更多的努力，进而导致审计师执行更多的替代程序。

在采用积极函证方式时，只有审计师收到回函，才能为财务报表认定提供审计证据。审计师没有收到回函，可能是由于被询证者根本不存在，或是由于被询证者没有收到询证函，也可能是由于询证者不理会询证函，因此，无法证明所函证信息是否正确。

以下系《〈CSA1312——函证〉应用指南》提供的两种积极式询证函的格式，供参考。

企业询证函（格式一）

编号：

××（公司）：

本公司聘请的××会计师事务所正在对本公司××年度的财务报表进行审计，按照中国注册会计师审计准则的要求，应当询证本公司与贵公司的往来账项等事项。下列数据出自本公司账簿记录，如与贵公司记录相符，请在本函下端“信息证明无误”处签章证明；如有不符，请在“信息不符”处列明不符金额。回函请直接寄至××会计师事务所。

回函地址：

邮编：　　　　电话：　　　　传真：　　　　联系人：

1. 本公司与贵公司的往来账项列示如下：

单位：元

截止日期	贵公司欠本公司	本公司欠贵公司	备注
20×4 年 12 月 31 日	×××××××	××××××	

2. 其他事项。

本函仅为复核账目之用，并非催款结算。若款项在上述日期之后已经付清，仍请及时函复为盼。

（公司盖章）

年　月　日

结论：1. 信息证明无误。

（公司盖章）

年　月　日

经办人：

2. 信息不符，请列明不符的详细情况：

（公司盖章）

年　月　日

经办人：

企业询证函（格式二）

编号：

××（公司）：

本公司聘请的××会计师事务所正在对本公司××年度财务报表进行审计，按照中国审计师审计准则的要求，应当询证本公司与贵公司的往来账项等事项。请列示截止××年×月×日贵公司与本公司往来款项余额。回函请直接寄至× ×会计师事务所。

回函地址：　　　　邮编：　　　　电话：　　　　传真：　　　　联系人：

本函仅为复核账目之用，并非催款结算。若款项在上述日期之后已经付清，仍请及时函复为盼。

（公司盖章）

年　月　日

1. 贵公司与本公司的往来账项列示如下：

单位：元

截止日期	贵公司欠本公司	本公司欠贵公司	备注
20×4 年 12 月 31 日			

2. 其他事项。

（公司盖章）
年 月 日
经办人：

②消极函证方式。如果采用消极函证方式，审计师只要求被询证者仅在不同意询证函列示信息的情况下才予以回函。

在采用消极函证方式时，如果收到回函，能够为财务报表认定提供说服力强的审计证据。未收到回函可能是因为被询证者已收到询证函且核对无误，也可能是因为被询证者根本就没有收到询证函。因此，积极函证方式通常比消极函证方式提供的审计证据可靠。因而在采用消极方式函证时，审计师通常还需辅之以其他审计程序。

当同时存在下列情况时，审计师可考虑采用消极函证方式：①重大错报风险评估为低水平；②涉及大量余额较小的账户；③预期不存在大量的错误；④没有理由相信被询证者不认真对待函证。

在审计实务中，审计师也可将这两种方式结合使用。当应收账款的余额是由少量的大额应收账款和大量的小额应收账款构成时，审计师可以对所有的或抽取的大额应收账款样本采用积极函证方式，而对抽取的小额应收账款样本采用消极函证方式。

以下系《〈CSA1312——函证〉应用指南》提供的消极式询证函的格式，供参考。

企业询证函

编号：

××（公司）：

本公司聘请的××会计师事务所正在对本公司××年度财务报表进行审计，按照中国审计师审计准则的要求，应当询证本公司与贵公司的往来账项等事项。下列数据出自本公司账簿记录，如与贵公司记录相符，则无需回复；如有不符，请直接通知会计师事务所，并请在空白处列明贵公司认为是正确的信息。回函请直接寄至××会计师事务所。

回函地址： 邮编： 电话： 传真： 联系人：

1. 本公司与贵公司的往来账项列示如下：

单位：元

截止日期	贵公司欠	欠贵公司	备　注
20×4 年 12 月 31 日	×××××××	××××××	

2. 其他事项。

本函仅为复核账目之用，并非催款结算。若款项在上述日期之后已经付清，仍请及时核对为盼。

（公司盖章）
年　月　日

××会计师事务所：

上面的信息不正确，差异如下：

（公司盖章）
年　月　日
经 办 人：

（3）函证时间的选择。为了充分发挥函证的作用，应恰当选择函证的发送时间。审计师通常以资产负债表日为截止日，充分考虑对方复函的时间，在期后适当时间内实施函证，以便在审计工作结束前取得函证的全部资料。如果固有风险和控制风险评估为低水平，审计师也可选择资产负债表日前适当日期为截止日实施函证，并对所函证项目自该截止日起至资产负债表日止发生的变动实施实质性测试程序。

（4）函证的控制。审计师应当直接控制询证函的发送和回收。对于因无法投递而退回的信函要进行分析和处理，查明是由于被函证者地址迁移、差错而致使询证函无法投递，还是这笔应收账款本来就是一笔假账。如果被询证者以传真、电子邮件等方式回函，审计师应当直接接收，并要求被询证者寄回询证函原件。对于采用积极函证方式而没有得到复函的，审计师应当考虑对重要账户余额或其他信息再次函证。一般说来，第二次乃至第三次发送询证函，如果仍不能得到答复，审计师则应考虑采用必要的替代审计程序。例如，检查与销售有关的文件，包括销售合同、销售订单、销售发票副本及发运凭证等，以验证这些应收账款的真实性。审计师可通过函证结果汇总表加以控制。函证结果汇总表见表 9-6。

表 9-6 **函证结果汇总表**

函证编号	债务人名称	债务人地址	函证日期		账面金额	函证结果	差异金额及说明	审定金额
			第一次	第二次				

（5）函证结果差异分析。收回的询证函若有差异，审计师应对此进行分析，寻找差异的原因，并应与债务人直接联系，作进一步核实。必要时，应要求被审计单位作适当调整。产生差异的原因可能是由于购销双方登记入账的时间不同，或者由于一方或双方记账错误，也可能是其中有弄虚作假或舞弊行为。因登记入账的时间不同而产生的差异，主要表现为：

①询证函发出时，债务人已经付款，而被审计单位尚未收到货款。

②询证函发出时，被审计单位的货物已经发出并已作销售记录，但货物仍在途中，债务人尚未收到货物。

③债务人由于某种原因将货物退回，而被审计单位尚未收到。

④债务人对收到的货物的数量、质量及价格等有异议而全部或部分拒付货款。

（6）对函证结果的总结和评价。审计师应将函证的过程和情况记录在工作底稿中，并据以总结和评价应收账款情况。审计师对函证结果可进行如下评价：

①审计师应重新考虑：对内部控制的原有评价是否适当；控制测试、分析程序、相关风险评价的结果是否适当等等。

②如果函证结果表明没有审计差异，则审计师可以合理推论，全部应收账款总体是正确的。

③如果函证结果表明存在审计差异，审计师则应当估算应收账款总额中可能出现的累计差错是多少。为取得对应收账款累计差错更加准确的估计，也可以进一步扩大函证范围。

需要指出的是，即便应收账款得到了债务人的确认，也并不意味着债务人一定付款。另外，函证也不可能发现应收账款中存在的所有问题。但是，应收账款的函证是验证应收账款的真实性、可靠性的必要的、有效的审计方法。审计师通过对应收账款进行函证，并执行其他实质性程序，可以对有关债权回收的可能性作出合理的结论，并向被审计单位管理层提出有关债权所面临的风险和应采取的措施。

4. 请被审计单位协助，在应收账款明细表上标出至审计时已收回的应收账款金额，进一步验证应收账款在资产负债表日的存在

对已收回金额较大的款项进行常规检查，如核对收款凭证、银行对账单、销售发票等，并注意凭证发生日期的合理性。

5. 检查未函证应收账款，验证其真实性

由于审计师不可能对所有应收账款进行函证，或者函证的应收账款没有得到回函，因此，对于未函证或者未回函确认的应收账款，审计师应在审查明细账的基础上，抽查有关原始凭据，并追查相关的销售合同、销售订单、销售发票副本及发运凭证等，以验证与其相关的这些应收账款的真实性。

6. 抽查有无不属于结算业务的债权，验证其分类的恰当性

不属于结算业务的债权，不应在应收账款中进行核算。因此，审计师应抽查应收账款明细账，并追查有关原始凭证，查证被审计单位有无不属于结算业务的债权。如有，应作记录，并建议被审计单位作适当调整。

7. 检查坏账的确认和处理，验证其合规性

一是检查坏账的原因是否清楚，是否符合规定的坏账条件。坏账的条件是：债务人破产或者死亡的，以及破产或以遗产清偿后仍无法收回的；或者债务人长期未履行清偿义务的应收账款。二是检查坏账的处理是否经授权批准。被审计单位应根据管理权限，经董事会或经理（厂长）办公会，或类似机构批准后作为坏账损失，冲销提取的坏账准备。审计师应当验证是否有相应的审批程序和文件。三是检查已作坏账核销的应收账款是否已作备查记录并恰当管理。四是审查有关会计处理是否正确，包括收回已作坏账核销的应收账款的会计处理是否准确。

8. 检查坏账准备政策和坏账准备的计提，验证其合规性和合理性

按照企业会计准则的规定，企业只能用备抵法核算坏账损失，计提坏账准备的具体方法由企业自行确定。企业应当明确计提坏账准备的范围、提取方法、账龄的划分和提取比例，按照管理权限，经股东大会或董事会，或经理（厂长）会议或类似机构批准。坏账准备的提取方法一经确定，不得随意变更。如需变更，仍然应按上述程序经批准，并在财务报表附注中说明变更的内容和理由、变更的影响数等。因此，在审计中，应当验证：（1）坏账损失的核算方法是否合规；（2）结合过去的坏账损失经验和对应收账款可收回性的估计，评价坏账准备计提方法和比例是否合理；（3）审查坏账准备政策是否保持了一贯性；（4）复核坏账准备的计提数额是否恰当，会计处理是否正确。

9. 检查应收账款和坏账准备在财务报表中的列报与披露，验证其恰当性和充分性

在资产负债表中，应收账款项目是根据“应收账款”和“预收账款”所属明细账期末借方余额合计，扣除“坏账准备——应收账款”期末余额后的金额填列。审计师应当查明应收账款在资产负债表中的列报是否恰当。

在财务报表附注中，通常应披露应收账款期初、期末余额的账龄分析及其相应的坏账准备余额，期末欠款金额较大的单位账款，以及持有5%（含5%）以上股份的股东单位账款等情况；说明坏账的确认标准、坏账准备的计提方法和计提比例等。审计师也应当审查财务报表附注中与应收账款和坏账准备相关的披露是否充

分、恰当。

三、应收票据

（一）审计目标

应收票据的审计目标包括：(1) 确定应收票据是否存在；(2) 确定应收票据是否归被审计单位所有；(3) 确定应收票据增减变动的记录是否正确；(4) 确定应收票据是否有效，可否收回；(5) 确定应收票据期末余额是否正确；(6) 确定应收票据在财务报表上的披露是否恰当。

（二）主要审计程序

1. 获取或编制应收票据明细表，进行必要的复核，并把握其总体情况

应收票据明细表见表9-7。首先，复核表中的计算是否正确；其次，抽取一些应收票据的数据，与其相关明细账数核对是否相符；再次，核对明细表中的合计数与应收票据总账、资产负债表中的相关数据是否相符；最后，应抽查部分票据，并追查至相关文件资料，判断其内容是或正确，有无应转为应收账款的逾期应收票据，以及虽未逾期但有确凿证据表明不能收回或收回可能性不大的应收票据。

表9-7 **应收票据明细表**

种类	出票人名称	编号	签发日期	到期日期	票面金额	票面利率	期末本利合计	担保或抵押	备注
合计									
审计标识与说明									
复核说明与结论									

2. 监盘库存票据，验证应收票据的真实性和正确性

审计师应监盘库存应收票据，并注意票据的种类、号数、签收的日期、到期日、票面金额、合同交易号、付款人、承兑人、背书人姓名或单位名称，以及利率、贴现率、收款日期、收回金额等是否与应收票据登记簿、应收票据明细表相符，是否存在已作质押的票据和银行退回的票据。

3. 必要时，抽取部分票据向出票人函证，证实其存在性和可收回性，编制函证结果汇总表

应收票据的函证方式及其过程控制，与应收账款的函证相似。在此从略。

4. 检查应收票据的利息收入，验证其处理的正确性

审计师应当检查应收票据的利息计算及相关会计处理是否正确，注意逾期应收票据是否已按规定停止计提利息。

5. 审查已贴现应收票据，验证其处理的正确性

对于已贴现的应收票据，审计师应检查其贴现额与利息额的计算是否正确，会计处理方法是否恰当，复核、统计已贴现以及已转让但未能到期的应收票据的金额。

6. 检查应收票据在财务报表中的列报和披露，查明其恰当性和充分性

应检查被审计单位资产负债表中应收票据项目的金额是否与审定数相符，是否剔除了已贴现票据。财务报表附注中通常应披露应收票据的种类，已贴现、背书或用作抵押的应收票据的情况，以及持有其5%（含5%）以上股份的股东单位欠款情况等。审计师应当验证被审计单位财务报表附注中与应收票据相关的披露是否充分、恰当。

【延伸阅读】

1. 财政部、审计署等《企业内部控制应用指引第6号——资金活动》（财会［2010］11号）。

2. 财政部、审计署等《企业内部控制应用指引第9号——销售业务》（财会［2010］11号）。

3. 《CSA1312——函证》（2010）。

4. 《CSA1313——分析程序》（2010）。

【复习思考题】

1. 销售与收款循环的主要业务活动有哪些？

2. 试述销售与收款循环审计的主要风险与具体审计目标。

3. 销售与收款循环的内部控制要点有哪些？如何对其进行控制测试？

4. 试述主营业务收入的实质性程序。

5. 如何进行应收账款的函证？

6. 试述应收账款和坏账准备的实质性程序。

7. 试述应收票据的实质性程序。

【案例分析题】

（1）公司情况

峰松山公司于2009年上市，主要业务为轿车发动机的制造与销售。自上市以

来，峰松山公司一直聘请星湖会计师事务所执行其年度财务报表审计业务，同时签字审计师也一直没有轮换。

峰松山公司根据企业会计准则制定了发动机销售收入的确认条件：①销售合同已签；②货物已发出；③货物已经购买方验收；④销售发票已开具。

截至2014年12月31日，松峰山公司发往并存放于各轿车生产厂商的发动机共计27342台，涉及金额20506万元。这些发动机是应各轿车生产厂商的要求，在取得其订货单后发出的；这些发动机已全部由各轿车生产厂商验收合格，且大部分已上线组装。但由于发货的依据是对方未载明销售单价的订货单，2014年12月31日前公司未向对方开具销售发票，供销双方也未签署正式的销售合同（合同的签订和销售发票的开具均在2015年完成）。峰松山公司将上述发出商品涉及的收入确认为2015年度的收入。

（2）审计师实施的主要审计程序

在执行2014年度财务报表审计业务时，审计师对与发动机有关的交易事项实施了以下审计程序：

①对与发动机有关的应收账款及销售收入实施了函证（均采用积极式函证，由审计师填列被审计单位的相关信息）。

②在对上述已发货但未确认为收入的发动机计划实施存货监盘程序时，峰松山公司提出，这些发动机已经轿车生产厂商签收，并不由峰松山公司控制，且已经进入待组装状态，未纳入年终存货盘点范围。因此，审计师实施了替代程序，对这些轿车生产厂商实施了发出货物的函证程序。

③在外勤工作结束时，审计师未能收到上述发出存货的询证函回函，便决定实施其他替代程序，检查所有发出货物的出库单及对方签收单，没有发现异常情况，得出了“此类存货期末余额可以确认”的审计结论。

（3）问题

①你认为峰松山公司在2014年年末发出轿车发动机的交易应当确认为2014年度的销售收入，还是应当确认为2015年度的销售收入？

②对于峰松山公司在2014年年末发出轿车发动机的交易，你认为审计师实施的审计程序是否存在不足或不当之处？

第十章　采购与付款循环审计

第一节　概　述

一、涉及的主要业务与账户

采购与付款循环是企业购买商品或接受劳务，直到支付相关款项的活动所组成的业务循环。就一个工业企业来说，其涉及的交易事项有：(1) 采购交易，包括请购商品或劳务、编制订购单、验收商品、储存商品、确认并记录资产和负债；(2) 现金支出交易，包括编制付款凭单、审核授权付款、支付款项、记录库存现金或银行存款支出等；(3) 购货调整交易，如购货退回、折扣与折让等。

涉及的会计账户主要有：(1) 资产类账户，如库存现金、银行存款、预付账款、物资采购（材料采购）、库存商品、包装物、低值易耗品、材料成本差异等；(2) 负债类账户，如应付账款、应付票据、应交税费（增值税进项税额明细账户）等。

二、可能导致重大错报风险的因素

购货与付款业务循环是企业生产经营的基本业务循环，它对企业多个资产负债表项目产生重大影响，尤其是存货项目和应付账款、预付账款、应付票据等项目，并间接影响利润表项目，如营业成本等。采购与付款循环中常见的可能导致重大错报风险的因素有：

(1) 物资采购没有严格计划和审批程序，导致物资采购出现盲目性，造成存货积压，并进而导致期末存货被错报；

(2) 物资采购业务决策权过分集中于采购部门和采购人员，导致价格过高；

(3) 没有严格验收和入库制度，导致入库物资出现数量短缺或质量问题，并进而导致存货被错报；

(4) 物资采购成本核算不合规、不正确，如将采购人员差旅费计入采购成本，或将运杂费计入期间费用，或将 A 物资的采购成本计入 B 物资的采购成本或相反等；

(5) 已验收入库但发票未到的物资未按暂估价入账，导致隐瞒应付账款；

(6) 已验收入库且发票已到的物资故意推迟或提前入账，故意隐瞒或虚增应付账款；

(7) 长期未与供货单位就应付账款或预付账款核对，导致其账面记录不正确等。

三、具体审计目标

采购与付款循环审计的具体目标见表10-1。

表10-1 采购与付款循环审计的具体目标

管理层认定	一般审计目标	具体审计目标
	总体合理性	(1) 被审计单位当期采购总额总体合理，没有重大错报的迹象； (2) 被审计单位应付账款、应付票据、预付账款等账户余额总体合理，没有重大错报的迹象
存在或发生	真实性（存在或发生）	(1) 所有已入账的采购业务均已实际发生； (2) 所有已入账的预付账款、应付账款、应付票据确实存在； (3) 所有披露的交易、事项和其他情况均已发生，且与被审计单位有关
完整性	完整性	(1) 所有采购业务均已入账； (2) 所有预付账款、应付账款、应付票据均已入账； (3) 所有应包括在财务报表中的披露均已包括
权利或义务	权利和义务	(1) 预付账款是被审计单位在资产负债表日所拥有的权利； (2) 应付账款、应付票据是被审计单位在资产负债表日所应承担的法律义务
估价或分摊	估价和分摊	(1) 所购入商品增加金额正确； (2) 应付账款、应付票据列示了正确的欠款金额
	截止	(1) 所有采购业务均已记录在恰当的会计期间； (2) 所有应付账款、应付票据均已记录在恰当的会计期间
	准确性	物资采购、预付账款、应付账款、应付票据等账户入账金额正确，明细账与总账一致
	过账与汇总	所有采购业务均已正确记入物资采购、应付账款、应付票据等明细账中，并正确汇总
	分类	(1) 所有物资采购均已恰当分类为原材料、低值易耗品、包装物等类别； (2) 应付账款、预付账款与其他应付款已恰当区分
列报与披露	列报	存货、预付账款、应付账款、应付票据等均已在资产负债表中恰当列示
	披露	预付账款、应付账款、应付票据等均已在财务报表附注中作了充分披露
	可理解性	存货、应付账款、应付票据、预付账款等在财务报表中的列报和披露表述清楚，易于理解

四、相关内部控制要点

我们以采购与付款循环相关内部控制调查表（见表10-2）的方式列示了采购与付款循环的相关内部控制。审计师应当测试和评价采购与付款循环相关内部控制之设计的健全性以及执行的有效性，并评估控制风险。

表10-2　　**采购与付款循环相关内部控制调查表**

被审计单位:南方动力　调查者:李　斌　调查日期:20×4/02/15　索引号:Y2-1

被调查者:赵　静　（职务:主办会计）　复核人员:吴　俊　复核日期:20×4/02/18

调查问题	回答			备注
	是	否	不适用	
一、请购与合同				
1. 主要物资的采购是否编制了采购计划并经批准	√			
2. 主要物资的采购是否有订货合同并经授权批准	√			
3. 主要物资的供货单位是否经招标确定		√		主要由采购部门确定，必要时，报主管领导同意。采购价格可能不是最优的
4. 所有物资的采购是否均有请购单并经授权批准	√			
二、订货、验收与仓储				
5. 采购部门是否只根据经批准的请购单发出订货单	√			
6. 订货单是否事先顺序编号	√			
7. 物资入库之前是否根据订货合同、订货单对其品名、规格型号、质量进行验收	√			
8. 验收后是否出具验收单和质量鉴定报告	√			
9. 物资入库后是否开具入库单并顺序编号	√			
10. 采购物资出现数量短缺或质量问题是否查明原因并追究责任	√			
三、会计记录				
11. 会计部门是否根据与订货单、质检单、入库单核对无误后的进货发票编制记账凭证	√			
12. 进货费用的列支是否符合财务会计制度的规定	√			
13. 进项税额的处理是否遵守税法的规定	√			
14. 是否每月对应付账款总账与明细账进行核对	√			
15. 应付账款的记录是否定期与供货单位核对	√			只与主要供货单位对账，一般每季至少一次；一般单位则很少对账
16. 支付货款的凭证是否及时入账	√			
四、支付货款				
17. 出纳办理的货款支付是否经过授权批准	√			

续表

调查问题	回答			备注
	是	否	不适用	
五、职责分工				
18. 主要物资供货单位是否由企业最高管理层集体确定		√		主要由采购部门确定，必要时，报主管领导同意。这样，可能导致采购价格不是最优的
19. 请购单是否由仓库或物资使用部门签发	√			
20. 验收是否由采购部门之外的人员负责	√			
21. 付款申请是否由会计部门审核并经主管财务的领导审批	√			
六、内部审计				
22. 内部审计师是否定期对采购与付款循环内部控制执行情况进行检查		√		未由独立审计部门对内部控制执行情况进行必要的检查监督，可能使其未能得到一贯遵守，存在的问题可能未能得到改善
23. 内部审计意见是否及时得到采纳			√	

其他：

内部控制设计的主要缺陷及改进建议：

主要缺陷：

1. 大宗物资的供货单位不是经过招标方式确定，只由采购部门决定，使采购部门的权力过于集中，可能使企业未能采购到最优价格的物资，并可能存在损害企业利益的情况。

2. 除主要供货单位外，未与对方定期对账，可能存在与中小供货单位债权债务记录不符的情况；

3. 本循环的内部控制执行情况未受到内部审计的独立检查监督，不能保证被一贯地遵守执行，实际执行中可能存在的问题未被及时发现和改进。

主要改进建议：

1. 主要物资供货单位应当通过招标方式，由企业最高管理层集体确定，以获得质优价廉的物资，最大限度地降低采购成本；

2. 在坚持与主要供货单位每季对账至少一次的基础上，应每年与中小供货单位至少对账一次，确保双方记录的一致性；

3. 建议由企业内部审计部门定期对内部控制执行情况进行独立检查监督，以确保内部控制得到一贯的遵照执行，并能及时改进可能存在的问题。

简要说明及结论：

1. 经问卷调查、询问和简易测试后，认为采购与付款循环内部控制的可信赖程度为：

高（√） 中（ ） 低（ ）

2. 该循环是否需要进一步作控制测试：

是（√） 否（ ）

3. 该循环内部控制设计虽然存在个别缺陷，但不会对财务报表的相关认定产生重大影响。

复核说明及结论：

第二节　主要账户的审计目标和实质性程序

在本循环审计中，我们主要介绍物资采购（材料采购）、预付账款、应付账款、应付票据等账户的主要审计目标和实质性程序。这些账户应当相互联系起来实施实质性程序。此外，还可同时结合考虑“应交税费——应交增值税（进项税额）”的实质性程序等。因为该账户与这些账户是彼此关联的。

一、物资采购

（一）主要审计目标

物资采购的主要审计目标包括：（1）确定物资采购是否按计划或要求进行，即合规性；（2）确定物资采购入库是否完整；（3）确定物资采购成本确定的合规性和准确性；（4）验证物资采购业务相关进项税额确定的合规性和正确性；（5）确定物资采购业务相关账务处理的正确性。

（二）主要审计程序

1. 取得或编制当期主要物资采购明细表，进行必要的复核，了解主要物资采购的总体情况

当期主要物资采购明细表见表10-3。首先，复核表中的计算是否正确；其次，抽取一些主要物资的数据，与其相关明细账核对是否相符；再次，核对明细表中的合计数与物资采购总账的数据是否相符。

表10-3　**主要物资采购明细表**

物资名称	本期实际			本期计划			上期实际		
	数量	单位成本	总成本	数量	单位成本	总成本	数量	单位成本	总成本
A									
B									
C									
:									
X									
Y									
合　计	—	—		—			—	—	
审计标识与说明									
复核说明与结论①									

① 财务报表审计中的表格均是审计工作底稿的一部分，应当包括审计工作底稿的全部要素，应当包括的要素请见第四章第二节之“审计工作底稿的基本要素”。为节省篇幅，减少重复，我们只保留了必要部分。

2. 对本期主要物资采购情况执行分析程序，验证其总体合理性

在一般情况下，除非产量有较大变动或发生产品转向，当期主要物资实际采购数量与本期计划采购数量、上期实际采购数量应当接近。因此，审计师可以将表10-3各主要物资本期实际采购数量与本期计划采购数量、上期实际采购数量进行比较分析，对主要物资的异常波动都要询问原因并作进一步的追查；进一步分析波动情况是否与本期实际产量、本期计划产量、上期实际产量的变动情况一致。在此基础上确定所需抽查的重点物资采购情况。

3. 审阅重点物资采购明细账，初步验证当期物资采购的合理性和真实性

应当审阅的重点物资采购明细账包括：当期采购金额较大的物资；当期实际采购数量与上期实际、本期计划采购数量相比，有较大波动的物资；采购价格有较大波动的物资。在审阅明细账过程中，注意在当期各月的采购数量是否均衡，是否与采购计划一致；采购价格是否接近，有无其他异常情况等，以便初步验证当期物资采购的合理性和真实性。

4. 抽查物资采购的会计凭证，验证物资采购的真实性和正确性

在审阅物资采购明细账的基础上，必要时抽查物资采购的会计凭证。应当抽查的会计凭证应当是：一次采购金额较大，或存在异常情况的业务。在抽取相关会计凭证后，应当查明：(1) 该批物资采购是否与采购计划一致，是否签订了采购合同，三者在采购数量、价格、质量方面是否一致，是否经过审批。(2) 物资在入库前是否经过了质量检验并签发了质量报告单，质量是否符合合同规定要求；若存在质量问题，企业是如何处理的。(3) 入库前是否进行了数量清点并签发了验收入库单，实际入库数量是否与发票数量一致。若存在数量不符，企业是如何进行处理的。(4) 物资采购成本的确定是否合规。物资采购成本包括买价（不含增值税专用发票上注明的增值税）、外地运杂费、运输途中的合理损耗、入库前的挑选整理费用等。其中外地运杂费应扣除运输发票中运费的规定比率（扣除部分记入“应交税费——应交增值税（进项税额）”）。在审计中，要特别注意被审计单位对物资采购相关增值税的处理是否合规、正确。(5) 物资采购账务处理是否正确、恰当。(6) 已验收入库物资是否及时结转了物资采购的实际成本与计划成本，并结转了相关的材料成本差异，相关账务处理是否正确。

5. 审查购货调整业务，验证其合理性和正确性

购货调整业务包括购货退回、购货折扣与折让、损坏赔偿等。对于其审查：一要注意其发生的真实性和处理的适当性；二是要注意其相关账务处理的正确性。如对于购货过程中发生的损坏，要注意是否查明了造成损坏的原因并明确了各自的责任，形成了相关的文件；对于收到或应收的赔偿款是否冲减了物资采购的实际成本，相关的进项税额是否转出，相关账务处理是否正确、恰当等。

6. 进行物资采购截止测试，验证期末物资采购截止的正确性

正确确定物资采购截止日期，是正确、完整记录期末物资采购的前提。物资采

购期末截止测试就是要检查已记为企业所有，并包括在期末盘点范围内的物资是否含有截至该日尚未购入的物资。其审计方法是：抽查期末前后若干天物资采购记录，验证其账务处理是否恰当、正确。具体方法有两种：一是检查期末存货盘点日前后的购货发票与验收入库单。如果期末之前入账的发票附有期末或之前日期的验收入库单，则原材料肯定已经入库并包括在期末盘点的存货范围之内，账务处理正确；如果验收入库日期为期末之后的日期，则原材料不会列入期末盘点的范围之内，如果此时根据盘亏结果增加费用或损失，就会虚减当期利润；如果仅有验收入库单而无购货发票，则应进一步审查是否已按暂估价入账，记入存货账内，下期初再用红字冲销，否则，本期就无进货和相应的负债记录，此时若将盘盈存货冲减有关费用或增加有关收入，就虚增了当期利润，少计了应付账款。二是查阅验收部门的记录，凡是接近期末前后购入的物资，均必须查明相应的验收入库与入库日期、会计处理的日期是否在同一会计期间，否则，物资采购期末截止就不正确。

物资采购截止日期的测试，同时也测试了应付账款的截止日期。

二、应付账款

（一）主要审计目标

应付账款的主要审计目标包括：（1）确定应付账款的发生和偿还记录是否完整；（2）确定应付账款期末余额是否正确；（3）确定应付账款在财务报表中的披露是否充分、恰当。

（二）主要审计程序

1. 取得或编制应付账款明细表，进行必要的复核，并把握应付账款的总体情况

应付账款明细表见表 10-4。首先，复核表中的计算是否正确；其次，抽取一些应付账款的数据，与其相关明细账核对是否相符；再次，核对明细表中的合计数与应付账款总账、资产负债表中的相关数据是否相符。

表 10-4 **应付账款明细表**

供货商名称	期初余额	本期增加	本期减少	期末余额	备注
A 公司					
B 公司					
…					
合计					
审计标识与说明					

2. 对本期应付账款情况执行分析程序，验证其总体合理性

对应付账款执行分析程序，可选择以下方法：（1）对本期期末余额与期初余

额进行比较，发现其异常波动并分析其原因；（2）分析本期增减变动情况，发现其异常变动并分析其原因；（3）分析长期挂账的应付账款，请被审计单位说明其原因，并评价其偿债能力；（4）计算应付账款对存货、流动负债的比率，并与以前期间进行比较分析，评价应付账款的总体合理性；（5）利用存货、营业成本的增减变动幅度，判断应付账款增减变动的合理性，并在此基础上确定所需抽查的重点应付账款明细账。

3. 审阅重点应付账款明细账，并抽查相关会计凭证，验证当期应付账款增减变动的真实性和正确性

应当审阅的重点应付账款明细账包括：当期增加金额较大的；期末余额与期初余额相比，有较大波动的；长期挂账的；可能存在其他疑问的。在审阅明细账过程中，初步验证当期应付账款增减变动的合理性和真实性，并确定应当抽查的会计凭证。通过抽查相关会计凭证，验证应付账款增减变动的真实性和正确性。

4. 审核债权人的对账单，验证双方记录的一致性

被审计单位债权人可能会定期向其寄送对账单，以核对双方记录是否一致。在审计过程中，审计师可以询问被审计单位相关人员，是否在最近收到过债权人的对账单，并对双方记录不符进行了调节。如果得到的答复是肯定的，审计师就应当审核最近收到的债权人对账单及调节表，并与被审计单位相关会计记录核对，查明它们之间是否存在差异，并分析差异产生的原因。

5. 函证应付账款，验证其记录的完整性

应付账款的函证不如应收账款函证的作用大。这是因为负债审计的重点在于查找未入账的负债。而未入账的负债，可能在被审计单位会计账簿中就没有记录，因而无法找到函证的对象。即使对于已经入账的负债，函证也难以发现其有无漏计。但对于供货总额较大的供货商、积欠过多的供货商、长期挂账的供货商、未收到对账单的供货商，仍然有发函询证的必要。应付账款函证过程的控制与应收账款函证相同。

6. 审查应付账款在财务报表中的列报与披露，验证其恰当性和充分性

应付账款在资产负债表中“应付账款”项目单独列报。但要注意，它是根据“应付账款”和“预付账款”账户所属明细科目的期末贷方余额合计填列；其所属明细科目的期末借方余额应在资产负债表中的“预收款项”项目填列。对于主要供货商和关联方应付账款，还应在财务报表附注中专门披露。审计师应当审查与应付账款相关的列报与披露是否充分、适当。

三、应付票据

（一）主要审计目标

应付票据的主要审计目标包括：（1）确定应付票据的发生及偿还记录是否完整；（2）确定应付票据的年末余额是否正确；（3）确定应付票据在财务报表中的

披露是否充分、适当。

（二）主要审计程序

1. 取得或编制应付票据明细表，进行必要的复核，了解应付票据的总体情况

应付票据明细表见表 10-5。首先，复核表中的计算是否正确；其次，抽取一些应付票据的数据，与其相关明细账核对是否相符；再次，核对明细表中的合计数与应付票据总账、资产负债表中的相关数据是否相符。

表 10-5　**应付票据明细表**

种类	收款单位	编号	签发日期	到期日期	票面金额	票面利率	期末本利合计	担保或抵押	备注
合计									
审计标识与说明									
复核说明与结论									

2. 审查应付票据备查簿，验证应付票据的真实性和相关账务处理的正确性

审计师可从应付票据备查簿中抽取若干笔，进行以下审查：（1）检查该笔债务的相关债务合同、发票、物资验收单等资料，核实交易事项的真实性；（2）抽查相关会计凭证，验证其账务处理的正确性；（3）抽查决算日后应付票据明细账及银行存款日记账，核实其是否付款并转销；（4）对在期末之前已偿付的应付票据，审查其入账日期的正确性。

3. 审查期末未支付的票据，验证其会计处理的正确性

对于期末未支付的应付票据，如果是附息票据，应检查其利息费用是否足额计提，相关账务会计处理是否正确；对于逾期未兑现的应付票据，应检查其原因，是否存在抵押，并提请被审计单位作出必要的披露。

4. 审查应付票据在财务报表中的列报与披露，验证其恰当性和充分性

应付票据期末余额在资产负债表中“应付票据”项目单独列报。对于重要应付票据和应付关联方的票据，还应在财务报表附注中专门披露。审计师应当审查财务报表附注中与应付票据相关的列报与披露是否充分、适当。

四、预付账款

（一）主要审计目标

预付账款的主要审计目标包括：（1）确定预付账款是否存在并为被审计单位所拥有；（2）确定预付账款增减变动的记录是否完整；（3）确定预付账款期末余额是否正确；（4）确定预付账款在财务报表上的披露是否恰当、充分。

（二）主要审计程序

1. 取得或编制预付账款明细表，进行必要的复核，了解应付账款的总体情况

预付账款明细表见表10-6。首先，复核表中的计算是否正确；其次，抽取一些供货商的数据，与其相关明细账核对是否相符；再次，核对明细表中的合计数与预付账款总账、资产负债表中的相关数据是否相符。

表10-6 **预付账款明细表**

供货商名称	期初余额	本期增加	本期减少	期末余额	备注
X公司					
Y公司					
…					
合计					
审计标识与说明					
复核说明与结论					

注：请被审计单位协助在“备注”栏填写截止审计日已收到货物并冲销的预付账款项目。

2. 对预付账款情况执行分析程序，验证其总体合理性

对预付账款执行分析程序，可选择以下方法：（1）对本期期末余额与期初余额进行比较，发现其异常波动并分析其原因；（2）分析长期挂账的预付账款，请被审计单位说明其原因，并评价其收回的可能性；（3）利用存货、主营业务成本的增减变动幅度，判断预付账款增减变动的合理性。在此基础上确定所需抽查的重点预付账款明细账。

3. 审阅重点预付账款明细账，并抽查相关会计凭证，验证当期预付账款增减变动的真实性和正确性

应当审阅的重点预付账款明细账包括：当期增加金额较大的；期末余额与期初余额相比，有较大波动的；长期挂账的；可能存在其他疑问的。在审阅明细账过程中，初步验证当期预付账款增减变动的合理性和真实性，并确定应当抽查的会计凭证；通过抽查相关会计凭证，验证预付账款增减变动的真实性和正确性；检查预付

账款长期挂账的原因；分析预付账款明细账户的余额，对于出现贷方余额的项目，应查明其原因，必要时建议进行重分类调整。

注意审查：对同一供货商，有无既在应付账款核算，又在预付账款核算的情况。如果有，则应建议被审计单位合并为一个账户核算，防止同时高估资产和负债。

4. 函证预付账款，验证期末余额的可靠性

根据前述审计程序的结果，可选择对大额或异常预付账款进行函证，以验证其余额的可靠性。其函证过程的控制与应收账款函证相同。

5. 审查预付账款在财务报表中的列报与披露，验证其恰当性和充分性

预付账款在资产负债表中“预付款项”项目单独列报。但要注意，它是根据“预付账款”和“应付账款”账户所属明细科目的期末借方余额合计填列；其所属明细科目的期末贷方余额应在资产负债表中的“应付账款”项目填列。对于重要的和关联方的预付账款，还应在财务报表附注中专门披露。审计师应当审查其列报与披露是否充分、适当。

【延伸阅读】

1. 财政部、审计署等《企业内部控制应用指引第 6 号——资金活动》（财会［2010］11 号）。

2. 财政部、审计署等《企业内部控制应用指引第 7 号——采购业务》（财会［2010］11 号）。

3. 《内部审计实务指南第 3 号——物资采购审计》（2005）。

【复习思考题】

1. 采购与付款循环涉及哪些主要业务？对这些业务进行核算，需要运用哪些会计科目？

2. 采购与付款循环中常见可能导致重大错报风险的因素有哪些？审计中应当如何关注？

3. 试述采购与付款循环内部控制的要点与测试方法。

4. 试述物资采购的审计目标与主要审计程序。

5. 试述应付账款的审计目标与主要审计程序。

6. 试述应付票据的审计目标与主要审计程序。

7. 试述预付账款的审计目标与主要审计程序。

8. 分析程序在采购与付款循环审计中有哪些应用？

第十一章　员工服务、生产与仓储循环审计

第一节　概　述

一、涉及的主要业务与账户

员工服务、生产与仓储循环实际上由三个循环组成。一是员工服务循环，即企业支付与员工报酬、福利、培训、保险等有关业务组成的循环；二是生产循环，即企业将原材料投入生产到产成品验收入库等有关活动所组成的循环；三是仓储循环，即日常对存货的收发、储存与保管业务所组成的循环。

就工业企业来说，其涉及的交易事项有：（1）员工服务与报酬事项交易，包括员工招聘、培训、授权变动工资、编制出勤和计时资料、编制工资计算表、发放工资、计提与缴纳社会保险基金等；（2）产品制造事项，包括编制生产计划、下达生产指令、领出原材料、生产产品、核算生产成本、核算在产品等；（3）存货的收发与保管事项，包括存货的验收入库、日常保管、发出等。

涉及会计账户主要有：（1）资产类账户，如银行存款、库存现金、原材料、低值易耗品、材料成本差异、库存商品、委托加工物资、委托代销商品、分期收款发出商品、累计折旧等；（2）负债类账户，如应付职工薪酬、预计负债、其他应付款（工会会费、职工教育经费）等；（3）成本类账户，如生产成本、制造费用等；（4）损益类账户，如管理费用（职工薪酬）、主营业务成本、其他业务成本等。

二、可能导致重大错报风险的因素

员工服务、生产与仓储循环是企业生产经营的基本循环，它对企业资产负债表中的“存货”、“应付职工薪酬”等项目，利润表中的“营业成本”、“管理费用”项目产生重大影响。这些项目在财务报表中占有举足轻重的地位。本循环中常见的可能导致重大错报风险的因素有：

（1）在计算应付职工薪酬时，有关人员可能虚构员工名单，故意多计薪酬，然后将虚列职工薪酬据为己有或形成“小金库”；

（2）在计算员工应交个人所得税时，蓄意或无意出现错误，少计算个人所得税；

（3）故意多计提或少计职工教育经费、工会会费、社会保险费（如养老保险费、医疗保险费、生育保险费、待业保险费、工伤保险费）等，以虚减或虚增成

本、费用，人为调节损益；

（4）没有正确划清生产成本与非生产成本的界限，如将生产领用原材料成本计入在建工程成本、将车间生产耗用水电费用计入管理费用或在建工程成本，或相反；

（5）期末以假领料的方式大量虚增原材料成本，从而虚增产品成本，以达到调节损益的目的；

（6）未对期末在产品进行盘点，按估计数计算期末在产品盘存数，虚估在产品完工程度，从而导致在产品成本计算不正确；

（7）产品成本计算方法没有保持一贯性，产品成本计算不正确，多算或少算完工产品成本；

（8）物资收发过程中没有严格准确的计量，造成多发或少发，没有定期或不定期进行存货盘点，使物资出现账实不符；

（9）存货存在积压、毁损、变质的情况，但未按要求计提存货跌价准备；

（10）发出存货计价方法未保持一贯性，发出存货金额的计算不正确，故意多结转或少结转发出存货成本，从而低估或高估期末存货金额和当期利润。

三、具体审计目标

员工服务、生产与仓储循环审计的具体目标如表 11-1 所示。

表 11-1　**员工服务、生产与仓储循环审计的具体目标**

管理层认定	一般审计目标	具体审计目标
	总体合理性	（1）被审计单位当期职工薪酬、生产等业务总体合理，没有重大错报的迹象； （2）被审计单位主要产品单位成本、总成本总体合理，没有重大错报的迹象； （3）存货期末余额总体合理，没有重大错报的迹象
存在或发生	真实性（存在或发生）	（1）所有已入账的职工薪酬、生产、存货收发业务均已实际发生； （2）所有已入账的生产成本均已实际发生； （3）所有账面记录的存货确实存在； （4）所有披露的交易、事项和其他情况均已发生，且与被审计单位有关
完整性	完整性	（1）所有已发生的职工薪酬、生产、存货收发业务均已入账； （2）生产中所有已耗费的物资与人工均已入账； （3）所有期末结存的存货均已记录入账； （4）所有应包括在财务报表中的披露均已包括

续表

管理层认定	一般审计目标	具体审计目标
权利或义务	权利和义务	(1) 在资产负债表日的所有存货均为被审计单位所拥有; (2) 应付职工薪酬等是被审计单位在资产负债表日所应承担的法律义务
估价或分摊	估价和分摊	(1) 存货跌价准备的计提金额恰当; (2) 产品生产成本的计算正确
	截止	所有工薪交易、生产事项、仓储事项均已记录在恰当的会计期间。
	准确性	存货、生产成本、应付职工薪酬等账户入账金额正确、明细账与总账一致
	过账与汇总	所有工薪、生产、仓储业务均已正确记入应付职工薪酬、生产成本、存货等明细账中,并正确汇总
	分类	所有存货均已恰当分类为原材料、低值易耗品、产成品等类别
列报与披露	列报	应付职工薪酬、存货等均已在财务报表中恰当列报
	披露	存货核算方法及期末存货结构等均已在财务报表附注中作了充分披露
	可理解性	存货、应付职工薪酬等在财务报表中的列报和披露表述清楚,易于理解

四、相关内部控制的要点

我们员工服务、生产与仓储循环相关内部控制调查表以表 11-2 的方式列示了本循环的相关内部控制。审计师应当测试和评价本循环相关内部控制之设计的健全性以及执行的有效性,并评估控制风险。

表 11-2　　员工服务、生产与仓储循环相关内部控制调查表

被审计单位：西南机械　　调查者：华光慧　　调查日期：20×4/02/15　　索引号：Y4-1

被调查者：赵晓静　（职务：主办会计）　　复核人员：王　俊　复核日期：20×4/02/15

调查问题	回答			备注
	是	否	不适用	
一、员工聘用与工薪管理				
1. 招聘员工是否经过适当核准	√			
2. 员工离职是否立即通知财务部门	√			
3. 职工薪酬增减是否经过核准并通知财务部门	√			
4. 员工出勤记录是否恰当，有无适当管制	√			
5. 职工薪酬表是否由专人编制并由专人复核	√			
6. 职工薪酬记录是否经常与人事部门的资料核对	√			
7. 编制职工薪酬表与发放职工薪酬的职务是否分离	√			
8. 未领职工薪酬的保管是否良好	√			
9. 是否定期计提与职工薪酬相关的经费与保险费	√			
10. 是否及时足额缴纳保险费	√			
11. 是否建立了人工成本控制制度，合理设置工作岗位，以岗定责、定员、定酬	√			
12. 是否定期对员工绩效进行考核和奖惩	√			
二、生产管理				
13. 是否定期编制生产计划并根据市场情况及时进行调整	√			
14. 是否根据批准后的生产计划组织生产	√			
三、定额管理				
15. 是否编制了生产消耗定额且定额体系完整（一般应包括原料、主要材料、辅助材料、动力及燃料、工时定额等）	√			
16. 是否定期对定额进行调整	√			
四、领料管理				
17. 是否采用限额领料单，超限额领料是否办理特别审批手续	√			
18. 车间领料是否由固定的专人负责	√			
19. 车间月末剩余材料是否办理假退料手续	√			
五、车间生产管理				
20. 车间是否设专人对材料物资、工时、动力消耗及投产、完工等生产情况进行记录	√			

续表

调查问题	回答			备注
	是	否	不适用	
21. 是否在每月末进行在产品的盘点		√		由车间自主进行盘点
22. 是否建立了生产过程中的废品责任追究制度并贯彻执行		√		可能导致废品过多
23. 利用的边角余料是否办理了入库手续		√		可能使原材料成本过高影响成本正确性
六、成本管理				
24. 是否编制了主要产品的计划成本，并以该计划成本作为成本控制依据		√		没有成本控制标准，可能使成本控制缺乏依据
25. 是否制定了成本管理考核办法		√		可能使成本控制缺乏积极性
26. 成本核算方法是否符合企业生产特点，是否严格执行	√			
27. 成本开支范围是否符合有关规定	√			
28. 是否严格划清了生产费用与非生产费用的界限	√			
29. 是否定期进行成本分析，发现问题并及时处理		√		末进行定期成本分析，可能不能及时改进成本管理工作
七、仓储管理				
30. 收入的物资是否经过质量检验合格并办理了相关的入库手续	√			
31. 物资入库时是否经过计量（清点数量或过磅重量）并签发入库单	√			
32. 发出材料是否根据制度规定的领料凭证正确计量发货、手续齐全	√			
33. 发出商品是否根据财务签章的销售发票、提货单或运货单正确计量、手续齐全	√			
34. 所有物资是否均设有永续盘存记录	√			
35. 仓库是否在月末分别原材料、库存商品编制收、发、存报表并由财务部门进行审核	√			
36. 物资出门是否有出门验证放行制度	√			
37. 物资保管，包括分拣、堆放、卫生、仓储条件等是否良好	√			
38. 是否经常对仓储的安全情况进行检查	√			
39. 仓库保管员是否在每月末均对重要物资进行盘点	√			

续表

调　查　问　题	回　答			备　注
	是	否	不适用	
40. 仓库保管员是否定期报告库存物资的积压、质量（毁损、霉烂、接近或超过保质期等）情况并及时进行清理		√		可能不能及时发现存货管理过程中的安全隐患
41. 财务部门是否定期或不定期地会同物资管理部门共同进行盘点		√		可能存在重要物资的账实不符
42. 物资盘盈、盘亏、毁损、报废等是否及时调整账面记录		√		可能存在存货积压和质量问题
43. 物资盘盈、盘亏、毁损、报废等是否及时按规定审批处理		√		可能存在大量的待处理财产损溢
八、会计记录				
44. 会计部门是否定期根据物资出库单编制物资耗用报表并经过审核	√			
45. 发出物资的计价方法是否恰当，其确定与变更是否经最高领导批准，并保持前后一致	√			
46. 是否根据经审核无误的物资耗用报表编制记账凭证并入账	√			
47. 制造费用的支出和归集是否经过审核并正确入账	√			
48. 制造费用的分配标准是否恰当，相关计算是否正确并经过审核	√			
49. 月末在产品的计价方法、完工产品成本计算方法的确定是否经过授权并保持一贯性	√			
50. 产品成本是否根据完工产品数量正确计算，会计处理是否正确	√			
九、职责分工				
51. 定额耗用标准的制定或变动是否经企业最高管理层集体审批确定	√			
52. 超限额领料是否经主管生产或以上的领导审批	√			
53. 物资盘盈、盘亏、毁损等的处理是否报经主管领导审批	√			
54. 物资入库的质检验收是否由生产、采购部门之外的人员负责	√			
十、内部审计				
55. 内部审计师是否定期对本循环内部控制执行情况进行检查		√		未由独立审计部门对内部控制执行情况进行必要的检查监督，可能使其未能得到一贯遵守，存在的问题可能未能得到改善
56. 内部审计意见是否及时得到采纳			√	

续表

其他：
内部控制设计的主要缺陷及改进建议： 主要缺陷： 1. 在成本管理方面存在漏洞，不能有效调动职工降低成本的积极性。 2. 本循环的内部控制执行情况未受到内部审计的独立检查监督，不能保证被一贯地遵守执行，实际执行中可能存在的问题未能被及时发现和改进。 主要改进建议： 1. 健全成本管理制度，如制定废品责任追究制度、定期成本分析制度，并有效执行，调动成本管理人员积极性，有效控制成本。 2. 建议由企业内部审计部门定期对内部控制执行情况进行独立检查监督，以确保内部控制得到一贯的遵照执行，并能及时改进可能存在的问题。
简要说明及结论： 1. 经问卷调查、询问和简易测试后，认为生产与仓储循环内部控制的可信赖程度为： 高（√） 中（ ） 低（ ） 2. 该循环是否需要进一步作控制测试： 是（√） 否（ ） 3. 该循环内部控制设计虽然存在个别缺陷，但不会对财务报表的相关认定产生重大影响。
复核说明与结论：

第二节 主要账户的审计目标和实质性程序

在本循环审计中，我们主要介绍应付职工薪酬、制造费用、生产成本、存货等账户的主要审计目标和实质性程序。

一、应付职工薪酬

（一）主要审计目标

应付职工薪酬的主要审计目标包括：（1）确定职工薪酬以及相关的社会保障费用的计提和支出是否合规；（2）确定相关会计记录是否完整正确；（3）确定应付职工薪酬的期末余额是否正确，并在财务报表中作出了恰当披露。

（二）主要审计程序

1. 获取或编制职工薪酬及其相关费用明细表，进行必要的复核，了解职工薪酬的总体情况

职工薪酬及其相关费用明细表见表 11-3。首先，复核表中的计算是否正确；其次，抽取一些月份的数据，与其报表数、相关账户的总账数和明细账数核对是否

相符。

表 11-3　　　　　　**职工薪酬及其相关费用明细表**

项目		1月	2月	3月	4月	5月	…	12月	合计	审计标识与记录
职工薪酬的构成	工资									
	职工福利									
	社会保险费									
	期中：养老保险									
	医疗保险									
	失业保险									
	工伤保险									
	生育保险									
	工会会费									
	职工教育经费									
	住房公积金									
	解除职工劳动关系补偿									
	合计									
职工薪酬的支付	实际支付									
	期末余额									
职工薪酬的分配	直接人工									审计复核说明与结论：
	间接人工									
	管理费用									
	销售费用									
	其他									
	合计									

2. 对本期职工薪酬费用发生情况执行分析程序，验证其总体合理性

在一般情况下，除非产量或员工数出现较大变动，或普遍性地增加工资，一个会计年度内的各期职工薪酬总额是比较稳定的，并与上一会计年度基本一致。因此，审计师可以将表 11-3 各期职工薪酬总额及其构成进行比较分析，

对各期职工薪酬的异常波动都要询问原因并作进一步的追查；将本期职工薪酬费用总额与上期进行比较，询问并评价引起变动的原因，并获取进一步的证据证明其变动的合理性和合规性；将各期职工薪酬增减变动情况与生产变动情况进行比较，验证职工薪酬增减变动的合理性和合规性，并在此基础上确定所需抽查的重点月份。

3. 检查职工薪酬与相关费用的计提，验证其相关账务处理的合规性和正确性

抽取重点月份职工薪酬账务处理的会计凭证和职工薪酬发放表，验证职工薪酬的计提数是否正确，职工薪酬的分配方法是否与上期一致，相关账务处理是否合规；将职工薪酬发放表与人事部门的员工登记表进行核对，验证职工薪酬发放与员工实际情况的一致性，防止虚构职工薪酬；计算当月职工教育经费、工会会费、各种社会保险费等相关费用计提基数是否合规，计提金额是否正确，相关账务处理是否恰当。

4. 检查代扣代缴员工个人所得税的计算，查明其合规性和缴纳的及时性

审阅被审计单位核算代扣代缴员工个人所得税的明细账户，分析各月代扣代缴的个人所得税总额是否均衡，有无大幅波动的情况；若存在大幅波动，应通过询问主管会计了解原因，并通过实施进一步的审查查明其原因；代扣的个人所得税是否及时缴纳；结合工资账务处理凭证的抽查，验证重点月份代扣员工个人所得税计算的合规性和正确性。

5. 检查与职工薪酬相关的费用的计提与使用，验证其合规性或缴纳足额及时性

审阅职工教育经费、工会会费等明细账，并抽查相关的会计凭证，验证其使用是否符合规定用途，并经过审批程序。审阅已计提的社会保险费是否足额、合规，是否及时足额缴纳给社会保障管理部门。

6. 审查应付职工薪酬在财务报表中的列报与披露，验证其恰当性与充分性

主要核对应付职工薪酬在资产负债表中列报的数额是否与经审计后相关总账的期末余额一致。与职工薪酬相关的情况是否已在财务报表附注中作了充分、恰当的披露。

二、制造费用

（一）主要审计目标

制造费用的主要审计目标包括：（1）确定制造费用的发生额是否真实、合理；（2）确定制造费用的分配是否合理、正确。

（二）主要审计程序

1. 获取或编制制造费用明细表，进行必要的复核，了解制造费用的总体情况

制造费用明细表见表 11-4、表 11-5。首先，复核表中的计算是否正确；其次，抽取一些月份的数据，与其制造费用总账数和明细账数核对是否相符。

表 11-4 **制造费用明细表（汇总）**

月份	一车间	二车间	三车间	…	合计	本年计划	备注
1							
2							
3							
…							
11							
12							
合计							
审计标识与说明							
复核说明与结论							

表 11-5 **一车间制造费用明细表（分车间）**

项目	1 月	2 月	3 月	…	12 月	合计	备注
职工薪酬							见应付职工薪酬审计
折旧费							见固定资产审计
水电费							
物料消耗							
低值易耗品							
差旅费							
劳保费							
保险费							
修理费							
…							
其他							
合计							
本年计划							
审计标识与说明							
复核说明与结论							

2. 对本期制造费用发生情况执行分析程序，验证其总体合理性

在一般情况下，除非产量出现较大变动，一个会计年度内的各期制造费用总额是比较稳定的，并与上一会计年度基本一致。因此，审计师可以将表 11-4、表 11-5 各期制造费用总额及其构成进行比较分析，对各期制造费用的异常波动都要询

问原因并作进一步的追查；将本期制造费用总额与上期进行比较，询问并评价引起变动的原因，以获取进一步的证据证明其变动的合理性和合规性；将各期制造费用增减变动情况与产量变动情况进行比较，验证其变动的合理性和合规性。在此基础上，确定重点车间与重点月份的制造费用明细账。

3. 检查制造费用发生额及其相关账务处理，验证其合规性和正确性

审阅重点车间和重点月份的制造费用明细账，并抽查发生额较大或异常业务的会计凭证，验证制造费用发生额的真实性、合理性和相关账务处理的正确性。

4. 审查制造费用分配，验证其合规性和正确性

抽取重点月份制造费用分配表，审查制造费用分配方法是否合理，并保持前后一致；验证分配数额的计算是否正确；相关账务处理是否恰当。

三、生产成本

（一）主要审计目标

生产成本的审计目标包括：（1）确定生产成本的发生是否真实与合规，相关记录是否完整；（2）确定生产成本的计算方法是否合理，相关计算是否正确；（3）确定生产成本的期末余额是否正确，在财务报表中的披露是否充分、适当。

（二）主要审计程序

1. 获取或编制主要产品产量与成本明细表，进行必要的复核，了解其总体情况

主要产品产量与成本明细表见表 11-6。首先，复核表中的计算是否正确；其次，抽取一些产品的数据，与其相关账户的总账数和明细账数核对是否相符。

表 11-6 **主要产品产量与成本明细表**

产品名称	A 产品			B 产品			C 产品		
	产 量	单位成本	总成本	产 量	单位成本	总成本	产 量	单位成本	总成本
1 月									
2 月									
…									
11 月									
12 月									
合计									
本年计划									
上年实际									
审计标识与说明									
复核说明与结论									

2. 对本期主要产品生产成本执行分析程序，验证其总体合理性

在一般情况下，除非产量或主要原材料、水电价格有较大变动，一个会计年度内的各期主要产品单位成本应当是比较稳定的，并与上一会计年度基本一致。因此，审计师可以将表 11-6 中各月各主要产品单位成本进行比较分析，对各期单位成本的异常波动都要询问原因并作进一步的追查；将本期主要产品单位成本与上期、本年计划进行比较，询问并评价引起变动的原因，以获取进一步的证据证明其变动的合理性和合规性；将各期各主要产品单位成本增减变动情况与产量变动情况进行比较，验证其变动的合理性和合规性，并在此基础上确定所需抽查的重点月份的重点产品。

3. 检查重点月份的重点产品生产成本明细账，并追查相关成本发生额的真实性

抽取重点月份的重点产品生产成本明细账，初步确定该产品生产成本发生额是否合理；抽查金额较大或异常业务的会计凭证，验证生产成本发生的真实性和正确性，特别关注有无将在建工程、管理部门、福利部门等非生产部门领用原材料的成本挤入生产成本的情况；审查相关账务处理是否正确。

4. 检查重点月份的重点产品成本计算表，验证产品成本计算的正确性

抽取重点月份的重点产品成本计算表，在查明当月完工产品数量和在产品数量及其完工程度的基础上，验证产品成本计算是否正确。在审查过程中，要注意查明：当月完工产品数量与验收入库数量、生产力统计表的完工数量是否一致；月末在产品数量是否经过盘点；完工程度的确定是否合理与正确；月末在产品计价方法是否保持前后一致；产品成本计算方法是否符合企业生产经营特点并保持前后一致；相关账务处理是否正确。

5. 审查生产成本在财务报表中的披露，验证其充分性和恰当性

“生产成本”账户的期末余额表示在产品成本，与原材料、产成品等存货类项目合并列报在资产负债表中的“存货”项目内，并应在财务报表附注中充分披露在产品的期初、期末数及其相应的减值准备数。

四、存货

（一）主要审计目标

存货的主要审计目标包括：（1）确定期末存货是否实际存在，并为被审计单位所拥有；（2）确定存货的计价方法是否恰当，增减变动记录是否完整；（3）了解期末存货的品质状况，确定存货跌价准备的计提是否合理；（4）确定存货在财务报表中的披露是否充分恰当。

具体说来，存货审计包括物资采购、原材料、委托加工物资、低值易耗品、包装物、外购商品、产成品、在产品的审计。由于其审计程序与方法基本相同，在此我们以原材料审计为例，说明存货审计程序与方法。

（二）主要审计程序

1. 获取或编制主要原材料增减变动明细表，进行必要的复核，了解其总体情况

主要原材料增减变动明细表见表 11-7。首先，复核表中的计算是否正确；其次，抽取一些主要原材料的数据，与其相关明细账核对是否相符；再次，核对明细表中的合计数与原材料总账的数据是否相符。

表 11-7　　主要原材料增减变动明细表

材料名称	期初数			本期增加		本期减少		期末数		
	数量	单位成本	总成本	数量	总成本	数量	总成本	数量	单位成本	总成本
A										
B										
…										
X										
Y										
合　计	—	—		—		—		—	—	
本年计划	—	—		—		—		—	—	
上年实际	—	—		—		—		—	—	
审计标识与说明										
复核说明与结论										

主要原材料账面金额与跌价准备比较表，见表 11-8。

表 11-8　　主要原材料账面金额与跌价准备比较表

材料名称	期初数		期末数	
	账面金额	跌价准备	账面金额	跌价准备
A				
B				
…				
X				
Y				
合计				
审计标识与说明				
复核说明与结论				

2. 对本期主要原材料执行分析程序，验证其总体合理性

在一般情况下，除非产量有较大变动或产品转型，一个会计年度内的各期主要原材料本期增加与减少数量与总成本应当接近，期初与期末结存数量与总成本也应当接近。因此，审计师可以将表 11-7 中各主要原材料期初数与期末数、本期增加与本期减少进行比较分析，对主要原材料的异常波动都要询问原因并作进一步的追查；将本期主要原材料耗用数量与主要产品产量进行比较分析；比较主要原材料各月购进与耗用数量等。在此基础上确定所需抽查的重点原材料。

3. 检查重点原材料明细账并追查相关业务，验证其真实性和账务处理的正确性

审阅重点原材料明细账，初步确定该原材料本期发生额是否合理；抽查金额较大或异常业务的会计凭证，验证该原材料本期收入或发出业务是否真实、正确，相关账务处理是否恰当、正确。

在审查原材料增加业务时，要注意：验收入库数量是否与发票数量一致，若存在差异，应查明原因；原材料入账金额的确定是否合规、正确，相关账务处理是否恰当。原材料入账金额为其取得时所发生的实际成本，其实际成本的构成包括买价（不含增值税专用发票上注明的增值税）、外地运杂费、运输途中的合理损耗、入库前的挑选整理费用等。其中，外地运杂费应扣除运输发票中运费的规定比率（扣除部分记入“应交税费——应交增值税（进项税额）”账户）。

在审查原材料减少业务时，要注意审查：原材料的发出手续是否合规；是否严格区分发出原材料的用途；月末汇总发出原材料时，是否按用途进行汇总，其汇总是否正确；验证发出原材料的计价方法是否合规，并保持前后一致，计价金额是否正确；发出原材料的相关账务处理是否恰当正确。

对于采用计划成本核算的企业，还应查明当期材料成本差异的分配是否合规正确，有无人为多分配或少分配材料成本差异，进而调节成本费用和利润的情况，并抽查相关账务处理是否正确。

4. 进行存货截止测试，验证期末存货截止的正确性

正确确定原材料购入与发出日期，是正确、完整记录期末原材料的前提。原材料期末截止测试就是要检查已记为企业所有，并包括在期末盘点范围内的原材料是否含有截至该日尚未购入或已经耗用的原材料。其审计方法是：抽查期末前后若干天的原材料收发记录，验证其账务处理是否恰当、正确。具体方法有两种：一是检查期末原材料盘点日前后的购货发票与验收入库单或出库单。如果期末之前入账的发票附有期末或之前日期的验收入库单，则原材料肯定已经入库并包括在期末盘点的原材料范围之内，账务处理正确；如果验收入库日期为期末之后的日期，则原材料不会列入期末盘点的范围之内，如果此时根据盘亏结果增加费用或损失，就会虚减当期利润；如果仅有验收入库单而无购货发票，则应进一步审查是否已按暂估价入账，记入原材料账内，下期初再用红字冲销，否则，本期就无进货和相应的负债

记录，此时若将盘盈原材料冲减有关费用或增加有关收入，就虚增了当期利润，少计了应付账款。二是查阅验收部门的记录，凡是接近期末前后购入或发出的原材料，均必须查明相应的购入或发出是否在同期入账，否则，原材料期末截止就不正确。

5. 实施监盘程序，查明期末原材料是否真实存在

存货监盘是指审计师现场监督被审计单位存货的盘点，并进行适当的抽查，以查明存货实际结存数量的方法。存货监盘是存货审计中的首选内容和必经程序，除非无法实施监盘程序且可以实施可靠的替代程序。

在实施存货监盘前，审计师应当编制监盘计划，对存货监盘作出合理安排。在编制监盘计划时，审计师应当：了解存货的内容、性质、各存货的重要性及其存放场所；了解存货会计系统及其他相关的内部控制；评估与存货相关的固有风险、控制风险和检查风险及其重要性；实地查看金额较大或性质特殊的存货的存放场所；考虑是否利用专家的工作等。考虑上述因素后，制订存货监盘计划：存货监盘的目标、范围及时间安排；存货监盘的要点及关注事项；参与存货监盘人员的分工；抽查的范围等。并对参与存货监盘人员进行必要的培训，准备相关工作底稿及其工具。

在盘点过程中，审计师要：（1）实地观察并监督存货的盘点过程。盘点现场的存货是否摆放整齐并停止收发；盘点程序是否符合盘点计划和指令的要求；盘点计数是否准确，有无重盘或漏盘；盘点清单是否按要求填制。（2）进行抽查盘点。抽盘的样本一般不低于存货总量的10%，以测试盘点及其记录的准确性。（3）观察并记录存货保管情况及其质量。在存货监盘过程中，要注意存货管理的内部控制是否合理并严格执行，如摆放是否分类整齐，防水、防盗、防火情况是否良好等；存货质量是否符合销售或使用要求，其质量等级是否与会计账簿上记载的价值相匹配，是否存在陈旧、滞销或毁损情况等；存货的流动是否正常，有无长期极少变动的情况。对于一些存货质量或价值的鉴定，必要时应当聘请专家协助工作。

6. 审查主要原材料存货跌价准备的计提，验证其合理性与正确性

首先，审查被审计单位存货跌价准备计提政策是否合规合理。企业应当在期末对存货进行全面清查，对由于毁损、全部或部分陈旧过时或销售价格低于成本等原因，使存货成本高于可变现净值的，则应按可变现净值低于存货成本的部分计提存货跌价准备。存货跌价准备应按单个存货项目的成本与可变现净值计量，但对于数量繁多、单价较低的存货，可以按存货类别计量成本与可变现净值。其次，分析被审计单位存货跌价准备计提范围是否合理。查明有无应计提跌价准备的存货项目未计提，以虚增当期利润的情况，或不应计提的存货项目反而计提，以虚减当期利润、形成秘密准备的情况。最后，抽查相关会计凭证，验证当期存货跌价准备计提方法是否保持了前后一致，计提金额的计算是否正确，相关账务处理是否恰当。

7. 审查原材料在财务报表中的披露，验证其恰当性和充分性

就工业企业来说，“原材料”与“物资采购”、“包装物”、“低值易耗品”、“委托加工物资”、“材料成本差异”、“库存商品”、“生产成本”等账户的期末余额合并填列在资产负债表中的“存货”项目中。因此，审计师应当对资产负债表中的“存货”项目填列数额的正确性进行审计。此外，还应对财务报表附注中存货核算方法、产品成本计算方法及其变更情况、变更原因与变更结果，存货项目及其跌价准备的明细项目等情况之披露的恰当性和充分性进行审查。

【延伸阅读】

1. 财政部、审计署等《企业内部控制应用指引第 3 号——人力资源》（财会［2010］11 号）。

2. 财政部、审计署等《企业内部控制应用指引第 8 号——资产管理》（财会［2010］11 号）。

【复习思考题】

1. 员工服务、生产与仓储循环涉及哪些主要业务？对这些业务进行核算，需要运用哪些会计科目？

2. 员工服务、生产与仓储循环中常见的可能导致重大错报风险的因素有哪些？审计中应当如何关注？

3. 简述员工服务、生产与仓储循环内部控制的要点与测试方法。

4. 简述员工服务、生产与仓储循环的具体审计目标。

5. 简述应付职工薪酬的审计目标与主要审计程序。

6. 简述制造费用的审计目标与主要审计程序。

7. 简述生产成本的审计目标与主要审计程序。

8. 简述存货的审计目标与主要审计程序。

9. 简述分析程序在员工服务、生产与仓储循环审计中有哪些应用？

第十二章　筹资循环审计

第一节　概　述

一、涉及的主要业务与账户

筹资循环是与企业取得和偿还资金有关的活动所组成的业务循环。这一循环所涉及的主要交易有：(1) 负债交易，主要包括借款的取得与偿还、债券的发行与收回、利息的计提与支付等；(2) 所有者权益交易，主要有投入资本（实收资本或股本、资本公积）的取得和减少，盈利的分配或亏损的弥补等。

涉及的主要会计账户有：(1) 负债类账户，如短期借款、长期借款、应付债券、长期应付款、应付利润（股利）、预计负债等；(2) 所有者权益类账户，如实收资本（或股本）、资本公积、盈余公积、未分配利润等；(3) 损益类账户，如财务费用等。

二、可能导致重大错报风险的因素

筹资循环是企业生存与发展的重要环节，它筹措的资金构成了企业资产的主要来源。企业筹资循环的交易业务量少，但是一般发生额较大，对财务报表的影响重大，因此，审计师应当实施较大范围甚至全部业务的实质性程序，即详查而非抽查筹资业务。筹资循环中常见的可能导致重大错报风险的因素有：

(1) 在筹资计划环节预算失误，造成资金流量短缺或冗余，不能满足生产需要或者增加了筹资成本；

(2) 在筹资作业环节存在不经授权或批准的非法筹资；

(3) 投资者抽逃已作为实收资本（股本）的投资；

(4) 投资者认缴的注册资本未实际到位，承担验资的注册会计师出具了不实的验资报告；

(5) 被审计单位有账外筹资行为；

(6) 借款费用的会计处理不恰当，将应费用化的借款费用资本化，虚减当期费用，虚增资产；

(7) 所筹集的资金未按规定用途使用，借款的抵押与担保情况未充分披露；

(8) 上市公司的募集资金未按规定实施三方监管，未按规定用途使用，或者变更用途未经批准和披露，募集资金的管理、使用与结存情况未充分披露；

(9) 利润（股利）的分配不符合国家法律的规定，超额分配利润（股利）。

三、具体审计目标

筹资循环审计的具体目标见表12-1。

表 12-1 筹资循环审计的具体目标

管理层认定	一般审计目标	审计具体目标
	总体合理性	(1) 借款与所有者权益交易总额总体合理，不存在重大错报的迹象； (2) 短期借款、长期借款、应付债券、长期应付款、实收资本、资本公积、盈余公积、未分配利润等账户期末余额总体合理，不存在重大错报的迹象
存在或发生	真实性（存在或发生）	(1) 已记录的所有与借款和所有者权益有关的交易确实发生，债务和所有者权益余额确实存在； (2) 借款费用和支付（或应付）的股利确系本期应发生或已发生的交易或事项； (3) 所有披露的交易、事项和其他情况均已发生，且与被审计单位有关
完整性	完整性	(1) 所有存在的与借款、应付债券和所有者权益有关的交易和余额都已入账； (2) 所有应包括在财务报表中的披露均已包括
权利和义务	权利和义务	(1) 所有借款、应付债券等确系被审计单位所承担的现时义务； (2) 全部所有者权益确实为被审计单位所有
估价与分摊	估价	借款和应付债券余额、所有者权益余额正确
	截止	与借款、应付债券等债务和所有者权益有关的交易均已记入适当的期间
	准确性	与借款、应付债券等债务和所有者权益相关的账户记录正确，明细账与总账一致，总账与报表一致
	分类	借款、应付债券等债务与所有者权益类项目恰当区分，各项目又进一步恰当分类
列报与披露	列报	借款、应付债券等债务与所有者权益类项目等已在资产负债表中恰当列报
	披露	借款、应付债券等债务与所有者权益项目等已在财务报表附注中作了充分披露
	可理解性	借款、应付债券等债务与所有者权益项目等在财务报表中的列报和披露表述清楚，易于理解

四、相关内部控制要点

我们以筹资循环相关内部控制调查表（见表12-2）的方式列示了筹资循环的相关内部控制。审计师应当测试和评价筹资循环相关内部控制之设计的健全性和执行的有效性，并评估控制风险。

表12-2 **筹资循环相关内部控制调查表**

被审单位:新达塑料　调查者:王林　调查日期:20×4/02/24　索引号:Y 6-1

被调查者:吴京　复核人员:杨洁　复核日期:20×4/02/24

调查问题	回答			评注
	是	否	不适用	
1. 重大借款和筹资行为是否经董事会批准	√			
2. 公司发行债券、股票是否均经董事会授权的人员处理	√			
3. 融资借款是否均签订借款合同	√			
4. 抵押担保是否获得授权批准	√			
5. 利息支出是否按期入账，并划清资本性支出和收益性支出	√			
6. 实收资本是否经注册会计师验证并作会计处理	√			
7. 保险箱是否由两人以上同时开启		√		由出纳一人负责
8. 是否按年编制资本预算并经董事会批准	√			
9. 债券、股票的发行是否经董事会授权	√			
10. 债券、股票的发行是否符合法律的规定	√			
11. 债券、股票的发行是否履行了适当的审批手续	√			
12. 债券、股票的发行收入是否立即存入银行	√			
13. 筹资循环的职务分离是否进行了分工控制	√			
14. 利润分配方案是否经过董事会和股东大会的批准	√			

简要说明及结论

1、经问卷调查、询问和简易测试后，认为筹资循环内部控制的可信赖程度为：

高（√） 中（ ） 低（ ）

2、该循环是否需要执行控制测试：

是（√） 否（ ）

复核说明与结论

第二节　主要账户的审计目标和实质性程序

在本循环审计中，我们主要介绍短期借款、长期借款、股本（实收资本）、资本公积、盈余公积、应付股利（利润）和未分配利润、预计负债等账户的主要审计目标和实质性程序。

一、短期借款

（一）主要审计目标

短期借款的主要审计目标：（1）确定期末短期借款是否存在；（2）确定短期借款是否为被审计单位应当履行的现时义务；（3）确定短期借款借入、偿还及计息的记录是否完整；（4）确定短期借款的年末余额是否正确；（5）确定短期借款在财务报表上的披露是否恰当。

（二）主要审计程序

1. 获取或编制短期借款明细表，进行必要的复核，了解短期借款的总体情况

当期主要短期借款明细表见表12-3。首先，复核表中的计算是否正确；其次，抽取一些短期借款的数据，与其相关明细账核对是否相符；再次，核对明细表中的合计数与短期借款总账、报表的数据是否相符。

表12-3　**短期借款明细表**　金额单位：元

贷款单位	年初余额	本年增加	本年减少	年末余额	利率（%）	年末应计利息	借款条件
A银行	600 000	1 800 000	2 000 000	400 000	4.83	19 320	担保
B银行	300 000	1 500 000	1 500 000	300 000	4.83	14 490	担保
合计	900 000	3 300 000	3 500 000	700 000		33 810	

2. 函证短期借款，验证期末余额的真实性

审计师应在期末短期借款余额较大或认为必要时向银行或其他债权人函证短期借款，以证实短期借款的存在和条件，以及有无抵押。函证结果应与账面记录进行比较，如有差异应进一步查明其原因。

3. 审查短期借款明细账并抽查相关会计凭证，验证其合规性和正确性

对年度内增加的短期借款，检查借款合同和授权批准，了解借款数额、借款条件、借款日期、还款期限、借款利息，并与相关会计记录进行核对。以查明借款是否必要、合法、合规，担保物质是否真实等。对年度内减少的短期借款，检查相关会计记录，查明其会计处理的正确性。检查非记账本位币折合记账本位币采用的折算汇率、折算差额是否按规定进行会计处理。

4. 审查短期借款使用，验证其合规性和合理性

检查短期借款是否按规定使用，使用是否有效，有无挪用或相互留用行为。如短期借款不能用于购置固定资产、弥补亏损等。检查时应分别对各种借款的使用情

况进行审查。检查年末有无到期未偿还的借款。逾期借款是否办理了延期手续，对逾期借款要查明原因，有无还款能力和物资保证。

5. 复核短期借款利息的计算，验证其正确性

根据短期借款利率，复核被审计单位短期借款的利息计算是否正确，有无多算或少算利息的情况以及有未计利息和多计利息的情况。同时还应审查短期借款利息费用的会计处理是否合规、正确，有无将应计入当期损益的利息资本化的情况。

6. 检查外币借款的折算，验证其正确性

如果被审计单位有外币短期借款，应检查外币短期借款的增减变动是否按业务发生时的市场汇率或期初市场汇率折合为记账本位币金额；期末是否按市场汇率将外币短期借款余额折合为记账本位币金额；折算差额是否按规定进行会计处理；折算方法是否前后期一致。

7. 审查短期借款在财务报表中的列报与披露，验证其恰当性和充分性

短期借款在资产负债表中“短期借款”项目单独列报，并在财务报表附注中详细披露短期借款的基本情况，包括抵押、质押、担保等增信方式等。审计师应验证与短期借款相关的情况是否已在财务报表附注中进行了充分、恰当的披露。

二、长期借款

（一）主要审计目标

长期借款的主要审计目标：（1）确定期末长期借款是否存在；（2）确定长期借款是否为被审计单位应当履行的现时义务；（3）确定长期借款借入、偿还及计息的记录是否完整；（4）确定长期借款的年末余额是否正确；（5）确定长期借款在财务报表上的披露是否恰当。

（二）主要审计程序

1. 获取或编制长期借款明细表，进行必要的复核，了解长期借款的总体情况

当期主要长期借款明细表见表 12-4。首先，复核表中的计算是否正确；其次，抽取一些长期借款的数据，与其相关明细账核对是否相符；再次，核对明细表中的合计数与长期借款总账、报表的数据是否相符。

表 12-4　**长期借款明细表**　单位：元

贷款单位	年初余额	本年增加	本年减少	年末余额	利率（%）	借款条件	用　途
C 银行	1 700 000	8 300 000	1 500 000	8 500 000	8.63	抵押借款	建造房屋
D 银行	250 000	480 000	210 000	520 000	6.75	抵押借款	购买设备
合　计	1 950 000	8 780 000	1 710 000	9 020 000			

2. 向银行或其他债权人函证长期借款，验证其真实性和完整性

审计师应向银行或其他债权人函证长期借款，以证实长期借款的存在和条件，以及有无抵押、担保借款。函证结果应与账面记录进行比较，如有差异应进一步查

明其原因。

3. 审阅长期借款明细账记录并抽查相关会计凭证，验证其合规性和正确性

对年度内增加的长期借款，检查借款合同和授权批准，了解借款数额、借款条件、借款日期、还款期限、借款利率，并与相关会计记录进行核对；对年度内减少的长期借款，检查相关会计记录和原始凭证，核实还款数额；检查年末有无到期未偿还的借款，逾期借款是否办理了延期手续；一年内到期的长期借款是否已转列流动负债。检查外币借款的折算汇率是否恰当，折算差额是否按规定进行会计处理。

4. 复核长期借款利息，验证其计算的正确性和相关会计处理的合规性

根据长期借款利率和期限，复核被审计单位长期借款的利息计算是否正确，有无多算或少算利息的情况以及未计利息或多计利息的情况。重点审查借款费用，查明企业是否按照《企业会计准则第 17 号——借款费用》的规定进行了恰当的会计处理。发生的借款费用，可直接归属于符合资本化条件的资产的购建或生产的，予以资本化，计入相关资产成本；其他借款费用，在发生时根据其发生额确认为费用，计入当期损益。

5. 检查外币长期借款的折算方法是否恰当，并验证其会计处理的正确性

检查非记账本位币长期借款折合记账本位币时采用的折算汇率是否恰当，折算差额是否按规定进行会计处理。

6. 审查长期借款在财务报表中的列报和披露，验证其充分性和恰当性

资产负债表中“长期借款”项目的数额应根据“长期借款”科目的期末余额扣除一年内到期的长期借款后的数额填列，该项扣除额应当填入流动负债类下“一年内到期的长期负债”项下，此外，还应在财务报表附注中对长期借款的增减变动情况和借款条件进行披露。审计师应当审查长期借款在资产负债表中的列报是否恰当，在财务报表附注中的披露是否合规、充分。

三、股本（实收资本）

（一）主要审计目标

股本（实收资本）的主要审计目标：（1）确定股本（实收资本）是否存在；（2）确定股本（实收资本）的增减变动是否符合法律、法规和合同、章程的规定，记录是否完整；（3）确定股本（实收资本）的年末余额是否正确；（4）确定股本（实收资本）在财务报表上的披露是否恰当。

（二）主要审计程序

1. 获取或编制股本明细表，进行必要的复核，了解股本（实收资本）构成的总体情况

当期股本（实收资本）明细表见表 12-5。首先，复核表中的计算是否正确；其次，抽取一些股本（实收资本）的数据，与其相关明细账核对是否相符；再次，

核对明细表中的合计数与股本（实收资本）总账和报表的数据是否相符。

表 12-5　　**股本（实收资本）明细表**　　单位：元

股东类别	属　性	年初余额	本年增加	年末余额	增加原因	是否验资
甲公司		2 000 000	1 600 000	3 600 000	增资	已验
社会公众股东						
合　计		2 000 000	1 600 000	3 600 000		

2. 审阅公司章程与实施细则和股东大会、董事会会议记录，验证股本（实收资本）增加的合规性

审计师应向被审计单位索取公司章程与实施细则和股东大会、董事会的会议记录，认真研究其中有关股本的规定。审计师应了解的资料包括：核定股份和已发行股份的份数、股票面值、股票收回、股票分割及认股权证等。审计师通过审阅这些资料，应进一步确定被审计单位股本的交易是否符合有关的法规规定及股东大会或董事会的决议。根据证券登记公司提供的股东名录，检查被审计单位及其子公司、合营企业与联营企业是否有违反规定的持股情况；检查认股权证及其有关交易，确定委托人及认股人是否遵守认股合约或认股权证中的有关规定。

3. 审查投入资本，验证其真实性和合法性

审计师应审查投资者是否已按合同、协议、章程约定的出资时间和出资方式足额缴付出资额，其出资是否已经注册会计师验证。已验资者，应查阅验资报告。审计师审计时，应当了解企业章程、合同、协议中的出资方式、出资比例，确定其内容的合法性。然后具体分析企业实际募股时，是否与公司章程、合同、协议内容存在差异的情况，了解形成差异的原因，并向公司有关人员了解有关问题。审查股本（实收资本）增减变动的原因，查阅其是否与董事会会议纪要、补充合同、协议及有关法律文件的规定一致，是否与国家相关法律规定一致；逐笔追查至原始凭证，检查其会计处理是否正确。注意有无抽资或变相抽资的情况，如有，应取证核实，作恰当处理。对首次接受委托的客户，除取得验资报告外，还应检查并复印记账凭证及进账单。

4. 审查外币出资的股本（实收资本），验证其折算汇率是否合规，折算差额的会计处理是否正确

出资人以外币出资的，应当按规定的折算汇率将外币折合为人民币，分别记录收到投资的资产账户和实收资本账户，由于有关资产账户和实收资本账户所采用的不同折合汇率而产生的记账本位币差额，作为资本公积处理。审计师应当依据企业合同、投资协议关于外币投资的折算汇率规定，对照有关时期的外币汇价，通过审阅接受投资的资产账户、实收资本账户和资本公积账户，检查被审计单位接受外币投资所选用的汇率是否正确，资本折算差额的计算与会计处理是否符合会计制度的

规定。

5. 审查中外合作企业在合作期间归还的投资，验证其会计处理的正确性

中外合作企业根据合同规定在合作期间如系直接归还投资的，应检查是否符合有关的决议与公司章程和投资协议的规定，款项是否已付出，会计处理是否正确；如系以利润归还投资的，还需检查是否与利润分配的决议相符，并检查与利润分配有关的会计处理是否正确。

6. 审查股本（实收资本）在财务报表中的列报和披露，验证其恰当性和充分性

股本（实收资本）应在资产负债表中单项列报，审计师应核对被审计单位资产负债表中股本（实收资本）项目的数字是否与审定数相符，并检查是否在财务报表附注中披露了与股本（实收资本）有关的重要事项，如股本（实收资本）的种类、各类股本（实收资本）金额及股票发行的数额、每股股票的面值、本会计期间发行的股票等，验证相关披露的充分性和恰当性。

四、资本公积

（一）主要审计目标

资本公积的主要审计目标：（1）确定资本公积是否存在；（2）确定资本公积的增减变动是否符合法律、法规和合同、章程的规定，记录是否完整；（3）确定资本公积年末余额是否正确；（4）确定资本公积在财务报表上的披露是否恰当。

（二）主要审计程序

1. 获取或编制资本公积明细表，进行必要的复核，了解资本公积的总体情况

资本公积明细表见表12-6。首先，复核表中的计算是否正确；其次，抽取一些资本公积的数据，与其相关明细账核对是否相符；再次，核对明细表中的合计数与资本公积总账、报表的数据是否相符。

表12-6　　资本公积明细表　　单位：元

项　目	年初余额	本年增加	本年减少	年末余额	增减原因
股本（资本）溢价	134 658 327.26		134 658 327.26	0	转增资本
接受非现金现资产捐赠准备					
接受现金捐赠					
股权投资准备	29 543 253.86		4 325 432.62	25 217 821.24	
拨款转入	22 000 000.00	1 582 619.18		23 582 619.18	
外币资本折算差额					
其他资本公积	146 397.53			146 397.53	
合计	186 347 978.65	1 582 619.18	138 983 759.88	48 946 837.95	
审计标识与说明					
复核说明与结论					

2. 审查资本公积的增加，验证其形成的合法性和会计处理的正确性

审计师应当根据资本公积形成的内容及其依据，并查阅相关会计记录和原始凭证，确认资本公积形成的合法性和相关会计处理的正确性。在审查中，可按资本公积形成的项目进行。

（1）审查资本溢价或股本溢价。审计师应复核接受投资时，投资人实际出资额大于合同规定的出资额的确切数字，检查其是否全部记录于资本公积账户中；对发生的股本溢价，应审查股票发行价格与股票面值的差额是否在扣除了发行费用后全部记入了资本公积账户。

（2）审查接受捐赠的财产。审计师对被审计单位接受的捐赠资产，主要应审查相关资产是否已实际收到，是否具有有效的移交手续；计价是否按同类资产的市场价格或根据所提供的有关凭据所确定的价值入账，金额是否合理；是否有财产保管人的验收单据；审查相关会计处理是否合规、正确。

（3）审查股权投资准备。对于股权投资准备的审查，应结合长期股权投资账户的审计进行。重点审查：被投资企业有关资本公积增减变动数额是否真实、准确；被审计单位的投资比例和依此比例分享的有关资本公积增减变动数额是否真实、准确。在审计中，审计师应尽量取得被投资企业经过审计的年度财务报表，如与被投资企业的注册会计师沟通或直接向被投资企业联系，获得所需的数据。

（4）审查拨款转入。对于国家拨入的专门用于技术改造、技术研究等的拨款项目，应重点审查是否按国家规定的用途使用，有无挪作他用；检查拨款项目的完成情况，结合专项应付款的审计，检查会计处理是否正确。

（5）审查外币资本折算差额。应审查资本账户折算汇率是否按合同约定确定，并由投资各方认可且合规；资本账户折算汇率是否为记账汇率；相关计算是否正确；相关会计处理是否正确。

（6）审查自用房地产或存货转换为以公允价值计量的投资性房地产，若转换日公允价值大于账面价值，差额是否正确记入本科目，若转换日公允价值小于账面价值，检查差额是否正确记入“公允价值变动损益”科目；处置投资性房地产时，检查相关的资本公积是否已转销。

（7）审查可供出售金融资产形成的资本公积，结合相关科目，检查金额和相关会计处理是否正确。当可供出售金融资产转为采用成本或摊余成本计量时，已记入本科目的公允价值变动是否按规定进行了会计处理；当可供出售金融资产发生减值时，已记入本科目的公允价值变动是否转入资产减值损失；当已减值的可供出售金融资产公允价值回升时，是否正确区分权益工具和债务工具分别确定其会计处理。

（8）审查同一控制下企业的合并，应结合长期股权投资科目，检查被审计单位（合并方）取得的被合并方所有者权益账面价值的份额与支付的合并对价账面价值的差额计算是否正确，是否依次调整本科目、盈余公积和未分配利润。

(9) 审查被审计单位将回购的本单位股票予以注销、用于奖励职工或转让，其会计处理是否正确。

3. 审查资本公积的减少，验证其运用合法性和相关会计处理的正确性

企业资本公积的唯一用途是转增资本。企业将资本公积转增资本，必须经董事会决定并在工商管理部门办理增资手续。审计师对资本公积转增资本，应审查是否符合上述程序，是否办理了相关手续，同时查明相关会计处理是否正确。

4. 审查资本公积在财务报表中的列报与披露，验证其恰当性和充分性

审计师应审查资本公积是否在资产负债表上单独列报，同时还应将资本公积明细账同股东权益（所有者权益）变动表列示的资本公积的本年数和上年数核对相符，并查明是否在财务报表附注中对资本公积作出了充分披露。

五、盈余公积

（一）主要审计目标

盈余公积的主要审计目标：(1) 确定期末盈余公积是否存在；(2) 确定盈余公积的增减变动是否符合法律、法规和合同、章程的规定，记录是否完整；(3) 确定盈余公积年末余额是否正确；(4) 确定盈余公积在财务报表上的披露是否恰当。

（二）主要审计程序

1. 获取或编制盈余公积明细表，进行必要的复核，了解盈余公积的总体情况

盈余公积明细表见表 12-7。首先，复核表中的计算是否正确；其次，抽取一些盈余公积的数据，与其相关明细账核对是否相符；再次，核对明细表中的合计数与盈余公积总账、报表的数据是否相符。

表 12-7　　盈余公积明细表　　单位：元

项　目	年初余额	本年增加	本年减少	年末余额	增减原因
法定盈余公积	570 000	0	570 000	0	转增资本
任意盈余公积	160 000	0	160 000	0	转增资本
储备基金	130 000	100 000	0	230 000	
企业发展基金	2 850 000	1 730 000	0	4 580 000	
合计	3 710 000	1 830 000	730 000	4 810 000	
审计标识与说明					
复核说明与结论					

2. 检查盈余公积各明细项目的提取比例是否符合有关规定

法定盈余公积按税后利润的 10% 提取，当其累计金额达到注册资本的 50% 以上时，可不再提取；任意盈余公积是经股东大会或类似机构批准，按照规定比率提

取，企业可提可不提；储备基金、企业发展基金可由企业自主确定提取比例。审计师对盈余公积进行审计时，主要应检查盈余公积提取是否符合规定并经过适当批准；提取手续是否完备；提取的依据（即税后利润）是否真实、正确；提取项目是否完整；提取比例是否合法，有无多提或少提；相关会计处理是否正确。

3. 检查盈余公积减少数是否符合有关规定，会计处理是否正确

按规定，盈余公积的使用需经过一定的授权批准手续；法定盈余公积和任意盈余公积可用于弥补亏损、转增资本和特别批准后支付股利，但必须符合国家规定的条件；转增资本还必须经批准，依法办理增资手续，取得合法的增资文件；弥补亏损也必须按批准数额转账。在审计时，审计师应检查盈余公积的使用是否符合规定用途并经过批准；相关会计处理是否正确。

4. 审查盈余公积的余额，验证其正确性

审查被审计单位盈余公积余额，如系外商投资企业，还应对储备基金、企业发展基金的发生额逐项审查至原始凭证；如系中外合作经营企业，还应对利润归还投资的发生额审查至原始凭证，并与“实收资本——已归还投资”科目的发生金额核对相符。

5. 审查盈余公积在财务报表中的列报与披露，验证其恰当性和充分性

企业的法定盈余公积、任意盈余公积、储备基金、企业发展基金等应合并为盈余公积项目在资产负债表中列示，在财务报表附注中说明各项盈余公积的期末余额及其期初至期末间的重要变化，同时，企业还应编制股东权益（所有者权益）变动表。在审计时，审计师应审查盈余公积在资产负债表中的列报是否恰当，在财务报表附注中的披露是否充分，股东权益（所有者权益）变动表的编制是否正确。

六、应付利润（股利）和未分配利润

（一）主要审计目标

应付利润（股利）和未分配利润的主要审计目标：（1）确定应付利润（股利）、未分配利润是否存在；（2）确定应付利润（股利）、未分配利润增减变动的记录是否完整；（3）确定应付利润（股利）、未分配利润的年末余额是否正确；（4）确定应付利润（股利）、未分配利润在财务报表上的披露是否恰当。

（二）主要审计程序

1. 获取利润分配表，进行必要的复核，了解企业利润分配的总体情况

首先，复核表中的计算是否正确；其次，抽取一些利润分配的数据，与其相关明细账核对是否相符，如期初未分配利润数是否与资产负债表的年初数、“利润分配——未分配利润”账户的期初余额相符，期末未分配利润数是否与资产负债表的年末数、“利润分配——未分配利润”账户的期末余额相符等。

2. 审查企业利润分配方案，验证其合法性

审计师应检查利润分配方案是否符合合同、协议、章程以及董事会提出的方

案、股东大会决议的规定；是否符合国家法律法规；利润分配数额是否正确。还应检查对资产负债表日后至财务报告批准报出日之间由董事会或类似机构所制订利润分配方案中拟分配的股利，是否在财务报表附注中单独披露。

3. 审查利润分配的相关会计处理，验证其合规性

“利润分配”账户有提取法定盈余公积金、提取任意盈余公积、应付利润（股利）、未分配利润等明细账户。利润分配结束后，应当将其他明细账户的发生额结转到未分配利润账户，结转完毕后，其他明细账户不存在余额。在审计时，应结合以前年度损益调整科目，检查以前年度损益调整的内容是否真实、合理，注意对以前年度所得税的影响。对重大调整事项应逐项核实其发生原因、依据和有关资料、复核数据的正确性；了解本年利润弥补以前年度亏损的情况，如果已超过弥补期限，且已因抵扣亏损而确认递延所得税资产的，应当进行调整。还应当抽查本期未分配利润变动除净利润转入以外的全部相关凭证，结合所获取的文件资料，查明与利润分配相关的会计处理是否正确；“利润分配”明细账户的结转是否恰当。

4. 审查应付利润（股利）账户，并抽查相关的会计凭证，验证其期末余额的正确性

审阅公司章程和股东（大）会决议中有关股利的规定，了解股利分配标准和发放方式是否符合有关规定并经法定程序批准。若被审计单位董事会或类似机构通过利润分配方案拟分配现金股利或利润的，注意是否披露；现金股利是否按公告规定的时间、金额予以发放结算，少数股东的股利是否采用适当方法结算，对无法结算及委托发放而长期未结的股利是否作出适当处理；检查股利支付的原始凭证的内容、金额和会计处理是否正确；检查应付股利的发生额，是否根据股东（大）会决定的利润分配方案，从可供分配利润中计算确定，并复核应付股利计算和会计处理的正确性。

5. 审查应付利润（股利）、未分配利润在财务报表中的列报与披露，验证其恰当性和充分性

七、预计负债

（一）主要审计目标

预计负债的主要审计目标：（1）确定预计负债的计提和转销记录是否完整；（2）确定预计负债的年末余额是否正确；（3）确定预计负债在财务报表上的披露是否充分。

（二）主要审计程序

1. 获取或编制预计负债明细表，并进行必要的复核

预计负债明细表见表 12-8。首先，复核表中的计算是否正确；其次，抽取一些预计负债的数据，与其相关明细账核对是否相符；再次，核对明细表中的合计数

与预计负债总账、报表的数据是否相符。

表 12-8 预计负债明细表 单位：元

明细项目内容	年初余额	本年计提数	本年转销数	年末余额
利息支出	10 000	120 000	90 000	40 000
合 计	10 000	120 000	90 000	40 000
审计标识与说明				
复核说明与结论				

2. 审查预计负债的会计处理是否符合规定

审计师应审查企业预计负债的预提项目和标准，是否符合会计制度和有关规定；预计负债的内容是否真实，预提期限是否合理；预计负债的使用是否符合规定用途，是否及时入账，有无利用预计负债调节成本、费用的行为。

3. 审查预计负债各项目是否符合预提的范围

审计师应注意审查企业的预计负债不按预提的范围而乱提；有无只提不用、不按期结算而长期挂账的情况；有无巧立名目地计提预计负债，任意调节利润。

4. 审查预计负债各期预提的数额是否正确

审计师应审查企业预计负债的计算是否正确，预提期限是否合理；是否根据预提数与实际数之间的差异及时调整提取标准；有无任意改变计提标准，使预计负债与实际偏离较大。

5. 审查预计负债在财务报表中列报和披露的恰当性和充分性

预计负债在资产负债表上的列示，应根据“预计负债”科目期末贷方余额来填列，并应当在财务报表附注中进行必要的说明。在审计中，应当查明预计负债在财务报表中的列报是否恰当，相关披露是否充分。

【延伸阅读】

财政部、审计署等《企业内部控制应用指引第 6 号——资金活动》（财会［2010］11 号）。

【复习思考题】

1. 筹资循环审计涉及哪些业务与账户？
2. 筹资循环审计常见的审计风险有哪些？
3. 简述筹资循环审计的具体目标。
4. 简述短期借款的审计目标与主要审计程序。
5. 简述长期借款的审计目标与主要审计程序。

6. 简述实收资本（股本）的审计目标与主要审计程序。
7. 简述资本公积的审计目标和主要审计程序。
8. 简述盈余公积的审计目标与主要审计程序。
9. 对未分配利润如何进行审计?

【案例分析题】

案例分析 12-1

注册会计师对甲公司 2×10 年财务报表进行审计。当年公司向银行借入一笔长期借款，借款合同规定：(1) 公司以固定资产和存货为借款担保；(2) 公司债务总额与所有者权益之比不得高于 2∶1；(3) 非经银行同意，公司不得派发股利；(4) 自 2×11 年 7 月 1 日起分期归还借款。

要求：试分析注册会计师对上述借款项目进行审计时应采用哪些审计程序?

案例分析 12-2

注册会计师审查某厂实收资本时，发现该厂接受外单位以房屋投资 30 万元，本厂职工集资 18 万元，实收资本增加 48 万元。注册会计师抽查房屋产权证明时，却只有投资协议书，无产权证明。注册会计师又延伸审查投资单位时，在投资单位固定资产明细账中，并无该房屋的记录，只在固定资产管理员手中查到该房屋的临时租赁协议。又审查该厂职工集资协议，符合国家有关规定，清点交来的现金 18 万元正确无误。

要求：请分析上述审计事项存在的问题，并提出处理意见。

第十三章　投资循环审计

第一节　概　述

一、涉及的主要业务与账户

投资循环是与企业有价证券和长期资产的取得与转让有关活动所组成的业务循环。这一循环涉及的交易主要有两大部分：一是对外投资交易，主要是与有价证券投资和其他股权投资取得与转让有关的活动；二是对内投资交易，主要包括固定资产、无形资产取得与转让有关的活动。

涉及的主要会计账户有：交易性金融资产、长期股权投资、持有至到期投资、持有至到期投资减值准备、可供出售金融资产、可供出售金融资产减值准备、投资收益、资本公积、固定资产、累计折旧、在建工程、无形资产等。

二、可能导致重大错报风险的因素

投资循环是企业扩大再生产的重要循环。投资循环的交易数量较少，而每笔交易金额通常较大，对一笔投资业务漏计或不恰当的会计处理，将会导致重大错误，从而对企业财务报表的公允反映产生较大影响。投资循环常见的可能导致重大错报风险的因素有：

（1）投资方案未进行可行性研究或可行性研究不充分，可能造成重大损失浪费；

（2）重大投资项目未按照规定的权限或程序实行集体决策或联签，可能导致投资决策失误；

（3）投资项目实施后未进行跟踪管理，可能导致投资合同履行不畅，投资收益受损；

（4）固定资产的计价不合理，手续不完备；

（5）虚报固定资产毁损，私下变卖企业财产；

（6）固定资产变价收入不入账，存入“小金库”；

（7）随意多提或少提折旧，人为调节成本利润；

（8）随意摊销无形资产，人为调节损益；

（9）故意多计提或少计提对外投资、固定资产、在建工程、无形资产减值准备，蓄意调节损益。

三、具体审计目标

投资循环审计的具体目标见表 13-1。

表 13-1　　**投资循环审计的具体目标**

管理层认定	一般审计目标	具体审计目标
存在或发生	真实性	(1) 交易性金融资产、可供出售金融资产、持有至到期投资、长期股权投资、固定资产、累计折旧、在建工程、无形资产等账面余额为企业资产负债表日确实存在的资产； (2) 投资收益或损失、固定资产处置损益等是由被审计期间实际发生的交易事项引起的； (3) 所有披露的交易、事项和其他情况均已发生，且与被审计单位有关
完整性	完整性	(1) 相关资产增减变动及其收益均已入账； (2) 所有应包括在财务报表中的披露均已包括
权利和义务	权利和义务	交易性金融资产、可供出售金融资产、持有至到期投资、长期股权投资、固定资产、累计折旧、在建过程、无形资产等相关资产账面余额及所示投资均为企业在资产负债表日所拥有的权利
计价和分摊	准确性	所有与投资相关的资产账户入账金额正确、明细账与总账一致
	截止	所有投资交易业务均已记录在恰当的会计期间。
	分类	(1) 所有金融资产投资均已进行了恰当的分类； (2) 固定资产、无形资产已进行了恰当的分类
列报和披露	列报	交易性金融资产、可供出售金融资产、持有至到期投资、长期股权投资、固定资产、在建工程、无形资产等均已在资产负债表中恰当地列报
	披露	交易性金融资产、可供出售金融资产、持有至到期投资、长期股权投资、固定资产、在建工程、无形资产等均已在财务报表附注中作了充分披露
	可理解性	交易性金融资产、可供出售金融资产、持有至到期投资、长期股权投资、固定资产、在建工程、无形资产等在财务报表中的列报和披露表述清楚，易于理解

四、相关内部控制要点

我们以投资循环相关内部控制调查表（见表 13-2）的方式列示投资循环的相关内部控制。审计师应当测试和评价投资循环相关内部控制之设计的健全性以及执行的有效性，并评估控制风险，并据以确定进一步审计程序的性质、时间安排和范围。

表 13-2　　投资循环相关内部控制调查表

调 查 项 目	回 答			备 注
	是	否	不适合	
一、投资业务的岗位分工与授权批准				
1. 是否建立了投资业务的岗位分工责任制	√			
2. 是否配备了合格的人员并根据单位具体情况进行岗位轮换	√			
3. 对投资业务是否建立了严格的授权批准制度	√			
4. 审批人是否超越审批权限进行审批		√		
5. 是否按照规定的程序办理投资业务	√			
二、对外投资管理				
6. 是否建立了对外投资决策环节的控制制度	√			
7. 对外投资预算是否符合国家产业政策、单位发展战略要求和社会需要	√			
8. 投资规模、结构和资金安排是否科学、合理	√			
9. 所有对外投资项目是否均已立项	√			
10. 重大投资项目决策是否实行集体审议联签制	√			
11. 所有对外投资合同是否是经授权部门或人员审查批准后签订	√			
12. 与被投资单位签订投资合同、协议，是否获得被投资单位出具的投资证明		√		有验资报告，无投资证明
13. 是否指定专门的部门或人员对投资项目进行跟踪管理		√		
14. 是否及时足额收取对外投资持有期间获取的利息、股利以及其他收益并及时入账	√			
15. 是否将对外投资业务的所有收支纳入单位会计核算体系	√			
16. 所有投资凭证是否放入保险箱内	√			
17. 是否定期盘点投资凭证并与会计记录核对	√			
18. 是否对投资收回、转让、核销等环节的授权批准、处理程序等作出明确规定	√			
三、固定资产投资管理				
19. 固定资产投资项目是否有预算并经授权批准	√			

续表

调 查 问 题	回 答			备 注
	是	否	不适用	
20. 固定资产投资预算是否符合单位发展战略和生产经营实际需要	√			
21. 是否建立了固定资产验收制度	√			
22. 是否建立了固定资产归口分级管理制度	√			
23. 是否建立了固定资产账簿登记制度和固定资产卡片管理制度	√			
24. 是否建立了固定资产维修保养制度	√			
25. 是否建立了固定资产投保制度	√			
26. 是否建立了固定资产清查盘点制度	√			
27. 固定资产毁损、报废、清理是否经过技术鉴定和授权批准		√		有授权批准但无技术鉴定
28. 重大固定资产的处置是否实行集体审议联签制	√			
29. 是否及时、足额地收取固定资产处置价款并及时入账	√			
30. 出租、出借固定资产是否经单位负责人或其授权人员批准后办理相关手续并签订相关合同	√			
31. 固定资产的内部调拨是否履行一定手续	√			
32. 固定资产折旧方法的确定与变更是否经过董事会批准	√			
四、无形资产投资管理				
33. 无形资产投资项目是否有预算并经授权批准	√			
34. 是否建立了无形资产验收制度	√			
35. 是否建立了专利的注册登记制度	√			
36. 是否建立了无形资产的账簿登记制度	√			
37. 转让、出售无形资产是否经单位负责人或其授权人员批准后办理相关手续并签订相关合同	√			
38. 是否及时、足额地收取无形资产处置价款并及时入账	√			
39. 重大无形资产的处置是否实行集体审议联签制	√			
40. 无形资产摊销方法的确定与变更是否经过董事会批准	√			
五、工程项目投资管理				
41. 是否建立工程项目决策环节的控制制度	√			
42. 是否组织相关专业人员对项目建议书和可行性研究报告的完整性、客观性进行技术经济分析和评审并出具评审意见？	√			

续表

调　查　问　题	回　答			备　注
	是	否	不适用	
43. 是否建立工程项目的集体决策制度？	√			
44. 是否建立工程项目概预算环节的控制制度？	√			
45. 是否建立工程进度价款支付环节的控制制度？	√			
46. 是否对工程合同约定的价款支付方式、有关部门提交的价款支付申请及凭证、审批人的批准意见等进行审查和复核？	√			
47. 对工程项目资金筹集与运用、物资采购与使用、财产清理与变动等业务的会计核算是否真实完整？	√			
48. 是否建立竣工决算环节的控制制度？	√			
49. 是否及时对工程项目进行竣工验收？	√			
50. 验收合格的工程项目是否及时编制财产清单并办理资产移交手续？	√			
六、投资业务的监督检查				
51. 是否建立了对投资业务内部控制的监督检查制度，并明确了监督检查机构或人员的职责权限？	√			

结论：

1. 经内部控制问卷和简易测试后，认为投资循环的内部控制可信赖程度为：

高（√）　中（　）　低（　）

2. 该循环是否需进一步作执行测试：

是（√）　否（　）

复核说明与结论：

第二节　主要账户的审计目标和实质性程序

在本循环审计中，我们主要介绍交易性金融资产、可供出售金融资产、持有至到期投资、固定资产、在建工程和无形资产等账户的主要审计目标和实质性程序。

一、交易性金融资产

（一）主要审计目标

交易性金融资产主要是指企业为了近期内出售而持有的金融资产，如准备随时交易的股票投资和债券投资。

交易性金融资产账户的主要审计目标包括：（1）确定交易性金融资产是否存

在并归被审计单位所有；(2) 确定交易性金融资产的增减变动及其收益（或损失）的记录是否完整；(3) 确定交易性金融资产的计价及年末余额是否正确；(4) 确定交易性金融资产在财务报表上的披露是否恰当。

（二）主要审计程序

1. 取得或编制当期交易性金融资产余额明细表，进行必要的复核，了解其总体情况

当期交易性金融资产（股票）余额明细表见表 13-3。首先，复核表中的计算是否正确；其次，与相关明细账核对是否相符；再次，核对明细表中的合计数与总账的数据是否相符。

表 13-3　**交易性金融资产（股票）余额明细表**　金额单位：元

证券名称	账面余额		收盘价（2014. 12. 31）	市价总额	市价低于成本的差额
	股数	总成本			
福田汽车	50 000	514 076. 25	9. 15	457 500. 00	-56 576. 25
…	…	…	…	…	…
渤海集团	8 000	70 336. 00	7. 94	63 520. 00	-6 816. 00
合计	与函证结果相符	1 205 540. 95	—	1 048 810. 00	-156 730. 95

审计分析：

1. 交易性金融资产项目期初数为 2 351 300. 20 元，期末数为 1 205 540. 95 元，本期比前期减少了 1 145 759. 25 元，减幅高达 48. 73%。减少原因主要是股价连续滑坡，企业减持观望所致。

2. 需着重关注交易性金融资产的期末计价和公允价值变动损益的核算。

复核说明与结论：

2. 实施分析程序，评价其总体合理性

对交易性金融资产实施分析程序，可选择以下方法：(1) 将本期期末余额与期初余额进行比较，发现是否存在异常波动并分析其原因；(2) 分析本期增减变动情况，发现其异常变动并分析其原因；(3) 计算交易性金融资产所占的比例，分析其安全性，要求被审计单位估计交易性金融资产损失。具体见表 13-3。

3. 函证交易性金融资产，验证其真实存在并检查账实是否相符

当前，交易性金融资产，包括股票、债券、基金、票据、期货等，均为电子化凭据，需委托专门的登记结算公司代为保管。因此，要验证交易性金融资产是否真实存在以及期末价值，审计师就应向这些保管机构发出询证函求证。其基本方法与应收账款函证相似。

4. 检查交易性金融资产及其相关收益情况，验证其合规性和会计处理的正确性

审计师在对企业交易性金融资产进行审计时，首先应检查交易性金融资产入账价值是否正确；其次应关注其原始凭证内容是否完整、有无授权批准、损益计算是否正确。此外，还应注意审查相关会计处理是否正确。

5. 检查交易性金融资产公允价值变动损益的会计处理，验证其合理性和正确性

对交易性金融资产公允价值变动损益，审计师应检查企业资产负债表日交易性金融资产的市价和市价资料来源的公允性，验证其会计处理的合理性和正确性。

6. 查验交易性金融资产是否已在财务报表上恰当列报和披露，验证其恰当性和充分性

企业除了在资产负债表中列报交易性金融资产外，还应在财务报表附注中详细披露相关信息，审计师应检查相关披露是否充分、恰当。否则，审计师应考虑在审计报告中予以反映。

二、可供出售金融资产

（一）主要审计目标

可供出售金融资产通常是指企业以公允价值计量且其变动计入当期损益的除持有至到期投资、贷款和应收款项以外的金融资产。

可供出售金融资产账户的主要审计目标包括：（1）确定可供出售金融资产是否存在并归被审计单位所有；（2）确定可供出售金融资产的增减变动及其收益（或损失）的记录是否完整；（3）确定可供出售金融资产的计价及年末余额是否正确；（4）确定可供出售金融资产在财务报表上的披露是否恰当。

（二）主要审计程序

1. 取得或编制当期可供出售金融资产余额明细表，进行必要的复核，了解其总体情况

可供出售金融资产余额明细表见表 13-4。首先，复核表中的计算是否正确；其次，与相关明细账核对是否相符；再次，核对明细表中的合计数与总账的数据是否相符。

2. 实施分析程序，评价其总体合理性

对可供出售金融资产执行分析程序，可选择以下方法：（1）将本期期末余额与期初余额进行比较，发现其异常波动并分析其原因；（2）分析本期增减变动情况，发现其异常变动并分析其原因；（3）计算可供出售金融资产所占的比例，分析其安全性，要求被审计单位估计可供出售金融资产投资减值损失。具体见表13-4。

3. 函证可供出售金融资产，验证其真实存在并检查账实是否相符

企业投资证券通常委托专门机构代为保管，因此，审计师应向这些保管机构发出询证函求证其是否正式存在，进而验证账实是否相符。若有不符，应当查明

原因。

表 13-4　　**可供出售金融资产余额明细表**

证券名称	账面余额		收盘价（20×4. 12. 31）	市价总额	市价低于成本的差额
	股数	总成本			
合　计	与函证结果相符				

审计分析：

1. 可供出售金融资产项目期初数为(　　)元，期末数为(　　)元，本期比前期减少了(　　)元，减幅高达(　　)%。减少原因主要是(　　)所致。

2. 在此状况下应着重关注投资成本的计价和可供出售金融资产减值准备的计提。

复核说明与结论：

4. 检查可供出售金融资产及其相关收益情况，验证其合规性和会计处理的正确性

审计师在对企业可供出售金融资产进行审计时，首先应检查可供出售金融资产入账价值是否恰当，相关会计处理是否正确；其次应关注其原始凭证内容是否完整、有无授权批准。此外，还应检查投资收益的计算是否正确，相关会计处理是否恰当。

5. 检查可供出售金融资产公允价值变动损益的会计处理，验证其合理性和正确性

对可供出售金融资产公允价值变动损益，审计师应检查企业资产负债表日可供出售金融资产的市价和市价资料来源的可靠性，验证其会计处理的合理性和正确性。

6. 检查可供出售金融资产与持有至到期投资在分类上相互划转的会计处理，验证其正确性

管理者意图或能力发生改变，将可供出售金融资产重新分类为持有至到期投资的，应在重分类日按该投资的公允价值进行会计处理。审计师应当检查其划转的理由是否合理、可靠，是否经过恰当批准，并验证其会计处理的正确性。

7. 检查可供出售金融资产减值准备的计提及会计处理，验证其合理性和正确性

审计师应取得各项可供出售金融资产的市价和市价资料的来源，在此基础上复算企业应计提的可供出售金融资产减值准备的恰当性。如果计算结果与账面差异较大，应提请企业予以调整。

8. 查验可供出售金融资产是否已在财务报表上恰当列报和披露，验证其充分恰当性

企业除了在资产负债表中单独列报可供出售金融资产外，还应在财务报表附注中详细披露相关信息，包括相关会计政策，审计师应检查相关披露是否充分、恰当。否则，审计师应考虑在审计报告中予以反映。

三、持有至到期投资

（一）主要审计目标

持有至到期投资是指到期日固定、回收金额固定或可确定，且企业有明确意图和能力持有至到期的非衍生金融资产，如准备持有至到期的债券投资。

持有至到期投资账户的主要审计目标包括：（1）确定持有至到期投资是否存在并归被审计单位所有；（2）确定持有至到期投资的增减变动及其收益（或损失）的记录是否完整；（3）确定持有至到期投资的计价方法及年末余额是否正确；（4）确定持有至到期投资在财务报表上的列报和披露是否恰当。

（二）主要审计程序

1. 取得或编制持有至到期投资余额明细表，进行必要的复核，了解其总体情况

持有至到期投资余额明细表见表 13-5。首先，复核表中的计算是否正确；其次，与相关明细账核对是否相符；再次，核对明细表中的合计数与总账的数据是否相符。

表 13-5 **持有至到期投资余额明细表** 金额单位：元

投资项目	债券面值	年利率	初始投资成本	年初数	本年增加	本年减少	年末数
国债 1（10 年）	50 000	6%	50 000	59 000	3 000	0	62 000
国债 2（5 年）	40 000	4%	40 400	41 600	1 600	0	43 200
…	…	…	…	…	…	…	…
S 债券（10 年）	1 000 000	5%	1 100 000	0	1 150 000	0	1 150 000
合 计	4 400 000	—	4 532 000	2 410 600	2 309 600	0	4 720 200

分析：

1. 持有至到期投资项目期初数为 2 410 600 元，期末数为 4 720 200 元，本期比前期增加了 2 309 600 元，增幅达 95.81%，增加原因主要是本期追加投资所致，未见其他异常情况。

2. 公司的长期性投资累计总额为 39 077 000 元（34 462 000+4 720 200-62 000-43 200），占公司净资产的比例为 43.75%（39 077 000÷89 323 850.24×100%），小于 50%，符合国家有关规定。

复核说明与结论：

2. 实施分析程序，验证其总体合理性

对持有至到期投资实施分析程序，可选择以下方法：（1）将本期期末余额与期初余额进行比较，发现其异常波动并分析其原因；（2）分析本期增减变动情况，发现其异常变动并分析其原因；（3）计算持有至到期投资所占的比例，分析其安全性，要求被审计单位估计持有至到期投资损失。具体见表13-5。

3. 函证持有至到期投资，验证其真实存在并审查账实是否相符

持有至到期投资通常采用托管方式，审计师应向托管单位进行函证，并将函证结果与被审计单位账面记录进行核对，验证其是否真实存在，账实是否相符。

4. 检查持有至到期投资的入账价值，验证其合规性

审计师应检查持有至到期投资的入账价值是否符合规定，溢折价的摊销方法是否合规，会计处理是否正确。重大投资项目，应查阅董事会有关决议，验证其是否经过恰当的审批。

5. 检查投资收益的核算是否恰当，验证其正确性

对于持有至到期投资的利息收入，审计师应按照债券发行人所确定的利率和债券购入日期、存续期等资料计算出每期持有至到期投资的应计利息数，并与企业相关会计记录核对，看是否相符。此外，审计师还应注意，各期的投资收益还应包括持有至到期投资折价或溢价摊销额对应计利息的追加额或抵减额。

6. 检查持有至到期投资与可供出售金融资产在分类上相互划转的会计处理，验证其正确性

管理者意图发生改变，将持有至到期投资重新分类为可供出售金融资产的，应在重分类日按该投资的公允价值进行会计处理。审计师应当检查其划转的理由是否合理、可靠，是否经过恰当批准，并验证其会计处理的正确性。

7. 检查持有至到期投资减值准备的计提及会计处理，验证其合理性和正确性

对有市价的持有至到期投资，审计师应取得各项持有至到期投资的市价及其相关资料，在此基础上复算企业应计提的持有至到期投资减值准备是否恰当。如果计算结果与账面差异较大，应提请企业予以调整。

8. 查验持有至到期投资在财务报表中的列报与披露，验证其恰当性和充分性

企业除了在资产负债表中单独列报持有至到期投资外，还应在财务报表附注中详细披露相关信息，包括相关会计政策，审计师应检查相关披露是否充分、恰当。否则，应要求被审计单位进行相应调整。

四、长期股权投资

（一）具体审计目标

长期股权投资账户的主要审计目标包括：（1）确定长期股权投资是否存在并归被审计单位所有；（2）确定长期股权投资的增减变动及其收益（或损失）的记录是否完整；（3）确定长期股权投资的计价方法（成本法或权益法）及年末余额

是否正确；（4）确定长期股权投资在财务报表上的列报和披露是否恰当。

（二）主要审计程序

1. 取得或编制当期长期股权投资余额明细表，进行必要的复核，了解其总体情况

当期长期股权投资余额明细表见表13-6。首先，复核表中的计算是否正确；其次，与相关明细账核对是否相符；最后，核对明细表中的合计数与总账的数据是否相符。

表13-6 **长期股权投资余额明细表** 金额单位：元

投资项目	投资比例	原始投资	年初数	本年增加	本年减少	年末数
A公司	60%	4 800 000	4 532 000	180 000	0	4 712 000
…	…	…	…	…	…	…
E公司	30%	1 500 000	0	1 500 000	1 800 000	-300 000
G公司	25%	17 000 000	0	18 000 000	500 000	17 500 000
合 计	—	35 800 000	11 032 000	26 730 000	3 300 000	34 462 000

审计分析：

1. 长期股权投资项目期初数为11 032 000元，期末数为34 462 000元，本期比前期增加了23 430 000元，增幅高达212.38%，增加原因主要是本期公司新增投资数额较大所致，未见其他异常情况。

2. 公司长期性投资累计总额为39 077 000元（34 462 000+4 720 200-62 000-43 200），占公司净资产的比例为43.75%（39 077 000÷89 323 850.24×100%），小于50%，符合国家规定。（注：4 720 200元系本期持有至到期投资的期末数，62 000元和43 200元系本期国债数）

3. 因公司长期股权投资业务涉及金额较大、笔数不多，故应列为详细审查对象。

复核说明与结论：

2. 实施分析程序，验证其总体合理性

对长期股权投资实施分析程序，可选择以下方法：（1）将本期期末余额与期初余额进行比较，发现其异常波动并分析其原因；（2）分析本期增减变动情况，发现其异常变动并分析其原因；（3）计算长期股权投资所占的比例，分析其安全性，要求被审计单位估计长期股权投资损失。具体见表13-6。

3. 确定长期股权投资是否存在，并归被审计单位所有

根据有关合同和文件，确认长期股权投资的股权比例和时间，检查长期股权投资核算方法是否恰当、正确；取得被投资单位的章程、营业执照、组织机构代码证等资料，验证长期股权投资的合规性和真实性；必要时向被投资企业进行函证，进一步验证长期股权投资的真实性及其现状。

4. 根据管理层的意图和能力，确定长期股权投资分类是否正确

分析被审计单位管理层的意图和能力，检查有关原始凭证，验证长期股权投资分类的正确性（分为对子公司、联营企业、合营企业和其他企业的投资四类），检查是否包括应由金融工具确认和计量准则核算的长期股权投资。

5. 针对各类长期股权投资分别确定其计价方法、期末余额是否正确

对于应采用权益法核算的长期股权投资，获取被投资单位已经审计的年度财务报表，如果未经审计，则应考虑对被投资单位的财务报表实施适当的审计或审阅程序。复核投资损益时，应以取得投资时被投资单位各项可辨认净资产的公允价值为基础，对被投资单位的净损益进行调整后加以确认。将重新计算的投资损益与被审计单位计算的投资损益相核对，如有重大差异，查明原因，并作适当调整。

对于采用成本法核算的长期股权投资，检查股利分配的原始凭证及分配决议等资料，确定会计处理是否正确。

6. 确定长期股权投资增减变动的记录是否完整

检查本期增加的长期股权投资，追查至原始凭证及相关的文件或决议及被投资单位验资报告或财务资料等，确认长期股权投资是否符合投资合同、协议的规定，会计处理是否正确；检查本期减少的长期股权投资，追查至原始凭证，确认长期股权投资的处理有合理的理由及授权批准手续，会计处理是否正确。

7. 检查长期股权投资减值准备的计提及会计处理，验证其合规性和正确性

核对长期股权投资减值准备本期与以前年度计提方法是否一致，如有差异，查明政策调整的原因，并确定政策改变对本期损益的影响，提请被审计单位作适当披露。

对长期股权投资进行逐项检查，根据被投资单位经营政策、法律环境、市场需求、行业及盈利能力等的各种变化，判断长期股权投资是否存在减值迹象。当长期股权投资可收回金额低于账面价值时，应将可收回金额低于账面价值的差额作为长期股权投资减值准备予以计提，并应与被审计单位已计提数相核对，如有差异，查明原因。

8. 检查长期股权投资业务是否符合国家的限制性规定，验证其合法性

按照公司法规定，除国家规定的投资公司和控股公司外，公司的累计投资额不得超过本公司净资产的50%。因此，对于长期股权投资业务的检查，审计师应结合长期债券投资业务和其他投资业务，计算企业长期投资额占企业净资产的比例，查明企业长期股权投资业务是否符合国家在此方面的限制性规定。

9. 查验长期股权投资在财务报表中的列报与披露，验证其恰当性和充分性

企业除了在资产负债表中单独列报长期股权投资外，还应在财务报表附注中详细披露相关信息，包括相关会计政策。审计师应检查资产负债表中长期股权投资的数字是否与审计认定数相符；财务报表中的相关披露是否充分、恰当。否则，应要求被审计单位进行相应调整。

五、固定资产及累计折旧

(一) 主要审计目标

固定资产及累计折旧账户的主要审计目标包括:(1) 确定固定资产是否存在并归被审计单位所有;(2) 确定固定资产及其累计折旧的增减变动的记录是否完整;(3) 确定固定资产的计价和折旧政策是否恰当,年末余额是否正确;(4) 确定固定资产在财务报表上的披露是否恰当;(5) 确定固定资产清理的核算是否正确。

(二) 主要审计程序

1. 取得或编制固定资产及累计折旧分类汇总表,进行必要的复核,了解其总体情况

固定资产及累计折旧分类汇总表见表 13-7。首先,复核表中的计算是否正确;其次,与相关明细账核对是否相符;最后,核对明细表中的合计数与总账的数据是否相符。

表 13-7 **固定资产及累计折旧分类汇总表** 单位:元

资产类别	固定资产原值					备 注
	年初余额	本年增加	本年减少	调整数	年末余额	
1	2	3	4	5	6=2+3-4+5	
房屋建筑物	26 123 510. 27	351 761. 45	1 178 395. 40		25 296 876. 32	
…	…	…	…		…	
其他设备	3 668 204. 45		389 809. 05		3 278 395. 40	
合 计	57 846 099. 96	3 510 072. 41	5 204 710. 23		56 151 462. 14	
资产类别	累计折旧					备 注（折旧年限）
	年初余额	本年增加	本年减少	调整数	年末余额	
7	8	9	10	11	12=8+9-10+11	
房屋建筑物	5 402 103. 46	794 529. 12	36 351. 52		6 160 281. 06	20～40 年
…	…	…	…		…	…
其他设备	2 663 223. 46	660 276. 80	75 489. 42		3 248 010. 84	5～8 年
合 计	24 258 169. 77	4 698 790. 43	554 342. 65		28 402 617. 55	—

审计说明:1. 期初数与上年审定数核对相符。

2. 期末数与总账、明细账核对相符。

审计分析:1. 固定资产项目本期比前期减少了 1 694 637. 82 元,减幅为 2. 93%,减少原因扣除本期正常增减因素以外,未见其他异常情况。

2. 本期固定资产综合折旧率为 7. 38%(4 144 447. 78①÷56 151 462. 14×100%),与上期的综合折旧率 7. 86%(4 547 070. 40②÷57 846 099. 96×100%)相当,说明本年度累计折旧的计算正常。

复核说明与结论:

① 该数据为当年计提折旧总额,由李钰加工整理而得,经王燕复核,无误。
② 该数据为上年计提折旧总额,由李钰加工整理而得,经王燕复核,无误。

2. 实施分析程序，验证其总体合理性

通过比较本期与前期的固定资产增加或减少，并分析其差异，判断差异产生的原因；计算本期计提折旧额/固定资产总成本的数额，将此比率同上期比较，旨在发现本期折旧额计算上的错误；分析固定资产的构成及其增减变动情况，与在建工程、现金流量表与投资活动相关的现金流量、生产能力等相关信息交叉复核，检查固定资产相关金额的合理性和准确性。具体见表 13-7。

3. 检查固定资产的增加，验证其真实性和会计处理的正确性

审计师应检查本年度增加固定资产的计价是否正确，凭证手续是否齐备；对已经交付使用但尚未办理竣工结算等手续的固定资产，检查其是否暂估入账，并按规定计提折旧；检查资本性支出与收益性支出的划分是否恰当，是否将应计入本期损益的利息计入固定资产成本；重点关注有无不及时将已达到可使用状态的在建工程结转为固定资产的情况；抽查相关凭证，验证其会计处理的正确性。

4. 检查固定资产的实物，验证其真实性和完整性

审计师可以固定资产明细账为起点，进行实地追查，以证明会计记录中新增加的固定资产确实存在，并了解其目前的使用状况；也可以实地为起点，追查至固定资产明细账，以获取实际存在的固定资产均已入账的证据。检查的重点是当年新增加的固定资产。

5. 检查固定资产的所有权，验证其确属被审计单位所拥有

审计师应抽查有关所有权证明文件，确定固定资产是否归被审计单位所拥有。对各类固定资产，审计师应获取不同的证据来确定其是否归企业所有：对外购的机器设备等固定资产，通常审核其采购发票、购货合同等予以确认；对于房产类固定资产，需查阅有关的合同、产权证明、财产税单、抵押借款的还款凭据、保险单等书面文件；对融资租入的固定资产，应验证有关融资租赁合同；对汽车等运输设备，应验证有关运营证件等予以证实；对受留置权限制的固定资产，通常还应审核被审计单位的有关负债项目等予以证实。

6. 检查固定资产的减少，验证其合规性

审计师应检查减少的固定资产是否经授权批准；因不同原因减少的固定资产（如报废清理、出售、对外投资等）的会计处理是否符合有关规定；结合固定资产清理和待处理固定资产净损失科目，抽查固定资产账面转销额是否正确；分析营业外收支等账户，查明有无处置固定资产所带来的收支。

7. 检查固定资产的保险，验证其投保的恰当性

复核固定资产保险范围是否恰当，保险数额是否足够。

8. 检查固定资产的租赁，验证其是否确属融资租赁

获取租入、租出固定资产相关的证明文件，并检查其会计处理是否正确。检查是否存在混淆经营性租赁与融资性租赁的情况。

9. 调查年度内未使用、不需用固定资产的状况

审计师应调查企业有无已完工或已购建但尚未交付使用的新增固定资产，因改扩建等原因暂停使用的固定资产，以及多余或不适用、需要进行处理的固定资产，如有，应作彻底调查，以确定其是否真实。

10. 检查固定资产的折旧，验证其合规性和正确性

检查企业制定的折旧政策和方法是否符合国家有关规定并符合企业实际情况；确定其所采用的折旧方法能否在固定资产使用年限内合理分摊成本，前后期是否一致；如企业采用加速折旧法，是否取得批准文件；复核本期折旧费用的计提是否正确，折旧费用的分配是否合理，相关会计处理是否正确；固定资产增减变动时，有关折旧的会计处理是否符合规定。

11. 检查固定资产清理，验证其合规性和会计处理的正确性

审计师应检查固定资产清理的发生是否有正当理由，是否经有关技术部门鉴定，是否有授权批准，相应的会计处理是否正确。

12. 检查固定资产减值准备，验证其合理性

查明固定资产减值准备的会计政策是否符合企业会计准则的规定和企业实际情况；会计政策是否保持前后一致；计提的依据是否充分；计提的数额是否恰当，相关的会计处理是否正确。重点关注企业有无通过固定资产减值准备的计提调节企业利润的情况。

13. 查验固定资产、累计折旧在财务报表中的列报与披露，验证其恰当性和充分性

审计师应查明企业在资产负债表中所列报的固定资产原值、累计折旧、固定资产减值准备等是否恰当。对于在财务报表附注中的披露，则应查明是否充分说明了以下内容：固定资产的标准、分类、计价方法和折旧方法，各类固定资产的预计使用年限、预计净残值和折旧率；是否分类别披露固定资产和累计折旧在本期的增减变动情况；是否披露固定资产抵押情况和本期从在建工程转入数、本期出售固定资产数、本期置换固定资产数等情况；固定资产减值准备的确认标准和计提方法。即审查财务报表中与固定资产相关的披露是否充分、恰当。否则，应要求被审计单位进行相应调整。

六、无形资产

（一）主要审计目标

无形资产账户的主要审计目标包括：（1）确定无形资产是否存在并归被审计单位所有；（2）确定无形资产的增减变动及其摊销的记录是否完整；（3）确定无形资产的摊销政策是否恰当，年末余额是否正确；（4）确定无形资产在财务报表上的披露是否恰当。

（二）主要审计程序

1. 取得或编制当期无形资产明细表，进行必要的复核，了解无形资产的总体情况

当期无形资产明细表（以审定表代替）见表 13-8。首先，复核表中的计算是否正确；其次，与相关明细账核对是否相符；最后，核对明细表中的合计数与总账的数据是否相符。

表 13-8　　**无形资产审定表**　　单位：元

上年末审定数	未审数核对		调整分录金额	重分类分录金额	年末余额审定数
	项目	金额			
845 000.00B	报表数	468 000.00G	138 000.00		606 000.00T\B
	明细账	468 000.00S			
	土地使用权	468 000.00 *	108 000.00		576 000.00
	商标权	0#	30 000.00		30 000.00
	合计	468 000.00G	138 000.00		606 000.00

审计标识：B：与上年审定数核对相符　　G：与总账核对相符

S：与明细账核对相符　　T\B：与试算平衡表核对相符

审计说明：* 该土地使用权原值为 1 440 000 元，按 10 年摊销，截至上年末累计已计提摊销额为 720 000 元。本年应摊销 144 000 元，期末余额应为 576 000 元，本期多摊销了 108 000 元。#该商标权原值为 600 000 元，按 10 年摊销，截至上年末累计已计提摊销额为 510 000 元。本年应摊销 60 000 元，期末余额应为 30 000 元，本期多摊销了 30 000 元。

审计分析：

1. 无形资产项目期初数为 845 000 元，期末未审数为 468 000 元，本期比前期减少了 377 000元，减幅高达 44.62%，减少原因扣除本期正常摊销因素以外，还有其他非正常因素存在，注意无形资产减少项目的审查。

2. 本期没有无形资产增加项目，减少项目为 1—6 月每月摊销 17 000 元，7—11 月每月摊销 12 000 元，12 月摊销无形资产 120 000 元，应将 7 月和 12 月无形资产的减少列为重点审查范围。

审计结论：经审计调整后，余额 606 000.00 元可以确认。

复核说明与结论：

2. 实施分析程序，验证其总体合理性

对无形资产实施分析程序，可选择以下方法：（1）将本期期末余额与期初余额进行比较，发现其波动并分析其原因；（2）分析本期增减变动情况，发现其异常变动并分析其原因。具体见表 13-8 中“审计分析”。

3. 检查无形资产的所有权，验证其确属被审计单位所拥有

获取有关协议和董事会纪要等文件、资料，检查无形资产的性质、构成内容、计价依据、使用状况和受益期限，确定无形资产是否存在，并由被审计单位拥有或控制。

4. 检查无形资产的增加，验证其真实性和相关会计处理的正确性

审查以接受投资方式取得的无形资产是否按投资各方确认的价值入账，并检查确认价值是否公允，交接手续是否齐全，会计处理是否正确；对自行取得或购入的无形资产，检查其原始凭证，确认计价是否正确，法律程序是否完备，会计处理是否正确。

5. 检查无形资产的减少，验证其合规性和会计处理的正确性

取得无形资产处置的相关合同、协议，检查其会计处理是否正确；注意转让的是所有权还是使用权。另注意出售无形资产时，该项资产已计提的减值准备是否同时被结转。

6. 检查无形资产的摊销，验证其正确性

检查无形资产各项目的摊销政策是否符合有关规定，是否与上期一致；复核无形资产的摊销及其会计处理是否正确。

7. 检查无形资产减值准备，验证其合理性

检查无形资产减值准备计提和转销的批准程序，取得书面报告等证明文件；检查被审计单位计提无形资产减值准备的依据是否充分，计算和会计处理是否正确；检查无形资产转让时，相应的减值准备是否一并结转，会计处理是否正确。

8. 查验无形资产在财务报表中的列报与披露，验证其恰当性和充分性

应审查无形资产在资产负债表中的列报是否恰当。对于无形资产在财务报表附注中的披露，则应查明是否已充分披露了以下内容：无形资产的类别、计价方法和摊销方法，各类无形资产的摊销年限；各类无形资产在本期的增减变动情况；无形资产抵押情况；减值准备的确认标准和计提方法等。审查财务报表附注中与无形资产相关的披露是否充分、恰当。否则，应要求被审计单位进行相应调整。

七、在建工程

（一）主要审计目标

在建工程账户的主要审计目标包括：（1）确定在建工程是否存在并归被审计单位所有；（2）确定在建工程增减变动的记录是否完整；（3）确定在建工程减值准备的计提是否恰当；（4）确定在建工程年末余额是否正确；（5）确定在建工程在财务报表上的披露是否恰当。

（二）主要审计程序

1. 取得或编制在建工程明细表，进行必要的复核，了解在建工程的总体情况

在建工程明细表（以在建工程审定表代替）见表 13-9。首先，复核表中的计算是否正确；其次，与相关明细账核对是否相符；最后，核对明细表中的合计数与

总账的数据是否相符。

表 13-9　　**在建工程审定表**

工程项目名称	概算	预算	工程进度	完工日期	批准文号	资金来源	资金使用	年末结余

审计说明：

经审计，该单位在建工程立项手续齐全，在建工程总账、明细账余额相符，但存在工程项目已交付使用却长期未办理竣工决算的问题。

审计结论：

本科目经审计调整后，审定数可以确认。

复核说明与结论：

2. 实施分析程序，验证其总体合理性

对在建工程实施分析程序，可选择以下方法：（1）将本期期末余额与期初余额进行比较，发现其异常波动并分析其原因；（2）分析本期增减变动情况，发现其异常变动并分析其原因。

3. 审查本期在建工程的增加

对在建工程增加的审查，如果难度和工作量很大，必要时可请专业人员协助进行。在具体审查时，审计师应注意：（1）对重大建设项目，应检查有关项目的立项批文、概算、预算和建设批准文件，以及施工承包合同、现场施工进度报告等资料。（2）对于支付的工程款，应抽查其是否按合同、协议、工程进度或监理进度报告分期支付，付款授权批准手续是否齐全，会计处理是否正确。（3）对于领用的工程物资，应抽查领用是否有审批手续，会计处理是否正确。（4）对于借款费用资本化，应结合长、短期借款、应付债券或长期应付款的审计，检查借款费用资本化的起止日的界定是否合规，计算方法是否正确，资本化金额是否合理，会计处理是否正确。

4. 审查本期在建工程的减少，验证其减少的原因和合理合规性

在审查在建工程减少情况时，审计师应注意：（1）应结合固定资产审计，检查在建工程转销额是否正确，是否存在将已交付使用的固定资产挂列在建工程而少计折旧的情形。（2）检查已完工程项目的竣工决算报告、验收交接单等凭证以及其他转出数的原始凭证，检查会计处理是否正确。

5. 实地检查在建工程状况，验证其真实存在和工程进度

实地观察工程项目的现场，确定在建工程是否真实存在；了解工程项目的实际

完工程度；检查是否存在已达到预计可使用状态，但未办理竣工决算手续、未及时进行会计处理的项目。

6. 检查在建工程减值准备，验证减值准备计提的合理性和合规性

查明在建工程减值准备的会计政策是否符合会计准则的规定和企业实际情况；会计政策是否保持前后一致；计提的依据是否充分，计提的数额是否恰当；相关的会计处理是否正确。审计师要特别关注企业是否存在通过计提在建工程减值准备来调节利润的情况。

7. 查验在建工程在财务报表中的列报与披露，验证其恰当性和充分性

在建工程需要在资产负债表中单独披露，同时应在财务报表附注中披露主要在建工程本期的增减变动、期末余额的组成、相应的资金来源及工程进度等内容；披露在建工程用作抵押、担保的情况；在建工程减值准备的确认标准和计提方法等。审计师应当验证被审计单位的列报是否准确，在财务报表附注中的相关披露是否充分、恰当。

【延伸阅读】

1. 财政部、审计署等《企业内部控制应用指引第 6 号——资金活动》（财会［2010］11 号）。

2. 财政部、审计署等《企业内部控制应用指引第 8 号——资产管理》（财会［2010］11 号）。

3. 财政部、审计署等《企业内部控制应用指引第 11 号——工程项目》（财会［2010］11 号）。

4. 《内部审计实务指南第 1 号——建设项目内部审计》（2005）。

【复习思考题】

1. 在投资循环审计中常见的审计风险有哪些？
2. 简述投资循环内部控制的关键控制点。
3. 如何对交易性金融资产账户进行审计？
4. 如何对可供出售金融资产账户进行审计？
5. 如何对长期股权投资账户进行审计？
6. 如何对持有至到期投资账户进行审计？
7. 如何对固定资产及累计折旧账户进行审计？
8. 如何对在建工程账户进行审计？
9. 如何对无形资产账户进行审计？

【案例分析题】

注册会计师张力对 A 股份公司 2014 年度财务报表进行审计时发现以下情况：

（1）B公司是A公司2014年1月1日在国外投资设立的联营公司，其2014年度财务报表列示的净利润为3 000万元。A公司占B公司40%的股权比例，对其财务和经营政策具有重大影响，在2014年度的财务报表中采用权益法确认了该项投资收益1 200万元。据悉，A公司2014年度财务报表净利润为1 500万元，B公司2014年度的财务报表未经过注册会计师审计。

（2）A公司对C公司长期股权投资为3 500元，C公司在2014年10月已经进入清算程序。A公司在编制2014年度财务报表时对该项长期股权投资计提了1 500万元的减值准备。

（3）A公司于2014年月9月10日与D公司签订并实施了金额为2 000万元、期限为3个月的委托理财协议，协议约定D公司负责股票投资运作，A公司可以随时核查。2014年12月10日，A公司对上述委托理财协议办理了展期手续，并且于当日收到D公司汇来的标明用途为“投资收益”的400万元款项，A公司据此确认投资收益400万元。

要求：

1. 针对事项（1），注册会计师应当考虑发表什么意见类型的审计报告？为什么？

2. 针对事项（2），A公司对该项长期股权投资计提了1 500万元的减值准备是否恰当？为什么？指出注册会计师应当进一步实施的审计程序。

3. 针对事项（3），判断A公司已经确认的投资收益能否确认。如果不能确认，指出注册会计师应进一步实施的审计程序。

第十四章　现金收支循环审计

第一节　概　述

一、涉及的主要业务与账户

现金收支循环是与企业现金收支有关的活动所组成的业务循环。所有业务循环均与现金收支相关，但本业务循环中只介绍其他业务循环不涉及的现金收支业务。因此，本业务循环所涉及的交易主要是现金收支交易，所涉及的主要会计账户有：（1）资产类账户，如库存现金、银行存款、其他应收款等；（2）负债类账户，如其他应付款、应付职工薪酬、应交税费等；（3）成本类账户，如制造费用；（4）损益类账户，如管理费用、销售费用、营业外收入、营业外支出等。

二、可能导致重大错报风险的因素

现金收支循环是企业生产经营活动的重要业务循环，其中的重点项目——货币资金是企业流动性最强的资产，极易被盗窃、贪污或挪用。现金收支循环中常见的可能导致重大错报风险的因素有：

（1）违反现金管理规定，超限额保管现金，坐支现金，扩大现金开支范围；

（2）现金收入不入账，形成“小金库”；

（3）贪污、挪用库存现金；

（4）从银行提取的现金用途不合法、不合理；

（5）出租、出借银行账户以收取好处费；

（6）开立“黑户”，截留收入；

（7）混淆销售费用、管理费用和营业外支出的界限；

（8）混淆资本性支出与收益性支出的界限。

三、具体审计目标

现金收支循环审计的具体目标见表14-1。

四、相关内部控制要点

我们以现金收支循环相关内部控制调查表（见表14-2）的方式列示现金收支循环的相关内部控制要点。审计师应当测试和评价现金收支循环相关内部控制之设计的健全性以及执行的有效性，并评估控制风险，并据以确定进一步审计程序的性质、时间安排和范围。

表 14-1　**现金收支循环审计的具体目标**

管理层认定	一般审计目标	具体审计目标
存在或发生	真实性	(1) 所有已入账的现金收支确实为企业已经实际收付的现金； (2) 所有已入账的库存现金、银行存款、其他应收款确实存在； (3) 所有披露的交易、事项和其他情况均已发生，且与企业有关
完整性	完整性	(1) 所有现金收支业务已全部登记入账； (2) 所有应交税费、管理费用、销售费用等均已入账； (3) 所有应包括在财务报表中的披露均已包括
权利和义务	权利和义务	(1) 库存现金、银行存款和其他应收款是企业在资产负债表日所拥有的权利； (2) 其他应付款、应交税费是企业在资产负债表日所应承担的法律义务
计价和分摊	准确性	(1) 销售费用、管理费用、财务费用等增加金额正确； (2) 其他应付款、其他应收款列示了正确的欠款金额
	截止	(1) 所有现金收支业务均已记录在恰当的会计期间； (2) 所有其他应付款、其他应收款均已记录在恰当的会计期间
	分类	(1) 所有现金收支业务均已恰当分类； (2) 管理费用、销售费用等已恰当分类
列报和披露	列报	库存现金、银行存款、应交税费、其他应付款、管理费用、销售费用等均已在财务报表中恰当地列报和描述
	披露	库存现金、银行存款、应交税费、其他应付款、管理费用、销售费用等均已在财务报表附注中作了充分披露
	可理解性	库存现金、银行存款、应交税费、其他应付款、管理费用、销售费用等在财务报表中的列报和披露表述清楚，易于理解

表 14-2　　现金收支循环相关内部控制调查表

调查人员：李建国　日期：20×4. 02. 15　复核人员：方芳　日期：20×4. 02. 18

调查问题	回答			备注
	是	否	不适用	
1. 是否建立了货币资金业务的岗位分工责任制	√			
2. 是否配备了合格的人员，并根据单位具体情况进行岗位轮换	√			
3. 对货币资金业务是否建立了严格的授权批准制度	√			
4. 审批人是否超越审批权限进行审批		√		
5. 是否按照规定的程序办理货币资金支付业务	√			
6. 对于重要的货币资金支付业务是否实行集体决策和审批，并建立责任追究制度	√			
7. 对于货币资金是否有接触性控制	√			
8. 超过库存限额的现金是否及时存入银行，是否有现金坐支现象			√	在库存现金未突破规定限额时，部分小额零星收入有坐支现象
9. 是否存在超越现金开支范围支付现金的情况		√		
10. 货币资金收入是否及时准确入账	√			
11. 企业是否根据不同的银行账号分别开设银行存款日记账	√			
12. 企业除零星支付外的支出是否通过银行结算	√			
13. 银行存款日记账与总账是否每月末核对相符	√			
14. 银行存款日记账是否定期与银行对账单核对	√			
15. 是否按月与银行对账，编制银行存款余额调节表，做到账实相符	√			
16. 银行存款日记账是否逐笔序时登记	√			
17. 现金是否做到日清月结，并建立和实行定期盘点制度	√			
18. 现金收入、支出是否有合理、合法的凭据	√			
19. 现金收付款凭证是否符合制单、复核、主管终审的三审纵横检控原则	√			
20. 现金支票及现金收付款凭证是否由专人管理	√			
21. 现金支票和银行预留印鉴是否作到分管及签盖分工负责制	√			
22. 支票是否按序签发，开出支票是否使用支票登记簿	√			
23. 作废支票是否加盖“作废”戳记，并与存根一并保存	√			
24. 有无现金收支业务的内部审计制度			√	

结论：

1. 经内部控制问卷和简易测试后，认为现金循环的内部控制可信赖程度为：

高（√）　中（ ）　低（ ）

2. 该循环是否需进一步作控制测试：

是（√）　否（ ）

复核说明与结论：

第二节　主要账户的审计目标和实质性程序

本节主要介绍现金、银行存款、销售费用、应交税费等账户的主要审计目标和实质性程序。

一、现金

（一）主要审计目标

现金账户的主要审计目标包括：（1）确定现金在财务报表日是否确实存在，并为被审计单位所拥有；（2）确定特定期间发生的现金收支业务是否记录完整，没有遗漏；（3）确定现金余额是否正确；（4）确定现金在财务报表上的列报与披露是否恰当。

（二）主要审计程序

1. 取得或编制当期现金、银行存款和其他货币资金余额明细表，进行必要的复核，了解货币资金的总体情况

当期库存现金、银行存款和其他货币资金余额明细表见表 14-3。首先，复核表中的计算是否正确；其次，与相关日记账核对是否相符；最后，核对明细表中的合计数与总账的数据是否相符。

表 14-3　**库存现金、银行存款及其他货币资金余额明细表**　单位：元

项　目	期初数	期末数	备　注
库存现金	16 387. 74 S	1 787. 25B	
银行存款	16 966 582. 41 S	20 768 717. 65B	
其他货币资金			
合计	16 982 970. 15 G	20 770 504. 90G	

审计标识说明：

S：与上年日记账、总账余额核对相符；

B：与本年日记账、总账余额核对相符；

G：加总数正确。

审计分析：

1. 银行存款账户中没有定期存款内容，故不存在高息资金拆借情况。

2. 货币资金项目本期比前期增长 3 787 534. 75 元，增幅达 22. 30%，增长原因主要是本期收回大量货款，与应收账款的增长基本同步，未见异常情况。

复核说明与结论：

2. 实施实质性分析程序，验证现金收支的总体合理性

审计师通常要将本期现金发生额与前期进行对比，还要将本期各月库存现金发生额变动进行对比，通过进行比率分析或趋势分析，以发现异常变动项目，对异常

项目要询问原因并作进一步追查。具体见表 14-3 中“审计分析”一项。

3. 监盘库存现金，编制“库存现金监盘表”，验证库存现金的真实性

监盘库存现金是证实库存现金是否真实存在的一项重要程序。一般来说，监盘库存现金的具体方法是：（1）制订监盘计划，确定监盘时间；（2）审阅库存现金日记账并同时与现金收付凭证相核对；（3）由出纳根据库存现金日记账进行加计累计数额，结出库存现金结余额；（4）监督出纳盘点保险柜的库存现金实存数，编制“库存现金监盘表”；（5）将盘点金额与库存现金日记账余额核对，如有差异，应查明原因，必要时应提请被审计单位作出调整。库存现金监盘表格式见表 14-4。

表 14-4 **库存现金监盘表**

检 查 盘 点 记 录			实有现金盘点记录		
项 目	行 次	人民币（元）	面额（元）	人民币 张数	人民币 金额（元）
上一日账面库存金额	1	5 924. 36	100	53	5 300. 00
盘点日已收款未入账的凭证金额	2		10	49	490. 00
盘点日已付款未入账的凭证金额	3		1	130	130. 00
盘点日账面应有余额	4＝1+2−3	5 924. 36	0. 5	2	1. 00
盘点日实有现金余额	5	5 929. 51	0. 1	82	8. 20
盘点日应有余额与实有余额差异	6＝4−5	−5. 15	0. 05	5	0. 25
差异原因分析	找补款形成差异	−5. 15	0. 02	3	0. 06
追溯至报表账面结存	报表日至盘点日现金付出总额（+）	86 606. 80			
	报表日至盘点日现金收入总额（−）	90 743. 91			
	报表日库存现金应有余额	1 792. 40			
	报表日账面余额	1 787. 25			
	报表日库存现金应有余额与账面余额的差异	−5. 15	合 计		5 929. 51
盘点结果：由于资产负债表日库存现金应有余额与账面余额的差异 5. 15 元，系找补款形成的差异，且金额较小，故可忽略不计。因此可以认为，库存现金余额真实、存在，账实相符。					
复核说明与结论：					

会计主管：王剑 出纳：李娜 监盘人员：李建国 盘点日期：20×4. 1. 16

4. 抽查大额现金收支，验证其合规性

检查库存现金日记账，抽取一定数量的大额现金收支记录，测试其原始凭证是否完整、账证是否相符、有无授权批准，并核对相关账户的进账情况，如有与被审计单位生产经营业务无关的收支事项，应查明原因，并作相应的记录。

5. 检查库存现金收支的截止，验证其截止正确性

为验证被审计单位资产负债表上的货币资金项目中库存现金数额是否以结账日实有数额为准，通常对结账日前后一段时期内现金收支凭证进行审计，以确定是否存在跨期入账事项。

6. 检查外币现金的折算，验证其正确性

对于有外币现金的被审计单位，审计师应检查被审计单位外币现金的收支是否按所规定的汇率折合为记账本位币金额；外币现金期末余额是否按期末市场汇率折合为记账本位币金额；外币折算差额是否按规定记入相关账户。

7. 检查库存现金在财务报表中的列报

库存现金在资产负债表上的“货币资金”项目中列报，审计师在实施上述审计程序后，应确定“库存现金”账户的期末余额是否恰当，据以确定货币资金是否在资产负债表上恰当列报。此外，审计师还应注意企业是否在财务报表附注中披露了现金等价物的确定标准、外币业务的核算方法等相关内容。

二、银行存款

（一）主要审计目标

银行存款账户的主要审计目标包括：（1）确定银行存款在财务报表日是否确实存在，是否为被审计单位所拥有；（2）确定被审计单位在特定期间发生的银行存款收支业务是否均已记录，有无遗漏；（3）确定银行存款的余额是否正确；（4）确定银行存款在财务报表上的披露是否恰当。

（二）主要审计程序

1. 取得或编制当期库存现金、银行存款和其他货币资金余额明细表，进行必要复核，了解货币资金的总体情况

当期库存现金、银行存款和其他货币资金余额明细表见表14-3。首先，复核表中的计算是否正确；其次，核对相关日记账是否相符；再次，核对明细表中的合计数与总账的数据是否相符。如果不相符，应查明原因，并作出适当调整。

2. 实施实质性分析程序，验证银行存款收支情况的总体合理性

审计师通常要将本期银行存款发生额与前期进行对比，还要将本期各月银行存款发生额变动进行对比，通过进行比率分析或趋势分析，以发现异常变动项目，对异常项目要询问原因并作进一步追查；此外，还要计算定期存款占银行存款的比例，了解被审计单位是否存在高息资金拆借，如果存在应进一步分析拆出资金的安全性，检查高额利差的入账情况；计算存放于非银行金融机构的存款占银行存款的

比例，分析这些资金的安全性。具体见表 14-3 中的“审计分析”一项。

3. 函证银行存款余额，验证银行存款的真实性

函证银行存款余额是证实银行存款是否存在的重要程序。审计师通过向被审计单位开户行寄发“银行往来询证函”，不仅可以了解企业银行存款的存在，同时还可以了解企业所欠银行的债务。函证还可用于发现企业未登记的银行借款。

函证时，审计师应向被审计单位在本期存过款（含外埠存款、银行汇票存款、银行本票存款、信用证存款等）的所有银行发函，其中包括零账户和账户已结清的银行。因为有可能存款账户已结清，但仍有银行借款或其他负债存在。并且，虽然审计师已直接从某一银行取得了银行对账单和所有已付支票，但仍应向这一银行进行函证。表 14-5 是银行询证函参考格式。

表 14-5　**银行询证函**　编号:2005001

致建行虹山支行:

本公司聘请的× × ×会计师事务所正在对本公司的财务报表进行审计，按照《中国注册会计师审计准则》的要求，应当询证本公司与贵行的存款、借款往来等账项。下列数据出自本公司账簿记录，如与贵行记录相符，请在本函下端“数据证明无误”处签章证明；如有不符，请在“数据不符及需加说明事项”处列明不符金额；如存在与本公司有关的未列入本函的其他重要信息，也请在“信息不符”处列出其详细资料。回函请直接寄× × ×会计师事务所。

地址:Y 省 K 市××路 123 号贸易大厦 1601 室　　邮编:010001

电话:34567890　　传真：34567898

截至 2014 年 12 月 31 日，本公司银行存款、借款账户余额等列示如下:

①银行存款

账户名称	银行账号	账户性质	币种	利率	余额	备注
××××	11 051 036 910000 212 653	一般户	人民币		244 389.42	

②银行借款

银行账号	币种	余额	借款日期	还款日期	利率	借款条件	备注

③其他事项

公司签章:××××（加盖公章）

日　期:2015 年 2 月 16 日

结论：①数据证明无误

银行签章:中国建设银行虹山支行（加盖公章）　日期:2015 年 2 月 17 日

②数据不符及需加说明事项

银行签章:　　日期:

4. 取得并检查银行存款余额调节表，验证其正确性

银行存款余额调节表通常应由企业根据不同的银行账户及货币种类分别编制，

其格式见表14-6。如果经调节后的银行存款余额存在差异，审计师应查明原因，并作出记录或进行适当的调整。取得银行存款余额调节表后，审计师应检查调节表中未达账项的真实性，以及资产负债表日后的进账情况，如果存在应于资产负债表日之前进账的应作相应的调整。

表14-6　**银行存款余额调节表**

开户行：建行虹山支行　币种：人民币　账号：1105103691000021265　　单位：元

项　目	金　额	项　目	金　额
银行对账单余额	244 389.42	企业银行存款日记账余额	245 279.12
加：企业已收，银行尚未入账金额		加：银行已收，企业尚未入账金额	
其中：1.		其中：1. 3月售A产品货款	180.00
2.		2. 3月售B产品货款	1 110.00
减：企业已付，银行尚未入账金额		减：银行已付，企业尚未入账金额	
其中：1.		其中：1. 交电话费	
2.		2.	2 179.72
调整后银行对账单余额	244 389.42	调整后企业银行存款日记账余额	244 389.42
调整分录：	情况说明： 经调节后，银行对账单余额与银行存款日记账余额一致。		

编制人员：方芳　　复核：李建国　　日期：20×4.2.16

5. 检查一年以上定期存款或限定用途存款，验证其真实性

一年以上的定期存款或限定用途的银行存款，不属于企业的流动资产，应列于其他资产类下，对此，审计师应查明情况，作出相应的记录。

6. 抽查大额银行存款的收支，验证其合规性

核查银行存款日记账，抽取一定数量的大额银行存款收支记录，测试其原始凭证是否完整、账证是否相符、有无授权批准，并核对相关账户的进账情况，如有与被审计单位生产经营业务无关的收支事项，应查明原因，并作相应的记录。

7. 检查银行存款收支的截止，验证其正确性

为验证银行存款数额是否以结账日实有数额为准，审计师通常对结账日前后一段时期内银行存款收支凭证进行审计，以确定是否存在跨期入账事项。为了确保银行存款收付的正确截止，审计师应当在清点支票和支票存根时，确定各银行账户最后一张支票的号码，同时查实该号码之前的所有支票均已开出。在结账日未开出的

支票及其后开出的支票，均不得作为结账日的存款收付入账。

8. 检查外币银行存款的折算，验证其正确性

对于有外币银行存款的被审计单位，审计师应检查被审计单位对外币银行存款的收支是否按所规定的汇率折合为记账本位币金额；外币银行存款期末余额是否按期末市场汇率折合为记账本位币金额；外币折算差额是否按规定记入相关账户。

9. 查验银行存款在财务报表中的列报与披露，验证其恰当性和充分性

银行存款在资产负债表中“货币资金”项目下列报，审计师应在实施上述审计程序后，确定银行存款账户的期末余额是否恰当，据以确定“货币资金”是否在资产负债表上恰当列报。此外，如果被审计单位的银行存款存在抵押、冻结等限制使用情况或者潜在回收风险，审计师应关注其是否已经恰当披露有关情况。

三、销售费用

期间费用包括管理费用、销售费用和财务费用。管理费用的审计应当结合其他相关业务循环进行，如管理费用中工会会费、职工教育经费、待业保险费等与职工薪酬相关的费用项目应当结合人力资源与工薪循环审计、生产与存货循环审计进行，管理费用中的固定资产折旧费、无形资产摊销等应当结合投资循环审计进行；财务费用中的利息收入、利息支出、汇兑损益则应当结合筹资循环审计进行。在本循环中，只重点审查与现金收支相关的销售费用。期间费用的审计目标与实质性程序相似，我们以销售费用账户审计为例，说明期间费用的审计目标与实质性程序。

（一）主要审计目标

销售费用的主要审计目标包括：（1）确定销售费用记录是否完整；（2）确定销售费用的分类、归属和会计处理是否正确；（3）确定销售费用在财务报表上的列报和披露是否恰当。

（二）主要审计程序

1. 获取或编制销售费用明细表，进行必要复核，了解销售费用的总体情况

获取或编制销售费用明细表，见表14-7。首先，复核表中的计算是否正确。其次，检查其明细项目的设置是否符合规定的核算内容与范围，并与明细账和总账余额核对是否相符；如果不相符，应查明原因，并作出适当调整。

2. 实施实质性分析程序，验证销售费用的总体合理性

审计师通常将本期销售费用与上期销售费用进行比较，将本期各月的销售费用进行比较，并将本期与上期的销售费用占销售收入之比进行比较，分析有无重大波动和异常情况，应作为进一步审计程序的重点，以便查明原因，验证其合规性。

3. 抽查销售费用凭证，验证其发生的真实性和合规性

在实施分析程序和审阅销售费用明细账的基础上，选择重要或异常的销售费用项目，检查其原始凭证是否合法，会计处理是否正确。必要时，对销售费用实施截止性测试，检查有无跨期入账现象。

表 14-7　**销售费用明细表**　单位：元

项目 / 月份	运输费	广告费	包装费	保险费	宣传费	其他费用	合 计	各月占全年的比重
1	182 477.82	10 000.00	…	…	9 000.00		215 612.68	9.15%
…	…		…	…			…	…
11	249 477.39		…	…	5 000.00	280.00	256 143.25	10.87%
12	212 183.69		…	…			220 325.53	9.35%
本年合计	2 222 643.05	22 000.00	…	…	18 000.00	280.00	2 356 422.75	100.00%
各项所占比重	94.32%	0.93%	…	…	0.76%	0.01%	100%	—
上年合计	2 571 776.36	16 000.00	…	…	14 000.00	0.00	2 651 776.85	—
增减额	-349 133.31	6 000.00	…	…	4 000.00	280.00	-295 354.10	—
增减率	-13.58%	37.5%	…	…	28.57%	—	-11.14%	—

审计说明：

1. 明细表中直栏数字加总正确，复核无误。

2. 明细表中数字与明细账核对相符，与总账核对相符。

审计分析：从表中可以看出，本期销售费用比前期减少 295 354.10 元，减幅达 11.14%，减少原因主要是客户本期对运输费用的开支加大了监控管理的力度；本期销售费用各月变化不大，主要是受运输费影响，运输费为 2 222 643.05 元，占全年销售费用的 94.32%，应作为审计重点。

复核说明与结论：

4. 查验销售费用在财务报表中的列报与披露，验证其恰当性和充分性

销售费用应在利润表上列报，审计师应在实施上述审计程序后，确定销售费用账户的本期累计净发生额是否恰当，并据以确定其是否在利润表上恰当列报。此外，审计师还应注意企业是否在财务报表附注中披露了销售费用的构成情况及发生变化的原因等相关内容，相关披露是否充分、恰当。

四、应交税费

（一）主要审计目标

应交税费账户的主要审计目标包括：（1）确定应计和已缴税费的记录是否完整；（2）确定应交税费的期末余额是否正确；（3）确定应交税费在财务报表上的列报与披露是否充分。

（二）主要审计程序

1. 获取或编制应交税费明细表，复核其中的计算，了解应交税费的总体情况

当期应交税费明细表见表 14-8。首先，复核表中的计算是否正确。其次，检

查其明细项目的设置是否符合规定的核算内容与范围，并与明细账和总账余额核对是否相符；如果不相符应查明原因，并作出适当调整。

表 14-8　　应交税费明细表　　金额单位：元

税　种	期初未交数	本期应交数	本期已交数	期末未交数	法定税率
增值税	2 179 047.24			2 604 040.70	17%、13%
营业税	2 187.15			5 184 115.99	5%、3%
所得税	796 722.45			6 305 900.59	25%、10%
城建税	131 661.05			493 359.37	5%
个人所得税	36 859.80			13 741.11	超额累进税率
印花税				23 151.38	
资源税	84 360.15			96 009.77	2.8 元/吨
教育费附加					
合　计	3 230 837.84		14 720 318.91		

审计说明：

1. 明细表中直栏数字加总正确，复核无误。

2. 明细表中数字与明细账核对相符，与总账核对相符。

审计分析：从表中可以看出，应交税费本期比前期增加了 11 489 481.07 元，增幅为 35.67%。主要原因一方面是因为公司本期期末数 14 720 318.91 元中含有公司按税法规定代扣代缴工程施工单位的税款 5 685 523.15 元；另一方面是因为公司本期利润总额较前期大幅增长，故应交纳的所得税相应增加所致。

2. 实施实质性分析程序

审计师通常要将本期应交税费发生额与前期进行对比，还要将本期各月应交税费发生额变动进行对比，通过进行比率分析或趋势分析，以发现异常变动项目，对异常项目要询问原因并作进一步追查。具体见表 14-8 中“审计分析”一项。

3. 查阅企业相关资料，并进行分析、核对，验证企业相关处理的合规性

（1）查阅企业纳税鉴定或纳税通知及征、减、免税的批准文件，了解企业适用的税种、计税基础、税率，以及征、减、免税的范围与期限，确认其年度内应纳税项的内容。

（2）取得税务部门汇算清缴或其他确认文件、有关政府部门的专项检查报告、税务代理机构的专业报告、企业纳税申报有关资料等，分析其有效性，并与上述明细表及账面情况进行核对。

（3）核对期初未交税费与税务机关的认定数是否一致，如有差额应查明原因并作出记录，必要时建议作适当调整。

4. 检验应交税费的计算是否正确，是否按规定进行了会计处理

（1）应交增值税的审查。

应交增值税的审查，通常结合营业收入和物资采购的审计进行。审计师对应交增值税的审查，可从以下几方面入手：第一，取得或编制“应交增值税明细表”，复核其正确性，并与明细账核对相符。第二，将“应交增值税明细表”与“增值税纳税申报表”进行核对，审查进项税额、销项税额的入账与申报期间是否一致，金额是否相符，“增值税纳税申报表”有无经税务机关认定。第三，复核国内采购货物、进口货物、购进的免税农产品、接受投资或捐赠、接受应税劳务等应计的进项税额是否按规定进行了会计处理。第四，复核存货销售，或将存货用于投资、无偿馈赠他人、分配给股东（或投资者）应计的销项税额，以及将自产、委托加工的产品用于非应税项目应计的销项税额是否计算正确，是否按规定进行会计处理。第五，复核因存货改变用途或发生非常损失应计的进项税额转出数的计算是否正确，是否按规定进行了会计处理；检查出口货物退税的计算是否正确，是否按规定进行了会计处理。第六，对经主管税务机关批准实行核定征收率征收增值税的被审计单位，应检查其是否按照有关规定正确执行；如果申报增值税金额小于核定征收率计算的增值税金额，还应注意超过申报额部分的会计处理是否正确。

（2）应交营业税的审查。

应交营业税的审查，通常与营业收入的审计结合进行。审计师应在了解企业经营性质并审查纳税范围、适用税目合规性的基础上，进一步审查企业计算应纳营业税额时所用税率是否符合规定，营业额是否真实，价外费用有无漏列或少计情况，复算应纳税额，验证其正确性；将有关凭证与明细账核对以检查其入账的及时性及完整性。此外，还应注意企业销售不动产时，应纳营业税是否已恰当记录。

（3）应交消费税的审查。

应交消费税的审查，通常应当结合企业生产情况和销售收入情况的审计进行。审计师对应交消费税的测试，应结合营业税金及附加等项目，根据审定的应税消费品销售额或销售量，审查消费税的计税依据是否正确，适用税率或单位税额是否符合税法规定，是否按规定进行了会计处理，并分项复核本期应交消费税税额。

（4）应交所得税的审查。

应交所得税的审查，通常结合企业利润总额的审计进行。审计师对应交所得税的测试，应结合所得税项目，确定应纳税所得额及企业所得税税率，复核应交所得税的计算是否正确，是否按规定进行了会计处理。

5. 确定本年度应缴纳的税款，检查有关会计记录和缴税凭证，确认本年度已缴税款和年末未缴税款

6. 查验应交税费在财务报表中的列报，验证其恰当性和充分性

根据企业会计准则的规定，应交税费在资产负债表上列报，审计师应在实施上

述审计程序后，确定应交税费账户的期末余额是否恰当，据以确定应交税费是否在资产负债表中恰当列报。此外，审计师还应注意企业是否在财务报表附注中披露了应交税费各明细项目情况、所得税会计政策、相关税收优惠减免情况等内容，验证其披露的充分性和恰当性。

【延伸阅读】

1.《CSA1312——函证》(2010)。

2. 财政部、审计署等《企业内部控制应用指引第6号——资金活动》(财会[2010] 11号)。

【复习思考题】

1. 在现金收支循环审计中，常见的审计风险有哪些？

2. 审计师对被审计单位现金收支循环内部控制的审查与评价主要从哪些方面进行？

3. 如何对库存现金账户进行审计？

4. 如何对银行存款账户进行审计？

5. 如何对应交税费账户进行审计？

6. 如何对期间费用相关账户进行审计？

【案例分析题】

案例分析 14-1

2015年1月10日上午8时，江南市审计局派出的审计师对永兴公司库存现金进行监盘。经过盘点，实际的情况如下：

(1) 现钞有100元币10张，50元币13张，10元币16张，5元币19张，2元币22张，1元币25张，5角币30张，2角币20张，1角币40张，硬币5角8分，总计1 997.58元。

(2) 已收款尚未入账的收款凭证3张，计530元。

(3) 已付款尚未入账的付款凭证5张，计520元。其中有马明借条一张，日期为2014年7月15日，金额200元，未经批准和也未说明用途。

(4) 库存现金日记账账面记录：2015年1月9日账面余额为1 890.20元；2015年1月1日至2015年1月9日收入现金4 560.16元，支出现金4 120元；2014年12月31日余额为1 550.04元。

要求：(1) 分别指出上述资料是采用什么审计方法（审计程序）、对什么资料进行审查所获得的？

(2) 推算2014年12月31日库存现金实存额，并计算盘盈（亏）数。

(3) 指出该企业在现金管理中存在什么问题，并提出改进建议。

案例分析 14-2

审计师在审查 M 企业 2014 年 12 月销售费用明细账时，发现如下记录：

(1) 专设销售机构人员的工资及奖金 7 300 元；

(2) 预付下一年度的产品广告费 20 000 元；

(3) 招待客户就餐费用 2 500 元；

(4) 支付产品的包装费 3 000 元。

要求：指出上述记录存在问题，并提出处理意见，编制调整分录。要求考虑对企业所得税的影响（设 M 企业所得税率为 25%），但不考虑对利润分配的影响。

第十五章　审计报告

审计报告是审计结果的载体。阅读审计报告，是投资者、债权人、政府监管部门等相关方面了解和利用审计结果的主要途径。为便于使用者更好地理解审计报告，同时也为了规范审计报告，无论是民间审计，还是政府审计、内部审计，均有审计报告准则，为审计报告的格式和内容提供了标准。

第一节　审计报告的定义与作用

一、审计报告的定义

审计报告是审计师根据审计准则的要求，在实施了必要的审计程序后出具的，用于对被审计单位受托经济责任履行情况作出审计结论、发表审计意见的书面文件。审计报告是审计工作的最终结果。

二、审计报告的作用

编写和签发审计报告，是表明审计师完成审计业务的一个重要步骤，是总结性的审计工作，具有重要作用。

（一）审计报告是对审计工作的全面总结

审计报告是在审计师完成所有必要的审计程序，获得充分、适当的审计证据的基础上，对审计证据进行整理、分析和评价后出具的，是表明审计结论，并对审计工作进行全面总结的过程。

（二）审计报告是评价被审计单位受托经济责任履行情况的重要工具

在审计报告中，审计师根据审计目的的侧重点不同，对被审计单位受托经济责任履行情况作出了审计监督和评价结论。如在通常的财务审计中，审计师要对被审计单位财务收支活动和相关经济活动的真实性、合法性以及相关会计资料的合法性、公允性作出审计结论，并发表审计意见。注册会计师在年度财务报表审计中，则主要对被审计单位财务报表的合法性和公允性作出结论并发表意见。

（三）审计报告是向使用者传达所需信息的重要手段

审计师通过在审计报告中作出被审计单位受托经济责任履行情况的独立、客观、公正的审计结论，向审计服务需求者传达了所需的重要信息。如相关监管部门根据审计报告中被审计单位财务收支活动和相关经济活动真实性、合法性和效益性的评价结论，决定是否进行监管及其监管重点；投资者则可据此作出是否追加投资及继续持有投资的决策；债权人可据此作出贷款决策等。

（四）审计报告是表明审计师完成了审计任务、承担审计责任的证明文件

审计师签发了审计报告，就表明审计师完成了审计工作，履行了相应的审计责

任，并愿意对审计报告所发表的审计结论和意见承担法律责任。如果审计师虽然实施了相应审计程序、形成了相应审计结论，但没有签发审计报告，则表明审计师不愿意承担审计法律责任，审计任务没有最终完成。

第二节　审计报告的分类及基本结构

一、审计报告的分类

（一）按审计报告的格式和措辞是否统一，可分为标准审计报告和非标准审计报告

标准审计报告是指格式和措辞基本统一的审计报告。审计职业界认为，为了避免混乱，有必要统一审计报告的格式和措辞，便于使用者准确理解其含义。标准审计报告一般适用于对外公布。

非标准审计报告是指格式和措辞不统一，可以根据具体审计项目的情况来决定的审计报告。非标准审计报告适用于不对外公布的审计报告。

应当注意的是，由于注册会计师出具的年度财务报表审计报告有规范的格式和措辞，均属于标准审计报告。但人们也习惯于将注册会计师出具的标准无保留意见审计报告称为"标准审计报告"或"标准报告"，也称为"标准审计意见"或"标准意见"；将注册会计师出具的非标准无保留意见审计报告，包括带强调事项段的无保留意见审计报告、保留意见审计报告、否定意见审计报告和无法表示意见审计报告，称为"非标准审计报告"或"非标报告"，也称为"非标准审计意见"或"非标意见"。

（二）按审计报告使用的目的，可分为公布目的审计报告和非公布目的审计报告

公布目的审计报告，一般是用于对企业股东、投资者、债权人等非特定利益关系者公布财务报表时所附送的审计报告。

非公布目的审计报告，一般是用于经营管理、合并或业务转让、融通资金等特定目的而实施审计的审计报告。这类审计报告是分发给特定使用者的，如经营者、合并或业务转让的关系人、提供信用的金融机构等。

（三）按审计报告的详略程度，可分为简式审计报告和详式审计报告

简式审计报告，又称短式审计报告，一般用于注册会计师对应公布的财务报表进行审计后所编制的简明扼要的审计报告。简式审计报告反映的内容是非特定多数的利益相关者共同认为的必要审计事项，它具有记载事项为法令或审计准则所规定的特征，具有标准格式。因而，简式审计报告一般适用于公布目的，具有标准审计报告的特点。

详式审计报告，又称长式审计报告，一般是指对审计对象所有重要经济业务和情况都要做详细说明和分析的审计报告。详式审计报告主要用于指出企业经营管理

存在的问题和帮助企业改善经营管理，故其内容要较简式审计报告丰富得多、详细得多。详式审计报告一般适用于非公布目的，具有非标准审计报告的特点。

（四）按审计主体，可分为政府审计报告、内部审计报告、民间审计报告

政府审计报告是指由政府审计机关所签发的审计报告。政府审计的对象主要是管理和使用国有资源的单位，其审计报告的主要使用者为国家权力机关和政府相关部门，一般不对外公布．由于社会公众才是国有资源的真正所有者，随着民主进步，社会公众也应当是政府审计报告的使用者，因而政府审计报告也应当对社会公众公开。我国目前实行了政府审计结果公告制度。

内部审计报告是由内部审计机构签发的审计报告。内部审计的服务对象是单位内部，不对外公开。

民间审计报告是由民间审计组织，即注册会计师出具的审计报告。注册会计师在受托进行年度财务报表审计时，其服务对象为非特定的利益相关者，因而其报告一般对外公开，是标准审计报告。但注册会计师受托进行特定目的的审计业务，其审计报告只提供给特定使用者使用。

（五）按审计内容和目的，可分为财务审计报告、合规审计报告和绩效审计报告

财务审计报告是指审计师进行财务审计所签发的审计报告。合规审计报告则是审计师进行合规审计所签发的审计报告。绩效审计报告则是审计师进行绩效审计所签发的审计报告。

二、主要类型审计报告的基本结构

（一）政府审计报告的基本结构

根据我国《国家审计准则》的规定，审计机关的审计报告（审计组的审计报告）包括下列七个基本要素：

1. 标题。标题统一表述为“审计报告”。

2. 文号。文号一般表述为“××××年第××号”。但审计组的审计报告不含此项。

3. 被审计单位名称。

4. 审计项目名称。审计项目名称一般表述为“××××年度×××××审计”。

5. 内容。内容主要包括：

（1）审计依据，即实施审计所依据的法律法规规定；

（2）实施审计的基本情况，一般包括审计范围、内容、方式和实施的起止时间；

（3）被审计单位基本情况；

（4）审计评价意见，即根据不同的审计目标，以适当、充分的审计证据为基础发表的评价意见，通常包括真实性、合法性和效益性方面的评价。

真实性主要评价被审计单位的会计处理遵守相关会计准则、会计制度的情况，以及相关会计信息与实际的财政收支、财务收支状况和业务经营活动成果的符合程度；合法性主要评价被审计单位的财政收支、财务收支符合相关法律、法规、规章和其他规范性文件的程度；效益性主要评价被审计单位财政收支、财务收支和业务经营经济活动的经济、效率和效果的实现程度。

发表审计评价意见应运用审计师的专业判断，并考虑重要性水平、可接受的审计风险及审计发现问题的数额大小、性质等因素。审计机关只对所审计的事项发表审计评价意见。对审计过程中涉及的审计证据不充分、评价依据或者标准不明确以及超越审计职责范围的事项，不发表审计评价意见。

(5) 以往审计决定执行情况和审计建议采纳情况；

(6) 审计发现的被审计单位违反国家规定的财政收支、财务收支行为和其他重要问题的事实、定性、处理处罚意见以及依据的法律法规和标准；

(7) 审计发现的移送处理事项的事实和移送处理意见，但是涉嫌犯罪等不宜让被审计单位知悉的事项除外；

(8) 针对审计发现的问题，根据需要提出的改进建议。

审计期间被审计单位对审计发现的问题已经整改的，审计报告还应当包括有关整改情况；经济责任审计报告还应当包括被审计人员履行经济责任的基本情况，以及被审计人员对审计发现问题承担的责任；核查社会审计机构相关审计报告发现的问题，应当在审计报告中一并反映。

6. 审计机关名称。审计组的审计报告则为审计组名称及审计组组长签名。

7. 签发日期。审计组的审计报告签发日期通常为审计组向审计机关提交报告的日期。

经济责任审计报告还包括被审计人员姓名及所担任职务。

下面是一份政府审计机关进行企业领导人员任期经济责任审计所出具的审计报告：

封面：

××省 审 计 厅 审计报告 2×11 年第 22 号

被审计单位：××星火（集团）公司

审计项目：原总经理张明同志 2×07—2×10 年任期经济责任审计

正文内容：

根据中共××省委组织部《关于对张明同志任职期间经济责任进行审计的委托书》（×组函［2×11］08 号）的要求和委托事项，审计组于 2×11 年 4 月 21 日至 2×11年 8 月 6 日对张明同志任××星火（集团）公司总经理期间 2×07 年至 2×10 年的经济责任进行了就地审计。审计期间，审计组审查了公司提供的 2×07 年至 2×10 年总公司的账表，抽查了相关凭证，审查了公司提供的生产计划统计资料，并就有关问题抽查了其下属的A矿、B矿、C矿的有关会计账目和凭证。现将审计情况报告如下：

一、基本情况

××星火（集团）公司隶属于××××集团有限公司，是从事××开采的国有企业。公司下属七个二级核算单位，年生产能力：磷矿石采矿××万吨、选矿××万吨、磷矿砂××万吨、磷矿粉××万吨。主产品××供全国各主要磷肥企业使用，磷矿粉产品出口××等东南亚国家和地区。现有职工××××人，各类专业技术人员××××人，离退休人员××××人。张明同志自2×07年1月至2×10年12月任该公司总经理。张明同志任职期间，正值市场萎缩，在经营十分困难的环境下，带领广大职工，克服困难，保证了矿山的正常生产秩序和运营，在省委、省政府支持下，使集团公司在规模上上了一个台阶。张明同志任××星火（集团）公司总经理期间的职责是：（1）全面主持公司的生产经营活动和行政管理工作，是公司的法定代表人，对生产经营结果负责；（2）贯彻执行和组织实施省政府和省××厅下达的生产经营目标，对省××厅和董事会负责；（3）主持编制公司发展战略和规划，主持审定年度经营计划和技改、基建项目计划；（4）组织拟定公司重要规章制度和管理办法；（5）负责二级单位生产经营责任制任务书的签订，并组织考核；（6）按干部管理程序，聘任（解聘）公司中层行政管理人员。

二、××星火（集团）公司的会计责任

××星火（集团）公司对其提供的与审计相关的会计资料、其他证明材料的真实性和完整性负责。

三、审计的基本情况

（一）张明同志任职期间（2×07年至2×10年底）××星火（集团）公司资产、负债、损益情况

××星火（集团）公司2×07年初，资产负债表反映资产总计×万元，其中：流动资产×万元，非流动资产×万元，其中，固定资产×万元，长期股权投资×万元，无形资产及其他非流动资产×万元；负债合计×万元，其中：流动负债×万元，非流动负债×万元；所有者权益合计×万元，其中：实收资本×万元，资本公积×万元，盈余公积×万元，未分配利润×万元。利润表反映当年产品销售收入×万元，当年实现利润总额×万元。

2×10年末，资产负债表反映资产总计×万元，其中：流动资产×万元，非流动资产×万元，其中固定资产×万元，长期股权投资×万元，无形资产及其他非流动资产×万元；负债合计×万元，其中：流动负债×万元，非流动负债×万元；所有者权益合计×万元，其中，实收资本×万元，资本公积×万元，盈余公积×万元，未分配利润×万元。利润表反映当年产品销售收入×万元，当年亏损×万元。

2×07年初，星火（集团）公司资产负债率为×%，流动比率和速动比率分别为×%和×%。企业的资产负债率高，流动比率和速动比率较低。

经审计，我们认为张明同志任职期间 2×07 年至 2×10 年星火（集团）公司资产负债表、利润表反映的数据部分失真，存在少计收入、成本费用核算不准、不实等问题。

（二）张明同志任职期间各项经济指标完成情况

经对张明同志 2×07 年至 2×10 年任职期间各项经济指标完成情况的审核，我们发现：

1. ××厅 2×07 年至 2×10 年下达给××星火（集团）公司的生产计划指标，均未完成。

2. 张明同志同××厅签订的 2×07、2×08、2×09、2×10 四年的《经营责任目标书》中确定的各项经济指标，除 2×08 年的国有资产保值增值率、总资产报酬率、存货周转率三项指标完成外，其余指标均未完成省××厅下达的生产经营指标和资产经营责任目标。详见后面附件。

（三）张明同志任职期间××星火（集团）公司对外投资情况及资产处置情况

1. 对外投资情况。2×10 年末，集团公司有对外投资×个项目，投出资金××万元，其中张明同志任职期间对外投资×个项目，投出资金计×万元。经查会议记录，上述投资均经过集团公司领导班子集体研究。除 B 矿 2×07 年账面反映投资收益×万元外，其余均无投资收益。经查投资协议，对占控股地位的投资项目，如对××××的投资、对××××的投资、对××××的投资，公司未按国家财会制度的规定，将出资额占 20% 以上的投资按权益法进行核算，将出资额占 50% 以上的投资及全资子公司进行财务报表合并，造成集团公司财务报表不实。审计中未对被投资单位进行延伸审计，公司也未向审计组提供对外投资经营状况的有关资料，其盈亏无法确认。

2. 资产处置情况。2×07 年至 2×10 年××星火（集团）公司共处置资产×万元，其中：2×07 年处置资产×万元，2×08 年处置资产×万元，2×09 年处置资产×万元。经审核，未发现违规处置资产的情况。

（四）张明同志任职期间 2×07 年至 2×10 年企业收益分配情况

张明同志任职期间 2×07 年至 2×10 年因企业一直亏损，所以没有进行企业收益分配。

（五）张明同志任职期间企业内部控制制度的建立及执行情况

经对企业内部控制制度的测评，发现该公司虽建立了相关的内部控制制度，但未完全付诸实施，未发挥控制作用。如对账制度不严，公司为各矿垫付货款和各种费用支出均通过往来账核算，公司财务部未按制度要求定期与各矿对账，截至 2×10 年 12 月，公司往来账款余额与各矿余额相差×万元。

（六）张明同志任职期间 2×07 年至 2×10 年个人收入及廉洁自律情况

1. 审计中查阅了 2×07 年至 2×10 年应付职工薪酬账户，并抽查了相关凭证，张明同志三年工资收入共计×万元，奖金收入×万元，相当于该单位职工平均收入的 2.2 倍。

2. 审计期间，向该公司中层干部发出 30 份《关于张明同志在省××星火（集团）公司任职期间个人廉政情况调查问卷》，收回 27 份，25 份有效。15 份认为该同志在其任职期间能积极开拓市场，在经营十分困难的情况下，保证了企业的正常生产秩序和运营，并使集团公司在规范建设方面上了一个台阶；10 份认为张明同志廉洁自律差，有以权谋私行为。

3. 在公司会计账上发现张明本人存在以下问题：

（1）违规报销费用。2×07 年 6 月，张明同志赴港公务期间携带亲属前往，将其亲属往来旅费× 元一并报销。

（2）挪用公款。张明于 2×07 年 4 月至 2×08 年 8 月擅自将××星火（集团）公司的资金×万元转到自己开办的兴华商店使用，至今已达三年。到目前为止，该资金已无法收回。

张明同志对上述为亲属违规报销费用和挪用资金，造成国有资产流失和重大损失应负有直接责任。

四、审计评价意见

张明同志在任职期间，克服运力不足，带领全体职工，挖潜创收，开拓市场，为×××矿产业的发展作出了一定贡献。××星火（集团）公司资产总额从 2×07 年的×亿元上升到 2×10 的×亿元，增长了×%，资产增加部分为拔改贷、国家经营性基金和银行借款扩建 C 矿等项目的增加值；负债从 2×07 年末的×亿元上升到 2×10 年的×亿元，增长×%，其中，长期借款×亿元；累计亏损由 2×07 年末的×万元上升到 2×10 年末的×亿元，增长×%（审计核定数），资产负债率较高。造成上述状况的主要原因是集团公司扩建 C 矿和建设××铁路工程增加贷款所致。在其任职期间内，公司会计资料未能全部真实反映单位的财务状况和经营成果，未能严格执行国家的财经法规和财务制度，存在着少计收入等违反财经法纪的情况，对此，张明同志负有主管责任。为亲属违规报销费用和挪用资金给自己开办的兴华商店使用已达三年，至今本金难以收回，造成国有资产流失和重大损失，张明同志应负直接责任。其任期内生产计划指标和经营考核指标，除 2×08 年完成了国有资产保值增值率、总资产报酬率和存货周转率三项指标外，其余指标均未完成省××厅下达的生产计划指标和经营责任考核目标。

五、存在的主要问题及处理意见

（一）少计收入，漏缴税费

1. 由于按收付实现制核算，造成公司 2×07 年至 2×10 年少计销售收入×万元，漏缴税费×万元。其行为不符合《企业会计准则》第十六条“会计核算应当以权责发生制为基础”的规定。

2. 公司机关 2×08 年 8 月 12 日提供价值×万元产品给 C 矿用于补偿贸易，机关未作销售处理，造成少计收入×万元。

根据《中华人民共和国增值税暂行条例》第一条“在中华人民共和国境内销售货物或者提供加工、修理修配劳务以及进口货物的单位和个人，为增值税的纳税义务人，应当依照本条例缴纳增值税”和《中华人民共和国增值税暂行条例实施细则》第三条“条例第一条所称销售货物，是指有偿转让货物的所有权。本细则所称的有偿，包括从购买方取得货币、货物或其他经济利益”的规定，以上少计销售收入×万元，集团公司应补缴增值税×万元，城建税×万元，教育费附加×万元。

（二）成本费用核算不准确

公司成本费用核算不准确。经审计，公司2×07年至2×10年少计成本费用×万元，多计成本费用×万元，造成各年度损益不实。

1. 公司将长期借款产生的利息×万元列入递延资产，长期挂账，其中：拔改贷利息×万元，国家基本建设经营性基金利息×万元，未计入当期损益，造成损益不实。具体为：A矿长期借款利息至2×10年末余额为×万元，其构成为：2×07—2×10年间形成的中试厂拔改贷利息挂账×万元，2×07—2×10年×万吨/年拔改贷借款形成的利息×万元。2×07—2×10年×万吨/年经营基金借款形成的利息×万元，上述借款形成的利息×万元未计入当期损益。

2. 未按规定摊销开办费。经查，2×07年3月C矿区及××铁路工程已完工交付使用，形成长期待摊费用×万元（其中：C矿区长期待摊费用×万元，××铁路长期待摊费用×万元），但2×08、2×09、2×10年均未摊销。2×07年根据公司规定，按5%摊销×万元，违反了《企业会计制度》规定。按公司所提供的摊销期限为5年计算，则2×07年至2×10年少摊销长期待摊费用×万元（其中：2×07年少摊销×万元、2×08年少摊销×万元、2×09年少摊销×万元、2×10年少摊销×万元），造成2×07—2×10年损益不实。

（三）冲减“剥离费”影响当年损益

2×07年末公司下属A矿、B矿预提“××费”挂账余额×万元（其中：A矿×万元，B矿×万元）未冲减费用。公司于2×07年冲减产品销售成本×万元（其中：A矿冲减成本×万元，B矿冲减成本×万元），2×08年B矿冲减产品销售成本×万元，造成损益不实。

集团公司应对以上问题调整以前年度损益。张明同志对上述问题负有主管责任。

（四）债权存在潜在亏损×万元

经抽查，销售公司2×10年底共有呆、坏账×笔，金额为×万元，其中10年以上的有×笔，计×万元；3至10年的有×笔，计×万元；3年以内的×笔，计×万元。以上款项大多已难以收回，存在潜在亏损因素。

六、审计建议

1. 星火集团公司要进一步学习贯彻落实新《会计法》，增强财经纪律观念，按照国家现行财经法规和《企业会计准则》、《企业会计制度》的规定规范公司财务核算行为，加强财务管理，健全财务和内部审计监督，特别要加强对下属单位财务会计的监督管理工作，真实地反映企业的经营成果。

2. 加强资产管理，特别要加强对外投资项目的跟踪管理，将出资额占20%以上的投资按权益法进行核算，将出资额占50%以上的投资进行财务报表合并，真实地反映对外投资的成果。

3. 加强债权债务的清理。一是加强公司内部债权债务清理，把上下的账务理清；二是对经营中出现的债权要组织力量及时催收，对不良资产按规定报请有关部门批准处理，以准确反映企业的资产状况。

附件：

1. 张明同志2×07年任职期间各项经济指标完成情况核定表（略）
2. 张明同志2×08年任职期间各项经济指标完成情况核定表（略）
3. 张明同志2×09年任职期间各项经济指标完成情况核定表（略）
4. 张明同志2×10年任职期间各项经济指标完成情况核定表（略）

××省审计厅（公章）
2×11年8月25日

（二）内部审计报告的基本结构

根据我国《第2106号内部审计具体准则——审计报告》的规定，内部审计报告应当包括的基本要素有：（1）标题；（2）收件人；（3）正文；（4）附件；（5）签章；（6）报告日期；（7）其他。

内部审计报告的正文应包括的主要内容有：（1）审计概况：说明审计目标、审计范围、审计内容及重点、审计方法、审计程序及审计时间等内容；（2）审计依据：应声明实施审计所依据的相关法律法规、内部审计准则等规定；（3）审计发现，即对被审计单位的业务活动、内部控制和风险管理实施审计过程中所发现的主要问题的事实；（4）审计结论：根据已查明的事实，对被审计单位业务活动、内部控制和风险管理所作的评价；（5）审计意见，即针对审计发现的主要问题提出的处理意见；（6）审计建议：针对审计发现的主要问题提出的改善业务活动、内部控制和风险管理的建议。

此外，审计报告的附件应包括对审计过程与审计中发现问题的具体说明、被审计单位的反馈意见等内容。可见，其基本结构与内容与政府审计报告正文相似。

（三）注册会计师审计报告的基本结构

具体内容详见本章第三节。

第三节　注册会计师财务报表审计报告

一、注册会计师财务报表审计报告的基本内容

根据中国注册会计师审计准则①的相关规定，财务报表审计报告的基本类型有五种：标准无保留意见、带强调事项段的无保留意见、保留意见、否定意见和无法表示意见的审计报告。标准无保留意见审计报告应当包括的基本内容和基本措辞如下：

1. 标题。统一规范为“审计报告”，以突出业务性质，并与其他业务报告相区别。

2. 收件人。指注册会计师按照业务约定书的要求致送审计报告的对象，一般是被审计单位的股东或治理层。审计报告应当载明收件人的全称。一般可用“××股份有限公司全体股东”、“××有限责任公司董事会”。

3. 引言段。主要是简要说明审计范围，通常应当包括：（1）指出被审计单位的名称；（2）说明财务报表已经过审计；（3）指出构成整套财务报表的每一财务报表的名称；（4）提及财务报表附注（包括重要会计政策概要和提前解释性信息）；（5）指明构成整套财务报表的每一财务报表的日期和涵盖的期间。这有助于使用者正确了解审计的范围。

4. 管理层对财务报表的责任段。主要是说明管理层对财务报表应承担的责任，通常以“管理层对财务报表的责任”为标题，并表述为：“编制财务报表是管理层的责任，这种责任包括：（1）按照适用的财务报告编制基础编制财务报表，并使其实现公允反映；（2）设计、执行和维护必要的内部控制，以使财务报表不存在由于舞弊或错误导致的重大错报。”这有利于区分管理层和注册会计师的责任，降低财务报表使用者误解注册会计师责任的可能性。

5. 注册会计师的责任段。主要陈述注册会计师所承担的审计责任以及如何履行其审计责任，通常以“注册会计师的责任”为标题，表述四个方面的内容：（1）注册会计师的责任，即在执行审计工作的基础上对财务报表发表审计意见。（2）注册会计师执行审计的标准，包括中国注册会计师审计准则和职业道德守则。（3）注册会计师所执行的主要工作，包括实施审计程序、注册会计师的职业判断、风险评估、评价管理层选用会计政策和作出会计估计、评价财务报表的总体列报等。（4）注册会计师对审计证据充分性和适当性的评价。

6. 审计意见段。主要陈述注册会计师对被审计单位财务报表合法性和公允性

---

①　与通用目的财务报表审计报告直接相关的审计准则有三个，即《中国注册会计师审计准则第1501号——对财务报表形成审计意见和出具审计报告》和《中国注册会计师审计准则第1502号——在审计报告中发表非无保留意见》和《中国注册会计师审计准则第1503号——在审计报告中增加强调事项段和其他事项段》。

的审计意见。

7. 注册会计师的签名并盖章。审计报告由两名注册会计师签名、盖章并经事务所盖章方为有效。

8. 会计师事务所的名称、地址和公章。

9. 报告日期。报告日期指注册会计师完成审计工作的日期。审计报告日不应早于注册会计师获取充分、适当的审计证据并形成审计意见的日期。在确定审计报告日时，注册会计师应当确信已获取下列两方面的审计证据：（1）构成整套财务报表的所有报表（包括相关附注）已编制完成；（2）被审计单位的董事会、管理层或类似机构已经认可其对财务报表的责任。

二、其他报告责任的处理

在财务报表审计中，注册会计师除了对财务报表发表审计意见之外，还可能承担报告其他事项的额外责任，这些责任是注册会计师按照审计准则对财务报表出具审计报告之外的责任的补充。例如，如果注册会计师在财务报表审计中注意到某些事项，可能被要求对这些事项予以报告。此外，注册会计师可能被要求实施额外的规定的程序并予以报告，或对特定事项（如会计账簿和记录的适当性）发表意见。如果相关法律和法规要求或允许注册会计师在对财务报表出具的审计报告中报告这些其他责任，那么，这些其他报告责任需在审计报告中单独作为一部分，并以“按照相关法律法规的要求报告的事项”为标题予以说明，以便将其与财务报表的报告责任明确区分。

如果审计报告包含“按照相关法律法规的要求报告的事项”部分，审计报告应当区分为“对财务报表出具的审计报告”和“按照相关法律法规的要求报告的事项”两部分。前者置于“对财务报表出具的审计报告”标题下；后者置于“按照相关法律法规的要求报告的事项”标题下，放在“对财务报表出具的审计报告”部分之后。

其他类型的审计报告，需要在标准无保留意见审计报告的基础上增加说明段或强调事项段。

在我国，在审计实务中，通常将其他报告责任另行出具专门的报告，审计报告仅对财务报表发表意见。

三、标准无保留意见审计报告

（一）标准无保留意见审计报告的签发条件

标准无保留意见审计报告，是注册会计师对被审计单位财务报表发表不带强调事项段的无保留意见审计报告。注册会计师经过审计后，认为被审计单位财务报表符合下列所有条件，就应当出具标准无保留意见的审计报告：

（1）财务报表在所有重大方面已经按照适用的财务报告编制基础的规定编制，

公允反映了被审计单位的财务状况、经营成果和现金流量；

（2）注册会计师已经按照审计准则的规定计划和执行审计工作，在审计过程中未受到限制。

（3）没有必要在审计报告中增加强调事项段或任何修饰性用语。

综合起来，注册会计师出具标准无保留意见审计报告的条件：一是财务报表的编制合法，反映公允；二是审计范围没有受到重大限制；三是不需要增加强调事项段或其他事项段。

（二）标准无保留意见审计报告的专业术语

以“我们认为”作为意见段的开头，并使用“在所有重大方面”、“公允反映了”等专业术语。

标准无保留意见审计报告范例如下：

审 计 报 告

西南振华股份有限公司全体股东：

一、对财务报表出具的审计报告[①]

我们审计了后附的西南振华股份有限公司（以下简称西南振华）财务报表，包括2×10年12月31日的资产负债表，2×10年度的利润表、现金流量表、股东权益变动表以及财务报表附注。

（一）管理层对财务报表的责任

编制和公允列报财务报表是西南振华管理层的责任，这种责任包括：（1）按照企业会计准则[②]的规定编制财务报表，并使其实现公允反映；（2）设计、执行和维护必要的内部控制，以使财务报表不存在由于舞弊或错误而导致的重大错报。

（二）注册会计师的责任

我们的责任是在执行审计工作的基础上对财务报表发表审计意见。我们按照中国注册会计师审计准则的规定执行了审计工作。中国注册会计师审计准则要求我们遵守中国注册会计师职业道德守则，计划和执行审计工作以对财务报表是否不存在重大错报获取合理保证。

审计工作涉及实施审计程序，以获取有关财务报表金额和披露的审计证据。选择的审计程序取决于注册会计师的判断，包括对由于舞弊或错误导致的财务报表重大错报风险的评估。在进行风险评估时，注册会计师考虑了与财务报表编制和公允列报相关的内部控制，以设计恰当的审计程序，但目的并非对内部控制的有效性发表意见。审计工作还包括评价管理层选用会计政策的恰当性和作出会计估计的合理性，以及评价财务报表的总体列报。

---

① 如果审计报告中不包含“按照相关法律法规的要求报告的事项”部分，则不需要加入此标题。
② 假定西南振华公司财务报告编制基础只有“企业会计准则”，下同。

我们相信，我们获取的审计证据是充分、适当的，为发表审计意见提供了基础。

（三）审计意见

我们认为，西南振华的财务报表在所有重大方面按照企业会计准则的规定编制，公允反映了西南振华2×10年12月31日的财务状况以及2×10年度的经营成果和现金流量。

二、按照相关法律法规的要求报告的事项

（本部分报告的格式与内容，取决于相关法律法规对其他报告责任的规定）

南华会计师事务所有限公司　　　　中国注册会计师：赵××（签名并盖章）[①]
（盖章）　　　　中国注册会计师：陈××（签名并盖章）
中国××市

2×11年3月28日

四、保留意见审计报告

（一）签发保留意见审计报告的条件

如果认为财务报表整体是公允的，但还存在下列情形之一时，注册会计师应当出具保留意见审计报告：

（1）在获取充分、适当的审计证据后，认为错报单独或汇总起来对财务报表影响重大，但不具有广泛性；

（2）无法获取充分、适当的审计证据以作为形成审计意见的基础，虽然认为未发现的错报（如存在）对财务报表可能产生的影响重大，但不具有广泛性。

可见，注册会计师发表保留意见，要么是因为被审计单位财务报表局部不合法或不公允；要么是因为局部审计范围受到重大限制。

（二）保留意见审计报告的基本内容与专业术语

1. 保留意见审计报告的基本内容

保留意见审计报告的基本内容除了包括标准无保留意见审计报告的基本内容外，还应当在审计报告的“注册会计师的责任”段之后、“审计意见”段之前增加“导致保留意见的事项”段，清楚地说明导致保留意见的所有原因，并在可能情况下指出其对财务报表的影响程度。可分为两种情形：

一是与具体金额相关的重大错报。如果财务报表中存在与具体金额（包括定量披露）相关的重大错报，注册会计师应当在“导致保留意见的事项”段中说明并量化该错报的财务影响。如果无法量化财务影响，也应当说明这一情况。

① 赵××系南华会计师事务所有限公司的主任会计师。该审计报告由主任会计师和项目负责人陈××共同签字。在会计师事务所转制为特殊普通合伙制后，签字注册会计师中至少有一人为合伙人。

二是与叙述性披露相关的重大错报。如果财务报表中存在与叙述性披露相关的重大错报，则应当在“导致保留意见的事项”段中解释该错报是如何发生的。

2. 保留意见审计报告的专业术语

此时，应当对审计意见段使用恰当的标题，通常为“保留意见”；修改对注册会计师责任的描述，以说明为发表保留意见提供了基础。

当由于财务报表存在重大错报而发表保留意见时，应当在“审计意见”段中说明：注册会计师认为，除了“三、导致保留意见的事项”段所述事项产生的影响外，财务报表在所有重大方面按照适用的财务报告编制基础编制，并实现公允反映；使用“由于‘三、导致保留意见的事项’段所述事项产生的影响外”等专业术语。

当无法获取充分、适当的审计证据而导致发表保留意见时，注册会计师应当在审计意见段中使用“除由于‘三、导致保留意见的事项’段所述事项可能产生的影响外”，并应当在“注册会计师的责任段”中提及这一情况。

下面是注册会计师因审计范围受到限制而出具的保留意见审计报告：

审 计 报 告①

ABC 股份有限公司全体股东：

我们审计了后附的 ABC 股份有限公司（以下简称 ABC 公司）财务报表，包括 2×10 年 12 月 31 日的资产负债表，2×10 年度的利润表、现金流量表、股东权益变动表以及财务报表附注。

一、管理层对财务报表的责任

编制和公允列报财务报表是 ABC 公司管理层的责任，这种责任包括：（1）按照企业会计准则的规定编制财务报表，并使其实现公允反映；（2）设计、执行和维护必要的内部控制，以使财务报表不存在由于舞弊或错误而导致的重大错报。

二、注册会计师的责任

我们的责任是在执行审计工作的基础上对财务报表发表审计意见。**除本报告“三、导致保留意见的事项”段所述事项外**②，我们按照中国注册会计师审计准则的规定执行了审计工作。中国注册会计师审计准则要求我们遵守中国注册会计师职业道德守则，计划和执行审计工作以对财务报表是否不存在重大错报获取合理保证。

审计工作涉及实施审计程序，以获取有关财务报表金额和披露的审计证据。选择的审计程序取决于注册会计师的判断，包括对由于舞弊或错误导致的财务报表重大错报风险的评估。在进行风险评估时，注册会计师考虑了与财务报表编制和公允列报相关的内部控制，以设计恰当的审计程序，但目的并非对内部控制的有效性发

① 假定注册会计师在审计中没有其他报告责任，即审计报告中不包含“按照相关法律法规的要求报告的事项”部分。

② 本处加粗是为了突出与标准审计报告的区别，显示与无保留意见审计报告的差异，下同。

表意见。审计工作还包括评价管理层选用会计政策的恰当性和作出会计估计的合理性，以及评价财务报表的总体列报。

我们相信，我们获取的审计证据是充分、适当的，为发表保留意见提供了基础。

三、导致保留意见的事项

ABC公司2×10年12月31日的应收账款余额×万元，占资产总额的×%。由于ABC公司未能提供债务人地址，我们无法实施函证以及其他审计程序，以获取充分、适当的审计证据。

四、保留意见

我们认为，除由于“三、导致保留意见的事项”段所述事项可能产生的影响外，ABC公司财务报表在所有重大方面按照企业会计准则的规定编制，公允反映了ABC公司2×10年12月31日的财务状况以及2×10年度的经营成果和现金流量。

××会计师事务所有限公司（盖章）

中国注册会计师：×××（签名并盖章）

中国注册会计师：×××（签名并盖章）

中国××市

2×11年×月×日

下面是因财务报表局部不合法或不公允而出具的保留意见审计报告：

审计报告[①]

西南振华股份有限公司全体股东：

我们审计了后附的西南振华股份有限公司（以下简称西南振华）财务报表，包括2×10年12月31日的资产负债表，2×10年度的利润表、现金流量表、股东权益变动表以及财务报表附注。

一、管理层对财务报表的责任

编制和公允列报财务报表是西南振华管理层的责任，这种责任包括：（1）按照企业会计准则的规定编制财务报表，并使其实现公允反映；（2）设计、执行和维护必要的内部控制，以使财务报表不存在由于舞弊或错误而导致的重大错报。

二、注册会计师的责任

我们的责任是在执行审计工作的基础上对财务报表发表审计意见。我们按照中国注册会计师审计准则的规定执行了审计工作。中国注册会计师审计准则要求我们遵守中国注册会计师职业道德守则，计划和执行审计工作以对财务报表是否不存在重大错报获取合理保证。

审计工作涉及实施审计程序，以获取有关财务报表金额和披露的审计证据。选

① 假定注册会计师在审计中没有其他报告责任，即审计报告中不包含“按照相关法律法规的要求报告的事项”部分。

择的审计程序取决于注册会计师的判断，包括对由于舞弊或错误导致的财务报表重大错报风险的评估。在进行风险评估时，注册会计师考虑了与财务报表编制和公允列报相关的内部控制，以设计恰当的审计程序，但目的并非对内部控制的有效性发表意见。审计工作还包括评价管理层选用会计政策的恰当性和作出会计估计的合理性，以及评价财务报表的总体列报。

我们相信，我们获取的审计证据是充分、适当的，为发表保留意见提供了基础。

三、导致保留意见的事项

根据西南振华公司存货会计政策，我们认为，西南振华公司在2×10年度少结转产品销售成本318万元，少计提存货跌价准备18万元。相应地，西南振华公司2×10年12月31日的存货应当减少336万元，2×11年度利润总额和净利润应当分别减少336万元和252万元。

四、保留意见

我们认为，除由于“三、导致保留意见的事项”段所述事项产生的影响外，西南振华公司财务报表在所有重大方面按照企业会计准则的规定编制，公允反映了西南振华公司2×10年12月31日的财务状况以及2×10年度的经营成果和现金流量。

南华会计师事务所有限公司 中国注册会计师：赵××（签名并盖章）
（盖章） 中国注册会计师：陈××（签名并盖章）

中国××市

2×11年3月28日

五、否定意见审计报告

（一）签发否定意见审计报告的条件

否定意见是指注册会计师认为被审计单位财务报表没有在所有重大方面按照适用的财务报告编制基础的规定编制，未能公允反映其财务状况、经营成果和现金流量而发表的审计意见。否定意见说明被审计单位的财务报表不能信赖，因此，无论是注册会计师，还是被审计单位都不希望发表此类意见。在审计实务中，发表否定意见的情况极其罕见。

在获取充分、适当的审计证据后，如果认为错报单独或汇总起来对财务报表的影响重大且具有广泛性，则应当发表否定意见。即出具否定意见的审计报告，是因为被审计单位财务报表整体不公允，存在重大错报，且其影响具有广泛性。

（二）否定意见审计报告的基本内容与专业术语

1. 否定意见审计报告的基本内容

除了包括标准无保留意见审计报告的基本内容外，否定意见审计报告的基本内容还应当在审计报告的“注册会计师的责任”段之后、“审计意见”段之前增加“三、导致否定意见的事项”段，清楚地说明导致否定意见的所有原因，并在可能情况下，指出其对财务报表的影响程度。

2. 否定意见审计报告的专业术语

此时，应当对“审计意见”段使用恰当的标题，通常为“否定意见”；修改对注册会计师责任的描述，以说明为发表否定意见提供了基础；在“审计意见”段中说明：注册会计师认为，由于“三、导致否定意见的事项”段所述事项的重要性，财务报表没有在所有重大方面按照适用的财务报告编制基础编制，未能实现公允反映；使用“由于“三、导致否定意见的事项”段所述事项的重要性”、“财务报表没有在所有重大方面按照……的规定编制，未能公允反映……”等专业术语。

审 计 报 告

西南振华股份有限公司全体股东：

我们审计了后附的西南振华股份有限公司（以下简称西南振华）财务报表，包括2×10年12月31日的资产负债表，2×10年度的利润表、现金流量表、股东权益变动表以及财务报表附注。

一、管理层对财务报表的责任

编制和公允列报财务报表是西南振华管理层的责任，这种责任包括：（1）按照企业会计准则的规定编制财务报表，并使其实现公允反映；（2）设计、执行和维护必要的内部控制，以使财务报表不存在由于舞弊或错误而导致的重大错报。

二、注册会计师的责任

我们的责任是在执行审计工作的基础上对财务报表发表审计意见。我们按照中国注册会计师审计准则的规定执行了审计工作。中国注册会计师审计准则要求我们遵守中国注册会计师职业道德守则，计划和执行审计工作以对财务报表是否不存在重大错报获取合理保证。

审计工作涉及实施审计程序，以获取有关财务报表金额和披露的审计证据。选择的审计程序取决于注册会计师的判断，包括对由于舞弊或错误导致的财务报表重大错报风险的评估。在进行风险评估时，注册会计师考虑了与财务报表编制和公允列报相关的内部控制，以设计恰当的审计程序，但目的并非对内部控制的有效性发表意见。审计工作还包括评价管理层选用会计政策的恰当性和作出会计估计的合理性，以及评价财务报表的总体列报。

我们相信，我们获取的审计证据是充分、适当的，为发表否定意见提供了基础。

三、导致否定意见的事项

经审计，我们发现如下问题：

1. 西南振华公司2×10年度少计提坏账准备132万元；

2. 西南振华公司在2×10年12月31日对存货进行了清查，查明原材料短缺200万元，其相应的增值税进项税额为34万元，但西南振华公司未对其进行任何会计处理；

3. 根据西南振华公司存货会计政策，西南振华公司在2×11年度少结转产品销售成本318万元，少计提存货跌价准备18万元。

4. 根据西南振华公司固定资产折旧和固定资产减值准备会计政策，西南振华公司在2×11年度少计提折旧费用248万元，少计提固定资产减值准备50万元。

相应地，上述四个问题将使西南振华公司2×10年12月31日应收账款减少132万元，存货减少536万元，固定资产减少298万元，应交税费减少230万元①，营业外支出增加234万元，利润总额减少1 000万元，净利润减少750万元。从而导致西南振华公司净利润由2 010万元减少为1 260万元。

四、否定意见

我们认为，由于“三、导致否定意见的事项”段所述事项的重要性，西南振华公司财务报表没有在所有重大方面按照企业会计准则的规定编制，未能公允反映西南振华公司2×10年12月31日的财务状况以及2×10年度的经营成果和现金流量。

南华会计师事务所有限公司　　　　中国注册会计师：赵××（签名并盖章）
（盖章）　　　　中国注册会计师：陈××（签名并盖章）

中国××市

2×11年3月28日

六、无法表示意见审计报告

（一）签发无法表示意见审计报告的条件

无法表示意见是指注册会计师不能就被审计单位财务报表整体是否公允反映其财务状况、经营成果和现金流量发表审计意见，也即对被审计单位的财务报表既不发表肯定意见或否定意见，也不发表保留意见。

注册会计师发表无法表示意见，不同于拒绝接受委托，它是在实施了必要审计程序后所形成的结论。无法表示意见，不是注册会计师不愿意发表无保留、否定或保留意见，而是由于一些重大限制使得注册会计师无法实施必要的审计程序，未能对一些重大事项获得充分、适当的审计证据，从而不能对财务报表整体是否公允反映形成意见。出具无法表示意见审计报告有如下两种情形：

① 应交税费减少金额=应减少应交所得税250万元-应转出应交增值税进项税额34万元=216万元。假设企业所得税税率为25%。

1. 审计范围受到重大限制且其影响具有广泛性

如果无法获取充分、适当的审计证据且认为未发现的错报（如存在）对财务报表可能产生的影响重大且具有广泛性，注册会计师应当发表无法表示意见。

典型的审计范围受到限制的情况有：（1）未能对存货进行监盘；（2）未能对应收账款进行函证；（3）未能取得被投资企业的财务报表；（4）内部控制极度混乱，会计记录缺乏系统性与完整性等。

2. 存在具有相互影响的多个不确定事项

在极其特殊的情况下，可能存在多个不确定事项。尽管对每个单独的不确定事项获取了充分、适当的审计证据，但由于不确定事项之间可能存在相互影响，以及可能对财务报表产生累积影响，注册会计师不可能对财务报表整体形成审计意见。在这种情况下，注册会计师应当发表无法表示意见。这种情形导致出具无法表示意见的审计报告不太常见。

（二）无法表示意见审计报告的基本内容和专业术语

1. 无法表示意见审计报告的基本内容

无法表示意见审计报告的基本内容，在标准无保留审计报告基本内容的基础上进行如下修正：

（1）修改引言段，说明注册会计师接受委托审计财务报表。即将“我们审计了后附的……”修改为“我们接受委托，审计后附的……”。

（2）调整“注册会计师的责任”段的表述，并仅作如下说明：“我们的责任是在执行审计工作的基础上对财务报表发表审计意见。但由于“导致无法表示意见的事项”段中所述的事项，我们无法获取充分、适当的审计证据以为发表审计意见提供基础”；

（3）在“无法表示意见”段之前增加“导致无法表示意见的事项”段，清楚地说明导致无法发表审计意见的所有原因。

2. 无法表示意见审计报告的关键措辞

此时，应当对“审计意见”段使用恰当的标题，通常为“无法表示意见”；在审计意见段中说明：由于“三、导致无法表示意见的事项”段所述事项的重要性，注册会计师无法获取充分、适当的审计证据以为发表审计意见提供基础，因此，注册会计师不对这些财务报表发表审计意见；通常使用“由于“三、导致无法表示意见的事项”段所述事项的重要性”、“由于无法实施必要的审计程序”、“由于无法获得必要的审计证据”、“我们无法对这些财务报表发表意见”等专业术语。

下面是注册会计师因不能对存货进行监盘而出具的无法表示意见的审计报告：

审 计 报 告

ABC 股份有限公司全体股东：

我们接受委托，审计后附的 ABC 股份有限公司（以下简称 ABC 公司）财务报表，包括2×10年12月31日的资产负债表，2×10年度的利润表、股东权益变动表和现金流量表以及财务报表附注。

一、管理层对财务报表的责任

编制和公允列报财务报表是ABC公司管理层的责任，这种责任包括：（1）按照企业会计准则的规定编制财务报表，并使其实现公允反映；（2）设计、执行和维护必要的内部控制，以使财务报表不存在由于舞弊或错误而导致的重大错报。

二、注册会计师的责任

我们的责任是在执行审计工作的基础上对财务报表发表审计意见。但由于“三、导致无法表示意见的事项”段中所述的事项，我们无法获取充分、适当的审计证据以为发表审计意见提供基础。

三、导致无法表示意见的事项

ABC公司未对2×10年12月31日的存货进行盘点，金额为×万元，占期末资产总额的40%。我们无法实施存货监盘，也无法实施替代审计程序，以对期末存货的数量和状况获取充分、适当的审计证据。

四、无法表示意见

由于“三、导致无法表示意见的事项”段所述事项的重要性，我们无法获取充分、适当的审计证据以为发表审计意见提供基础，因此，我们不对ABC公司财务报表发表审计意见。

××会计师事务所有限公司　　中国注册会计师：×××（签名并盖章）
（盖章）　　中国注册会计师：×××（签名并盖章）
中国××市

2×11年×月×日

七、在审计报告中增加强调事项段

（一）在审计报告中增加强调事项段的条件

审计报告的强调事项段是指审计报告中的一个段落，该段落提及已在财务报表中恰当列报或披露的事项，但根据注册会计师的判断，该事项对财务报表使用者理解财务报表至关重要。

增加强调事项段应当同时符合两个条件：（1）对财务报表使用者理解财务报表至关重要，但被审计单位已在财务报表中列报或披露；（2）已获取充分、适当的审计证据证明该事项在财务报表中不存在重大错报，不影响注册会计师发表的审计意见。

（二）可以增加强调事项段的情形

是否需要增加强调事项段，取决于注册会计师的职业判断。可能需要增加强调事项段的情形包括：对被审计单位持续经营能力有重大疑虑；异常诉讼或监管行动的未来结果存在不确定性；提前应用（在允许的情况下）对财务报表有广泛影响的新会计准则；存在已经或持续对被审计单位财务状况产生重大影响的特大灾难；其他重大不确定事项。

（三）增加强调事项段的限制

为规范强调事项段的使用，审计准则作了三方面的规定：一是强调事项段不能过多使用；二是强调事项段不能代替审计意见；三是强调事项段不能代替管理层应当作出的披露。

（四）强调事项段的处理

在审计报告中增加强调事项段，注册会计师应当指明，强调事项段的内容仅用于提醒财务报表使用者关注，并不影响已发表的审计意见，以防止审计报告使用者误认为强调事项是对审计意见的修正。同时采取下列措施：（1）将强调事项段紧接在审计意见段之后；（2）使用“强调事项”或其他适当标题；（3）明确提及被强调事项以及相关披露的位置，以便能够在财务报表中找到对该事项的详细描述；（4）指出审计意见没有因该强调事项而改变。

下面是因对被审计单位持续经营能力产生重大疑虑而增加强调事项段的无保留意见审计报告：

审 计 报 告

ABC 股份有限公司全体股东：

一、对财务报表出具的财务报告

我们审计了后附的 ABC 股份有限公司（以下简称 ABC 公司）财务报表，包括 2×10 年 12 月 31 日的资产负债表，2×10 年度的利润表、现金流量表、股东权益变动表以及财务报表附注。

（一）管理层对财务报表的责任

编制和公允列报财务报表是 ABC 公司管理层的责任，这种责任包括：（1）按照企业会计准则的规定编制财务报表，并使其实现公允反映；（2）设计、执行和维护必要的内部控制，以使财务报表不存在由于舞弊或错误而导致的重大错报。

（二）注册会计师的责任

我们的责任是在执行审计工作的基础上对财务报表发表审计意见。我们按照中国注册会计师审计准则的规定执行了审计工作。中国注册会计师审计准则要求我们遵守中国注册会计师职业道德守则，计划和执行审计工作以对财务报表是否不存在重大错报获取合理保证。

审计工作涉及实施审计程序，以获取有关财务报表金额和披露的审计证据。选择的审计程序取决于注册会计师的判断，包括对由于舞弊或错误导致的财务报表重大错报风险的评估。在进行风险评估时，注册会计师考虑了与财务报表编制和公允列报相关的内部控制，以设计恰当的审计程序，但目的并非对内部控制的有效性发表意见。审计工作还包括评价管理层选用会计政策的恰当性和作出会计估计的合理性，以及评价财务报表的总体列报。

我们相信，我们获取的审计证据是充分、适当的，为发表审计意见提供了基础。

（三）审计意见

我们认为，ABC 公司财务报表在所有重大方面按照企业会计准则的规定编制，公允反映了 ABC 公司 2×10 年 12 月 31 日的财务状况以及 2×10 年度的经营成果和现金流量。

（四）强调事项

我们提醒财务报表使用者关注，如财务报表附注×所述，ABC 公司在 2×10 年发生亏损×万元，在 2×10 年 12 月 31 日，流动负债高于资产总额×万元。ABC 公司已在财务报表附注×充分披露了拟采取的改善措施，但其持续经营能力仍然存在重大不确定性。本段内容不影响已发表的审计意见。

二、按照相关法律法规的要求报告的事项

（本部分报告的格式与内容，取决于相关附录法规对其他报告责任的规定）

××会计师事务所有限公司　　　　中国注册会计师：×××（签名并盖章）

（盖章）　　　　中国注册会计师：×××（签名并盖章）

中国××市

2×11 年×月×日

八、在审计报告中增加其他事项段

（一）其他事项段的含义

审计报告的其他事项段，是指审计报告中含有的一个段落，该段落提及未在财务报表中列报或披露的事项，但根据注册会计师的职业判断，该事项与财务报表使用者理解审计工作、注册会计师的责任或审计报告相关。

（二）其他事项的条件

其他事项应当同时符合两个条件：（1）被审计单位未在财务报表中列报或披露；（2）注册会计师根据职业判断认为与财务报表使用者理解审计工作、注册会计师的责任或审计报告相关，且未被法律法规禁止的事项。

条件（1）规定了其他事项必须是适用的财务报告编制基础没有规定被审计单位应当在财务报表中列报或披露的事项，即不属于要求管理层提供的信息。如果是应当在财务报表中列报或披露的事项，而被审计单位没有列报或披露，则属于一项错报，会影响审计意见的决策；如果没有规定应当列报或披露，但被审计单位已列报或披露，则没有必要再在审计报告中说明。

条件（2）规定了其他事项的性质。其他事项只能是三种情形之一：与财务报表使用者理解审计工作相关的事项；与注册会计师的责任相关的事项；与审计报告相关的事项。条件（2）实际上规定了可以增加其他事项段的情形。

（三）其他事项段的处理

注册会计师如果认为有必要在审计报告中增加其他事项段，则应当使用“其他事项”或其他适当标题。

通常，其他事项段应当紧接在审计意见段和强调事项段（如有）之后。如果其他事项段的内容与其他报告责任部分相关，这一段落也可以置于审计报告的其他位置。其他事项段放置的具体位置取决于拟沟通信息的性质。

当增加其他事项段旨在提醒使用者关注与其理解与财务报表审计相关的事项时，该段落需要紧接在审计意见段和强调事项段之后。

当增加其他事项段旨在提醒使用者关注与审计报告中提及的其他报告责任相关的事项时，该段落可以置于“按照相关法律法规的要求报告的事项”部分内。

此外，当其他事项段与注册会计师的责任或使用者理解审计报告相关时，可以单独作为一部分，置于“对财务报表出具的审计报告”和“按照相关法律法规的要求报告的事项”之后。

下面是增加其他事项段的无保留意见审计报告（因被审计单位按照中国企业会计准则编制了一套财务报表，同时又按照美国公认会计原则编制了一套财务报表）：

审 计 报 告

ABC 股份有限公司全体股东：

一、对财务报表出具的审计报告

我们审计了后附的 ABC 股份有限公司（以下简称 ABC 公司）财务报表，包括 2×10 年 12 月 31 日的资产负债表，2×10 年度的利润表、现金流量表、股东权益变动表以及财务报表附注。

（一）管理层对财务报表的责任

编制和公允列报财务报表是 ABC 公司管理层的责任，这种责任包括：（1）按照中国企业会计准则的规定编制财务报表，并使其实现公允反映；（2）设计、执行和维护必要的内部控制，以使财务报表不存在由于舞弊或错误而导致的重大错报。

（二）注册会计师的责任

我们的责任是在执行审计工作的基础上对财务报表发表审计意见。我们按照中国注册会计师审计准则的规定执行了审计工作。中国注册会计师审计准则要求我们遵守中国注册会计师职业道德守则，计划和执行审计工作以对财务报表是否不存在重大错报获取合理保证。

审计工作涉及实施审计程序，以获取有关财务报表金额和披露的审计证据。选择的审计程序取决于注册会计师的判断，包括对由于舞弊或错误导致的财务报表重大错报风险的评估。在进行风险评估时，注册会计师考虑了与财务报表编制和公允列报相关的内部控制，以设计恰当的审计程序，但目的并非对内部控制的有效性发表意见。审计工作还包括评价管理层选用会计政策的恰当性和作出会计估计的合理性，以及评价财务报表的总体列报。

我们相信，我们获取的审计证据是充分、适当的，为发表审计意见提供了基础。

（三）审计意见

我们认为，ABC 公司财务报表在所有重大方面按照中国企业会计准则的规定编制，公允反映了 ABC 公司 2×10 年 12 月 31 日的财务状况以及 2×10 年度的经营成果和现金流量。

（四）其他事项

由于 ABC 公司同时在美国纽约证券交易所上市，因此，ABC 公司同时按照美国公认会计原则编制了另一套财务报表。我们也对 ABC 公司按照美国公认会计原则编制的财务报表进行了审计，并出具了无保留意见的审计报告。

二、按照相关法律法规的要求报告的事项

（本部分报告的格式与内容，取决于相关附录法规对其他报告责任的规定）

××会计师事务所有限公司　　　　中国注册会计师：×××（签名并盖章）
（盖章）　　　　中国注册会计师：×××（签名并盖章）
中国××市

2×11 年×月×日

九、财务报表审计报告小结

（一）财务报表审计报告常用术语小结

无保留意见的审计报告应当以“我们认为”作为意见段的开头，并使用“在所有重大方面”、“公允反映”等专业术语。

在保留意见审计报告中，增加“导致保留意见的事项”段；审计意见段使用“保留意见”的标题；在“注册会计师的责任”段中说明：注册会计师相信，注册会计师获取的审计证据是充分、适当的，为发表保留意见提供了基础；在审计意见段中使用“除由于‘三、导致保留意见的事项’段所述事项产生的影响外”等专业术语。如因审计范围受到限制，注册会计师还应当在“注册会计师的责任”段中提及这一情况，其表述是“除本报告‘三、导致保留意见的事项’所述事项外”。

在否定意见审计报告中，增加“导致否定意见的事项”段；审计意见段使用“否定意见”的标题；在“注册会计师的责任”段中说明：注册会计师相信，注册会计师已获取的审计证据是充分、适当的，为发表否定意见提供了基础；在审计意见段中使用“由于“三、导致否定意见的事项”段所述事项的重要性”、“财务报表没有在所有重大方面按照……的规定编制，未能公允反映……”等专业术语。

在无法表示意见审计报告中，增加“导致无法表示意见的事项”段；审计意见段使用“无法表示意见”的标题；在审计意见段中说明：由于导致无法表示意见的事项段所述事项的重要性，注册会计师无法获取充分、适当的审计证据以为发表审计意见提供基础，因此，注册会计师不对这些财务报表发表审计意见。

（二）财务报表审计报告意见类型决策表（见表 15-1）

表 15-1 **影响审计意见类型的各种情况一览表**

情况	审计意见类型				说明内容及位置
	增加强调事项段的无保留意见	保留意见	否定意见	无法表示意见	
1. 不符合适用的财务报告编制基础的规定					
（1）财务报表整体公允反映，但一些重要会计事项的处理或重要财务报表项目的列报不符合适用的财务报告编制基础的规定		√			在审计意见段前增加说明段，说明不符合适用的财务报告编制基础的规定的情况及其产生的影响
（2）会计处理方法严重违反适用的财务报告编制基础的规定，使财务报表整体反映不公允			√		在审计意见段前增加说明段，说明严重违反适用的财务报告编制基础的情况及其造成的影响
（3）未按适用的财务报告编制基础的规定披露充分的信息		√	√		在审计意见段前增加说明段，说明未按适用的财务报告编制基础的规定披露充分的信息的情况
2. 审计范围受到被审计单位或客观条件的限制					
（1）审计范围受到局部限制		√			在审计意见段前增加说明段，说明审计范围受限制的情况及其造成的影响
（2）审计范围受到严重限制				√	在意见段前增加说明段，说明审计范围受到严重限制的情况及其影响
4. 不确定事项					
（1）发生了重大不确定事项，被审计单位已调整或披露	√				在审计意见段后增加强调事项段，说明该不确定事项
（2）发生重大不确定事项，被审计单位未予调整披露或披露不充分		√	√		在审计意见段前增加说明段，说明不确定事项
5. 强调某一事项	√				在意见段后增加强调事项段，解释所强调事项

【延伸阅读】

1.《CSA1501——对财务报表形成审计意见和出具审计报告》(2010)。

2.《CSA1502——在审计报告中发表非无保留意见》(2010)。

3.《CSA1503——在审计报告中增加强调事项段和其他事项段》(2010)。

4.《第 2106 号内部审计具体准则——审计报告》(2013)。

5.《中华人民共和国国家审计准则》(2010) 第五章“审计报告”。

【复习思考题】

1. 简述审计报告的含义与作用。

2. 审计报告可以进行哪些分类?

3. 简述政府审计报告的基本内容与结构如何。

4. 简述内部审计报告的基本内容与结构。

5. 简述注册会计师财务报表审计报告的基本结构与内容。

6. 简述注册会计师发表标准无保留意见的条件。

7. 标准无保留意见审计报告与增加强调事项段的无保留意见审计报告的结构、内容、措辞有什么不同?

8. 注册会计师在什么情况下可以签发增加强调事项段的无保留意见审计报告?

9. 简述注册会计师签发保留意见审计报告的条件。

10. 简述无保留意见审计报告与保留意见审计报告在结构、内容、措辞方面的主要区别。

11. 因财务报表局部反映不符合适用的财务报告编制基础的规定与因审计范围受到局部限制而签发的保留意见审计报告,在结构、内容、措辞上有何异同?

12. 简述注册会计师签发否定意见审计报告的条件。辨析发表保留意见与否定意见的条件的异同。

13. 辨析否定意见审计报告与保留意见审计报告、无保留意见审计报告的异同。

14. 简述注册会计师签发无法表示意见审计报告的条件。辨析四种意见类型发表条件的异同。

15. 简述辨析四种意见类型审计报告在结构、内容、措辞方面的异同。

第十六章　政府审计

注册会计师审计是一种受托审计，政府审计是一种法定的、强制性的审计。但前文以注册会计师审计为基础介绍的审计理论均适用于政府审计。本章重点阐述政府审计准则，以及财政收支审计、财务收支审计、绩效审计和领导干部经济责任审计等政府审计主要涉及的领域。

第一节　政府审计准则

一、国际政府审计准则

最高审计机关国际组织（INTOSAI）于1984年成立审计准则委员会，致力于国际政府审计准则的制定。该准则最初制定于1992年，并于1995、2011年进行了修订。修订后的最高审计机关国际准则（International Standards of Supreme Audit Institutions，ISSAI）框架分为四个层次：第一层次是INTOSAI成立的基本原则，即1977年通过的利马宣言；第二层次是最高审计机关发挥职能作用的先决条件运作；第三层次是审计的基本原则，又分为《ISSAI100，公共部门审计的基本原则》（至少每15年复核一次）、《ISSAI200，财务审计的基本原则》（至少每9年复核一次）、《ISSAI300，绩效审计的基本原则》（至少每9年复核一次）、《ISSAI400，合规审计基本原则》（至少每9年复核一次）；第四层次是审计指南。其中基本要求、一般准则、外勤工作准则和报告准则的主要内容如下。

（一）基本要求

主要是对最高审计机关提出的基本要求。主要内容如下：

（1）最高审计机关应考虑在一切重大问题上遵循最高审计机关国际组织的审计准则，并为不适用此准则的工作制定可行的准则，以确保其工作具有高质量。

（2）最高审计机关应对政府审计过程中发生的各种情况作出客观、公正的专业判断。

（3）所有的审计活动都应该在最高审计机关的审计授权范围内进行。

（4）最高审计机关应努力改进审计技术，以提高业绩评价的有效性。

（5）最高审计机关应避免与被审计单位之间的利害冲突。

（二）一般准则

一般准则主要描述了审计师和审计机关必须具备的条件，主要包括以下内容：

（1）最高审计机关和审计师必须是独立的，必须具备所要求的胜任能力。

（2）最高审计机关和审计师必须在遵循国际政府审计准则时做到应有的职业谨慎。

（3）其他一般准则（即有关的政策和措施）也是应当遵循的，主要包括：招聘具备适当资格的人员；对员工进行培训；编制审计手册和其他指导性文件；指派足够的人员参加审计；正确制订审计计划并进行监督等。

（三）外勤工作准则

外勤工作准则是审计师在审计过程中必须遵守的行为准则。它既体现了一般准则的基本要求，又是报告准则所涉及内容的主要来源，主要包括以下内容：

（1）审计师应当为确保经济、有效、及时、高质量地实施审计而编制审计计划。

（2）在审计过程中，各级审计师的工作以及每个审计阶段的工作都应受到严格的监督。

（3）在确定审计程序和范围时，审计师应对内部控制的有效性进行测试。

（4）进行财务审计和绩效审计时，审计师应对现行法律和规章的遵循情况进行测试和评估。

（5）形成判断和结论前，审计师应取得充分、合理、相关的审计证据。

（6）审计师应当分析财务报表，以确定其是否符合公认的财务报告和披露的准则。

（四）报告准则

报告准则旨在帮助审计师在形成审计意见或编写审计报告时作出审慎的判断。主要包括以下内容：

（1）每次审计结束时，审计师都应该编写一份书面意见或报告，以适当的形式陈述审计结果。报告内容应当易于理解，避免意见含糊和模棱两可，只包括有充分和适当的证据支持的信息，并且是独立、客观、公正和建设性的。

（2）审计师所属的最高审计机关负责决定所要采取的行动，这些行动针对的是审计师所发现的欺骗性做法或严重的舞弊行为。

（3）审计意见或报告的形式主要包括标题、收件人、日期和署名；内容主要包括审计目标和范围、受审事项说明、法律依据、准则遵循情况等。

（4）对于绩效审计，审计报告还应包括与审计目标有关的没有遵循相关法律法规的所有重大情况。

二、中国政府审计准则

中国国家审计准则自1996年前后开始制定并颁布实施。2010年9月1日，审计署8号令公布了修订后的《中华人民共和国国家审计准则》（以下简称《中国国家审计准则》），自2011年1月1日起施行。《中国国家审计准则》进一步细化了审计流程、统一了审计标准、规范了审计行为，把依法审计贯穿到审计工作的全过程，落实到每个审计机关及审计人员的行动上。

《中国国家审计准则》是一部完整、单一的审计准则。其下一层次是审计指南，以进一步细化审计业务操作。《中国国家审计准则》正文分为七章，即总则、审计机关和审计人员、审计计划、审计实施、审计报告、审计质量控制和责任、附则，共200条。《中国国家审计准则》的主要内容为：

第一章“总则”主要明确其制定依据与目的、适用范围；规定国家审计机关的审计责任和工作目标；界定国家审计的范围与内容；明确规定经济责任审计与专项审计调查也适用本准则；对审计机关与审计人员执行审计业务做出了原则性规定。

第二章“审计机关和审计人员”主要明确了国家审计机关与审计人员的资格条件和职业要求以及执业要求；规定国家审计人员的职业道德标准；细化了审计人员独立性的相关规定以及维护措施；规定了外聘人员的条件及禁止性规定。

第三章“审计计划”主要从编制依据及原则、编制程序、编制步骤及方法、审计项目计划内容及形式、审计项目计划调整等五个方面对年度审计项目计划的编制进行了规范，同时也规定了审计工作方案的主要内容与变更程序。

第四章“审计实施”规范了审计实施方案的编制内容与要求；以及为编制审计实施方案应当执行的程序；规定了获取审计证据的要求；规范了审计记录的类型、内容及形式；对审计人员检查重大违法行为给予特别规定。

第五章“审计报告”统一了审计报告的形式和内容；规范了审计报告的编审要求；规范、推介了审计成果的开发利用；规范了审计结果公告制度；规范了审计整改检查的要求。

第六章“审计质量控制和责任”要求审计机关应当针对质量责任、职业道德、人力资源、业务执行、质量监控五个要素建立审计质量控制制度；规定审计机关应实行分级质量控制，并分别明确了各自的工作职责和应承担的责任。

第七章“附则”主要规定了不适用中国国家审计准则的业务范围和准则生效的时间等内容。

第二节 财政收支审计

根据《审计法》的规定，现行的政府审计体系可分为财政收支审计和财务收支审计。财政收支审计是对国务院各部门和地方各级人民政府及其各部门的财政收支情况的真实、合法和效益进行的审计监督。

一、财政收支审计的特点与类型

（一）财政收支审计的特点

对国务院及地方政府各部门的财政收支情况进行审计与对一般工商企业进行审计是不相同的。财政收支审计主要有以下特点：

1. 审计主体的单一性

根据我国宪法和审计法的规定，财政审计的对象是国务院各部门和地方各级人民政府及其各部门的财政收支。各级财政收支活动中的有关政策、制度等都会涉及政府，在审计的实施和查出问题的处理方面有很大的特殊性和复杂性，因此只能由政府审计机关根据国家法律和行政法规对各级政府的财政收支实行审计监督，而不能委托民间审计组织或依靠内部审计机构来实施。

2. 审计范围的广泛性

由于各级政府的财政收支活动涉及社会经济活动的方方面面，因此财政审计涉及面很广。审计的对象包括政府及各部门、各单位财政资金的活动情况。涉及的单位包括：国家预算的执行机关，如财政部门和政府其他执行预算支出的部门、单位；预算收入的征收机关，如税务、海关等机构；参与组织预算执行的国家金库和有关专业银行；财政有偿使用资金、财政性预算外资金和基金的管理部门等。

3. 审计报告制度的法定性

审计法规定各级审计机关对本级预算执行情况进行审计监督后，要向本级政府领导提出审计结果报告。国务院和县级以上地方人民政府每年要向本级人大常委会提交审计机关对预算执行和其他财政收支的审计工作报告。

4. 审计结果的高风险性

首先，由于政府部门所处的特殊环境决定了其必须遵守众多的法律、法规、条例、政策等，这样，便增加了政府在运行中违规的可能性，从而加大了审计风险。其次，由于不考虑收益，因此检测政府效率的尺度不足，对财政收支的合理性判断也受到影响，从而加大了审计风险。最后，由于政府部门拥有广泛的权力，审计师的独立性也会受到影响。

（二）财政收支审计的类型

按照审计主体的不同，财政收支审计可分为“同级审”和“上审下”两种类型。

1. 同级审

同级审，是指国家审计机关依法对本级财政预算执行情况和其他财政收支情况实施的审计监督、鉴证和评价活动。它是由国家审计机关各职能机构对本级财政、税务、金库部门和其他预算执行部门、单位涉及预算执行的财政、财务收支行为实行的审计监督。除按常规审计程序出具审计文书外，还要向本级政府和上一级审计机关提交审计结果报告，并代政府草拟向本级人民代表大会常务委员会提交的关于本级预算执行、其他财政收支的审计工作报告。

2. 上审下

上审下，是指国家审计机关的财政审计职能部门对下级政府预算的执行情况和决算以及预算外资金的管理和使用情况所进行的审计监督。实行“同级审”以后，“上审下”的重点如下：审查下级财政决算的真实性和合规性；上级财政收入的征收入库及上缴情况；上级财政补助资金及拨入专项资金的管理使用情况；地方政府制定的涉及财政收支的政策是否符合国家统一财经法规和政策等情况。

二、财政收支审计的重点

财政收支审计的工作重点是监督财政预算的执行情况。财政预算执行审计就是对本级财政、税务、海关部门及其他预算单位的预算组织、执行和其他财政资金情况进行审计监督，具有层次高、涉及面广、内容繁多、资金数额大等特点。其审计的主要内容有以下几方面：(1) 财政部门按照人大审查批准的预算向各部门、各单位批复预算的情况；(2) 财政部门拨付本级预算支出资金的管理和使用情况；(3) 各部门、各单位来自财政部门和各级拨款的管理情况；(4) 财政部门征税和收缴其他收入的情况；(5) 有上缴预算收入的部门、单位应缴预算收入的解缴情况；(6) 预算外资金管理使用情况等。具体可以体现为：

1. 预算收入执行情况的审查

因为税收是政府财政收入的主要来源，从重要性方面考虑，必然应以税务部门作为预算收入执行情况审计的重点。同时，还必须对执法部门的罚没收入、纳入预算管理的行政事业性收入的征收管理、上缴财政等进行审查。

2. 预算支出执行情况的审查

预算支出执行审计与各专业审计有密切关系。如固定资产投资审计，应重点审查重点基本建设项目的基本建设资金是否专款专用，有无挪用或损失浪费问题；城市维护建设税使用部门和单位是否专款专用，有无挪用或损失浪费问题等。行政事业审计应重点审查主管部门是否及时、足额向所属各单位批复支出预算；单位预算科目是否报本级财政部门批准，有无擅自以行政经费挤占事业费、主管部门机关事业费挤占系统事业费等问题；各项专项事业费、抚恤费和社会福利救济费等是否专款专用，有无挤占挪用问题；执法部门办案经费补助、行政收费部门业务费补助支出是否合理、合规等。

3. 预算外资金管理情况的审查

预算外资金管理情况的审查主要是行政事业审计和固定资产投资审计。应重点审查被纳入地方财政预算外收入管理的有关部门和单位的各项收费资金是否及时、足额上缴财政，有无挤占、挪用、私设“小金库”等问题；按规定实行“专户存储”管理的部门和单位预算外资金是否及时、足额缴入财政；预算外资金支出管理是否符合国家规定等。

第三节 财务收支审计

财务收支审计是对国有金融机构和企业、事业组织的财务收支进行的审计。《审计法》第 2 条及第 18 至 25 条从不同的方面规定了国家审计机关对国家事业组织、国有金融机构、国有企业、国家建设项目和社会保障基金等机构的审计监督责任。

一、财务收支审计的特点

（一）事业单位财务收支审计的特点

事业单位包括人民团体和文化、教育、科研、卫生等单位，其经费全部或部分来自国家预算拨款。事业单位的财务审计与一般企业的财务审计相比有以下特点：

（1）审计监督事前性。由于事业单位的经济活动是一种纯粹消费性质的行为，其支出不具有事后补偿性，因此，事业单位审计必须重视控制，采取经常的和连续的审计监督，及时发现和纠正不合理的、违法的开支，或将其控制在发生之前。

（2）审计范围覆盖广。事业单位审计除了要有深度外，还要有宽度，政府审计机关要科学地使用现有审计力量，采取有效方式，尽可能对所有事业单位实行全面监督。

（3）审计方式多样化。事业单位自身类型多，管理形式复杂，因此事业单位审计的方式方法是多种多样的。这就要求审计师要具备广泛的业务知识，才能适应事业单位审计的需要。

（4）审计处理难度大。事业单位审计是国家对各事业部门的监督，被审计单位层次比较高，审计难度较大。这就要求审计师必须具备良好的业务素质，熟练掌握和运用各种政策，较好地处理各种关系，才能使事业单位审计取得应有效果。

（二）国有企业财务收支审计的特点

与注册会计师财务报表审计相比，政府审计机关国有企业财务收支审计具有以下特点：

（1）在审计方式上，政府审计是强制审计，政府审计机关按照《宪法》、《审计法》的规定对被审计单位进行审计无需被审计单位同意；而注册会计师审计是受托审计，事务所必须接受委托后才能进行审计。

（2）在审计收费上，政府审计是无偿审计，其经费来源于国家预算；而注册会计师审计是有偿审计，事务所需要从被审计单位收取费用。

（3）在审计监督性质上，政府审计可根据审计结果作出审计处理决定，如果被审计单位拒不采纳，政府审计机关可依法强制执行；而注册会计师审计只能发表独立、客观、公正的审计意见，并不能强行要求被审计单位接受审计意见。

（4）在独立性上，政府审计机关只独立于被审计单位，体现为单向独立；而注册会计师审计既独立于审计委托人，又独立于被审计单位，体现为双向独立。

（三）国家建设项目财务收支审计的特点

与其他专业审计相比，国家建设项目财务收支审计有其自身固有的特点，主要表现在：

（1）审计过程的阶段性。建设项目通常具有投资消耗大、建设周期长的特点，因此在会计处理上都与一般业务活动不同，具有自身的一些特点，如分阶段结算、按完工百分比计算支出和费用等。因此，国家建设项目审计也随之体现出阶段性特点。

（2）审计内容的复杂性。由于国家建设项目涉及领域广泛，业务性质各不相同，这就使国家建设项目审计的内容极其复杂。它不仅要审计投资计划的安排是否符合国家的投资政策，还要审计投资的资金来源是否正当合理；不仅要审计投资的使用是否符合有关财经纪律和概算标准，同时要审计投资活动是否能够获得经济效益；不仅要审计建设方案是否合理，同时要审计建设标准是否符合有关规定等。

（3）审计范围的广泛性。国家建设项目涉及国民经济的各行各业，凡是使用国家资金从事固定资产投资活动的单位、部门都要接受审计机关的监督。固定资产投资效益不仅反映在资金运动的最后成果上，而且体现在资金运动的各个环节，诸如计划、设计、施工、资金与物资供应、竣工验收，因此，国家建设项目审计必须贯穿国家资金投资活动的全过程，体现了范围广泛的特点。

（4）审计方法的技术性。固定资产投资是现代科学技术成果的综合反映，国家建设项目大多是各种技术的复合体，而且每类项目又有其特定的使用目的，工程建设方式、结构、施工方式都具有独特性。审计人员对国家建设项目进行审计时，除传统审计方法外，还需采用可行性研究与评估工程勘测及设计、施工组织管理、工程概算、决算编审等经济技术方法，以便实施更有效的监督。

二、财务收支审计的重点

（一）事业单位财务收支审计的重点

根据前述特点，事业单位财务收支审计的重点如下：

1. 事业单位预算资金领拨的审计

（1）审查单位预算会计的账务处理是否正确，账证、账账、账表是否相符；年终经费支出的冲销和经费包干结余的结转是否合规；上下年度之间的拨款余额是否衔接，如单位改变隶属关系，是否及时办理划转经费手续。

（2）审查拨入经费是否按“包干经费”、“专项经费”正确记入明细账，有无挪用现象；审查包干结余的形成、分配、使用和结转是否合法、合规。

（3）审查被审计单位是否经常与上下级单位对账，账目是否相符，如不符应查明原因。

2. 事业单位收入的审计

事业单位在接受国家资助的同时，也对其提供的服务进行收费，以补充其经费。因此，对收入的审查应包括：

（1）审查其收入项目是否合法、合规、合理。

（2）审查收入的划分是否正确。

（3）审查收费标准是否合理。

（4）审查收入的缓、减、免制度及其执行情况。

3. 事业单位经费支出的审计

由于事业单位不以营利为目的的特殊性质，所以在经费支出上特别容易形成浪费。因此，对其经费支出的审计就成为事业单位财务收支审计的重点。

（1）审查经费支出是否真实、正确。

（2）审查经费支出是否严格按预算开支，是否合法、合规。

4. 事业单位预算外资金的审计

事业单位的预算外资金具有自收自支、自行管理、专款专用的特点，在使用上单位有相当大的自主权，且来源众多、收支分散，因此，其审计的重点为：

（1）分清预算外资金的来源渠道，审查其收费项目和标准及其收入数额是否真实、正确、合法、合规。

（2）审查预算外支出是否符合规定用途，是否私设“小金库”。

（二）国有企业财务收支审计的重点

国有企业审计被大多数国家列为政府审计的职责范围。在中国，对国有企业及国有控股企业的审计，过去一直是政府审计机关的工作重心之一，但随着注册会计师行业的迅速发展，已逐步转移到注册会计师行业。目前，重点国有企业的财务收支审计和国有企业负责人的经济责任审计仍然是政府审计机关的重要工作。由于在审计方法与审计程序上与前文所述有很大的相似性，故在此仅列示审计要点：

（1）审查并评价被审计单位内部控制设计和执行的有效性。

（2）审查确定被审计单位的账表、账账、账证、账实是否一致。

（3）审查确定各会计要素在会计报表日是否确实存在，是否为被审计单位所拥有。

（4）审查确定被审计单位在审计期间内发生的各项业务是否均已完整记录，有无遗漏。

（5）审查确定各会计要素的会计核算是否恰当，账户余额是否正确。

（6）审查各账户中是否存在违法、违规的记录。

（三）国有建设项目财务收支审计的重点

根据前述特点，国家建设项目财务收支审计的重点如下：

1. 建设项目投资资金来源审计

目前，建设项目资金的主要来源有：国家财政拨款和国家基本建设基金、银行贷款、利用外资、地方政府机动财力、信托投资基金、社会集资和企事业单位自有资金等。审计时一定要查明各类资金的性质和金额，要逐一落实资金来源的合理性、可行性。审计要点如下：

（1）国家预算内直接安排的建设项目投资来源是否正确，是否按规定的用途进行安排使用。

（2）自筹资金来源是否正当，有无乱摊派、乱收费和挪用其他用途资金的情况；自筹资金是否落实，有无搞赤字预算进行建设项目投资的情况。

2. 建设项目概算真实性审计

建设项目概算审计是审计机关对建设项目设计概算及内容组成的合法性、合规性及准确性进行的审计。其审计要点如下：

（1）对概算编制依据的审计。主要是审查设计概算是否依据权威机构批准的可行性研究报告和初步设计进行编制，初步设计总概算是否经审核批准；审查编制概算所套用的定额、费率、税率等是否适用，定额与取费之间是否配套；审查概算编制深度能否达到国家要求，概算文件是否完整。

（2）对建筑安装工程费的审计。主要是审查单价的选套和单价的换算有无错套、高套、重套和漏套的情况；审查其他直接费用和间接费用的计算基数和计算标准是否恰当。

（3）对设备、工具购置费的审计。审查的重点是其数量是否和设计要求相一致；核实设备原价，是否存在计划外多购设备的情况。

（4）工程建设其他费用的审计。重点是列入此项目的有关费用列支是否合规，有无将部门和地方各种名目的集资、摊派款列入其中。

3. 专项建设资金使用合规性审计

对专项建设资金使用的审计主要是审查是否做到专款专用，有无挪作他用的情况。审查要点如下：

（1）审阅与建设资金相关的应收、应付明细账，对大数额、整位数的款项逐笔进行重点审查，分析其资金使用是否合理、合法，是否专款专用。

（2）取得专项资金计划和预算，对照有关会计记录，确认专项资金是否按照计划和预算及时、足额转拨给项目执行单位；审查资金使用部门建设资金支出账户中支出内容是否与计划和预算相符。

（3）审查建设资金支出明细账户，检查实际支出中是否存在不合理、超标准和超范围的开支。

4. 建设项目竣工决算真实性审计

建设项目竣工决算审计是对建设项目审计监督的最后环节。其审计的重点是：

（1）结合财务资料审查竣工决算说明书及其编制依据，审查竣工决算反映的内容和引用的数据是否真实准确。

（2）根据各类合同文件、财务账面累计余额、最终批复的设计概算，逐项核对“竣工工程概况表”、“竣工财务决算表”、“交付使用资产总表”、“交付使用资产明细表”。

（3）检查预留的尾工项目的内容、数量及投资，审查是否存在将新增项目列作尾工项目的情况。

（4）审查建设单位在办理建设项目竣工决算前，是否对债权、债务，特别是应收款进行了认真清理。

（5）根据项目总承包合同核实包干指标，落实包干结余，审查是否存在将未完工工程的投资作为包干结余参与分配的情况。

第四节　绩效审计

绩效审计是指国家审计机关就政府部门及其所属单位的财力、人力、物力和时间资源使用的经济性、效率性和效果性进行的审计。所谓经济性，是指以最低费用取得一定质量的资源，即支出是否节约，主要审查和评价政府投入的各种资源是否得到经济合理的利用；效率性，是指以一定的投入取得最大的产出或以最小的投入取得一定的产出，即支出是否讲究效率；效果性，是指在多大程度上达到政策目标、经营目标和其他预期结果。

一、绩效审计的特点

绩效审计作为一种较高层次的审计活动，具有以下特点：

（1）审查范围的广泛性。绩效审计的被审计单位不仅包括政府部门及其所属单位，而且包括其他使用公共资金的单位，审计时可能同时涉及诸多单位；绩效审计的对象既包括被审计单位各项业务活动，也包括其他非经济范畴的管理活动。因此，绩效审计的范围覆盖面较广。

（2）评价标准的多样性。绩效审计往往缺乏固定的法律制度或指标作为评价的标准。例如非营利机构业务活动的绩效既有经济效益，又有社会效益，而经济效益的衡量可运用价值指标，社会效益的衡量则需运用定性标准。因此，绩效审计的评价标准需要根据各个被审计单位或项目的具体情况进行选定。

（3）审计方法的灵活性。绩效审计不仅采用传统的财务审计方法，而且更多的是采用分析法、论证法、评价法。审计师必须根据审计对象、目标的不同制订不同的审计方案，灵活选择审计方法。

（4）审计过程的延续性。政府部门及事业单位的绩效，有些可以马上体现出来，有些则需要经过一段时间才能显现。因此，在进行绩效审计时只对当期业务活动的直接绩效进行审查，难以对其绩效进行全面评价，所以要开展追踪审计，对业务活动的滞后性效益进行审查。

（5）审计结论的建设性。绩效审计通过全面评价被审计单位经济活动和业务活动的经济性、效率性和效果性，揭示影响绩效高低的问题所在，向被审计单位提出改进建议，指出进一步提高绩效的措施和办法，具有很强的建设性。

二、绩效审计的程序

政府绩效审计程序与传统审计程序基本相同，但有其自身的特点：

（一）准备阶段

准备阶段的主要程序包括制订绩效审计的年度计划、选择绩效审计领域并开展审前调查、确定绩效审计项目计划以及确定绩效审计方案等。

在此阶段，首先对被审计单位的基本情况和有关人员、文件进行初步调查，再对审计项目的组织管理系统进行审查，确定绩效审计评价标准和初步审计目标。

（二）实施阶段

实施阶段的主要程序包括制订审计实施方案、与被审计单位进行交流、收集信息和数据，以及进行分析和评价并得出结论等。

在此阶段，审计师根据审计目标收集充分、可靠的证据；然后，审计师总结、评价和分析全部证据，并得出初步结论。

（三）报告阶段

报告阶段的主要程序包括审计组编写绩效审计报告并向被审计单位征求意见；编写绩效审计工作报告并向本级政府、人大报告；按规定实行审计公告；跟踪报告执行情况，促进报告建议的有效落实等等。

在此阶段，审计师在详细审查的基础上，根据审计证据提出审计结论，进行综合分析，提出加强和改进管理的建议，形成绩效审计报告。之后，审计师向有关部门提交绩效审计报告，以便被审计单位对审计结果和建议进行认可和整改。

三、绩效审计的主要方法

绩效审计的方法主要包括审计证据收集方法和审计分析评价方法两类。

（一）审计证据收集方法

绩效审计中收集审计证据的方法很多，传统财务收支审计方法也可采用，还有一些专门方法。常用方法是：文件审阅法、现场勘查法、面询访谈法、问卷调查法和专家论证法。

1. 文件审阅法

审阅被审计单位的书面文件资料是绩效审计中最基本、最直接也是最有效的获取证据的方法。审阅的对象可以是历史的和现实的文件资料，如财务资料、统计数据、预算、合同、会议记录和被审计单位内部的备忘录等。审阅和研究文件资料有助于审计人员掌握有用的信息和数据。

2. 现场勘查法

现场勘查法经常用于从被审计单位的工作现场或被审计事项发生的现场获取第一手资料。如观察操作过程和程序、了解有关设备的运转情况、参观工作场所和实物建筑、实地验证资产等，以形成对被审计单位的感性认识，发现进一步审计的线索。

3. 面询访谈法

面询访谈法是通过提问者和回答者的对话来探查信息的方法。面询访谈法采用交互的方式获取信息，应用起来比较灵活，可用于了解情况和发现问题，了解观点和看法、收集信息和证据，探查有关事项的根源和真相等。访谈的对象不仅是被审计单位，还包括其他单位、部门和个人。

4. 问卷调查法

问卷调查法是为了从比较分散的群体中获取对某一事项的评价意见和信息的一种方法。运用问卷调查法时，事先要选取调查对象，确定调查内容和目标，然后设计一整套科学、合理的问卷向这些调查对象进行调查。群众满意度调查往往成为问卷调查的主要内容之一。

5. 专家论证法

对一些专业性很强或涉及面很广的项目，可以聘请外部专家对需要解决的专业性问题进行论证和分析，获取对实现审计目标有重要意义的专家意见，弥补审计师特定领域专业技术、知识和技能的不足。

（二）审计分析评价方法

审计分析评价方法是指对已经取得的证据，运用一定的技术方法进行再加工，形成新的证据，即分析性证据，并从中得出结论的方法。审计师在评价经济性、效率性、效果性时，除了要运用财务审计的方法外，还要运用比较分析法、因素分析法、统计分析法、量本利分析法、成本效果法等其他方法。

1. 比较分析法

比较分析法是指将反映被审计单位业绩的有关数据指标与相关的业务指标、判断标准等进行对比，找出不同时期同一性质的数量差异、趋势或比率，评价被审计单位的活动运行状况，发现其优势或不足，为审计结论提供科学依据的方法。实际操作中，往往以上期报表数据、有关计划、定额数据作为比较标准；也可以以预算指标、同行业标准、国际国内先进指标作为比较标准；还可以以审计调查数据或计算结果作为比较标准。

2. 因素分析法

因素分析法是指查找产生影响的因素，并分析各个因素的影响方向和影响程度的方法。它根据指数法的原理，在分析多种因素影响的事物变动时，为了观察某一因素变动的影响而将其他因素固定下来，对事实进行分析，并找出其成因。

3. 统计分析法

统计分析法是解决数值问题的最好工具，尤其是绩效审计，如总额分析、比例分析、结构分析，了解诸如设备完好率、使用率、成新率、故障率等等。统计分析特别在对企业效益评价中能发挥独特的作用。

4. 量本利分析法

量本利法也称盈亏平衡分析，是分析一定期间内的业务量、成本、利润三者之间变量关系的方法。审计师通过计算保本点，来分析处于盈亏平衡点时的业务量水平，进而对项目的投入进行评价。这种分析方法主要适用于对企业以及部分以盈利为目标的事业单位的评价。

5. 成本效果法

成本效果法通过分析成本与效果之间的关系，以每单位效果消耗的成本来评价项目效益，寻找既定目标的最经济成本或既定成本的最好效果。与成本收益分析不同的是，成本效果分析的成果是实物数量而非货币金额表示。在评价时可以以四种方式进行：一是将成本效果的比值与标准相对比；二是当成本相同或者较固定时，可以只比较效果；三是当效果相同或者较固定时，只比较成本；四是可以比较每单位效果变化所引起的成本变化，即比较边际成本的变化。

四、绩效审计的报告

与传统财务审计不同的是，绩效审计报告没有统一的格式，报告的格式和内容因审计评价的对象、内容不同而不同。一般来说，绩效审计报告的内容应包括被审计对象的一般情况、运用评价方法和得出的结论、建议等，由引言、主体、附录三个部分构成。

（一）引言部分

引言部分应写明审计依据、审计实施期间、审计目标、审计内容和范围、审计方法等事项。

（二）主体部分

主体部分由五部分内容组成：

（1）基本情况。主要介绍与绩效相关的基本情况，如总结被审计活动发生的环境、介绍被审计活动的总体目标、所涉及的被审计单位的主要职责和管理机构，以及占有资源等。

（2）审计评价。围绕审计目标，运用相关的绩效评价指标体系，通过定量和定性分析，对被审计单位履行职责时利用资源的绩效进行评价。

（3）主要问题。要从绩效的角度给问题定性，写明审计发现问题所依据的事实、数据及分析等。一般按对绩效的影响程度大小之顺序排列。

（4）审计建议。围绕改进管理、完善法制、提高绩效、解决问题等方面提出建议。

（5）被审计单位反馈意见。

（三）附录部分

有关的信息资料、数据、文件和评价分析结果，如与评价绩效直接相关的分析图表或资料等。

第五节　领导干部经济责任审计

一、领导干部经济责任审计的概念与类型

（一）领导干部经济责任审计的概念

领导干部经济责任审计简称为经济责任审计，也称为任期经济责任审计，是审计主体对领导干部任职期间所在部门或单位财政财务收支的真实性、合法性和效益

性以及对有关经济活动应当负有的责任进行的独立监督、鉴证和评价活动。在理解经济责任审计时，需注意：

经济责任审计的客体是领导干部及其任职期间所在部门或单位财政财务收支活动以及这种经济活动所反映的经济责任。因此，凡是具有一定职位、承担相应经济责任并负责管理和协调相对独立的经济活动的人员及其所负责的经济活动都是经济责任审计的客体。如在企业中，一个营业部或分公司的主要负责人及该营业部或分公司的经济活动就可构成经济责任审计的客体，即内部经济责任审计。但就目前我国经济责任审计的法律规定来看，经济责任审计的客体中的“领导干部”主要是指县级及以上地方各级直属的党政机关、审判机关、检察机关、群众团体和事业单位的党政正职领导干部及主管财经或财务的副职领导干部；市（州）、县（市、区）、乡（镇）的党委，人民政府正职领导干部及主管财经或财务的副职领导干部；企业法定代表人。但在实践中，已经将经济责任审计推广到单位内部具有相对独立经济责任的各级领导干部。

经济责任审计的目标是通过审计，查明领导干部任职期间所在部门或单位的财政财务收支的真实性、合法性和效益性以及该领导干部对经济活动所应当承担的经济责任，包括直接责任、主管责任和领导责任。其中，对行政机关、群众团体和事业单位的党政领导干部的经济责任审计，主要是查明并评价该领导干部任职期间所在部门或单位的财政收支或财务收支的真实性、合法性和效益性以及该领导干部对经济活动所应当承担的经济责任；对企业领导干部的经济责任审计，主要是查明该领导干部任职期间所在企业的资产、负债、损益的真实性、合法性和效益性以及该领导干部对有关经济活动所应当承担的经济责任。

（二）经济责任审计的主要类型

1. 按照领导干部所在单位性质的分类

按照领导干部所在单位性质，经济责任审计可分为地方党政领导干部经济责任审计、党政群机关（行政机关）经济责任审计、事业单位经济责任审计和企业经济责任审计。这是经济责任审计的基本分类。

地方党政领导干部经济责任审计是指对地方各级党委和政府，如省（直辖市、自治区）、市（州、地区、盟）、县（市、旗、区）、乡（镇）的党委、人民政府正职领导干部及主管财经的副职领导干部的经济责任审计。其审计的主要目标是审查和评价该领导干部任职期间当地财政收支的真实性、合法性和效益性以及该领导干部对经济活动所应负有的经济责任。

党政群机关（行政机关）经济责任审计是对党政工作部门、审判机关、检察机关的领导干部和具有行政管理职能的事业单位（总会）以及工会、共青团、妇联、文联、科协、其他协会等群众团体机关中的正职领导干部或者主持工作一年以上的副职领导干部的经济责任审计。其审计的主要目标是审查和评价领导干部任职期间所在部门或单位的财政收支或财务收支的真实性、合法性和效益性以及该领导干部对经济活动所应当承担的经济责任。

事业单位经济责任审计是指对国有事业单位领导干部的经济责任审计。其审计的主要目标是审查和评价领导干部任职期间所在单位的财务收支的真实性、合法性和效益性以及该领导干部对经济活动所应当承担的经济责任。

企业经济责任审计是指对企业领导干部的经济责任审计。其审计的主要目标是审查和评价企业领导干部所在企业的资产、负债、损益的真实性、合法性和效益性以及该领导干部对经济活动所应当承担的经济责任。

2. 按照审计工作开始时被审计领导干部是否任职的分类

按照审计工作开始时被审计领导干部是否任职，可将经济责任审计分为任职前经济责任审计、任期内经济责任审计和离任经济责任审计。

任职前经济责任审计是指对领导干部上任前拟上任部门或单位的财政财务收支、资产、负债、净资产等以及拟定的任期经济责任目标所进行的审计。其主要审计目标有两个：一是确定该任领导干部上任前部门或单位的资产、负债、净资产及企业技术水平、市场占有等方面的真实情况，既明确划清经济责任，又为建立任期内经济责任目标提供可靠的依据；二是验证拟定的领导干部任期经济责任目标的完备性、科学性和可靠性。

任期内经济责任审计是指在该领导干部任职期间内，对其所在部门或单位财政财务收支的真实性、合法性和效益性以及经济责任的履行情况和经济责任目标的完成情况进行监督、鉴证和评价，以促进其更好地履行经济责任，完成经济责任目标的审计。在审计中，要以领导干部任期经济责任目标为基础，以其主要经济责任的履行和主要经济责任目标的完成情况为审查和评价重点。必要时，则以领导干部在任期内存在的主要问题为重点，突出任期内审计是帮助领导干部找到其存在的不足，提出整改建议和措施，促进其更好地履行经济责任，完成经济责任目标。

离任经济责任审计也简称离任审计，是指在领导干部任期已满，或任期内办理调动、免职、辞职等手续而即将离开现任岗位前或已经离开岗位后，对该领导干部在整个任职期间内所在部门或单位财政财务收支的真实性、合法性和效益性以及经济责任的履行情况和经济责任目标的完成情况进行全面的审查，以评价和鉴证其工作业绩的审计。其主要审计目标有两个：一是对领导干部在任期内经济责任的履行情况、经济责任目标的完成情况和工作业绩进行全面审查和鉴证，作出全面、客观、公正的审计评价结论；二是全面审查该任领导干部在离任时资产、负债等的真实状况，对资产效益进行评估，既明确划分该任和后任领导干部的经济责任，又为确定后任领导干部的任期经济责任目标奠定可靠基础。

当前以离任经济责任审计为主，任期内经济责任审计也显著增加了，但鲜有任职前经济责任审计，相信以后将得到广泛开展。

二、领导干部经济责任审计的特点

领导干部经济责任审计是在新的社会经济环境中的创新，是在财政财务收支审计基础上发展起来的，具有以下特征：

（一）审计主体以政府审计机关为主

当前，开展领导干部经济责任审计的主要依据是中共中央办公厅、国务院办公厅于2010年12月印发的《党政主要领导干部和国有企业领导人员经济责任审计规定》（以下简称《规定》）。根据该《规定》，领导干部经济责任审计以政府审计机关为主，虽然在企业经济责任审计中，可以是上级内部审计机构或社会审计组织，但也要依照《规定》的程序和要求实施审计并接受审计机关的指导和监督。目前，在党政机关、事业单位、国有企业领导干部经济责任审计方面，政府审计机关是主要力量，起主导作用。民间（社会）审计组织依法接受委托，侧重于进行非国有企业及这些企业内部下属机构的经济责任审计；内部审计机构则侧重于本单位内部非独立法人领导干部的经济责任审计。

（二）被审计单位的确定较为复杂

由于经济责任审计不仅对事，且直接针对被审计单位的领导干部个人，因而根据《规定》，领导干部任期经济责任审计，应当由领导干部管理机关报本级人民政府批准，由人民政府下达审计指令，组织部门委托审计机关审计。因而，政府审计机关事先难以单独准确规划，具有一定的被动性。如果委托民间审计组织进行审计，则审计委托手续不能由被审计单位办理，而应当由被审计领导干部的上级管理机关办理，以确保审计的独立性和客观公正性。

当前，一些地区设立了经济责任审计联席会议制度。在上年末或本年初，由联席会议研究确定经济责任审计计划，确定被审计单位及被审计领导干部、审计期间、审计时间安排等，具体审计指令由本级人民政府或本级组织部门下达。

联席会议由纪检、组织、审计、监察、人力资源社会保障和国有资产监督管理等部门组成。其主要职责是研究制定有关经济责任审计的政策和制度，监督检查、交流通报经济责任审计工作开展情况，协调解决工作中出现的问题。

联席会议下设办公室，与同级审计机关内设的经济责任审计机构合署办公，负责日常工作。联席会议办公室主任为同级审计机关的副职领导或者同职级领导。其主要职责是研究起草有关经济责任审计的法规、制度和文件，研究提出年度经济责任审计计划草案，总结推广经济责任审计工作经验，督促落实联席会议决定的有关事项。

（三）审计内容和目标比较广泛

由于经济责任审计实质上由两部分构成：即对单位的财政或财务审计和对领导干部个人的审计。因此，经济责任审计的对象与内容要广泛和复杂得多，不仅包括对被审计单位经济活动和经济资料的审计，也包括了对被审计单位领导干部的审计。其详细内容请见本节“经济责任审计的重点内容”。

（四）审计时间选择具有特殊性

就审计实践来看，领导干部经济责任审计则是在领导干部任期届满或者任期内办理调任、免职、辞职、转任、轮岗、退休等事项之前进行，一般要对领导干部上任日起至拟离任日止的会计资料和其他相关资料及财务收支活动、任职经济责任履行情况和经济责任目标的完成情况进行审计。审计期间一般跨越几个会计年度。正因为这样，经济责任审计期间长、跨度长，涉及资料多且复杂，审计工作量多，难度大，相应要求审计组织要科学编制审计计划，既要注意审计的全面性，又要突出审计重点；既要尽可能提高审计效率，又要确保审计质量。

（五）审计方法运用具有多样性

企业财务审计的方法主要有检查、查询及函证、监盘、观察、计算、分析性复核等。这些方法均可在经济责任审计中运用，并具有如下特点：（1）广泛地运用比较法，以确定任期内各项经济责任指标的完成情况，或与前任实际经济责任指标水平比较，确定该任所取得的成绩或不足；（2）在盘点实物资产的过程中，不但要查明实物资产的实有数量，更要注意其质量状况，以便明确划清该任与后任的经济责任界限；（3）广泛地使用座谈法（一般可采用与中层干部、基层干部、普通职工座谈），充分了解该任领导干部经营管理能力、业绩、勤政、廉洁、自律等方面的情况；（4）发放调查问卷，公布举报电话，设立举报箱等方法获取相关审计情况和线索；（5）审计结果除征求被审计单位意见外，还应征求被审计单位领导个人的意见；（6）要求被审计领导干部写出书面工作总结，对其任职期间财务收支的真实性、合法性、效益性，经济责任履行情况、经济责任目标完成情况、个人廉洁自律情况、对于存在的各种各样的问题应承担的经济责任等进行总结，而在财务审计中一般不作此要求；（7）对于发现的各种问题，还应追查相应的会议记录，分清并确定被审计领导干部所应承担的经济责任。此外，政府部门还建立了联席会议制度，通报、研究并解决在经济责任审计过程中发现的重大问题，并在必要时，相关部门（如法院、检察院）介入经济责任审计过程等。

（六）审计结果利用较为深入

经济责任审计的结果除可以用于评价被审计单位在该任领导干部离任时的财务状况和经营成果及会计资料是否真实正确外，还运用于评价该任领导干部任职期间各项经济责任指标的完成情况和经济责任的履行情况，直接用于评价领导干部的经营管理水平、能力和业绩及廉洁自律等情况，是领导干部管理机关和组织部门对该任领导干部的调任、免职、辞职、解聘等提出审查处理意见时的重要参考依据。除了关心被审计单位财务状况和经营成果的部门和单位使用外，纪检监察机关、组织人事部门、领导干部管理机关也非常关心并广泛使用审计结果。可见，在审计结果的利用方面，经济责任审计结果用途要广泛，利用的部门和单位多。

三、领导干部经济责任审计的重点内容

领导干部经济责任审计应当以促进领导干部推动本地区、本部门（系统）、本单位科学发展为目标，以领导干部守法、守纪、守规、尽责情况为重点，以领导干部任职期间本地区、本部门（系统）、本单位财政收支、财务收支以及有关经济活动的真实、合法和效益为基础。审计内容大致可划分为领导干部经济责任审计中财政财务收支审计、任期经济责任目标完成情况审计、领导干部个人廉洁自律情况审计和经济责任划分审计。经济责任审计是一种综合性审计，大致可表述为：

$$\text{经济责任审计}=\text{财政财务收支审计}+\text{内部控制有效性审计}+\text{任期经济责任目标完成情况审计}+\text{经济责任划分审计}+\text{领导干部个人廉洁自律情况审计}$$

（一）领导干部经济责任审计中财政财务收支审计的重点内容

领导干部经济责任是指领导干部在任职期间因其所任职务，依法对本地区、本部门（系统）、本单位的财政收支、财务收支以及有关经济活动应当履行的职责、义务。显然，领导干部所处职位不同，经济责任的具体内容不同，其经济责任审计中财政财务收支审计的重点内容就不同。

1. 地方党政领导干部经济责任审计中财务收支审计的重点内容

地方党政领导干部经济责任审计中财政收支审计的重点内容是：本地区财政收支的真实、合法和效益情况；国有资产的管理和使用情况；政府债务的举借、管理和使用情况；政府投资和以政府投资为主的重要项目的建设和管理情况；对直接分管部门预算执行和其他财政收支、财务收支以及有关经济活动的管理和监督情况。

2. 党政群和事业单位领导干部经济责任审计中财务收支审计的重点内容

党政群和事业单位领导干部经济责任审计中财政财务收支审计的重点内容是：本部门（系统）、本单位预算执行和其他财政收支、财务收支的真实、合法和效益情况；重要投资项目的建设和管理情况；重要经济事项管理制度的建立和执行情况；对下属单位财政收支、财务收支以及有关经济活动的管理和监督情况。

3. 企业领导人员经济责任审计中财务收支审计的重点内容

企业领导人员经济责任审计中财务收支审计的重点内容是：本企业财务收支的真实、合法和效益情况；有关内部控制制度的建立和执行情况；履行国有资产出资人经济管理和监督职责情况。

在财政财务收支审计中要重点关注的风险为：虚构或隐瞒收入；账外账，小金库；夸大或隐瞒成本、费用；不当的关联方交易；账外资产、账外负债；虚盈实亏；不良资产（如不良债权、存货、固定资产、对外投资），没有足额计提资产减值损失等。

（二）内部控制有效性审计的重点内容

内部控制有效性的审计方法可参见第六章内部控制及其审计。在经济责任审计中，要对被审计单位所有重大内部控制的建立健全情况以及执行情况进行审计。

在内部控制审计中要重点关注的风险为：内部控制不健全，如重大业务没有相应管理制度或不适用；重大内部控制没有得到有效实施；“三重一大制度”① 不健全或未有效实施等。

（三）任期经济责任目标完成情况审计的重点内容

重点是关注领导干部任期内经济责任目标的完成情况。基本方法是比较法，即将审计核实后的实际达到的经济责任指标与计划（目标）指标比较，或者与以前年度指标比较，也可与同类单位的相同指标比较。但在确定领导干部任期经济责任目标完成情况时，需要考虑：主观因素与客观因素、历史原因与现实情况、当前业绩与长远业绩、显性问题与隐性问题等因素。

任期经济责任目标完成情况审计中要重点关注的主要风险为：经济责任目标不明确；没有相应的评价指标体系；指标的计算不当；指标计算口径不一致，缺乏可比性。

（四）领导干部个人廉洁自律情况审计的重点内容

对领导干部个人的审计，就是在对单位财政或财务审计的基础上，对领导干部在任职期间的德、能、勤、绩、责等方面所进行的审计。其主要内容包括：查清领导干部任职期间财政收支、财务收支工作目标完成情况；贯彻落实科学发展观，推动经济社会科学发展情况；遵守有关经济法律法规、贯彻执行党和国家有关经济工作的方针政策和决策部署情况；制定和执行重大经济决策情况；与领导干部履行经济责任有关的管理、决策等活动的经济效益、社会效益和环境效益情况；遵守有关廉洁从政（从业）规定情况等。

领导干部个人廉洁自律情况审计中要重点关注的主要风险为：贪污或挪用公款；行贿与受贿；其他非法所得（如从下属单位获取兼职报酬或补贴）；不当的职务消费等。

（五）经济责任划分的审计

在经济责任审计中，审计组织还需要对被审计领导干部履行经济责任过程中存在问题所应当承担的责任，区别不同情况作出界定。按照领导干部所应承担责任的性质不同，可分为直接责任、主管责任、领导责任。

1. 直接责任

直接责任即领导干部对履行经济责任过程中的下列行为应当承担的责任：(1) 直接违反法律法规、国家有关规定和单位内部管理规定的行为；(2) 授意、指使、强令、纵容、包庇下属人员违反法律法规、国家有关规定和单位内部管理规定的行为；(3) 未经民主决策、相关会议讨论而直接决定、批准、组织实施重大经济事项，并造成重大经济损失浪费、国有资产（资金、资源）流失等严重后果

① 三重一大制度是指重大事项决策、重要干部任免、重要项目安排、大额度资金的使用。凡涉及系统改革、发展和稳定，关系干部职工切身利益的重大问题，均属重大事项决策范畴。

的行为；（4）主持相关会议讨论或者以其他方式研究，但是在多数人不同意的情况下直接决定、批准、组织实施重大经济事项，由于决策不当或者决策失误造成重大经济损失浪费、国有资产（资金、资源）流失等严重后果的行为；（5）其他应当承担直接责任的行为。

2. 主管责任

主管责任即领导干部对履行经济责任过程中的下列行为应当承担的责任：（1）除直接责任外，领导干部对其直接分管的工作不履行或者不正确履行经济责任的行为；（2）主持相关会议讨论或者以其他方式研究，并且在多数人同意的情况下决定、批准、组织实施重大经济事项，由于决策不当或者决策失误造成重大经济损失浪费、国有资产（资金、资源）流失等严重后果的行为。

3. 领导责任

领导责任即除直接责任和主管责任外，领导干部对其不履行或者不正确履行经济责任的其他行为应当承担的责任。

经济责任划分审计中要重点关注的主要风险（问题）：难以分清责任；缺乏决策、执行过程的相应痕迹；难以分清问题产生的原因，如主观因素与客观因素、历史原因与现实情况、当前业绩与长远业绩、显性成绩与隐性问题等因素。

四、领导干部任期经济责任审计报告

（一）党政领导干部经济责任审计报告的主要内容

党政领导干部经济责任审计报告的主要内容通常包括：（1）实施审计工作的基本情况；（2）被审计领导干部的职责范围和所在单位、部门、地区财政财务收支工作各项目标、任务完成情况；（3）审计发现的被审计领导干部及其所在单位、部门、地区违反国家财经法规和领导干部廉政规定的主要问题；（4）被审计领导干部对审计发现的违反国家财经法规和廉政规定的问题应当负有的领导责任、主管责任和直接责任；（5）对被审计领导干部及其所在单位、部门、地区存在的违反国家财经法规的问题的处理、处罚意见和改进建议；（6）需要反映的其他情况。

（二）企业领导人员经济责任审计报告的主要内容

企业领导人员经济责任审计报告的主要内容应当包括：（1）实施审计工作的基本情况；（2）被审计的企业领导干部的职责范围和与所在企业资产、负债、损益目标责任制有关的各项经济指标的完成情况；（3）审计中发现违反国家财经法规和领导干部廉政规定的主要问题；（4）企业领导干部对审计发现的违反国家财经法规和领导干部廉政规定问题应负有的领导责任、主管责任和直接责任；（5）对被审计的企业领导干部及其所在企业存在的违反国家财经法规的问题的处理、处罚意见和改进建议；（6）需要反映的其他情况。

经济责任审计报告的实例请参见第十五章审计报告。

【延伸阅读】

1. 《中华人民共和国审计法》(2006)。
2. 《中华人民共和国审计法实施条例》(2010)。
3. 《中华人民共和国家审计准则》(2010)。
4. 《党政主要领导干部和国有企业领导人员经济责任审计规定》(2010)。

【复习思考题】

1. 简述中国政府审计基本准则的主要内容。
2. 财政收支审计有哪些特点?
3. 简述财政收支审计的重点。
4. 简述财务收支审计的主要内容。
5. 简述领导干部经济责任审计的含义。
6. 简述领导干部经济责任审计的主要特征。
7. 简述领导干部经济责任审计的重点内容。
8. 简述领导干部经济责任审计报告的基本内容。

第十七章　内部审计

内部审计的业务范围局限于本单位或本部门内部，是一种缩小了的“政府审计”。内部审计从过去侧重于行使内部监督职责，向注重提供管理咨询和评价、参与内部治理，以增加价值和改善运营方向发展。

第一节　内部审计概述

一、内部审计的定义

中国《审计署关于内部审计工作的规定》（2003 年颁布）对内部审计作出了这样的定义：“内部审计是独立监督和评价本单位及所属单位财政收支、财务收支、经济活动的真实、合法和效益的行为，以促进加强经济管理和实现经济目标。”中国内部审计协会于 2013 年新修订的《内部审计基本准则》的定义为：“内部审计，是一种独立、客观的确认和咨询活动，它通过运用系统、规范的方法，审查和评价组织的业务活动、内部控制和风险管理的适当性和有效性，以促进组织完善治理、增加价值和实现目标。”国际内部审计师协会（IIA）于 2004 年重新修订了《国际内部审计专业实务准则》，其中关于内部审计的定义是：“内部审计是一种独立、客观的确认（Assurance）和咨询（Consulting）活动，旨在增加价值和改善组织运营。它通过应用系统的、规范的方法，评价并改善风险管理、控制和治理过程的效果，帮助组织实现其目标。”① 虽然他们对内部审计的定义不完全相同，但均包含以下要点：

（一）内部审计的独立性要求

独立性是审计的本质特征。内部审计机构在实施审计过程中仍然要保持其独立性，但内部审计的独立性比外部审计要弱。由于内部审计机构属于本部门、本单位的内部机构，与同属于本部门、本单位的被审计单位有着关联关系，因而只具有相对独立性。

（二）内部审计的职能

内部审计只具有经济监督、评价与咨询职能，不具有经济鉴证职能。这是因为内部审计机构与被审计单位同属于一个部门或单位，在外人看来，不具有形式上的独立性，因而其签发的审计报告对外就不具有经济鉴证作用。在审计职能的侧重点方面，内部审计应当侧重于经济评价和咨询职能。

（三）内部审计的范围

内部审计的范围只能局限于本部门、本单位及其所属单位内部。

① 目前 IIA 关于内部审计的定义依然如此。详见：https：//na. theiia. org/standards-guidance/mandatory-guidance/Pages/Definition-of-Internal-Auditing. aspx。访问日期：2014-06-08。

（四）内部审计的对象

内部审计的对象是本单位及所属单位内部受托经济责任履行情况，具体来说，就是本单位及所属单位为履行内部受托经济责任而发生的财政财务收支活动及其相关经济活动的真实性、合法性和效益性以及相关经济资料的合法性、正确性和公允性。

（五）内部审计的根本目的

内部审计的根本目的是促进本部门、本单位加强经济管理和实现经济目标。虽然内部审计也要监督被审计单位遵守国家财经法纪及本部门、本单位的方针政策和内部管理制度，但其主要目的还是监督所属单位遵守本单位方针政策，促进被审计单位经营管理行为与本部门、本单位总体目标保持一致，不得损害本部门、本单位的整体利益，从而促进被审计单位加强经营管理，实现总体经济目标。

二、内部审计机构的职责

为充分发挥内部审计的职能，实现内部审计的根本目标，内部审计机构应当在本单位主要负责人或者权利机构的领导下，在本部门、本单位内部履行下列职责：

（1）开展财政财务审计，即对本单位及所属单位（含控股单位，下同）的财政收支、财务收支及其有关的经济活动进行审计；

（2）开展资金管理审计，即对本单位及所属单位预算内、预算外资金的管理和使用情况进行审计；

（3）开展任期经济责任审计，即对本单位内设机构及所属单位领导人员的任期经济责任进行审计；

（4）开展固定资产投资审计，即对本单位及所属单位固定资产投资项目进行审计；

（5）开展内部控制审计与风险管理审计，即对本单位及所属单位内部控制制度的健全性和有效性以及风险管理进行评审；

（6）开展管理审计与经营审计，即对本单位及所属单位的经济管理和效益情况进行审计；

（7）开展其他审计，即法律、法规规定和本单位主要负责人或者权利机构要求办理的其他审计事项，如成本管理专项审计、专项审计调查、经济合同审计等。

内部审计机构开展的财务审计与前文阐述的注册会计师财务报表审计和国家审计机关的财务收支审计类似、经济责任审计与国家审计机关的经济责任审计类似、固定资产投资审计与国有建设项目审计类似、内部控制审计可参考本书第六章“内部控制及其测试”。因此，本章将重点介绍管理审计和经营审计。

三、内部审计机构的职权

为确保内部审计机构有效履行其职责，作为内部审计机构领导者的单位主要负责人或者权力机构应当制定相应规定，赋予内部审计机构履行职责所必需的权限。在一般情况下，应当赋予内部审计机构的权限主要包括：

（1）资料报送要求权，即有权要求被审计单位按时报送生产、经营、财务收支计划，预算执行情况，决算，会计报表和其他有关文件、资料；

（2）参与与召开会议权，即有权参加本单位有关会议，并有权组织召开与审计事项有关的会议；

（3）参与制定规章制度权，即有权参与研究制定有关的规章制度，提出内部审计规章制度，由单位审定公布后施行；

（4）检查权，即有权检查被审计单位有关生产、经营和财务活动的资料、文件和现场勘察实物；

（5）信息系统检查权，即有权检查被审计单位有关的计算机系统及其电子数据和资料；

（6）调查权，即有权对与审计事项有关的问题向有关单位和个人进行调查，并取得证明材料；

（7）违规违法行为制止权，即有权对正在进行的严重违法违规、严重损失浪费行为，作出临时制止决定；

（8）资料封存权，即对可能转移、隐匿、篡改、毁弃会计凭证、会计账簿、会计报表以及与经济活动有关的资料，经本单位主要负责人或者权力机构批准，有权予以暂时封存；

（9）提出意见或建议权，即有权提出纠正、处理违法违规行为的意见以及改进经济管理、提高经济效益的建议；

（10）通报批评或处理建议权，即有权对违法违规和造成损失浪费的单位和人员，给予通报批评或者提出追究责任的建议。

此外，单位主要负责人或者权力机构在管理权限范围内，也可以授予内部审计机构必要的处理、处罚权。内部审计机构对本单位有关部门及所属单位严格遵守财经法规、经济效益显著、贡献突出的集体和个人，可以向单位主要负责人或者权力机构提出表扬和奖励的建议。

第二节　我国内部审计准则

中国内部审计协会自 2003 年 4 月开始发布内部审计准则，自 2003 年 6 月 1 日起执行，随后又在 2013 年进行了修订，包括一个基本准则和 20 个具体准则，连同之前发布的 5 个内部审计实务指南，构成了相对完整的内部审计准则体系。

一、我国内部审计准则体系

中国内部审计准则是中国内部审计工作规范体系的重要组成部分，由内部审计基本准则、内部审计具体准则、内部审计实务指南三个层次组成。它们三者之间的

关系如图 17-1 所示。

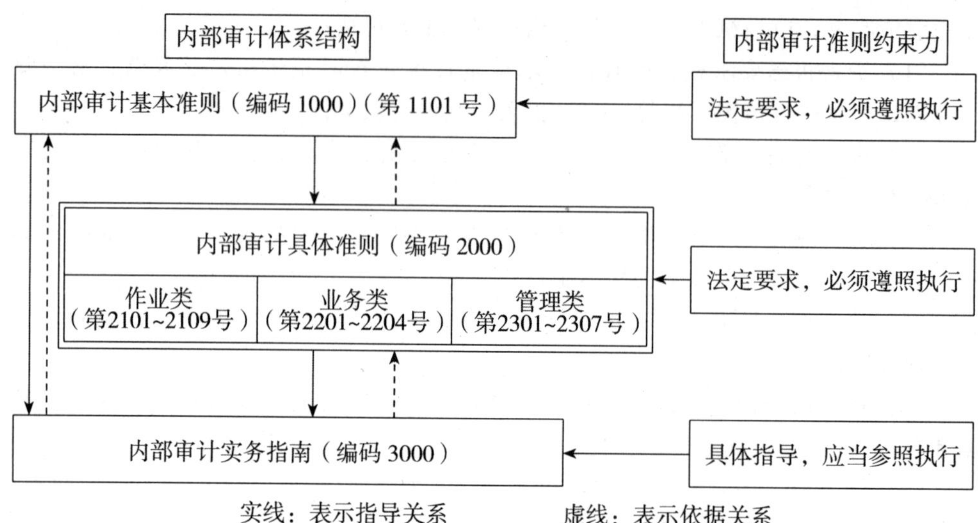

图 17-1　中国内部审计准则体系结构与约束力图

内部审计基本准则是内部审计准则的总纲，是内部审计机构和人员进行内部审计时应当遵循的基本规范，是制定内部审计具体准则、内部审计实务指南的基本依据。编码为第 1101 号。

内部审计具体准则是依据内部审计基本准则制定的，是内部审计机构和人员在进行内部审计时应当遵循的具体规范。具体准则分为作业类、业务类和管理类三大类。作业类准则涵盖了内部审计程序和技术方法方面的准则，具体包括审计计划、审计通知书、审计证据、审计工作底稿、结果沟通、审计报告、后续审计、审计抽样、分析程序等 9 个具体准则，编码分别为第 2101 号至第 2109 号；业务类准则包括内部控制审计、绩效审计、信息系统审计、对舞弊行为进行检查与报告等 4 个具体准则，编码分别为第 2201 号至第 2204 号；管理类准则包括内部审计机构的管理、与董事会或者最高管理层的关系、内部审计与外部审计的协调、利用外部专家服务、人际关系、内部审计质量控制、评价外部审计工作质量等 7 个具体准则，编码分别为第 2301 号至第 2307 号。

内部审计实务指南是依据内部审计基本准则、内部审计具体准则制定的，为内部审计机构和人员进行内部审计提供具有可操作性的指导意见。目前发布的实务指南有建设项目内部审计、物资采购审计、审计报告、高校内部审计、企业内部经济责任审计等，编码分别为第 3201 号至 3205 号。

中国内部审计准则适用于内部审计机构和人员进行内部审计的全过程和各类组织，即无论组织是否以营利为目的，也无论组织规模大小和组织形式如何，内部审计机构和人员在进行内部审计时，都应遵循内部审计准则。

二、审计基本准则的主要内容

《内部审计基本准则》共六章三十三条。第一章“总则”三条；第六章“附则”两条；第二、三、四、五章分别为“一般准则”、“作业准则”、“报告准则”、“内部管理准则”，共二十二条，是《内部审计基本准则》的核心。其主要内容如下：

（一）一般准则

一般准则是对内部审计结构设置与管理以及审计人员行为方面的规范。主要包括：

（1）内部审计机构设置的适应性。内部审计机构设置应当与其目标、性质、规模、治理结构等相适应，并配备具有相应资格的内部审计人员。

（2）内部审计的合法性。内部审计的目标、职责和权限等内容应当在组织的内部审计章程中明确规定。

（3）内部审计的独立性和客观性。内部审计机构和人员应保持其独立性和客观性，不得负责被审计单位的业务活动、内部控制和风险管理的决策和执行。

（4）职业道德规范和应有的职业谨慎态度。内部审计人员应当遵循职业道德规范，并以应有的职业谨慎态度执行审计业务。

（5）具备、保持和提高专业胜任能力。内部审计人员应当具备相应的专业胜任能力，并通过后续教育加以保持和提高。

（6）履行保密义务。内部审计人员应当履行保密义务，对于实施内部审计业务中所获取的信息保密。

（二）作业准则

作业准则是关于内部审计人员在实施审计过程中应当遵循的行为规范。主要包括：

（1）全面关注组织风险和风险导向审计。内部审计机构和内部审计人员应当全面关注组织风险，以风险为基础组织实施内部审计业务。

（2）运用审计重要性原则。内部审计人员应当充分运用重要性原则，考虑差异或者缺陷的性质、数量等因素，合理确定重要性水平。

（3）编制年度审计计划。内部审计机构应当根据组织的风险状况、管理需要及审计资源的配置情况，编制年度审计计划。

（4）编制项目审计方案。内部审计人员根据年度审计计划确定的审计项目，编制项目审计方案。

（5）下达审计通知书。内部审计机构应当在实施审计三日前，向被审计单位或者被审计人员送达审计通知书，做好审计准备工作。

（6）全面了解被审计单位并评估其业务活动、内部控制和风险管理。内部审计人员应当深入了解被审计单位的情况，审查和评价业务活动、内部控制和风险管理的适当性和有效性，关注信息系统对业务活动、内部控制和风险管理的影响。

（7）特别关注舞弊风险。内部审计人员应当关注被审计单位业务活动、内部控制和风险管理中的舞弊风险，对舞弊行为进行检查和报告。

（8）运用审计方法获取相关、可靠和充分的审计证据。内部审计人员可以运用审核、观察、监盘、访谈、调查、函证、计算和分析程序等方法，获取相关、可靠和充分的审计证据，以支持审计结论、意见和建议。

（9）编写审计工作底稿。内部审计人员应当在审计工作底稿中记录审计程序的执行过程，获取的审计证据，以及作出的审计结论。

（10）提供咨询服务。内部审计人员应当以适当的方式提供咨询服务，改善组织的业务活动、内部控制和风险管理。

（三）报告准则

报告准则是关于内部审计人员在编写审计报告过程中应当遵循的行为规范。主要包括：

（1）审计报告的时间要求。内部审计机构应当在实施必要的审计程序后，及时出具审计报告。

（2）审计报告的质量要求。审计报告应当客观、完整、清晰，具有建设性并体现重要性原则。

（3）审计报告的内容要求。审计报告应当包括审计概况、审计依据、审计发现、审计结论、审计意见和审计建议。

（4）声明遵循内部审计准则。审计报告应当包含是否遵循内部审计准则的声明。如存在未遵循内部审计准则的情形，应当在审计报告中作出解释和说明。

（四）内部管理准则

内部管理准则是关于内部审计管理过程中应当遵循的行为规范。主要包括：

（1）领导和监督内部审计的权限。内部审计机构应当接受组织董事会或者最高管理层的领导和监督，并保持与董事会或者最高管理层及时、高效的沟通。

（2）内部审计机构的管理。内部审计机构应当建立合理、有效的组织结构，多层级组织的内部审计机构可以实行集中管理或者分级管理。

（3）制定内部审计手册。内部审计机构应当根据内部审计准则及相关规定，结合本组织的实际情况制定内部审计工作手册，指导内部审计人员的工作。

（4）内部审计的质量控制。内部审计机构应当对内部审计质量实施有效控制，建立指导、监督、分级复核和内部审计质量评估制度，并接受内部审计质量外部评估。

（5）内部审计的发展计划。内部审计机构应当编制中长期审计规划、年度审计计划、本机构人力资源计划和财务预算。

（6）内部审计的激励约束机制。内部审计机构应当建立激励约束机制，对内部审计人员的工作进行考核、评价和奖惩。

（7）与外部审计的协调。内部审计机构应当在董事会或者最高管理层的支持和监督下，做好与外部审计的协调工作。

（8）内部审计机构负责人的责任。内部审计机构负责人应当对内部审计机构管理的适当性和有效性负主要责任。

第三节 经营审计

一、经营审计的含义

“经营审计”一词最早在20世纪50年代由优秀内部审计师所采用，泛指他们在审计后为改善企业经营而做的一切工作，它是财务审计和合规审计的延伸。美国D. J. 卡斯勒和J. R. 克劳开特将经营审计定义如下：经营审计是评价一个组织在管理部门控制下的经营活动的效果性、效率性和经济性，并将评价结果和改进意见报告给有关人员的系统过程。其目标是为评价一个组织的绩效提供手段，以及通过改进建议提高该组织的绩效。经营审计要求评价实际成果与可接受标准的符合程度，并着眼于管理部门的计划和控制系统，同时评价系统的完善性以及符合既定方针和程序的程度。在进行评价时，要求独立于被评价活动的人员获得并评价他们认为与经营活动的效果性、效率性和经济性相关的证据。审计报告应当包括审计师的绩效评价和改进建议，以向有关人员传送所需信息。

二、经营审计的一般思路

经营审计的特征由审计师考虑问题的思维方式和方法来决定，而不是由特定的审计方法来决定。经营审计的一般思路是：首先，在审查的基础上，全面分析和评价企业已经实现的业绩；其次，通过对企业生产经营状况的调查以及反映业绩的各项指标的分析，初步判断存在的问题和尚可挖掘的潜力；最后，提出为提高经济业绩而应当改进经营或采取进一步行动的建议。按照经营审计的一般思路，其在实施过程中的一般做法如下：

（一）了解并评价权限与职责

了解并评价权限与职责即了解被审计单位所拥有的一般权力与特殊权限，以及所承担的职责，并评价其权限与职责是否相匹配，有无权限过大职责更小，或者权限过小职责更大的情况。不了解被审计单位的权限与职责，就不可能得出正确的结论。

（二）检查并评价业绩

业绩是指被审计单位所从事的业务活动与管理当局或委托人建立的目标相比较的实现程度，一般来说，主要是指经营活动的效果性、效率性和经济性。效果性目标是指被审计单位投入的人、财、物是否实现了既定目标；效率性目标是指如何以更少的投入产出更多的产品；经济性目标是指如何以更少的投入实现目标。审计师首先要查明被审计单位经营活动既定目标的实现程度，分析在实现目标过程中所形成的有益经验以及未能实现目标所存在的主要问题，又要评价目标本身是否合理适当。

（三）检查并评价方针、程序与做法

方针是指管理当局要求下属部门在工作中遵照执行的一些总的指导原则，是联系工作程序与目标的纽带；程序与方法是指管理当局指导职工去实现既定目标和方针的工作方法。正式的指示称为“程序”，非正式的指示称为“做法”。在许多单位中，往往没有书面的方针，而只作出一般规定或制定详细的工作程序；由于程序是开展工作的正式方法，管理当局一般要作出明文规定；做法则是人们开展工作的惯例，很少有书面规定。在经营审计中，审计师要审查并评价管理当局的方针是否体现了其意图；程序与做法是否与既定目标和方针一致；方针、程序与做法是否被遵照执行；方针、程序与做法本身是否完善等。

（四）查明原因，作出结论

在前述审计程序的基础上，查明被审计单位是否实现了既定的经营目标。如果被审计单位实现了既定的经营目标，就要评价管理当局的方针、程序与做法为什么能够取得成效，有哪些主要经验，是否还存在什么问题，可从哪些方面进行改进。如果没有实现目标，就要评价管理当局的方针、程序与做法为什么没有取得成效，存在哪些主要问题，应当如何改进这是经营审计的核心问题。只有发现问题，找出原因，才能提出改进建议，促进被审计单位管理当局采取纠正措施，扩大有利结果，防止不利结果的再度出现。

（五）提出改进建议

经营审计的最终目标是通过提出改进建议而帮助被审计单位提高经营业绩。因此，经营审计的必然程序是审计师在查明原因的基础上提出针对性的改进建议。审计师应当将这些建议的道理及预期结果说透，使人信服并乐于采纳。

（六）开展后续审计

在经营审计中，审计师应当通过后续审计了解被审计师单位改进落实建议的情况，并根据新情况提出新的改进建议，以切实实现经营审计的目标。

三、经营审计的主要内容

在经营审计中，审计师应当从生产力各要素的利用程度和进一步开发的潜力着眼，以供、产、销等业务经营活动的过程和结果作为具体审计对象，审查和评价企业经营审计活动的效果性、效率性和经济性。

（一）采购业务审计

采购业务审计通常包括以下内容：

1. 采购计划审计

其主要内容是：（1）物资采购品种和数量、时间的确定是否科学，并与销售计划、生产计划相衔接；（2）是否编制了采购计划，并经过批准，实际采购是否按计划进行；有无盲目采购的情况。

2. 采购合同审计

其主要内容是：（1）企业是否建立了采购合同管理制度；（2）供货单位是如何确定的、是否通过招标或比价后集体研究确定；（3）供货价格是否最优；（4）是否与供货单位签订了供货合同；合同是否条款完整、内容齐备、措词准确；（5）采购合同是否按期履行。

3. 采购执行情况审计

其主要内容是：（1）实际采购是否按计划进行，能否正常保证生产与销售需求，或者盲目采购，造成物资积压的情况；（2）实际采购价格是否为当时最优价格，有无采购成本过高，甚至个别人员从中吃回扣的情况；（3）实际采用的运输方式是否合理，采购费用是否存在浪费的情况；（4）运输途中的损耗是否合理，有无多报损失、损害企业利益的情况；（5）采购中有无舍近求远的情况；（6）企业内部能否以较低的成本生产某些材料代替外购。

4. 存货管理审计

其主要内容是：（1）物资入库前是否有严格的质量检验和清点制度，并严格执行；（2）物资保管是否安全有序，有无被盗、雨淋或火灾威胁的情况；（3）是否采用永续盘存记录，是否定期盘点库存物资，对于盘盈或盘亏物资处理手续是否严格；（4）库存物资有无积压，或霉烂变质而不能正常使用的情况，对于这些物资是否采取了有效措施进行管理。

（二）生产业务审计

生产业务审计通常包括以下内容：

1. 生产计划审计

其主要内容是：（1）制订的生产计划是否科学，是否按照经济批量来安排生产，是否与企业的销售计划、采购计划相衔接；（2）生产计划是否经过批准，并得到严格执行，有无盲目生产的情况。

2. 生产过程审计

主要内容是：（1）是否制定了生产过程中的人、财、物的消耗定额，消耗定额是否合理；（2）各车间、各工序之间的生产能力是否相平衡，生产周期、生产批量是否合理可行；（3）生产进度是否正常，生产计划能否如期完成；（4）产品质量是否达到了要求，并满足客户需要；（5）主要设备是否处于良好状态，其使用效率是否达到了预定目标；（6）生产过程中的边角料是否充分利用；（7）生产成本是否实现了预期目标，有无进一步降低的可能。

（三）销售业务审计

销售业务审计通常包括以下内容：

1. 销售计划审计

其主要内容是：(1) 销售计划的制订是否根据销售预测作出，是否掌握了市场动态，并充分挖掘了市场潜力；(2) 销售计划是否充分考虑了企业的生产能力，并经过了批准。

2. 销售过程审计

其主要内容是：(1) 企业是否与主要客户签订了销售合同，销售合同是否条款完整、内容齐备、措词准确，并如约履行；(2) 定价策略是否科学，能否使企业利益最大化；(3) 是否采取了一些营销策略来扩大市场，效果如何；(4) 销售定价决策是否过于集中，有无损害企业利益而中饱个人私囊的情况。

3. 应收账款管理审计

其主要内容是：(1) 企业赊销政策是否科学合理，放宽信用政策能否增加企业销售量并增加企业利润；(2) 是否与客户定期核对应收账款的发生额与余额；(3) 是否采取了清理催收措施。

第四节 管理审计

一、管理审计的定义

20 世纪 30 至 40 年代是管理审计的萌芽时期。管理审计是对受托管理责任进行审计，是以被审计单位为履行受托管理责任而发生的管理活动为对象，通过对管理制度和管理工作的审计，帮助其提高管理水平和管理效率而进行的系统调查、分析、评价与提出建议的过程。

管理审计具有的主要特征是：管理审计的对象是受托管理责任，以及为履行受托管理责任而形成的各种管理制度和发生的各种管理行为；管理审计的根本目标是帮助管理当局提高管理水平和管理效率，更好地履行受托管理责任；管理审计的职能是咨询性和建设性的，而非执行性的，主要为管理当局作出正确决策提供及时、相关的信息和建议；管理审计是一个系统的调查、分析、评价和提出建议的过程。

二、管理审计与经营审计的关系

管理审计与经营审计有着十分密切的联系。二者直接目标相同，都是帮助管理当局提高经济效益，更好地履行受托经济责任；二者的主要职能都是咨询性和建设性的；二者的对象不能截然分开，经营审计的对象是经营活动，管理审计的对象是管理活动，但经营活动不能离开管理审计行为，管理活动又主要是对经营活动的管理；二者的基本程序与思路也相似。正因为这样，管理审计和经营审计不能截然分开，在我国统称为经济效益审计。

管理审计和经营审计也存在一些区别。管理审计主要审查企业管理制度和管理工作，如审查管理组织是否合理，管理机构是否健全，各项管理职能如决策、计划、领导、控制等是否有效等。经营审计主要审查企业的业务经营活动，审查企业是否努力改善和充分利用其现有的物质条件和技术条件，审查利用生产力各要素的具体方式和手段的有效性。

三、管理审计的主要内容

管理审计的主要内容有两个：管理制度和管理工作。

（一）管理制度审计

管理制度审计与内部控制审计是同义词，即对被审计单位内部管理制度设计的健全性和合理性及执行的有效性所进行的审计。其一般程序是：对内部管理制度进行调查和描述、对内部管理制度设计的健全性和合理性进行测试、对其执行的有效性进行测试、提出改进建议。其具体做法请参见本书第六章。

（二）管理工作审计

管理工作审计有两种划分方法：一是按管理职能进行审计，称为管理职能审计；二是按各管理职能部门的管理对象进行审计，可称为职能部门管理审计。

1. 管理职能审计

管理职能审计是对各种管理职能进行审查，评价各种职能是否健全、合理，是否还有进一步改进之处。通常，结合管理的五种基本职能（即决策、计划、组织、领导、控制）对管理职能进行审计。

（1）决策职能审计。其主要内容有：有无明确的经营目标；经营目标是否考虑了内外各种环境条件；经营目标的确定是否符合科学决策原则；经营目标是否落实。

（2）计划职能审计。其主要内容有：有无与经营目标相适应的长期规划、中期规划和短期计划；计划体系是否已经形成和完整；有无落实计划的措施；是否评价目标和计划的实现程度。

（3）组织职能审计。其主要内容有：内部机构的设置是否合理，现有的机构是否都有存在的必要，是否体现了精简机构的要求；各机构之间的分工和职责是否明确，有无相互推诿、无人负责、内部消耗等现象，上下左右关系是否协调；各级机构的授权是否充分，是否明确了责任和权限，责任和权限是否相当；最高领导层和各级机构是否配备了强有力、称职的领导班子，领导班子的知识结构、年龄结构是否合理，人际关系是否融洽；最高领导层与每一机构之间、各个机构之间是否有充分的信息交流，使整个企业处于反应灵敏的状态。

（4）领导职能审计。其主要内容有：实行的领导体制是否符合该组织的实际情况；最高领导层和各级管理人员是否适应管理工作的需要，是否都有强烈的责任感和敬业精神；在各级管理职责范围以内是否存在着有效领导，并正确处理与职工群众的关系。

（5）控制职能审计。其主要内容有：是否对各管理职能的履行和职工业绩进行定期考核与评价，并给予相应的奖惩；是否对内部控制运行情况进行检查，发现问题及时进行纠正；各下属单位的经营管理行为与组织的总目标不一致时，能否及时发现并及时进行协调和控制；

2. 职能部门管理审计

职能部门管理审计就是对各职能部门的管理对象所进行的审计，以评价其管理工作是否有效，是否充分履行了各项管理职能。根据各管理部门管理的具体对象不同，其主要内容包括：

（1）计划管理审计，即对计划管理部门编制的企业长期、中期、短期计划及供、产、销计划的审计。

（2）生产管理审计，即对生产管理部门的生产技术、组织、流程、成本管理、效益及在产品等的审计。

（3）销售管理审计，即对销售管理部门的营销策略、市场预测、销售计划、销售合同、销售费用及售后服务等的审计。

（4）质量管理审计，即对质量管理部门对产品质量、工作质量、质量经济及全面质量管理等的审计。

（5）资产管理的审计，即审查资产管理部门对设备与物资采购、保管、维护与使用情况审计。

（6）财务管理审计，即对财务管理部门关于资金筹集、运用、收回、分配以及增收节支等各种措施的审计。

（7）人力资源管理审计，即对人力资源管理部门的人力资源的招聘、培训、考核、奖惩、晋升等的审计。

（8）研发管理审计，即对研发管理部门的新产品、新技术、新工艺等的试制、开发、应用以及知识产权保护等的审计。

（9）信息系统管理审计，即对信息系统管理部门对数据的收集、加工、处理、信息提供与应用以及信息系统安全等的审计。

【延伸阅读】

1.《审计署关于内部审计工作的规定》(2003)。

2. 中国内部审计基本准则、20 个具体准则、5 个实务指南，可访问：中国内部审计协会网站之“法规”栏，http：//www. ciia. com. cn/docs/more/fg_ index06/index_ morenews2. html。

【复习思考题】

1. 试述内部审计的定义与特征。

2. 内部审计机构应当履行哪些职责？

3. 应当赋予内部审计机构哪些职权？

4. 试述我国内部审计准则的体系结构及效力。
5. 试述我国内部审计基本准则的主要内容。
6. 试述经营审计的定义与特征，开展经营审计的一般思路。
7. 试述经营审计的主要内容。
8. 试述管理审计的定义与特征，管理审计的主要内容。

第十八章　计算机审计

现代审计环境是以计算机、网络为基础的信息系统环境。审计环境的变化推动了审计师素质、审计理念和审计技术的发展。不了解、不熟悉、不利用计算机与网络，将无法开展审计工作。计算机审计与网络审计是必然趋势。本章在介绍计算机审计一般理论的基础上，重点阐释计算机信息系统审计（以下称为信息系统审计）以及审计软件、XBRL 的相关知识。

第一节　计算机审计概述

一、计算机审计的定义

（一）计算机审计的含义与内容

与“计算机审计”相关的词有信息技术审计、计算机辅助审计、信息系统审计、网络审计等。本书采用计算机审计一词，是因为“计算机审计”是最早出现的名词，同时也是一个范围较宽泛的概念，可以将其他相关名词包含在内。

计算机审计是随着计算机的产生及其在审计工作中的应用以及数据处理电算化的发展而出现的。它包含两层含义：一是审计对象由手工系统转换为计算机信息系统，称为计算机信息系统审计，也称为信息系统审计；二是审计工具、技术由手工转换为计算机，将计算机作为工具，协助完成审计，称为计算机辅助审计。无论是对计算机信息系统进行审计还是利用计算机进行审计，都统称为计算机审计。计算机审计与手工审计的审计技术、方法与对象有所不同，但其性质、目的、职能等实质内容并没有变化。

（二）计算机审计的内容

1. 信息系统审计

信息系统审计是当审计的对象由手工系统转换为计算机信息系统后，就需对载有会计、管理系统的计算机信息系统的运行状况及其可靠性进行的审计。信息系统审计一般包括：内部控制系统审计、系统开发审计、应用程序审计、数据文件审计。

信息系统审计是技术审计。由于信息技术的渗透性，在对信息系统中的业务进行审计时，不可避免地需要对所涉及的技术之可靠性、安全性进行审计，因而将其称为信息技术审计。随着信息技术的发展，信息系统也从单机系统发展为网络系统，信息技术审计也就发展成为网络技术审计（简称为网络审计）、在线实时（持续）审计等。

2. 计算机辅助审计

在信息时代，审计师在开展审计工作时，都可以不同程度地利用信息技术开展审计工作，这称为计算机辅助审计，也称为审计信息化。计算机辅助审计包括审计项目管理系统、手工信息系统、计算机信息系统的辅助审计。

计算机辅助审计的发展受两个因素制约。一是客观因素，即计算机硬件与软件技术的发展；二是主观因素，即审计师应用计算机水平以及不同时期对计算机技术的需求。主客观因素相互制约、相互推动，改变着审计的工作模式。

二、计算机审计的特点

（一）信息系统审计的特点

1. 由“结果审计”为主向“过程审计”为主转化

手工审计中，每次面对不同数据结果时，都要用正确的处理方法对结果是否正确重新进行验算，以防止处理过程中的错弊。在信息系统中，原始数据输入计算机后，就由计算机按程序自动进行处理，输出所需信息。系统的合法性、效益性，系统输出结果的真实性、正确性，不仅取决于输入数据的真实性、正确性，而且取决于电子数据的处理过程以及计算机的硬件、软件状况和系统的内部控制。信息系统在运行环境不变、输入数据正确的情况下，只要一次运算的结果是正确的，以后各次都正确。因此，在计算机审计中重点应该放在以下方面：第一，输入数据的正确性；第二，被审计单位所用信息系统是否合法、合规以及第一次输出的信息是否正确；第三，当运行环境发生变化，或经过系统维护后，输出数据的正确性。这与信息系统设计、开发、应用过程的每个环节都相关，是以“过程审计”为主。

2. 审计线索的“可视性”向“不可视性”转化

审计依赖线索。在计算机信息系统中，审计线索大部分以文件形式存储在磁性或电子介质上。这些线索既容易被更改、隐匿，也容易被转移、销毁和伪造，且需要借助计算机才可查询。在审计中如果操作不当，很可能破坏系统的数据文件和程序，从而销毁重要审计线索，甚至干扰被审计系统的工作。在计算机审计中，如何保留并能按需要及时、准确地获取审计线索是能否完成审计任务的关键。

3. 审计取证的持续性

由于计算机信息系统不能停止运行，信息系统审计往往是在系统运行过程中实时、动态地进行取证。审计师一方面要及时完成审计任务，另一方面又要不妨碍和干扰被审计系统的正常工作，需要精心设计与安排取证点，这给审计工作带来了一定的难度。

4. 审计技术的复杂性和审计数据的各异性

计算机信息系统所涉及的信息技术（如硬件、软件、数据库、网络等）多种多样，系统开发工具各不相同，这必然增加审计技术的复杂性，特别是难以设计出适应不同环境、不同技术的通用审计软件。作为实质性测试对象的数据文件也因数据库技术不同、数据结构不同而使采集数据、实现不同客户数据库的无缝连接成为审计软件的第一难题。

5. 审计范围的广泛性

计算机信息系统是一个人机系统，审计范围既包括人的控制，也包括计算机信息系统的控制。由于信息系统是由硬件、软件、数据组成，因此，审计范围也就既包括硬件，也包括程序和数据。此外，信息系统的设计、开发、使用过程相当复杂，要将其看作系统工程，这样，审计范围也就既包括事前对系统设计、开发的审计，也包括事中对使用过程的控制，还包括使用信息系统后对数据、内部控制等各方面的审计。

（二）计算机辅助审计的特点

1. 审计过程自动控制

在审计工作中，常常伴随着大量重复性计算。这些大量的分析、计算可以交给计算机完成，并且只要程序没有错，每次审计过程都可精确地重复以往的过程。

2. 审计信息自动存储

在审计过程中，审计师经常需要对审计信息频繁地寄存和提取。计算机的存储器有足够的容量保存各种审计信息，并可以快速、准确地在需要时取出。计算机自动控制和存储技术的结合使计算机持续保障审计成为可能。

3. 改变了审计组成员的构成

在计算机辅助审计过程中，需要既懂审计业务也懂信息技术的复合型人才。目前，具有信息技术知识的审计师较少，只有在审计小组中坚持审计师与信息技术人员相互结合、取长补短，充分发挥各自的作用，才能圆满完成审计任务。

4. 转移了审计技术的主体

在手工审计中，部分审计师的技术与经验往往支撑着审计的全过程。计算机辅助审计使得审计处理主体由人变为计算机，各类审计师的技术和经验经过整理后以较为科学的程序固化在计算机中。这样，一方面使部分审计师从繁琐、具体的审计过程中解脱出来，将精力放在审计风险领域的分析和审计方法的探索上；另一方面可以提高审计质量，降低审计风险；还可以使一些实务经验较少的审计师少走弯路，快速发现审计问题，积累审计经验。

第二节　计算机审计方法、步骤与技术

一、计算机审计方法

计算机审计方法一般有三种：绕过计算机审计、穿过计算机审计、利用计算机审计。

（一）绕过计算机审计

任何信息系统都包括三个部分：输入、处理、输出。绕过计算机审计是指审计师不审查处理过程（即机内程序和文件），只审查输入数据和打印输出资料及其管理制度的方法。该方法理论基础是将计算机信息系统看成“黑箱”。对被审计计算机信息系统输入的原始数据，用手工进行操作，再将手工处理结果与计算机信息系统输出信息进行比较，检验其是否一致，并由此判断处理过程是否有误的方法。

这种方法通常在审计师不具备信息技术知识时采用，因而对审计师没有信息技术素质的要求，同时也不会对被审计计算机信息系统造成干扰。但绕过计算机审计只在打印的数据内容与机内数据文件一致，输出数据只是对输入数据的简单分类汇总而不是经过多次计算和处理时，审计线索和证据才是充分的。该方法假设计算机并不存在，假设计算机系统不会伪造记录或数据，并过分依赖被审计单位提供的书面资料，审计风险大。在信息技术日益普及的今天，该方法因效率低、质量不高基本已被淘汰。

（二）穿过计算机审计

穿过计算机审计是指除了审查输入和输出数据以外，还要对计算机内的程序和文件进行审查，即对计算机信息系统的设计和内部控制进行审计，具体包括系统目的与功能需求是否达到，系统分析与设计是否先进、科学和实用，程序设计是否正确可靠，内部控制是否健全、可靠，管理制度是否严密、有效，文档资料是否齐全、完整等问题进行审计。审计的重点不在于核对每次计算机数据处理的结果，而是前几次的数据处理结果、数据处理过程、系统改版升级或运行环境发生重大变化时的数据处理结果。因计算机信息系统内数据处理过程都固化在应用程序中，穿过计算机审计的一个重要内容就是对被审计单位进行数据处理的应用程序进行检验。

穿过计算机审计比绕过计算机审计先进。其先进性表现在：（1）通过审查计算机内的程序和文件，将系统数据处理方法和原则审查清楚，以获取评价系统可靠性的证据；（2）直接对被审计单位各个运行部分进行审查，较少依赖被审计单位提供的书面资料，独立性较强；（3）通过对系统设计、开发的审计，从根本上保障系统的品质：（4）结合对内部控制的审计，加强机内控制，完善系统功能，且不会增加被审计系统工作量，一般情况下也不会停止或干扰系统的正常运行。穿过计算机审计要求审计师具备相应的信息技术素质，在审计过程中会大量使用计算机软件、工具来辅助审计工作的完成。

随着审计师信息技术素质的提高、信息技术的快速发展与普及，穿过计算机审计是一种必然趋势。

（三）利用计算机审计

利用计算机审计就是在审计过程中利用信息技术完成审计工作。信息化环境下审计师必须利用信息技术，因此利用计算机审计已是大势所趋。

在审计工作中使用信息技术有以下潜在优势：（1）利用计算机生成的工作底稿更易读、更一致，且易于存储、访问与修改；（2）省去手工中重复、繁琐的合计、交叉合计等常规计算，更节省时间；（3）计算、比较及其他数据操作更准确、高效；（4）分析性检查计算能更高效进行，范围也会拓宽；（5）能更容易地获得和分析项目信息；（6）能更容易地存储和修改标准化的审计函件；（7）减少纸张方面的工作时间与成本；（8）通过重复使用或者在现有工作基础上扩展后续审计工作，可实现持续增长的成本效益；（9）审计工作的独立性比依赖信息技术人员更高。

二、计算机审计步骤

导致计算机审计的步骤与普通审计不同的原因是：第一，审计对象是计算机信息系统；第二，审计过程大量使用信息技术。

（一）准备阶段

第一，明确审计任务、审计目的和范围。重点了解计算机在被审计信息系统中所起的作用、使用范围，信息技术将在审计任务的哪些方面发挥作用等问题。

第二，组成审计组。审计组中应有精通计算机技术的人员，或计算机专家，并选择审计技术业务较强的审计师担任主审或审计组负责人，必要时可邀请被审计单位的内部审计师参加。

第三，了解被审计系统的基本情况。重点了解被审计系统的硬件设备、系统软件、应用软件、文档资料等基本情况。

第四，做出相关审计决策。决定需要测试的项目，决定是否聘请计算机专家参加审计；准备采用哪些计算机审计技术；是在被审计单位的计算机上进行审计，还是在审计师自己的计算机上进行审计；被审计单位的计算机与审计师的计算机、数据库软件是否兼容等。

第五，制订审计方案。在熟悉和掌握被审计系统的基础上，确定审计的范围和重点，制订审计方案。审计方案的特色在于：要符合信息系统审计的特点，例如，包括程序审计、数据测试、系统开发控制等内容；要考虑在审计的不同阶段充分运用各种计算机辅助审计方法。

（二）实施阶段

实施阶段的主要任务与主要工作环节与普通审计相同，但要注意：（1）可用书面描述、内部控制问卷或流程图方式描述被审计系统的处理过程和内部控制。（2）对信息系统关键控制功能进行测试，需要利用计算机辅助审计技术。（3）许多实质性分析程序可由审计师通过审计软件或对被审计计算机信息系统的查询、分析等模块开展。

（三）终结阶段

在撰写审计报告时应着重说明采用了哪些计算机辅助审计技术，发现了哪些问题，特别是对信息系统的审计。若发现程序控制和处理功能不符合财政部颁发的《会计核算软件基本功能规范》，应在审计报告中说明，并建议被审计单位改进。在审计资料的归档和管理时，除必须将审计工件的所有纸质资料归类存档外，还必须把计算机内与本次审计相关的资料保存到软盘或光盘等磁性或电子介质上，并按要求进行保管。

三、计算机审计技术

在计算机审计过程中，在审计准备、审计终结阶段使用的技术方法与传统审计并无大的区别，但在审计实施阶段会用到一些特殊的审计技术方法，即信息系统是测试方法。

（一）测试数据法

审计师设计一套虚拟的业务数据，将其输入到计算机中，观察比较输出是否与预期相符。

（二）平行模拟法

审计师开发一个与被审计单位信息系统或程序模块功能完全相同的模拟系统，将被审计单位的真实数据放入模拟系统中运行，观察其输出是否与被审计单位信息系统相一致。

（三）嵌入审计模块法

在被审计单位的信息系统中加入为审计而编写的程序代码，即审计模块。嵌入的审计模块成为信息系统的组成部分，并可以在特定的时间间隔或是条件触发时为审计师提供有关数据和报告。

（四）虚拟实体法

审计师在信息系统中建立虚拟的实体（如虚拟的供应商、客户、员工等），将虚拟实体的有关数据与真实的运行数据一起输入信息系统进行处理，最后将虚拟实体的输出结果与预期进行比较，以确定信息系统的控制功能是否发生作用。

（五）受控处理法

审计师将核实后的真实业务数据在被审计单位的信息系统上进行监督处理或亲自处理，并将处理结果与预期结果进行比较分析，以判断该信息系统是否符合预定的要求。

（六）受控再处理法

审计师将已经由被审计单位处理过的真实数据，在其监督下或其亲自在相同信息系统或以前保存的程序副本上再处理一次，将再次处理的结果与以前处理的结果相比较，以判断当前信息系统是否符合既定要求。

（七）程序代码检查法

审计师通过检查源程序代码的内部运行逻辑来发现是否存在问题，并对程序是否合规、能否完成预定功能及其质量进行评判的方法。

第三节　信息系统审计内容

一、计算机服务中心审计

通常，计算机服务中心审计是信息系统审计的第一步，用以保证被审计系统运行环境的完整性。对计算机服务中心运行状况的一般性控制，是具体应用系统所开发的应用控制的补充。对计算机运行状况的一般性控制还有助于确保计算机服务中心资源的可持续利用性。

在进行计算机服务中心审计时首先要审查其环境控制。直接的环境控制是必需的，如系统运行设计所处环境的温度、湿度是否符合系统运行的环境要求？相关的环境控制审查包括（1）对计算机服务中心物理保证的审查。例如，是否有稳定的动力保证？当一个供电源失效时是否可以提供另一个能量来源？是否有相应的防火措施和防水措施？是否有相应的控制确保物理接近是受控的？（2）计算机服务中心对数据发布、报告以及计算机程序的控制。（3）审查意外保险和商业中断保险的条款等。

中心的灾难恢复计划也应被审查。灾难恢复计划应该包括管理责任声明书(明确发生灾难事故后各人员的职责)、紧急行动计划方案、设施和数据备份计划方案，以及恢复过程控制等事项。灾难恢复计划还涉及对故障报告和预防性维护的控制，包括错误事项的报告和记录、预防性维护日程表、故障排除记录等。

还应对计算机服务中心运行的管理控制进行审查。具体包括对设备负载因素进行预算的技术、项目使用统计、人员需求的预算和计划以及设备采购计划。作业(如计算机资源）会计系统是另一种运行的一般控制，它包括用户开票或支出过程。需要审查开票的算法，要定期核对用户开票报告及使用情况，确保两者一致。

上述审计过程中，一般通过书面证据审查，与使用者、管理层和系统人员的证实性面谈，直接观察和询问等方式完成。与其他的审计相比，对计算机服务中心运行状况审计要求更高水平的技术培训和对计算机运行的深入了解。

二、信息系统内部控制审计

现代审计都应评审被审计单位的内部控制。依据控制的范围，计算机信息系统的内部控制可分为一般控制和应用控制。一般控制影响到系统的整体环境，主要是关于电子数据处理的政策和制度，包含组织控制、系统开发与维护控制、系统安全控制、硬件和系统软件控制、操作控制等方面；应用控制被用于某些具体功能模块及业务数据处理过程，按数据处理循环的基本步骤，应用控制包括输入控制、处理控制、输出控制。一般控制是应用控制的基础，应用控制是一般控制的深化。

（一）一般控制的审计

一般控制的审计就是要取得证据，证实被审计期间有关制度和规程是否健全，是否按规定制度执行，是否达到了预期控制目标。

1. 组织控制的审查

首先，审计师应通过了解被审计单位的组织结构、人员分工、业务授权、人事控制、领导监督等情况，审查组织控制是否健全。其次，审计师应通过实地考察的方式审查已有制度是否得到执行。对于规模较小的单位，计算机信息系统的规模可能较小，电算化部门的人员少，往往职责分离较差。在这种情况下应有补偿控制。例如，由业务部门或有关负责人对系统的输入输出进行复查。审计师也应审查有关补偿控制是否健全有效。

2. 系统开发与维护控制的审查

首次审计某信息系统时，应对系统开发与调试进行审查。审计师应向有关人员了解系统的开发有无用户代表和内部审计师参加，他们参与了哪些工作，现有的信息系统能否符合用户的要求。如果内部审计师留有审查系统开发的工作底稿，审计师可查阅他们的工作底稿，以了解系统开发的控制。审计师还应了解系统的测试，查阅测试的数据和结果，检查系统在试运行阶段的运行情况，有无修改，查实系统在正式投入使用前是否经过了最后的批准。另外，审计师应检查信息系统是否编有完整的文档资料，查阅这些资料，并把它们复印下来作为审计工作底稿，以备以后审计使用。

再次审计时，审计师不必再重复审查系统的开发和调试，只需审查自上次审计以来信息系统所作的维护与改进。审计师要了解和查实所作的修改是否经过批准，修改后有无经过测试即投入使用，是否有修改的详细文档记录等。有关维护修改的记录，审计师应复印下来作为工作底稿。对系统开发与维护控制的审查，可帮助审计师对信息系统的风险和薄弱环节进行评估，使下一步的审查更有针对性。

3. 系统安全控制的审查

接触控制是系统安全控制的重要环节。审计师可通过以下措施进行接触控制的审查：向被审计单位的有关人员调查，更重要的是通过实地观察，证实是否只有经批准的人才可能接触系统的硬件、软件、数据文件和文档资料；检查系统资料保管制度的执行情况如何？操作员能否接触系统设计和程序设计的有关资料等。是否只有经批准的人才可能得到密码？用错误密码企图进入系统的情况，系统是否有记录并有专人进行调查等等。

系统的硬件、软件和数据文件的后备及灾难的补救计划是系统安全控制的重要措施。审计师应通过以下方式进行后备及灾难补救计划的审查：实地检查系统的后备硬件、软件和数据文件，并检查其保管是否符合安全要求；向有关人员了解，一旦系统发生意外，出现数据文件的毁坏时，操作员是否懂得如何利用后备文件进行恢复；了解如果系统全部毁坏，电算部门能否利用后备的硬件、软件和数据文件把系统恢复起来。

信息系统应有安全的工作环境。审计师应通过以下方式进行安全工作环境的审查：实地观察信息系统的工作环境，检查防火、防水、防尘、防病毒措施，有无空调、稳压、抽湿装置等。

4. 硬件和系统软件控制的审查

硬件和系统软件由计算机厂商提供，一般来说，其功能和控制较可靠。它们的审查一般与整个信息系统的处理和控制功能审查一起执行，较少单独审查。当系统软件有多种可选择的功能和控制时，审计师应注意被审计单位选择了哪些功能，是否充分利用了其控制。硬件、系统软件功能和控制的审查要利用计算机辅助审计。

5. 操作控制的审查

对操作控制进行审计，审计师首先应检查有无操作管理制度，是否对操作员的人数、口令、使用权限等实行严格的控制管理，是否按操作手册中规定的操作步骤进行操作；其次应实地查看操作人员的操作情况，检查操作人员的分工以及错误的处理和更正程序是否符合内部控制的原则，是否有详细的日志记录；最后应检查当系统出现异常情况时，有无及时恢复系统操作的步骤和方法。

（二）应用控制的审计

我们将应用控制的审查分为手工控制的审查和程序控制的审查，相当一部分应用控制是建立在系统应用程序中的程序控制。对由手工控制的审查一般采用手工审查方法，即调查、了解、实地观察、抽样复查等方法；对由计算机实现的内部控制，一般利用计算机审计软件来辅助审计。

1. 输入控制的审查

输入控制用来防止或发现在数据处理输入阶段（包括数据向机器可读格式的转换过程）的错误。计算机信息系统在输入过程中可由程序发现错误业务并拒绝接受错误业务，这些错误业务的改正主要由手工处理。审计师应向系统负责人及操作员了解对错误业务的处理方法，了解是否有措施保证出错的业务改正后重新向系统提交，而不会被漏掉。另外，审计师应对被审计期间出错的业务进行抽查，跟踪被抽查的出错业务的改正和重新提交过程，以证实输入控制是否有效。

典型的输入控制包括：

（1）授权：只有得到授权的人员才能输入某类数据。如：涉及现金及银行存款的业务数据应该由出纳输入；只有记时员才能递交工作时间数据供处理。

（2）批准：经过批准后的数据方能处理。如：超出限额的报销业务只有在主管批准后才能被处理。

（3）格式化输入：在数据输入一个设备时，数据项的自动空格和格式转换。如输入销售业务时，计算机自动以系统日期为业务发生日期。

此外还包括背书、注销、例外性输入、密码、预先考虑、批处理标签、批序列、控制注册（批控制日志）等各种控制方法。

2. 处理控制的审查

处理控制的设计出于以下目的：确保处理过程符合企业的业务处理规程，而且没有遗漏、或对错误输入的数据拒绝处理。审计师不但要向有关人员了解企业的业务处理规则及其执行情况，而且应实际跟踪系统的业务流，观察数据流并取得证据，证实业务是否按业务处理规程进行处理。审计师需要了解输入计算机的数据将被计算机程序进行怎样的处理？处理的顺序怎样？预期输出结果是什么？哪些控制计算机程序可以完成？哪些控制需要操作或业务人员的参与？如何查看系统的操作日志以了解控制的执行情况？可能存在的风险点是什么？等问题。如果被审计单位的内部审计师进行过这方面审查，审计师可部分参考内部审计师的工作，复查他们的工作底稿，了解控制的日常执行情况。审计师应检查系统的操作日志，对被审计期间内已处理过的业务进行抽查等。

典型的处理控制包括：

（1）标准化：为所有的处理制定统一的、结构化的和一致的程序。如会计科目表记录账户的正常借、贷方向。

（2）结转总量：利用输入控制总额减去后续处理得到输出控制总额。这里，控制总额的作用在于把处理序列中某段时间内的某两个处理联系在一起。如应付账款的期初余额减去支付加上净购买，应该等于应付账款的期末余额。

（3）匹配：将项目与其他从独立信息源得到的信息相匹配，以控制交易的处理。如负责应收账款的职员将卖主发票与订单和收货单进行匹配。

此外还有机械化、默认选项、批结余法、配平、待结账户、届期事项备忘录、重复处理、汇总处理、尾部标记、错误自动更正等控制方法。

3. 输出控制的审查

输出控制的设计是为了检验输入和处理的结果是有效的。而且输出也被正确地分类。输出控制中或多或少会有部分手工控制。要审查这些控制，审计师不仅要向有关人员了解系统的输出资料是如何处置的，是否有健全的检查、保管和分发制度，而且要实际观察系统的输出，跟踪输出的资料。审计师可通过抽查检查是否有人负责审查输出资料，是否有人核对输入输出控制总数。审计师还应跟踪输出资料的分发与保管，检查打印输出资料的登记和签收记录，以证实系统的输出是否能按时送到指定的人员手中，而未经批准的人不能接触到它们。

典型的输出控制包括：

（1）按日期排序：根据时间（通常是交易发生的日期）确认还没处理的或留存的项目，并把项目按不同的交易范围分类。如：把应收账款按日期排列以确认拖欠的账款。

（2）对账：确认和分析两个实质上等价的文档之间的差额以及明细文档与控制总额之间的差额。如银行对账单根据每月银行报表确认公司还没有记录的服务费用。

（3）定期审计：定期验证文档或检查控制过程中的缺陷。如每月邮寄信函（或发电子邮件）给顾客以确认他们的账户余额。

其他还有悬档、悬账、不符性报告、追溯提交等控制方法。

三、信息系统开发审计

（一）信息系统开发审计的目标与内容

信息系统开发审计，是指审计师对系统开发过程各项活动的控制措施所进行的审计。该工作主要由内部审计师来进行，主要目标是保证系统分析、设计人员所设计的系统合法正确，所采用的内部控制适当，留下的审计线索充分，并确保系统完成后文档资料准确完整。该工作对于保证系统运行以后的数据处理结果的合规性、合法性、正确性与完整性，系统内部控制的适当性，系统运行的效率性，以及提高事后系统的可审性，都具有重要意义。其主要内容是：

1. 系统的可行性

在系统开发之前，审计师要督促用户及有关人员对系统从技术、经济、社会等方面进行可行性研究。确保开发出的系统能够达到其目标，并且投入的成本小于系统运行后取得的效益。

2. 系统的合规性、合法性

在设计系统的过程中，审计师要对设计给予适当的监督、指导，对系统设计的文档资料进行审查，保证系统的功能符合国家有关的法规、政策、制度。

3. 系统内部控制的适当性

计算机信息系统的内部控制有相当一部分是设计在系统程序中的程序控制。审计师要监督系统设计人员在进行系统设计时遵循应有的系统开发控制原则，并在应用程序中建立必要的内部控制。同时审计师还要注意设计在系统中的内部控制是否恰当，其控制的效益是否大于控制的成本。

4. 系统的可审性

计算机信息系统中审计线索具有不可视、易销毁、易篡改的特点，审计师在进行系统开发审计时，要注意审查系统是否保留了足够的审计线索。是否在系统设计时就考虑在应用程序中嵌入适当的审计程序以便日后开展计算机审计。

5. 系统测试的全面性、恰当性

审计师要重点审查系统测试是否在与实际应用完全相同的条件下进行；检测数据是否既包括一些有代表性的错误业务，又包括真实业务；真实业务能否被正确地处理，错误业务能否被系统拒绝接受，并输出错误信息；系统的调试和检测是否包括手工和计算机两部分以及两部分是否衔接等。

6. 系统文档资料的完整性

系统文档资料包括：可行性研究报告及其批准资料，系统分析与设计资料，程序设计资料及操作手册。这些资料一方面可以为负责维护改进和使用系统的人员提供必要的资料，另一方面也是审计的重要线索。因此，审计师要审查系统的文档资料是否齐全、规范，如果不符合要求，要监督有关人员编好相应的文档资料。

7. 系统的可维护性

可维护性是指系统易理解、易修改、易扩充。在系统开发工作一开始，就应该考虑今后的维护工作。审计师在审查系统的可维护性方面，主要是审查系统的开发是否采用了软件工程的方法，严格按各工作阶段的要求工作；是否有必要的措施，对系统开发活动进行管理和控制；系统是否采用了结构分析和设计技术，是否按功能来划分模块，模块的划分是否遵循“高内聚，低耦合”的原则，数据与程序是否相对独立，系统是否留有接口，以便今后扩充系统的功能；系统文档资料是否完整准确地描述现有系统等。

（二）信息系统开发审计的方法

审计师对系统开发进行审计的重点是复核设计阶段是否考虑了程序中应有的各项控制，并就如何强化内部控制适时提出建议，供系统分析、设计人员参考。信息系统开发审计的方法是针对系统开发过程的各个关键点进行审查。成立系统开发小组、对现行系统进行分析与调查、可行性分析、系统总体设计、代码设计、输入输出设计、数据库文件设计、处理流程设计、程序设计与测试、系统调试、编制操作手册及系统的试运行、系统运行与维护等都是系统开发的关键点。审计师可针对这些关键点进行审查，以确定系统内部控制以及开发过程本身的适当性。

审计师对系统开发阶段的每个关键点应按下列程序进行审查：（1）确定自最近一个关键点完成审核以来，已完成的事项；（2）采用内部控制调查表等方法，以审核该关键点的有关问题；（3）运用专业判断，选择适当项目，以验证调查表内所列各项问题答案的真实性；（4）对开发至本关键点为止，系统的合法性、正确性和内部控制的适当性作出判断；（5）作出适当的建议。若系统存在严重的内部控制问题，则应向有关管理部门报告；（6）确定开始审查下一个关键点的日期。

在信息系统开发审计工作方案中，审计师需确定其用于审核系统开发阶段的时间。一般来说，每个关键点所需耗费的审计时间各有不同，在确定审计时间时，应考虑下列各项因素：（1）系统开发小组的工作能力。若系统开发小组的成员对会计、审计及内部控制的内容非常熟悉，则审计师实际参与的时间可相对减少。（2）用户的参与程度。若用户参与较多，则审计师所需的参与可相对减少。（3）系统是否有适当的控制标准。若系统已订有适当的控制标准，则设计阶段所需的审查时间可相对减少。（4）系统开发机构是否有系统控制小组。若系统开发机构具有专门的系统控制小组，则审计时间可相对减少。（5）风险。一般来说，风险较大的系统，通常需要较多的审计时间。

四、信息系统应用程序审计

应用程序是信息系统的核心，也是差错与舞弊最容易发生的地方，只有通过对应用程序进行审计，才能对系统的合规性、合法性、正确性、可靠性做出公平的评价，因此应用程序审计是信息系统审计中的重点与难点。一般而言，信息系统应用程序审计包括：

1. 程序控制的健全有效

审查应用程序中输入、处理、输出控制是否健全有效。在审查时首先是审查程序的输入、处理、输出部分是否编制了相关的控制措施，然后看这些控制措施能否有效。对于输入，看能否保证未经授权批准的业务不能输入计算机，经过授权批准的业务能否完整、准确地输入计算机；对于处理，看其控制措施能否保证输入计算机中的正确业务被完整、准确地处理，对输入环节的不正确业务能否检查出来，并拒绝处理；对于输出，看经计算机处理的数据能否按被审计单位的要求完整、准确地输出。

2. 程序的合法性

程序的合法性是指程序中不能包含非法编码。非法编码是指为了舞弊目的而设计的编码，这些编码往往具有隐蔽性和条件性。在审查时主要是用测试数据对应用程序的每个条件、分支进行测试，考虑每一种运行结果的合法性。

3. 程序编码的正确性

程序编码的正确性是指程序中应尽可能减少无意造成的执行错误功能的编码。对程序编码错误进行审查时要针对系统开发的各个阶段，分析产生错误的可能原因，采取相应方法进行更正。审查时要检查每个阶段结束时是否有复核措施，并查看相应文档资料，重点是审查程序测试时的文档资料及程序运行过程中的错误记录。

4. 程序的有效性

程序的有效性是程序的运行效率，与程序的算法效率直接相关。审查程序运行的效率主要是查明在编写源程序时，是否遵循了高效程序设计的原则，它通常要求审查人员具有较高的程序设计水平。

五、信息系统数据文件审计

在计算机信息系统中，输入的原始数据、处理的中间结果、最后的结果都是以数据文件的形式存储于电、磁介质或打印输出的纸张上。要对被审计信息系统输出信息的真实性、正确性、合法性等进行评价，必须对数据文件进行审计，以确保数据的完整性与正确性。其审计方法有：

（1）不处理数据文件的审计方法。审计师只检查打印输出的数据文件，与手工系统中直接审查报表、账簿、会计凭证的方法一样。

（2）处理实际数据文件的审计方法。审计师利用审计软件审查被审计单位的实际数据文件，利用软件抽取数据、计算比较并综合分析。这种方法也称为审计软件法。

（3）处理虚拟数据文件的审计方法。它主要是通过设计虚拟数据，并将其交由系统进行处理的方式来确定系统处理的正确性。虚拟数据可以是设计的测试数据，也可以是虚拟单位的数据。后面两种方法都需要借助计算机审计软件。

第四节　审计软件

广义的审计软件是指所有能使计算机成为审计工具的计算机程序。审计软件有很多种，可以是语言程序等系统软件中的开发、工具软件（如数据库管理系统、

DELPHI 语言），也可以是一般的应用软件包（如文件处理软件——WORD，表格处理软件——EXCEL），还可以是人工智能软件（如神经网络和专家系统），更为常见的是专为审计业务开发的软件——狭义的审计软件。狭义的审计软件是为实施审计业务而专门开发的计算机程序及其说明书，以辅助审计师完成各种审计工作。按照适用范围，狭义审计软件分为通用审计软件与专用审计软件。

各种类型的审计软件，以审计步骤为线索，将各种计算机辅助审计技术融为一体，形成审计信息系统，全面、系统地支持审计师的审计工作。在计算机审计信息系统运用初期，主要使用通用审计软件，以减轻收集审计证据和计算的劳动强度，提高审计效率；在运用中级阶段，同时使用通用软件与专用软件，以规范审计工作、提高审计质量；在运用高级阶段，则主要依靠专用审计软件，与客户建立持续性审计监督控制和决策支持系统，取得最佳审计服务，提高审计竞争力。

一、通用审计软件

通用审计软件是根据审计业务共性设计的适用于各类或多数审计工作，具有常用计算机辅助审计功能的程序。在对审计对象的共性问题进行审查时，可采用通用审计软件。根据共性问题的多少，通用软件适用范围具有相对性。例如，审计项目管理软件就是通用审计软件，无论审计对象、审计方法是手工的还是计算机的，都可以使用该软件来协助审计师进行文档管理，提高审计效率。

通用审计软件一般根据审计工作步骤和要执行的工作来划分模块，如图 18-1 所示。

（一）主控模块

主控模块的设计采用菜单提示的方式，让审计师选择其功能模块。为了增加系统的安全性和保密性，系统可设置用户口令进入的方式，从而使不掌握口令的人无法进入本系统。

（二）审计准备模块

该模块主要实现审计准备阶段可由计算机辅助完成的功能，包括确定被审计单位、确定审计人员、制定审计方案、打印审计通知书等子模块。

（三）审计实施模块

该模块是通用审计软件的主要模块。审计目的不同，审计实施阶段所用的审计方法也不同。例如，财务审计中主要采用查账、对账、复核、抽样等方法，效益审计中主要采用预测、分析、决策等方法。该模块包括审计中常用的方法，具体功能模块如下：

1. 查账模块

查账模块即查询模块。查账方法是审计工作中经常使用的方法，无论是财务审计，还是效益审计，都需要使用查账方法。因此，该模块设计得好坏，直接影响审计软件的质量和使用范围，也是通用审计软件不可缺少的模块。此模块可根据审计

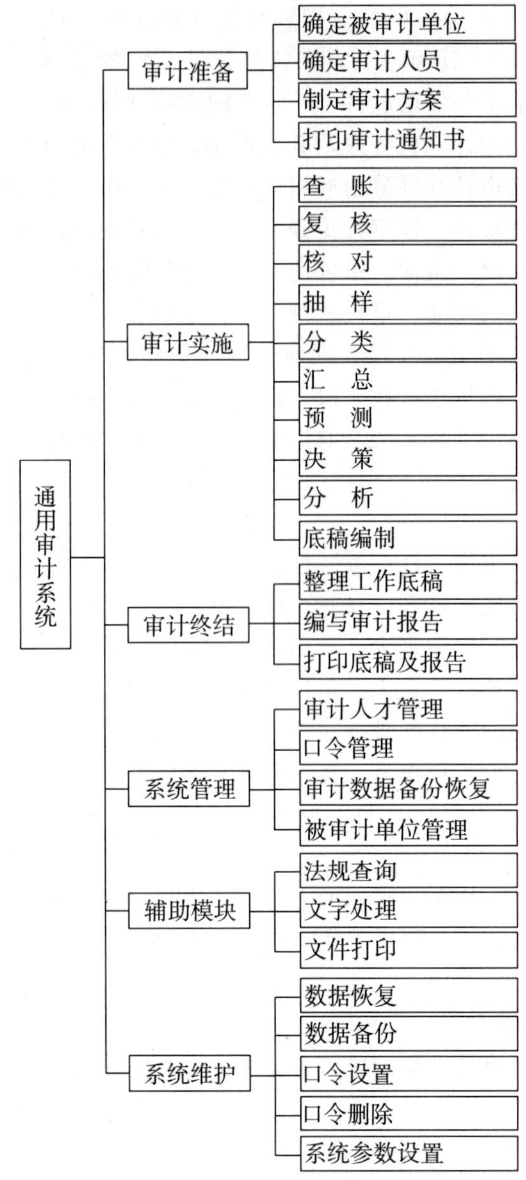

图 18-1　通用审计系统模块

师输入的查询条件进行任意查询。

2. 汇总模块

其功能是由计算机自动在指定文件中对符合指定条件的记录按要求进行汇总，或对审计中查出的错弊数额进行汇总。

3. 复核模块

有些被审计单位为了虚构成本、利润等，往往在材料成本差异、折旧、税金计算、存货计价等方面通过改变核算方法达到目的。会计电算化以后，有的被审计单位甚至绕过会计软件直接在有关数据文件上进行篡改。借助复核功能，可查明会计软件本身计算方法的正确性以及数据有无被非法篡改。

4. 核对模块

计算机中产生的账表文件都是根据输入的数据由程序产生的，它们应当一致，没有必要核对。但是，由于操作员的失误、非法篡改、计算机病毒等的影响，还是会造成账账、账证、账表不一致。核对模块提供审计工作中常用的核对功能，包括账表、账账、账实、银行对账等核对工作。

5. 分类模块

分类模块的功能是对指定文件中符合指定条件的记录按指定的关键字进行索引或排序，以形成分类文件。

6. 分析模块

该模块的功能是计算和显示用于评价被审计单位财务状况和经营成果的有关财务指标，以便审计师进行分析。这些财务指标的列表或计算要用到的有关数据均可从被审计单位的资产负债表、利润表等账表中取得。

（四）审计终结模块

1. 整理工作底稿模块

审计工作底稿是审计师在实施过程中编制的与审计业务有关的文件和资料。在计算机辅助审计中，可事先在计算机中设计审计工作底稿模本，审计实施过程中发现的问题，都可转入相应的工作底稿中。审计终结阶段，可将实施阶段的工作底稿文件进行分类汇总，形成汇总工作底稿，作为编制审计报告的依据。

2. 编制审计报告模块

该模块可辅助审计师编制审计报告，提高审计报告编制的效率和质量。其设计思路是：首先在计算机中存储常用审计报告格式的模本；其次是根据人机对话提示审计师输入审计报告中的有关内容，审计报告中的主要内容可从汇总工作底稿文件转入审计报告的相应栏目中，也可事先形成审计报告的模拟底稿，稍加修改即可，而不需要逐项输入，以节省审计报告的编制时间，并提高编制质量。

3. 打印底稿及报告模块

根据需要将审计报告在屏幕上显示，或打印输出。

（五）系统管理模块

1. 审计人才管理模块

该模块可根据审计的内容和目的，辅助选择审计师。该模块设计的关键是建立一个审计人才库。人才库可包括：姓名、工作单位、学历、职称、职务、现从事专业、主要工作经历、从事现专业年限、特长等字段。由于开展计算机辅助审计往往还需要计算机专家，审计人才库除了存储本单位审计师的信息外，还应存储一部分计算机专家或计算机审计专家的信息。审计人才管理模块主要是实现人才库的增加、删除、修改、查询等功能。

2. 审计数据备份、恢复

该模块可将每次审计数据备份到软盘上保存或将以前的审计数据恢复到磁盘。审计数据的备份分为两种：一种是为防止硬盘损坏的安全性备份；另一种是保存历史数据（如上次审计数据、以前年度审计数据）的历史性备份，以备随时查询。对历史性备份，一般是每次审计以后进行一次；对于安全性备份，一般应每天审计工作结束之前备份一次。

审计数据恢复的主要目的，一是为了查询以前的审计资料，二是为了对一定时期的审计资料进行汇总，以便发现普遍性、规律性的问题。

3. 被审计单位管理

该模块可辅助审计师对被审计单位的有关信息进行管理，可辅助确定被审计单位或审计范围。

（六）辅助模块

该模块可提供审计师在审计过程中的一些辅助功能。例如，法规检索模块，可帮助审计师在审计实施过程中随时查询所需的法规；文字处理模块，可帮助审计师随时处理审计过程中的文字资料；文件打印模块，可帮助审计师随时打印文件。

二、专用审计软件

专用审计软件是为特定被审计系统，或为执行特定审计任务设计的审计软件。在使用通用审计软件不能达到具体审计目的时，需要采用专用审计软件。有的专用软件是为适应某一特定审计环境、实现特定审计目的而编写的，这类软件在适用范围内效率高，但使用面窄，甚至可能只使用一次，成本较高。有的专用软件是为解决专项审计任务而编写的，在解决某专项审计任务方面具有通用性，所以可将这类专用软件作为审计工作中的通用模块，以提高审计软件开发、运行效率。解决专项审计任务而开发的审计软件有：

1. 审计法规管理软件

该类软件能完成法规的录入、修改、删除、检索、打印功能。检索功能不仅可以为用户按各种条件查找审计法规的目录，而且可以根据目录查找法规全文，还可以按要求摘要其中的内容并打印输出。审计法规管理软件已成功用于审计工作的第一线，是我国开发和应用较成功的审计软件之一。具代表性的是由审计署信息中心开发的商品化软件《常用财经审计法规检索软件》（分为单机版和网络版，其中包含自新中国成立以来国务院和各部委颁发的财经法规，近 1 亿字）。

2. 审计抽样软件

该类软件能按用户要求的可靠程度、精确度和所选用的统计抽样方法计算样本量，能按计算出的样本量随机选取样本，根据样本审查结果推断总体。审计抽样软件不仅可以在会计电算化条件下使用，也可在手工会计条件下辅助抽样。具代表性的是通过审计署组织鉴定的审计 PPS 抽样软件。

3. 表格法审计软件

该类软件能完成审计表格及有关参数的增、删、改等维护工作，能输入审计表格中要抄录的数据，能计算并填入审计表格中由计算得到的数据，能按预定的格式打印输出审计表格。在审计手工会计系统时，计算机通过人机对话，提示审计师输入要求输入的数据。在审计会计信息系统时，审计师只要事先定义好取数关系，审计软件即可实现按规定自动取数，当然，对审计师审查发现问题的数据，仍要人工输入。

4. 工具箱式通用审计软件

该类软件提供了计算机审计中常用的工具和手段，就好像工具箱一样，其主要功能包括：审计环境建立、查询、抽样、汇总与计算、排序与分类、财务与效益分析、编制与输出工作底稿、打印各种审计文件等。该类软件主要用于对会计信息系统的数据进行审计。

5. 其他专门开发的审计软件

为了完成某些特定的审计任务而开发的审计软件，其功能较单一，但针对性强。例如，基建工程预决算审计软件、公路收费审计软件、工会经费审计软件、材料成本差异审计软件、海关业务审计软件，国库业务审计软件等。

第五节　XBRL 及其对审计的影响

一、XBRL 简介

XBRL 即 eXtensible Business Reporting Language，可扩展企业报告语言。从技术属性角度看：XBRL 源于 XML（可扩展标记语言，eXtensible Markup Language）。以 PDF 或 HTML 格式予以公布的电子财务报告只不过是印刷版本的电子化而已，使用这类技术，人们仍然无法在网络上挖掘共享实时交易数据。XML 是一种能够在互联网上整合数据库的计算机语言，它使得在网络上挖掘共享实时交易数据成为可能，且开发环境简单、开发成本低。XBRL 是 XML 在财务报告信息交换中的应用，是目前应用于非结构化信息处理，尤其是财务信息处理的最新标准和技术。

XBRL 从 1999 年诞生至今，目前已经成为全球化经济数据的标准。XBRL 是在 XML 基础上开发的，是继 HTML 之后的新一代标记语言。采用 XBRL 以后，企业对外财务报告的内容不仅包含财务报告信息，还可能包含更多的非财务信息，对外提供财务报告的时间间距更短。由于 XBRL 处于高速发展阶段，感兴趣的读者可以通过网站（www. xbrl. org）了解 XBRL 的最新发展及相关信息。2009 年 1 月，美国证券交易委员会（SEC）发布强制性命令，要求公司使用 XBRL 进行报送，首批规模最大的公司必须从 2009 年开始遵守该规定，剩下的各种规模的公司在 2011 年年底之前分阶段实施该项规定。

XBRL 将标记与数值简单地联系起来，以 XBRL 方式标记的数据在任何应用程序、任何数据库或任何电子表格的任意位置都保有标记所赋予它的属性，这使得 XBRL 能提供更及时、准确、高效和低成本的财务报告。XBRL 不仅仅用于信息交流，人们可以对 XBRL 表示的数据进行分析、格式化或其他本地操作，以满足各种用途。XBRL 的应用将改变整个财务行业：会计信息供给者只需录入业务原始数据；会计信息使用者既可以从互联网上获取原始信息按需加工及处理信息，也可以将差异性的报告信息转变为统一标准的信息或转变为自己想要的个性化信息。

理论研究普遍认为，在采用了 XBRL 以后，会计信息便可以进行实时报告，使未来财务报告模式成为在线、实时的披露系统，这种披露系统使持续审计成为必要。XBRL 的应用也将促使审计从以制度为基础的审计模式向以风险为基础的审计模式转换。

中国证监会从 2002 年 5 月开始《上市公司信息披露电子化规范》标准的制定工作，于 2003 年年底经全国金融标准化技术委员会审批通过。该标准最终确定采用 XBRL 的技术规范，充分利用 XBRL 良好的扩展性，达到与国际接轨、进行数据交换与共享的目的。2005 年，中国证监会公布了定期报告部分 XBRL 标准，该标准上报 XBRL 国际组织后于 2005 年 10 月获得批准。财政部于 2010 年 10 月发布了《企业会计准则通用分类标准》，要求“自 2011 年 1 月 1 日起在美国纽约证券交易所上市的我国部分公司、部分证券期货资格会计师事务所施行”，“鼓励其他上市公司和非上市大中型企业执行”。

二、XBRL 对审计的影响

财务报告应用了 XBRL 之后，审计师可以避免繁琐的数据重新输入工作，取而代之的是准确、自动的数据导入。应用了 XBRL 之后，通过各个软件平台上完全自动的信息交流，能够减少手工寻找和编制信息的时间，从而大大提高了数据质量。一旦数据能够自动接收、证实，并且以标准的格式传递，就能使审计师更快地分析财务信息，并最终向被审计单位、投资者以及其他利益相关者提交更及时的审计报告。XBRL 建立后，必将改变审计工作方式，审计范围也将扩大，审计程序将发生变化。

1. 跟踪审计线索

XBRL 分类账[①]以标准格式保存明细交易信息，支持从报告数据“下钻”[②] 至相关明细信息，从而可以满足对审计线索的任何要求。利用 XBRL 技术，通过与会

---

① XBRL 分类账的设计主要是为了解决不同软件系统之间数据交换的难题，实现会计数据的便捷共享再利用，它将有助于大量减少人工成本和再操作失误，可能使企业报告实现流程化编制，为实现公司网上报告的在线实时披露奠定基础（潘琰，2006）。

② XBRL 的一大优势就是保证了数据之间上下文的关系，也就是数据之间充分的线索。XBRL. GL 和 XBRL. FR 对接后，XBRL 通过自动分类、汇总、检索、传递和列示，自动生成财务报表，这称为 XBRL 的向上综合（roll-up）功能。沿着原来的路径返回，XBRL 自然也具备了向下挖掘的能力（即“下钻”功能），XBRL 能够快速提供与使用者相关联的所有财务信息并进行更为清晰的列报。

计业务处理系统的链接，审计师可以从任何格式的会计业务数据库中提取信息，而且财务信息可以互相链接，审计师可以通过超级链接跟踪审计线索，自上而下地考察数据源直接底层的数据，同时，XBRL也具有自下而上的数据挖掘功能。

2. 实现实时监控

利用XBRL，可以完全突破传统财务报告发布的模式，做到实时发布，在线披露，通过会计业务处理系统与财务报告系统的链接，从凭证输入、处理到财务报表的输出可以在同一时间完成。公司财务信息实时在网上披露，审计师也就可以实时地了解企业财务信息，而不必等到一个会计期间结束，从而可以作到实时监控、实时审计。

3. 提高审计效率

利用XBRL技术，可以突破书面报告的限制，财务报告的项目可以更加详细，包含的资料将更加丰富。由于XBRL分类标准的实现，XBRL标记每一个会计要素，这样，审计师只要根据需要输入相应的关键词，就可以快速地找到所需的资料，从而大大提高审计效率。

但XBRL的应用也存在一定的风险。这主要来源于XBRL分类标准的应用是否准确，企业财务数据与其对应的XBRL标识映射是否正确，以及网络的安全性等。尽管XBRL的应用存在一定的风险，但从总体上看，XBRL的出现给持续审计带来了新的契机。XBRL作为一种新的计算机语言，其发展与应用已被证明是一种有效、稳定的计算机语言，且有望成为企业财务报告的唯一标准。因此，XBRL对审计的影响将是多方面的，需要密切关注。

实例18-1 红塔集团的信息系统审计

经审计署授权，2009年云南省审计厅对红塔集团开展财务收支审计。进行审计之初，厅领导即确定了审计监督与服务经济发展并重的战略思想，“摸家底、揭隐患、促发展”的审计思路，并要求“围绕审计工作的效率性，改进审计方法和手段”。经过最初的会议交流，双方就审计思路与审计目标达成了一定程度的共识，审计厅希望通过本次审计工作，认真总结对大型国有企业审计的方法，而红塔集团则希望“借助外部审计的推动作用，自我审视，找准存在的问题，明确改进的目标和方向……”。

像以往的审计一样，厅里在审计组中安排了计算机中心的人员，这些人员的主要任务是协助各子项目组成员完成其审计任务，实质上就是在各子项目组成员利用计算机辅助审计时提供技术支持。但审前调查中，审计组注意到：从2000年开始，红塔集团就与SAP公司合作，开始了国内规模最大、涉及面最广的ERP项目的实施。2002年SAP公司的ERP项目实施之后，其实施效果一直被合作方德国SAP公司认为是中国企业应用最好的企业之一。红塔集团构建了从局域网到广域网的红塔计算机网络系统，实施了红塔办公自动化系统，其信息化包含三个层面：即生产设备自动化控制系统、生产执行系统（MES）、管理信息系统，覆盖了玉溪红塔集团的工业、商业及物资公司三家公司的所有业务范围，较为完整地体现了计划控制流、物流和价值流的集成。对于信息化程度如此高的集团，只在实质性测试、符合性测试环节开展计算机辅助审计显然已不足以达到“促发展”的目标，必须采取风险基础的审计模式。于是审计组及时成立了信息系统审计子项目组，开始了云南省第一次“信息系统审计”工作，对承载红塔集团电子数据的信息系统安全进行了审计，为此还特意从北京聘请了一位具有 CISA 资格的 IT 审计师。

在此次信息系统审计中，审计师重点对红塔集团的网络信息部门组织管理控制、网络安全控制、信息系统建设与运用控制等方面进行了审计。在审计内容上，不仅关注访问控制、信息安全定级等内容，还紧紧围绕业务流程、内部控制，关注存在的薄弱环节及其对数据真实性、完整性的影响。审计结果表明，红塔集团通过近 10 年的信息化建设，较好地实现了技术与管理的结合，促进了管理与业务的优化，但该集团的网络信息系统也存在一些安全隐患和薄弱环节。对此，审计组提出了具体整改意见。针对审计揭示的问题，红塔集团拟定了信息系统维修管理规定，着手建立对外包商的准入和退出机制，建立健全了运营与维护服务监控与绩效评价机制，以加强集团信息系统安全建设。

审计署“近日要闻”栏目下“云南审计厅在红塔集团财务收支审计中创新方式改进手段取得 7 个方面突出成效”一文中，指出此次审计的突出成效之一是“关注企业信息安全，首次对企业信息系统做出安全性评价。审计揭示了红塔集团信息管理工作在组织管理控制、网络安全控制、信息系统建设与运用控制等 19 个涉及网络信息系统安全漏洞和隐患的问题”。

此后，在 2010 年审计项目计划中，云南省审计厅将信息系统审计作为独立的审计类型进行了安排。在 2010 年上半年，云南省审计厅对省地方税务局、7 家省属医院的信息系统进行了审计。

资料来源：根据以下网站上的资料整理而成：中华人民共和国审计署（www. audit. gov. cn）、云南审计信息网（www. audit. yn. gov. cn）、红塔集团网站（www. hongta. com）、比特网（solution. chinabyte. com）。

【延伸阅读】

1. 金审工程服务网站：jsfw. audit. gov. cn：1009。
2. “信息系统审计与控制协会”网站：www. isaca. org。
3. XBRL 组织网站：www. xbrl. org。
4. 中国 XBRL 网站：www. xbrl-cn. org。

【复习思考题】

1. 计算机审计的定义包括哪两个方面的内容？怎样理解二者的关系？
2. 绕过计算机审计与穿过计算机审计的特点何在？未来趋势是什么？为什么？

3. 审计师是否应该具有了解信息技术、运用信息技术的能力？为什么？

4. 计算机信息系统审计中内部控制审计为何十分重要？

5. 本章介绍计算机审计时并没有区分读者是属于内部审计师还是外部审计师。请思考对于内部审计与外部审计在进行计算机审计时有哪些不同要求？他们应如何分工协作？

6. 什么是 XBRL？XBRL 对审计产生的影响主要表现在哪些方面？

7. 什么是实时、持续审计？什么条件下可以实施实时、持续的审计？

主要参考文献

相关文献

1. 阿伦斯 A A，等．审计学：一种整合方法［M］．雷光勇，译．北京：中国人民大学出版社，2009.

2. 阿伦斯 A A，等．审计与保证服务——整合法［M］．张龙平，谢盛纹，等，译．大连：东北财经大学出版社，2005.

3. 莱特里夫 R L，等．内部审计原理与技术［M］．内部审计原理与技术翻译组，译，北京：中国审计出版社，1999.

4. 科沃克瑞克 D S. 现代经营审计［M］．项俊波，等，译．北京：中国商业出版社，1991.

5. 财政部．中国注册会计师执业准则 2010［M］．北京：经济科学出版社，2010.

6. 财政部．企业会计准则 2006［M］．北京：经济科学出版社，2006.

7. 财政部会计司编写组．企业会计准则解释 2008［M］．北京：人民出版社，2008.

8. 蔡春．审计理论结构研究［M］．大连：东北财经大学出版社，2001.

9. 陈汉文．审计理论［M］．北京：机械工业出版社，2009.

10. 李晓慧．风险管理框架下审计理论与流程研究［M］．大连：东北财经大学出版社，2009.

11. 李学柔，秦荣生．国际审计［M］．北京：中国时代经济出版社，2002.

12. 刘明辉．高级审计理论与实务［M］．大连：东北财经大学出版社，2006.

13. 刘明辉．审计与鉴证服务［M］．北京：高等教育出版社，2007.

14. 娄尔行．审计学概论［M］．上海：上海人民出版社，1987.

15. 企业内部控制研究组．企业内部控制手册［M］．大连：东北财经大学出版社，2010.

16. 王光远．管理审计理论［M］．北京：中国人民大学出版社，1996.

17. 文硕．世界审计史［M］．2 版．北京：企业管理出版社，1996.

18. 项俊波，文硕，曹大宽，等．审计史［M］．2 版．北京：中国审计出版社，2001.

19. 肖清益，谭建之．中国审计史纲要［M］．北京：中国审计出版社，1990.

20. 萧英达，张继勋，刘志远．国际比较审计［M］．上海：立信会计出版社，2000.

21. 徐政旦，谢荣，朱荣恩，等．审计研究前沿［M］．上海：上海财经大学出版社，2002.

22. 韦尔斯 J T. 公司舞弊手册：防范与检查［M］. 朱锦余，等，译，大连：东北财经大学出版社，2010.

23. 朱锦余，赵新杰. 经济责任审计［M］. 大连：东北财经大学出版社，2002.

24. 朱锦余. 会计报表审计案例［M］. 北京：高等教育出版社，2004.

25. 朱锦余. 审计学［M］. 2 版. 北京：高等教育出版社，2012.

26. 中国注册会计师协会. 中国注册会计师执业准则应用指南 2010［M］. 北京：中国财政经济出版社，2010.

27. 中国注册会计师协会. 审计［M］. 北京：经济科学版社，2013.

28. 近 5 年来《会计研究》、《审计研究》、《中国注册会计师》、《中国审计》、《中国内部审计》、《会计之友》、《财会通讯》、《审计与经济研究》等期刊。

相关网站

1. 中国注册会计师协会（http：//www. cicpa. org. cn）。
2. 中华人民共和国审计署（http：//www. audit. gov. cn/）。
3. 中国内部审计协会（http：//www. ciia. com. cn/）。
4. 中国审计网（http：//www. iaudit. cn/）。
5. 中国会计视野（http：//www. esnai. com）。
6. 最高审计机关国际组织（http：//www. intosai. org）。
7. 国际内部审计师协会（http：//www. theiia. org）。
8. 国际会计师联合会（http：//www. ifac. org）。
9. 国际审计与保证业务准则委员会（http：//www. iaasb. org）。
10. 美国注册会计师协会（http：//www. aicpa. org）。